중국 고대 지역국가의 발전

진晉의 봉건에서 문공文公의 패업까지

심재훈 지음

일조각

나의 부모님께 바칩니다.

김문자(金文子, 1936~1996)
심종수(沈鍾洙, 1934~2008)

일러두기

- 이 책의 근간을 이루는 것은 1998년 완성한 필자의 박사학위 논문〔Jae-hoon Shim, "The Early Development of the State of Jin: From Its Enfeoffment to the Hegemony of Wen Gong (r. 636-628 B.C.), The University of Chicago〕이다. 학위 취득 이후 다양한 형태로 발표한 논문들과 발표하지 않은 부분, 새로 집필한 부분을 토대로 대폭 수정하여 현재의 형태로 재구성했다. 각 장의 말미에 그 출처를 명시해 두었다.
- 중국의 지명과 인명은 외래어 표기법에 따라 표기했다. 단, 1911년을 기준으로 그 이전의 지명과 인명은 우리말 한자음 그대로 표기했다.
- 한자는 특별한 경우를 제외하고는 대체로 각 장에 처음으로 나올 때만 병기했다.
- 청동기나 도기 등 기물과 관련된 중국어 전문 용어는 가급적 한글로 풀어서 기술했지만, 불가피하게 원문 그대로 옮긴 것들도 있다.
- 각주는 최대한 간략하게 표기했다. 전래문헌과 출토 자료집, 주해서, 공구서는 제목과 쪽수, 20세기 이후에 출간된 발굴 보고서와 논저는 저자(기관), 발행 연도, 쪽수의 순으로 표기했다. 책의 말미에 있는 '참고문헌'에 모든 자료의 서지 사항이 정리되어 있다.

들어가며

나는 몹시 조급한 성격의 소유자로 전문 연구자로서 큰 약점을 안고 있다. 그나마 조금씩 연륜이 쌓이면서 빨리 끝내서 좋은 연구는 결코 없다는 진리를 어느 정도 체득하고 있으니 다행이다. 중국 고대 진국晉國의 초기 역사를 서술한 이 책은 이제 내가 연구에 관한 한 느림보가 되어 가고 있음을 입증해 주는 반가운 증거인지도 모르겠다. 이 연구의 본격적인 시발점을 1993년 여름부터로 본다면 출간까지 거의 25년이 소요된 셈이다.

1990년대 초반 박사학위 논문을 고민하면서 관심 가졌던 주제는 고대 유목 지대와 농경 지대 사이에 위치한 주변부 문화의 발전 과정이었다. 리자야李家崖문화로 명명된 산시성山西省 서북부의 황토고원 지대는 샨시성陝西省* 동북부 지역과 함께 유목 문명과 농경 문명이 교차하는 일종의 완

* 중국어 발음이 山西省과 동일하게 표기되나 구분을 위해 이 책에서는 샨시성이라 표기한다.

충지대로, 흥미로운 사례 연구의 대상이 될 수 있을 것 같았다. 관련 자료를 검토하고 보니 당장 러시아어가 절실하다는 걸 알게 되었다.

1993년 가을 학기부터 러시아어 공부를 시작하려고 마음먹고 있던 차에 은사 에드워드 쇼네시Edward L. Shaughnessy 교수가 8월 말쯤 중국 방문을 마치며 연락을 해왔다. 나한테 줄 선물이 있으니 공항으로 당신을 마중 나와 줄 수 있냐고. 시카고 오헤어 국제공항에서 댁까지 모셔다 드리는 동안 선물 보따리는 닫힐 줄을 몰랐다. 당시 한창 발굴이 진행 중이던 산시성 서남부 허우마시侯馬市 인근 톈마天馬-취촌曲村 유적지의 베이자오北趙 진후묘지晉侯墓地 발굴 현장을 다녀온 결과와 연구 상황, 전망 등을 설명하며 내게 박사논문 주제로 고려해 보길 권했다. 그때 진짜 선물로 받은 산시성 전도全圖가 오랫동안 내 책상 앞을 장식했다.

여름방학이 아직 몇 주 남은 9월 초순의 어느 날, 시카고에 있던 동료들이 모두 모여 쇼네시 교수가 모사해 온 진후소편종晉侯蘇編鐘 명문을 함께 읽었다. 이 책의 제4장에서 다룰 그 흥미로운 내용에 무릎을 쳤다(이 명문을 분석한 내 최초의 영문 논문이 1997년 *Early China* 제22집에 실렸다.). 내가 처음 생각했던 박사논문 주제는 유물 위주의 고고학 자료에 거의 전적으로 의존해야 해서, 박사과정에서 출토문헌과 전래문헌 위주의 훈련을 받은 나에게는 아쉬움이 있는 주제였다. 반면 서주시대 제후국인 진국에 대한 연구는 당시로서는 새로웠던 명문 등 고고학 자료뿐만 아니라 전래문헌까지도 활용할 수 있어서 내가 공부한 배경과 상당히 부합했다.

1994년 여름 처음으로 중국을 방문하여 2주 정도 펀하汾河를 따라 산시성 서남부를 여행했다. 제4차 발굴이 막 끝난 베이자오 진후묘지의 톈마-취촌 유적지에서 머물며 발굴 상황을 지켜볼 기회도 가졌다. 당시 현장 책임자였던 고故 쩌우헝鄒衡(1927~2005) 교수와 리보첸李伯謙, 류쉬劉緖, 쑨화孫華, 쉬톈진徐天進 등 베이징대학北京大學 고고학자들뿐만 아니라 리샤팅李夏廷과 톈젠원田建文, 지쿤장吉琨璋 등 산시성의 고고학자들과도 귀한 시간을 함께할 수 있었다.

시카고로 돌아온 후 11월에 "From Qucun to the Hegemony of Wen Gong: The Early Development of the State of Jin(취촌에서 문공의 패업까지: 진국의 초기 발전)"이라는 제목의 박사논문 제안서를 제출했다. 1996년 여름 다시 베이징과 산시성을 방문하여 여러 연구자와 소통하며 논문의 개략적인 틀을 확정하고, 1998년 하반기에 박사학위 논문 "The Early Development of the State of Jin: From Its Enfeoffment to the Hegemony of Wen Gong (r. 636-628 B.C.)[진국의 초기 발전: 봉건에서 문공(기원전 636-628년 재위)의 패업까지]"을 완성했다. 제목 그대로 진국이 산시성 서남부에 분봉된 역사적 배경에서부터 서주시대의 성장을 거쳐 어떻게 문공文公의 패업에까지 이르렀는지 그 초기 발전 과정을 다루었다.

1998년 기본 골격이 완성된 이 연구는 출간까지 20년 가까이 더 기다려야 했다. 허술한 내용이 일차적 원인이겠지만 베이자오 진후묘지에 대한 정식 보고서의 출간이 미루어진 탓도 있었다(그 보고서는 아직까지 나오지 않고 있다. 지속되는 산시성 서남부의 새로운 고고학 성과를 감안하면 충분히 이해된다.). 그 와중에 발굴이 완료된 줄 알았던 진후묘지에서 연대가 가장 빠른 진후(M114)와 부인(M113) 묘가 추가로 발굴되었고, 톈마-취촌 유적지 인근에서도 양서촌羊舌村의 또 다른 진국묘지와 헝수이橫水의 붕국묘지倗國墓地, 다허커우大河口의 패국묘지霸國墓地 등 굵직한 유적 발굴이 이어졌다.

2003년 단국대학 부임 이후 새로운 연구 주제로 폭을 넓혀 가면서도 박사논문을 대폭 수정 보완한 총 9편의 논문을 발표했다. 2~3년에 한 번씩 산시성을 방문하여 새로운 고고학 성과를 반영하면서였다. 2016년 6월 춘추시대 진국 청동기 진공분(전)晉公盆(盤)과 진공반晉公盤 명문을 비교 분석한 논문을 끝으로 더 이상 단행본 작업을 미룰 수 없다고 판단했다. 더던 원고 정리로 두 번의 방학을 보내며 2017년 2월 말쯤 내 생애 첫 연구서의 초고를 완성할 수 있었다. 박사논문의 기본 틀을 유지하지만 절반 정도 새로운 내용을 추가하며 논리를 가다듬었다.

상당히 긴 여정이었음에도 불구하고 그 결과가 학계의 관심을 끌 정도로 대단치는 않아 부끄럽다. 다만 춘추시대의 주역으로 여느 왕조 못지않은 유산을 남겼지만 연구의 대상으로 크게 주목받지 못한 진국의 초기 역사를 재구성한 점에 작은 의의를 부여하고 싶다. 내가 아는 한 문공의 패업 이전까지 진국사의 전반부를 다룬 본격적인 연구서가 대한민국에서 최초로 출간되는 셈이다.

긴 여정에 도움을 준 사람이 많다. 나를 중국 고대사라는 매력적인 학문의 길로 인도해 준 단국대학의 은사 윤내현 교수님께 먼저 감사드린다. 건강이 좋지 않은 선생님께 이 책이 작은 위안이라도 되었으면 좋겠다. 시카고대학의 쇼네시 교수는 박사논문의 시종을 함께 해주셨다. 매 장이 완성될 때마다 꼼꼼히 읽고 상세한 의견을 주어 어떤 장은 네 번까지 고친 적이 있을 정도였다. 65세가 넘어서도 왕성하게 연구하며 학자로서의 귀감을 보여 주는 선생님의 제자인 것이 자랑스럽다. 논문 심사에 함께 해준 우홍Wu Hung 교수는 훌륭한 수업들로 고대 중국의 새로운 세계에 눈을 뜨게 해주었을 뿐만 아니라 이 연구에도 유익한 조언을 해주셨다. 시카고대학에서 내 성장 과정을 지켜보며 격려를 아끼지 않았던『금병매金瓶梅』전문가 고故 데이비드 로이David T. Roy(1933~2016) 교수께서 이 책의 출간을 안다면 아주 반가워하실 것이다.

베이징대학의 쑨화, 리보첸, 류쉬 교수와 산시성고고연구소山西省考古研究所의 톈젠원, 지쿤장, 셰야오팅謝堯亭 선생은 필자의 현지조사에 도움을 주었을 뿐만 아니라 자신들의 좋은 논저로 진국사 연구의 선도 역할을 해주었다. 시카고대학에서 박사과정을 함께한 차이팡페이Cai Fangfei, 蔡芳沛

와 로라 스코시Laura Skosey, 펑커Peng Ke, 彭柯, 매그너스 피스케죠Magnus Fiskejo, 리펑Li Feng, 李峰, 데이비드 세나David Sena와 나누었던 격려와 지적 자극을 잊을 수 없다. 특히 리펑 컬럼비아대학 교수는 당시 이미 고대 중국에 대한 폭넓은 식견을 가지고 있었는데, 이 연구의 고비마다 중요한 정보를 제공하며 조언을 아끼지 않았다. 모두에게 감사의 마음을 전한다.

무엇보다 가장 큰 감사는 오늘의 나를 있게 한 가족들에게 돌려야 할 것이다. 12년 동안의 미국 생활을 함께 감내해 주고 지금까지도 필자에게 한없이 관대한 동반자 이연주와 일찍 독립해서 우리의 짐을 덜어 준 인보, 지윤과 출간의 기쁨을 함께하고 싶다. 나에게 필요한 모든 것을 주셨지만 이미 우리 곁을 떠나 그 사랑을 되갚을 기회조차 없어 더 애달픈 부모님 영전에 이 책을 바친다. 못난 아들의 작은 성취에 활짝 웃으실 부모님을 상상하며 행복하다.

마지막으로 필자에게 훌륭한 연구 환경을 제공한 단국대학과 수차에 걸친 산시성 답사를 위한 연구비를 제공해 준 한국연구재단, 시장성이 거의 없는 원고를 좋은 책으로 만들어 준 일조각에 감사드린다. 성급한 필자가 저지른 무수한 작은 실수를 바로잡아 준 황인아 선생을 편집자로 만난 건 큰 행운이다.

2018년 3월 26일

단국대학 죽전캠퍼스에서

심재훈

진의 세계

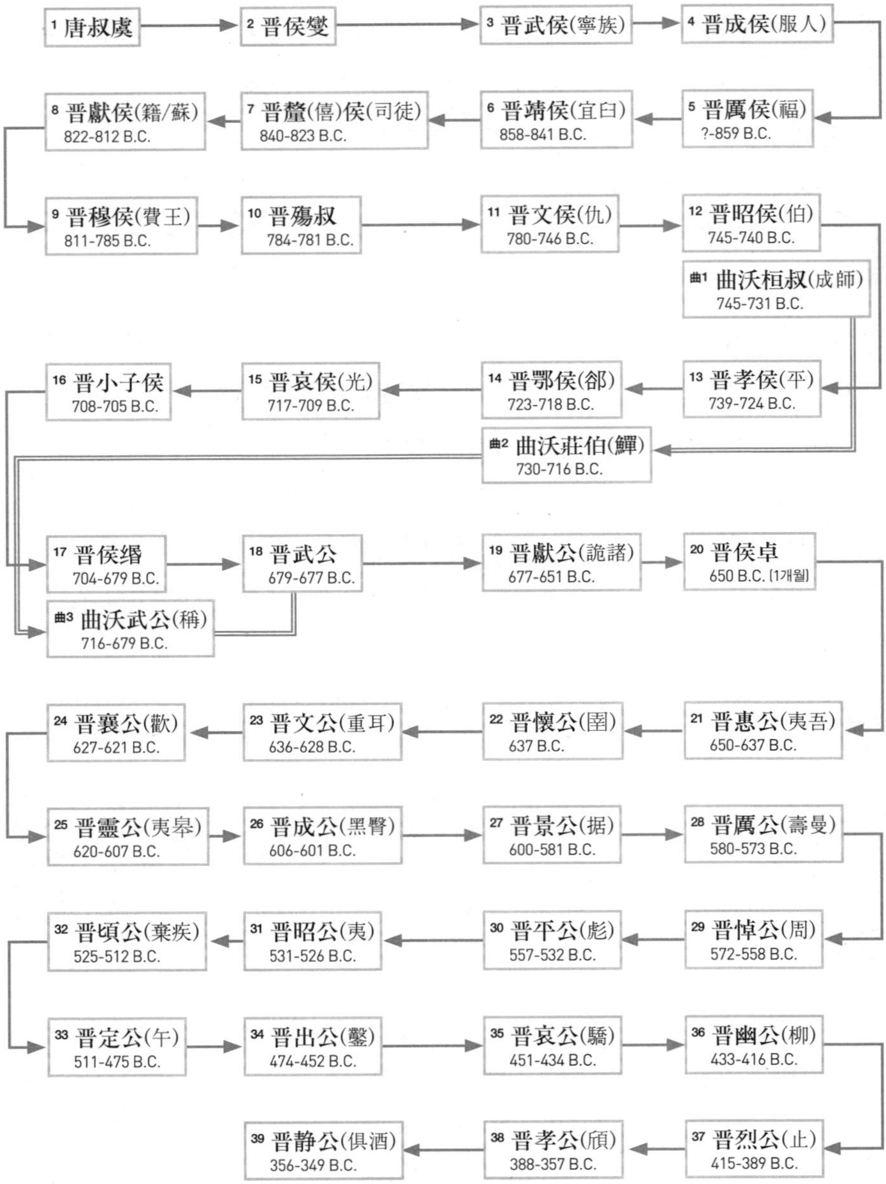

1 唐叔虞
2 晋侯燮
3 晋武侯(寧族)
4 晋成侯(服人)
5 晋厲侯(福)
?-859 B.C.
6 晋靖侯(宜臼)
858-841 B.C.
7 晋釐(僖)侯(司徒)
840-823 B.C.
8 晋獻侯(籍/蘇)
822-812 B.C.
9 晋穆侯(費王)
811-785 B.C.
10 晋殤叔
784-781 B.C.
11 晋文侯(仇)
780-746 B.C.
12 晋昭侯(伯)
745-740 B.C.
曲1 曲沃桓叔(成師)
745-731 B.C.
13 晋孝侯(平)
739-724 B.C.
14 晋鄂侯(郤)
723-718 B.C.
15 晋哀侯(光)
717-709 B.C.
16 晋小子侯
708-705 B.C.
曲2 曲沃莊伯(鱓)
730-716 B.C.
17 晋侯缗
704-679 B.C.
曲3 曲沃武公(稱)
716-679 B.C.
18 晋武公
679-677 B.C.
19 晋獻公(詭諸)
677-651 B.C.
20 晋侯卓
650 B.C. (1개월)
21 晋惠公(夷吾)
650-637 B.C.
22 晋懷公(圉)
637 B.C.
23 晋文公(重耳)
636-628 B.C.
24 晋襄公(歡)
627-621 B.C.
25 晋靈公(夷皋)
620-607 B.C.
26 晋成公(黑臀)
606-601 B.C.
27 晋景公(据)
600-581 B.C.
28 晋厲公(壽曼)
580-573 B.C.
29 晋悼公(周)
572-558 B.C.
30 晋平公(彪)
557-532 B.C.
31 晋昭公(夷)
531-526 B.C.
32 晋頃公(棄疾)
525-512 B.C.
33 晋定公(午)
511-475 B.C.
34 晋出公(鑿)
474-452 B.C.
35 晋哀公(驕)
451-434 B.C.
36 晋幽公(柳)
433-416 B.C.
37 晋烈公(止)
415-389 B.C.
38 晋孝公(頎)
388-357 B.C.
39 晋静公(俱酒)
356-349 B.C.

주 왕실의 세계

서주*

▶ 단대공정
▷ 쇼네시

	왕	▶	▷
1	武王	▶1046-1043 B.C.	▷1045-1043 B.C.
2	成王	▶1042-1021 B.C.	▷1042/35-1006 B.C.
3	康王	▶1020-996 B.C.	▷1005/3-978 B.C.
4	昭王	▶995-977 B.C.	▷977/5-957 B.C.
5	穆王	▶976-922 B.C.	▷956-918 B.C.
6	共王	▶922-900 B.C.	▷917/5-900 B.C.
7	懿王	▶899-892 B.C.	▷899/7-873 B.C.
8	孝王	▶891-886 B.C.	▷872?-866 B.C.
9	夷王	▶885-878 B.C.	▷865-858 B.C.
10	厲王	▶877-841 B.C.	▷857/3-842/28 B.C.
11	共和	841-828 B.C.	
12	宣王	827-782 B.C.	
13	幽王	781-771 B.C.	

동주

	왕	재위
1	平王	770-720 B.C.
2	桓王	720-697 B.C.
3	莊王	697-682 B.C.
4	釐王	681-677 B.C.
5	惠王	677-652 B.C.
6	襄王	652-619 B.C.
7	頃王	619-613 B.C.
8	匡王	613-607 B.C.
9	定王	607-586 B.C.
10	簡王	586-572 B.C.
11	靈王	572-545 B.C.
12	景王	545-520 B.C.
13	敬王	520-477 B.C.
14	元王	477-469 B.C.
15	貞定王	469-441 B.C.
16	考王	441-426 B.C.
17	威烈王	426-402 B.C.
18	安王	402-376 B.C.
19	烈王	376-369 B.C.
20	顯王	369-321 B.C.
21	慎靚王	321-315 B.C.
22	赧王	315-256 B.C.

* 이견이 많은 기원전 841년 共和 연간 전의 연대는 중국과 구미에서 각각 권위를 인정받는 하상주단대공정과 에드워드 쇼네시의 설을 함께 제시한다.

차례

제 2 장

서주시대 진의 세계와 문화적 특성 87

제 3 장

서주시대 진국 주변의 정치체들 153

제 4 장 군사사 측면에서 바라본 서주시대 진국의 발전 193

제 5 장 주 왕실의 동천과 진 문후 247

제 6 장 춘추 초 진국의 새로운 발전: 곡옥 소종과 상궈촌 청동기 301

서론

진국사의 재조명

이 책은 1980년대 후반부터 최근까지 중국 산시성山西省 서남부에서 이루어진 고고학 성과를 활용하여, 서주西周 초 분봉된 제후국 진晉이 춘추春秋시대에 지역국가로 성장하여 급기야 가장 강력한 패권국霸權國의 반열에 오르기까지의 과정을 연구한 것이다. 여기서 지역국가란 서주의 봉건국가 체제가 와해되어 전국戰國시대의 중앙집권적 영토국가로 발전해 가기 전 단계로, 주변 소국들을 병합하여 지역 단위 통치 네트워크를 구축해 간 춘추시대의 국가들을 의미한다.

기원전 11세기 중반, 서쪽으로부터의 정복자인 주周가 상商을 멸망시키고 광활한 정복지를 효과적으로 지배하기 위해 많은 제후를 봉해 봉건제도를 실시한 것은 주지의 사실이다. 따라서 현재의 샨시성陝西省 시안西安

및 저우위안周原 일대와 허난성河南省 뤄양洛陽에 근거지를 둔 주 왕실뿐만 아니라 다른 지역에 세워진 많은 제후국 역시 서주 국가를 이루는 중요한 요소임에 틀림없다.

그럼에도 불구하고 기존의 서주사西周史 연구는 대체로 주 왕실을 중심으로 진행되어 왔음을 부인할 수 없을 것이다. 제후국들에 대한 자료가 충분치 않다는 사실을 인정한다 하더라도, 이러한 불균형적인 접근은 학자들 사이에서 서주 왕국의 통치범위 같은 기본적인 문제에서조차도 큰 이견을 낳게 했다. 상당수의 학자가 서주가 오늘날 중국의 핵심 지역인 황하黃河와 창강長江을 아우르는 거대한 지역을 통치했다고 보는 반면,[1] 광범위한 지역을 통치했음을 뒷받침하는 자료가 없다고 보아 황하 유역만을 직접 통치했을 것이라는 견해도 있다.[2] 이러한 이론들을 절충하여 서주시대에 서쪽으로 산시성 바오지寶鷄에서 동북쪽 베이징北京까지를 포괄하는 광활한 지역(동서 1,250km, 남북 800km)이 최소한 문화적으로는 일체성을 지녔던 것으로 보는 학자도 있다.[3] 서주의 정체政體에 대해 천착해 온 리펑Li Feng, 李峰은 왕기王畿 지역의 관료제적 성격에 주목하며, 제후국들 역시 서주 국가의 주요 구성 성분으로 왕실로부터 위임받은 권력을 행사했을 것이라는 "권력이 위임된 친족 읍제국가" 모델을 제시한 바 있다.[4] 그렇지만 제후국의 구조나 주 왕실과의 관계 등은 아직 명확히 밝혀지지 않은 채로 남아 있다.

다행스럽게도 1980년대 이래 활발하게 진행 중인 중국의 고고학 성과로 인해 진晉, 연燕, 위衛, 괵虢, 응應 등과 같은 서주시대 제후국들에까지

1 Creel 1970, 405; 郭沫若 1976, 229; Hsu and Linduff 1988, 143.
2 Shaughnessy 1988, 13-22.
3 Rawson 1999, 423-425
4 Li Feng 2008, 294-298.

시야를 넓힐 수 있게 되었다.[5] 이들 중 특히 산시성 서남부의 초기 진 유적지들은 진의 발전뿐만 아니라 진과 주周의 관계까지도 밝힐 수 있는 귀중한 실마리를 제공해 준다. 서주 초인 기원전 11세기 중후반 산시성 서남부에 분봉된 진晉[6]은 주와 동성同姓인 희성姬姓 제후국으로, 기원전 7세기 후반 문공文公(636~628 B.C.) 재위기에 급기야 패권국의 지위를 차지했고, 춘추시대 말 한韓, 위魏, 조趙의 삼국으로 분열될 때까지 제후국 중 가장 강력한 세력을 유지했다. 전국칠웅 중 세 나라가 진의 유산을 이어받았을 정도로 중국 고대사에 큰 족적을 남겼다.

베이징대학北京大學 고고학과와 산시성고고연구소山西省考古硏究所는 1992년 봄부터 2001년 1월까지 산시성 서남부 취워曲沃-이청翼城 지역의 톈마天馬-취촌曲村 유적지에서 베이자오北趙 진후묘지晉侯墓地를 발굴했다. 이 묘지에서는 서주 초, 중기부터 서주 후기 혹은 춘추 초기까지로 추정되는 진후晉侯와 배우자의 쌍봉 합장묘[7] 9기(총 19묘)가 발굴되었다. 묘지에서 출토된 명문이 담긴 청동기들을 비롯한 풍부한 자료들은 그동안 베일에 싸여 있던 당시 진 통치 집단의 면모를 보여 준다. 또한 서주시대 진의 도읍이었던 톈마-취촌에서 50km 이내 지역에서도 중요한 유적지들이 발견되었다. 특히 2005년 이후 헝수이橫水와 다허커우大河口 지역에서는 전래문헌에는 전혀 언급되지 않은 서주시대 정치체인 붕倗과 패霸

5 이러한 제후국들에 대한 고고학 성과는 제2장의 각주 1 참조. 중국 학계에서도 이러한 성과들을 활용한 西周 封國 연구가 상당히 활발한 편이다. '任偉 2004'는 이러한 흐름의 결실이다. 국내에서도 燕國의 고고학 성과를 활용한 '裵眞永 2009'가 출간되었고, '金秉駿 1997'은 주로 四川省의 고고학 성과를 천착했다.

6 『史記』「晉世家」에 의하면 晉이라는 이름은 두 번째 통치자였던 燮의 재위기부터 사용되었다고 한다. 『史記正義』에는 『括地志』와 『毛詩譜』 등을 인용하면서 晉이라는 이름이 晉의 시조인 唐叔이 분봉받은 지역에 있던 晉水라는 강명에서 유래한 것으로 언급되어 있다(『史記』, 1636). 그러나 현재 山西省 서남부에 晉水라는 강은 존재하지 않는다. 晉의 봉건에 대해서는 제1장 참조.

7 봉분이 2개인 합장묘로, 중국에서는 異穴 합장묘라고 부른다.

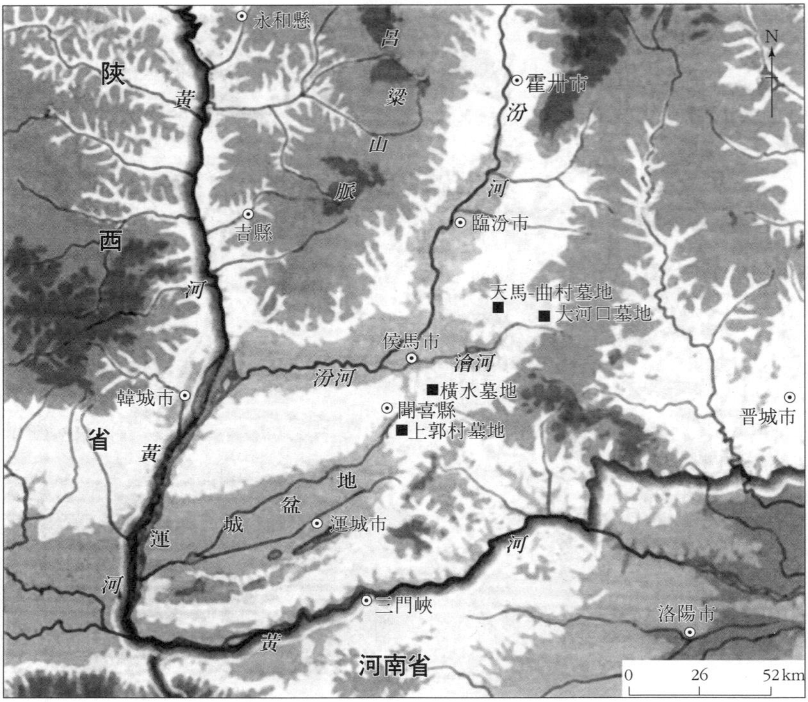

그림 서-1. 산시성 서남부의 지형과 서주시대 고고유적

의 통치자 묘지가 발굴되었다. 이 묘지들에서도 역시 명문이 있는 청동기가 다량 출토되었다. 또한 1970년대부터 발굴된 원시현聞喜縣 상궈촌上郭村의 귀족묘지 역시 진의 방계 통치 집단 곡옥曲沃 소종小宗의 춘추시대 초기 발전 과정을 보여 준다(그림 서-1). 곡옥 소종은 기원전 679년 진의 통치권을 찬탈했고, 이후에 진이 최강국으로 성장하는 기틀을 마련했다.

이러한 새로운 고고학 자료와 전래문헌을 토대로, 이 책에서는 서주 초 진의 시조인 당숙唐叔 우虞의 봉건에서부터 중이重耳(즉 문공文公)에게 패권을 안겨 준 기원전 632년 성복전城濮戰까지 진의 초기 발전 과정을 다룰 것이다. 춘추시대 진의 발전과 쇠퇴에 대해서는 『좌전左傳』과 『국어國語』

에 비교적 생생히 묘사되어 있다. 이 문헌들에서는 춘추시대의 여러 나라 중 진을 가장 비중 있게 다루고 있다. 따라서 진에 대한 전통적 연구는 『좌전』, 『국어』 혹은 『사기史記』 「진세가晉世家」의 주석가들에 의해 주도되었다고 해도 과언이 아니다. 그러나 주석만으로는 한계가 있어 이들의 관심 역시 아주 지엽적인 문제에 국한될 수밖에 없었다.

진 문공에 대한 연구

위의 세 문헌뿐만 아니라 『한비자韓非子』와 『여씨춘추呂氏春秋』 같은 문헌들에서는 진 문공을 중국 고대 역사상 위대한 영웅 중 한 명으로 묘사하고 있다. 따라서 진에 관심을 가진 전통시대나 현대의 많은 학자는 문공을 중요한 연구 주제로 삼아 왔다. 그런데 문공과 관련해서는 몇 가지 흥미로운 논쟁거리가 있다. 첫 번째는 문공이 기원전 635년 왕자王子 대帶의 반란을 진압한 후 주周 양왕襄王(652~619 B.C.)에게 요구했다고 전해지는 '수隧'에 관한 것이다.[8] 『국어』의 주석가인 위소韋昭(204~273)는 '수'가 『주례周禮』에 왕의 특권적 지방 행정단위로 언급된 육수六遂의 수遂와 상통하므로, 문공의 요구를 왕과 같은 행정단위를 만들고자 하는 야망으로 해석했다.[9] 청대淸代의 공광삼孔廣森(1752~1787) 역시 문공의 요구가 뒤에 자신의 군대를 육군六軍으로 확장한 것과 일맥상통하는 것으로 파악해, 위소의 견해를 따랐다.[10]

그렇지만 위소 이전에 '수'를 장례 시 왕의 특권으로 이해한 다른 견해

---

8 『春秋左傳正義』, 1820(僖公 25); 『國語』, 54(「周語中」), 374-375(「晉語4」).

9 『國語』, 55(「周語中」).

10 『經學卮言』, 716.2b-3a. 周의 鄉遂제도와 군사제도의 연관성은 楊寬이 주목한 바 있다(楊寬 1964, 414-419).

가 있었다. 두예杜預(222~284)는 『좌전』을 주석하면서 위소보다 150년 이상 앞선 가규賈逵(30~101)의 해석을 인용하여 "묘와 연결된 지하통로를 파는 것을 수隧라고 칭했다."고 언급하고 있다. 공영달孔穎達(574~648) 역시 『좌전』에서 '수'가 지하통로의 의미로 쓰인 용례를 인용하며 두예의 견해를 따르고 있다. 청대의 주석가인 동증령董增齡(19세기)도 수라는 행정단위가 문공 이전에도 이미 진에 존재했을 것으로 가정하며 위소의 견해를 반박한 바 있다.[11] 가의賈誼(201~169 B.C.)가 편찬한 것으로 전해지는 『신서新書』「심미審微」 편에도 주의 의례에서 왕(천자)만이 지하통로를 이용하여 관을 안치시켰고 제후는 매달아서 내렸다고 언급되어 있다.[12] 따라서 통수예童書業(1908~1968)와 리룽셴李隆獻 같은 현대 학자들 역시 이 해석을 따르고 있다.[13]

비록 다수의 학자가 후자의 견해를 따르고 있지만, 현재까지 고고학적으로 확인되지 않고 있는 '수'의 정확한 의미를 파악하기는 어렵다. 그럼에도 불구하고 한 가지 분명한 사실은 문공이 양왕에게 요청한 '수'가 왕의 권위에 대한 도전이었다는 점이다. 『좌전』과 『국어』에 따르면, 양왕은 문공에게 왕자 대가 차지하고 있던 지역을 하사하며 이 요청을 거절했다고 한다.

문공을 둘러싼 또 다른 논쟁거리는 그의 나이에 관한 것이다. 『좌전』과 『국어』에 문공이 44세에 사망한 것으로 암시되어 있는 반면에,[14] 『사기』

11 『國語正義』, 2.11b.

12 『新書』, 2.4a.

13 童書業 1946, 178; 李隆獻 1988, 385.

14 『左傳』 "昭公 13년"과 『國語』「晉語4」에 따르면 重耳(文公)는 獻公의 첩인 驪姬의 반란으로 17세에 晉을 떠나 통치자로 귀국할 때까지 19년 동안 유랑했다고 한다(『春秋左傳正義』, 2071; 『國語』, 347). 이는 重耳가 36세에 晉의 통치자가 되었음을 의미한다. 이를 따르면 文公은 9년 동안 재위했으므로, 44세에 사망한 것이 된다.

「진세가」에는 62세 때 진의 군주가 되었다고 언급되어 있다.[15] 청대 학자인 양옥승梁玉繩(1745~1819)과 홍양길洪亮吉(1746~1809)은 각각 『사기』와 『좌전』의 주석에서 사마천司馬遷(145 혹은 135~186 B.C.)의 설을 따르고 있다. 양옥승의 논지는 문공의 부친 헌공獻公(677~651 B.C.)이 재위 11년에 융적戎狄을 견제하기 위해 둘째 아들 중이를 포성蒲城으로 보냈다는 『좌전』의 기록에 근거하고 있다.[16] 중이가 부친의 애첩 여희驪姬의 난으로 인해 헌공 22년에 포성을 떠나 19년 동안의 유랑을 시작한 것으로 언급되어 있는데, 그가 17세에 유랑을 시작했다는 『좌전』이나 『국어』의 기록을 따른다면, 중이가 포성에 파견되었을 당시 나이가 6세에 불과했다는 계산이 나오기 때문이다. 따라서 중이가 32세 때 포성으로 보내진 것으로 나오는 『사기』 「진세가」의 기록이 더 합리적이라는 것이다.[17] 홍양길 역시 『좌전』이나 『국어』의 설을 따를 때 중이의 나이가 자신에 앞서 재위한 동생 이오夷吾(혜공惠公)의 아들이자 자신에게 군위를 빼앗긴 조카 어圉(회공懷公)보다 불과 10세 정도 많을 수밖에 없는 불합리성을 지적한 바 있다.[18]

그렇지만 두예나 염약거閻若璩(1636~1704)와 같이 『좌전』과 『국어』의 설을 따르는 학자들도 있다. 특히 염약거는 『사기』 「진세가」에 나타나는 문공의 나이가 너무 많음에 의문을 제기했다.[19] 다케조에 신이치로竹添進一郎(1842~1917) 역시 문공과 그의 이복 누나 계희係姬의 나이를 비교함으로써 사마천의 주장을 반박했다. 먼저 헌공의 장자 신생申生의 동모同母 누이 계희가 중이가 유랑을 시작했을 때 진秦 목공穆公(660~621 B.C.)과 결혼했음을 전하는 『좌전』의 기록에 주목한다. 계희가 중이보다 나이가 많

15 『史記』, 1660. 이에 따르면 文公은 70세에 사망했다.
16 『春秋左傳正義』, 1781(莊公 28).
17 『史記志疑』, 21.13b-14a.
18 『春秋左傳詁』, 8.12.
19 『四書釋地』, 23.26a.

왔을 것이기 때문에, 『사기』 「진세가」에 언급된 대로 중이가 43세부터 유랑을 시작했다면 계희 역시 43세가 넘어서 진 목공과 혼인했다는 불합리한 결론에 이르게 된다는 것이다.[20]

20세기에 이르러 구제강顧頡剛(1893~1989)과 왕위저王玉哲(1913~2005), 장이런張以仁 역시 사마천의 설에 의문을 제기했는데,[21] 구제강은 『사기』 「조세가趙世家」에 진秦 목공繆(穆)公의 입을 빌려 진晉의 패자인 문공이 젊어서 죽은 것으로 언급되어 있음[22]을 지적한 바 있다. 장이런도 『좌전』에서 포성이 헌공 재위 19년에 세워졌음을 암시하는 사위士蔿의 언설을 인용하며 중이가 포성으로 파견되었을 때 14세였을 것으로 추정한다. 장이런의 논문에 사마천의 설을 뒷받침하는 여러 견해의 문제점이 적절하게 잘 지적되어 있기 때문에, 현재 중국과 일본의 학자들은 대체로 『좌전』과 『국어』의 설을 따르고 있다.[23]

한편 학자들은 문공과 그 이전의 패자였던 제齊 환공桓公(685~643 B.C.)을 비교한 공자孔子의 평가에 주목해 왔다. 『논어論語』 「헌문憲問」 편에는 다음과 같은 공자의 말이 전한다.

> 진 문공은 휼譎했지만 올바르지 못했고, 제 환공은 올발랐지만 휼譎하지 못하였다.[24]

위 인용문에 나타나는 '휼譎'의 해석을 둘러싸고 이견이 제시되어 왔다. 정현鄭玄(127~200)의 견해를 따른 하안何晏(190~249)은 『논어집해論語

20 『左氏會箋』, 8.16.
21 顧頡剛 1940, 15-16; 王玉哲 1940, 23; 張以仁 1990, 269-332.
22 『史記』, 1787.
23 田中柚美子 1975, 36 각주 12; 晉彥, 付玉千 1982, 82-84.
24 晉文公譎而不正, 齊桓公正而不譎(『論語注疏』, 2511).

集解』에서 '휼'을 사詐(기만하다)로 해석했다. 『좌전』에 언급된 바와 같이 공자는 기원전 632년 문공이 패자가 된 후에 제후들을 접견하도록 양왕을 부른 것에 대해 아주 비판적이었으므로[25] 공자의 문공에 대한 평가 역시 부정적이었을 수밖에 없다는 것이다. 주희朱熹(1130~1200) 역시 환공이 문공에 비해 도덕적으로 우위임을 인정하며 이러한 초기 해석을 따르고 있다.[26]

그렇지만 청대의 학자 왕인지王引之(1766~1834)는 '휼'을 권權(임시방편을 쓰다)으로 해석하는 견해를 내놓은 바 있다.[27] '휼'을 '권사權詐'로 풀이한 『설문說文』에 근거하여 왕인지는 '휼'이 두 가지 다른 함의, 즉 좋은 의미에서의 권權과 나쁜 의미의 사詐로 나뉠 수 있다고 파악했다. 『춘추번로春秋繁露』「옥영玉英」편에도 '권'이 '사'로 해석된 경우가 있으므로,[28] 왕인지는 공자의 평가가 진 문공보다 제 환공이 우월하다는 의미이기보다는 각자의 장점과 단점을 지적한 것으로 이해하고 있다. 리룽셴 역시 왕인지의 설을 따르고 있으며,[29] 아서 웨일리Arthur Waley와 브루스 브룩스Bruce E. Brooks 같은 서양 학자들도 공자의 두 사람에 대한 평가가 어느 한쪽으로 치우치지 않았음을 인정하고 있다.[30]

마지막으로 부친 헌공에게서 쫓겨나 진의 군주가 되기까지 19년을 유랑한 문공의 극적인 삶 역시 흥미로운 연구 주제가 되어 왔다. 리룽셴의 『진문공복국쟁패고晉文公復國爭霸考』(1988)는 이러한 연구의 결실로, 문공과 그 시대 진국사 연구의 종합판이라고 할 수 있다. 또한 1972년 홍안췐

25 『春秋左傳正義』, 1827(僖公 28).

26 『論語集註』, 7.11a. James Legge 역시 이 설을 따르며 譎을 'crafty'로 번역하고 있다(*The Chinese Classics* vol. 1, 281).

27 『經義述聞』, 31.20b-21a.

28 『春秋繁露』, 3.4b.

29 李隆獻 1987, 376-381.

30 Waley 1989, 184, 249-250; Brooks 1998, 121.

洪安全이 대만에서 최초의 진국사 개설서 격인 『춘추적진국春秋的晉國』을 출간한 이래, 산시성에서 리멍춘李盟存과 창진창常金倉이 1988년 『진국사강요晉國史綱要』를 출간했다. 후자의 개정판인 리멍춘과 리상스李尙師의 『진국사晉國史』(2014)는 근래의 고고학 성과를 일부 반영하고 있지만 심도 있는 논의는 결여되어 있다.

역사지리 연구

전근대 중국학자들은 문공뿐만 아니라 진의 역사지리에도 주목했다. 특히 진의 분봉지 위치를 둘러싼 논쟁은 논란이 심한 부분 중 하나였다. 진의 창시자 당숙은 주공周公이 상商 이래로 존재해 오던 당唐을 멸망시킨 이후에 그 지역을 분봉받은 것으로 전해진다(제1장 참조). 따라서 당의 위치에 대해 상당한 관심을 가져왔다. 사마천은 『사기』「진세가」에서 최초로 당의 위치를 황하와 펀하汾河의 동쪽으로 비정했지만, 정확한 위치를 명시하지는 않았다.[31] 반고班固(32~92)가 당의 위치에 대해 최초로 오늘날의 산시성의 성도인 타이위안太原에 속하는 진양晉陽을 주목했지만,[32] 역도원酈道元[466(472)~527]은 펀하 중류, 즉 오늘날의 훠현霍縣 근처인 하동河東의 영안永安 서쪽으로 추정한 바 있다.[33]

또한 당대唐代의 장수절張守節은 『사기정의史記正義』에서 『괄지지括地志』를 인용하여 당이 익성翼城에서 서쪽으로 20리里 떨어진 지역에 위치했다고 주해하고 있다. 이길보李吉甫(758~814) 역시 『원화군현지元和郡縣志』

31 『史記』, 1635.

32 『漢書』, 1552.

33 『水經注』, 6.76. 『漢書』「地理志」의 주에서 偃師古 역시 臣瓚을 인용하며 이 설을 따르고 있다.

에서 이 설을 따르고 있다.[34] 춘추시대 진의 팽창 과정을 연구한 고염무顧炎武(1613~1682)는 진이 평공平公(557~532 B.C.) 대에 이르러서야 오늘날 타이위안 일대를 장악하기 시작했음을 밝혀내고 익성설이 타당함을 주장한 바 있다.[35] 현대 학자인 천판陳槃(1905~1999) 역시 이 설을 따르고 있다.[36]

당의 위치를 둘러싼 논쟁은 산시성 서남부 취워-이청 지역의 톈마-취촌 유적지가 발굴되면서 더욱 복잡한 양상으로 전개되고 있다. 현재 많은 학자가 이 지역이 진의 초기 도읍지였을 것으로 파악하며 『괄지지』의 설을 따르고 있다. 이들은 톈마-취촌 유적지나 거기서 동북쪽으로 10km 정도 떨어진 웨이거우葦溝-베이셔우청北壽城 지역을 당숙의 가장 유력한 분봉지로 주목하고 있는데,[37] 이견도 존재한다. 이 문제는 제1장에서 상세히 다룰 것이다. 진과 산시성의 역사지리 문제는 오늘날까지도 연구자들의 관심을 끌고 있는데, 마바오춘馬保春의 『진국역사지리연구晉國歷史地理研究』(2007)와 『진국지명고晉國地名考』(2010)는 그동안의 연구를 집대성한 것이다.

고고학과 허우마맹서

1950년대에 톈마-취촌 유적지에서 서쪽으로 약 30km 떨어진 허우마시侯馬市에서 기원전 585년에서 기원전 403년까지 진의 후기 도읍지였던 신전新田 유적이 발견됨에 따라, 진에 대한 연구는 중대한 전환점을 맞이

34 『元和郡縣志』, 14.15b.

35 『日知錄集釋』, 30.31a-31b.

36 陳槃 1969, 36-47. 晉國 始封地에 대한 전통시대의 여러 견해와 관련한 문제점에 대해서는 趙鐵寒 1965a, 263-281 참조.

37 北京大學歷史考古專業山西實習組 등 1992, 216-223; 李伯謙 1993; 鄒衡 1994, 29-32, 34; 田建文 1994, 27-39.

하게 되었다. 고고학자들은 당시의 다섯 군데 성읍 유지遺址뿐만 아니라, 1957년에서 1965년 사이에 성읍 유지의 남쪽에서 청동기 주조 공장을 발굴했다. 허우마의 공장 유지에서는 청동기를 제조하기 위한 진흙 모델과 거푸집 조각들이 무수히 발굴되었는데,[38] 산시성고고연구소는 1993년에야 허우마 유지에 대한 정식 보고서를 출간했다.[39] 또한 산시성고고연구소는 이 보고서를 토대로 프린스턴대학과 합작으로 진흙 조각들에 나타난 장식을 종합적으로 분석한 연구서를 출간했는데, 이를 통해 춘추시대 후기 진의 청동기 제작이 정점에 이르렀을 때의 상황이 더욱 생생하게 드러나게 되었다.[40]

그런데 허우마 지역에서 더욱 눈길을 끄는 발견은 1965년 말부터 1966년 5월까지 남동부에 있는 재구덩이들에서 발굴된 5,000조각이 넘는 옥玉과 석판石板이다. 이러한 조각들에는 춘추시대 후기(기원전 497년 이후) 진의 유력 귀족들 사이에 행해진 맹약을 기록한 이른바 맹서盟書라고 불리는 명문이 새겨져 있었다.[41] 이 발견을 통해 허우마맹서侯馬盟書라고 부르는 새로운 출토문헌 연구 분야가 생겨났을 뿐만 아니라, 당시 진의 사회사와 종교사 연구와 관련해서도 귀중한 자료를 얻을 수 있게 되었다. 뤼정呂靜의 『춘추시기맹서연구春秋時期盟誓硏究』(2007)는 그러한 연구의 산물이다. 허우마맹서와 함께 샹펀襄汾의 자오캉전趙康鎭과 타이위안의 진양, 샤현夏縣의 우왕청禹王城, 루이청현芮城縣의 비완畢萬, 완룽현萬榮縣의 구펀양古汾陽 등과 같은 고성故城의 발견은 동주시대 진의 도시 발전 연구에 중요한 실마리를 제공한다.[42]

38 李學勤 1984, 32-47.

39 山西省考古硏究所 1993.

40 Institute of Archaeology of Shanxi Province 1996.

41 『侯馬盟書』.

42 文物編輯委員會 1979, 60.

이러한 새로운 발견에 관한 많은 연구 중 수전 웰드Susan Weld의 연구는 특히 눈길을 끈다.[43] 진의 성읍들에 대한 고고학 성과와 맹서를 모두 활용하며, 웰드는 진의 도시화 과정을 각 성읍들과 관련된 상세한 역사지리뿐만 아니라 비공족非公族 귀족 세력들의 흥기와 연관시켜 고찰하고 있다. 특히 당시 빈번했던 맹약이 유력 족속들의 권력을 공고히 하고 영역화된 영지를 통합하는 중요한 기제로 작용했을 것으로 파악한다. 진을 결국 삼등분한 한, 위, 조 세 가문의 최후 승리 역시 이러한 맹약에 토대를 둔 성공적 지역 근거지 구축에 있었을 것으로 보았다.

20세기 후반 이래 현재까지 이어지고 있는 산시성의 방대한 고고학 성과는 이른바 진국 고고학이라는 새로운 분야를 태동케 했다. 이러한 측면에서 관련 고고학 성과를 체계적으로 정리한 류쉬劉緖의 『진문화晉文化』(2007)는 적절한 지침서가 될 것이다. 베이징대학 고고문박학원考古文博學院의 박사학위 논문을 토대로 한 쑹링핑宋玲平의 『진계묘장제도연구晉系墓葬制度硏究』(2007)는 산시성 일대에서 발굴된 서주에서 전국시대까지의 묘장 자료들을 망라하여 체계적으로 분석한 최초의 심도 있는 연구서이다. 이 연구에서는 서주에서 춘추시대 초기까지를 진계 묘장의 등급질서가 규범화되어 안정된 시기로, 춘추시대 중기에서 전국시대 초기까지를 그러한 등급질서가 깨진 시기로, 마지막으로 전국시대 중후기를 붕괴기로 보았다.[44] 산시성고고연구소 허우마공작참侯馬工作站의 고고 발굴을 주도하고 있는 셰야오팅謝堯亭은 2010년 산시성 서남부의 서주시대 묘장들만 비교 분석한 박사학위 논문을 지린대학吉林大學에 제출했다.[45] 앞으로 이러한 고고학 성과를 활용한 연구들은 지속적으로 이어질 것이다.

43 Weld 1990. 盟書의 발굴과 연구사에 대해서는 23-48을, 진 성읍의 발굴에 관해서는 제4장 각주 1을 참조.

44 宋玲平 2007, 170.

45 謝堯亭 2010.

춘추시대 진의 발전 동력과 융적 문제

한편 1960년대 이래로 일군의 학자들이 『좌전』이나 『국어』 등의 전래 문헌에 의존하여 춘추시대 진이 패권국으로 발전하는 모습을 연구했다. 그들의 관심은 진이 패권을 장악하게 된 요인과 춘추시대 후반부 동안 최강세력으로 군림할 수 있었던 배경에 집중되었다.

진이 패권을 차지할 수 있었던 주요 추동력으로 비공족 귀족들의 역할을 최초로 주목한 이는 마스부치 타츠오增淵龍夫(1916~1983)이다.[46] 그는 공족公族들이 거의 모든 요직을 장악한 중원의 다른 나라들과 달리, 진은 기원전 7세기 전반 헌공 재위기 이래로 정부의 요직에 공족들을 더 이상 임명하지 않았음을 발견했다. 공족 대신 유력 귀족 가문들이 육경六卿의 지위를 모두 차지하며 춘추시대 후기 진의 정치를 주도했다는 것이다. 나아가 그는 이러한 진의 새로운 방식이 융적과 같은 비주非周 세력과의 밀접한 관계에서 영향을 받은 것으로 추정했다.

진의 비공족 귀족 세력에 대해 미국에서 1970년대에 두 편의 연구가 발표되었다.[47] 멜빈 대처Melvin Thatcher는 문공이 재위에 오른 기원전 636년부터 기원전 403년 진이 한, 위, 조 삼국으로 분할되기까지 유력 비공족 가문의 활동에 초점을 맞추어 진의 정치 발전을 살펴보았다. 가브리엘 첸Gabriel Chien 역시 기원전 7세기 말에서 기원전 6세기까지 진의 조정에서 활약한 비공족 10개 가문의 승진 메커니즘을 분석했다. 가문들 사이의 순번과 개인의 나이가 승진의 주요 요소였다는 사실에 근거하여, 첸은 유력 귀족 가문들 사이의 조화가 안정된 지도력뿐만 아니라 정치사회적 통합을 가져다주었을 것으로 추정했다. 이 밖에 유력 귀족 가문들의 부상을 서주

46 增淵龍夫 1960, 64-67.

47 Thatcher 1973; Chien 1976.

이래의 봉건적 질서를 파괴한 중요한 요인으로 주목한 학자들도 있다.[48]

마스부치가 진의 역사에서 융적과 같은 비주 세력의 중요성을 부각시킨 것과 마찬가지로, 현대 진 연구의 또 다른 흥미로운 경향은 바로 진과 융적 간의 밀접한 관계를 중시하는 것이다.[49] 이러한 관점에서 진의 봉건에 대해 서주 초기 성왕成王(1042/35~1006 B.C.)[50]이 오늘날 산시성 서남부의 융적을 제어하기 위해 무왕武王(1045~1043 B.C.)의 아들이자 자신의 아우인 당숙을 세웠을 것이라는 주장이 제기된 바 있다.[51] 이러한 이해는 쉬저윈Choyun Hsu, 許倬雲으로 하여금 "진국으로 알려진 지역에는 융적과 화하華夏가 병존하며 형성된 이질적인 문화가 장기간 존재했다."는 결론에까지 이르게 했다.[52] 진을 연구한 대부분의 학자는 쉬저윈과 마찬가지로 진국이 주와 비주, 즉 융적 사이에서 혼성적인 문화를 발전시켰을 것으로 가정했다. 이러한 이해에 융적과의 밀접한 관계가 진국 발전의 가장 중요한 원동력이었다는 믿음이 내포되어 있음은 물론이다.

이러한 주장은 이른바 '변경국가marcher state'로서 진의 성격을 떠올리게 한다. 윌리엄 맥닐William H. McNeill(1917~2016)이 다른 고대문명과 중국의 경우를 통해 제기했고,[53] 오웬 래티모어Owen Lattimore(1900~1989)

---

48 Hsu 1965, 26-31; 佐藤三千夫 1973, 87-104; 花房卓爾 1978, 1-23; 花房卓爾 1979, 1-24; 周蘇平 1987, 40-45; 錢杭 1989, 72-74.

49 田中柚美子 1975, 23-37; 田中柚美子 1976, 247-270; 李隆獻 1988, 317-346; 李孟存, 常金倉 1988, 248-261.

50 이하 서주 왕들의 재위년은 'Shaughnessy 1991, 217-287'에 따른 것이다. Shaughnessy가 제시한 서주의 절대연대나 2000년 공표된 이른바 夏商周斷代工程의 서주연대 모두 상당한 문제점을 안고 있지만, 일단 Shaughnessy의 것을 따른다. 이들의 문제에 대해서는 '심재훈 2008a, 78-111'에 상술되어 있다.

51 楊寬 1982, 114; 李孟存, 常金倉 1988, 81-83; 杜正勝 1992, 387-394.

52 Hsu and Linduff 1988, 193.

53 McNeill은 아카드Akkad의 경우를 우선적으로 주목했는데, 이들은 문명과 야만 사이의 변경에 위치하며 급기야 수메르Sumer의 도시국가들을 정복하여 기원전 2250년경 통일을 이루어 냈다. 이와 유사한 경우는 카시트Kassite, 미탄니Mitanni, 히타이트Hittite, 힉소스Hyksos 등 다른 초기 근동 국가들에서도 발견할 수 있다. McNeill은 또한 기원전 1500

역시 진秦이 주를 대체한 사례를 통해 지적한 바 있듯이,[54] 이질적인 변경 세력들이 주류 문화의 영향을 받아들여 동화될 때 통상 군사적으로 더욱 강하고 기민해졌을 것으로 본다. 따라서 엘먼 서비스Elman R. Service(1915~1996)는 맥닐의 주장을 다음과 같이 보완한 바 있다.

> 변경의 국가들은 더욱 참신해서newer 가장 새롭고 효과적인 문화(특히 군사 방면) 발전만을 수용할 수 있었다. 반면에 원래 고전적 중심지였던 곳은 자신들의 과거 역사를 상당한 짐으로 지고 있어야 하였다. 이러한 고전 사회들은 사실상 과도하게 전문화되어 변화하는 상황에 점점 적응할 수 없게 되었다.[55]

이 이론은 앞에서 살펴본 진과 융적의 친밀한 관계를 중시한 연구들과 일맥상통하는 측면이 있다. 이는 춘추시대 진국의 발전뿐만 아니라 그 후견세력이었던 주 왕실의 쇠퇴에도 적용될 수 있을 것이다.

그렇지만 필자는 이러한 관점으로 진의 역사를 바라보는 데 상당히 회의적이다. 춘추시대 이후의 역사에나 부분적으로 적용 가능할 듯한 '변경국가'로서 진의 이미지가 과연 현재 남아 있는 다양한 진국 관련 자료들에 부합하는지 의문이다. 산시성의 많은 고고학 문화유적은 오히려 이 지역이 신석기시대 이래로 중국문명의 요람 중 하나였음을 보여 준다.[56] 특히 산시성을 서남부로 가로지르는 펀하 유역은 북중국 충적지대의 하나로 원시 농경이 발달하는 데 적합한 조건을 갖추고 있었다.[57] 진이 분봉된 콰이

변경 미케네Mycenaean 국가의 부상에서도 유사성을 발견하고 있다(McNeill 1963, 46-190, 228).

54 Lattimore 1951, 356-357.

55 Service 1975, 253-254.

56 文物編輯委員會 1979, 56-58; 文物編輯委員會 1991, 38-41.

57 山西省 동북부 五台山에서 발원한 汾河는 중상류에서는 깊은 협곡을 따라 흐르지만, 하류의 비옥한 평원은 기장과 보리, 밀 생산의 주요한 중심지였다(Tregear 1965, 212-214).

수澮水 유역 역시 에워싼 산맥들이 북중국의 혹독한 바람을 막아 주는 비옥한 평원이었다.[58] 더욱이 산시성 서남부와 샨시성 동남부의 저지대는 황하로 구획되어 고대 이래로 두 지역 사이의 교통이 원활했다.[59] 특히 황하를 경유하여 펀하와 웨이하渭河 사이를 연결하던 수로는 샨시성 주의 중심지와 산시성 서남부 진의 도읍 사이를 이어 주는 용이한 교통로였다.[60]

이 책의 제2장에서 본격적으로 다룰 톈마-취촌 유지의 진후묘지를 비롯한 산시성의 진 고고학 유적지들에서 나타나는 물질문화 역시 이러한 양상을 뒷받침한다. 진의 문화는 이질적인 북방식 융적 문화가 거의 나타나지 않으며, 샨시성 중심지 문화의 일부라고 볼 수 있을 정도로 주 문화의 영향이 강했음이 분명해 보인다. 이 책에서 다룰 문헌과 명문 자료들 역시 기원전 679년 곡옥 소종의 찬탈이 있기 전까지 진국이 주 왕실과 아주 밀접한 관계를 유지했음을 보여 준다. 변경 국가라기보다는 중심 국가의 양상이 더욱 강하게 나타나는 것이다.

진과 융적의 밀접한 관계는 『좌전』과 『국어』 등 전국시대의 문헌에서부터 나타나기 시작한다. 상 후기나 서주 초기에 특정한 적敵 혹은 야만족으로서의 융적 개념이 존재했는지에 의문을 가지고 있는[61] 필자는 진의 봉건까지 융적과 밀접하게 연관시켜 이해하는 기존 학자들의 이해가 시대착오적이라고 보고 있다. 다시 말해 진에 관심을 가진 많은 학자가 주로 『좌전』이나 『국어』의 기술에 의존함으로써, 결국 춘추시대나 전국시대의 관점으로 그 이전의 역사까지 파악하려는 경향이 강하다는 것이다.

그러므로 이 책에서 필자는 먼저 새롭게 출토된 고고학 자료들을 주로

58 Weld 1990, 121.

59 史念海 1963, 70-71.

60 Chien 1975, 20-21; 田世英 1981, 33; 李廣洁 1985, 48; Li Feng 2006, 83.

61 필자는 서주 금문에 나타나는 戎의 용례를 분석하여 서주시대의 융은 특정 지역의 족속을 지칭하는 고유명사가 아닌 여러 지역에 존재했던 일반적 적의 통칭이었음을 제시한 바 있다(沈載勳 2005a, 14-32).

활용하여 서주 시기 진이 주와의 밀접한 관계 속에서 성장하는 과정을 검토할 것이다. 나아가 서주 이후 진이 새로운 궤적으로 발전해 가는 모습을 통해 비주 세력과 밀접한 관계를 가지게 된 계기와 과정, 이러한 관계가 사서史書에 반영되어 나타나는 양상을 살펴볼 것이다. 이를 통해 융적과의 관계보다 진과 주 왕실 사이의 관계가 진국의 성격을 이해하는 더욱 중요한 열쇠임을 알게 될 것이다. 이러한 관점은 또한 기원전 7세기 후반 진이 패권국으로 발전하는 것과 관련해서도 중요한 실마리를 제공할 것으로 기대한다. 진의 발전뿐만 아니라 진과 주 사이 관계의 추이까지 검토할 이 연구는, 그동안 공백으로 남아 있던 다른 봉건 제후국들의 발전과 그들과 종주국 주와의 관계에도 간접적인 비교 사례를 제시할 것이다. 이 책이 서주~춘추사의 시야를 넓혀 주는 새로운 사례연구가 될 수 있기를 희망한다.

이 책의 주요 내용

모두 일곱 장으로 이루어진 이 책의 각 장에는 다음과 같은 내용이 담겨 있다. 진의 분봉 전사前史에 해당하는 제1장에서는 주의 극상克商 직전 산시성 서남부의 정치지리를 다룰 것이다. 상 후기 갑골문에 나타나는 산시성 서남부 정치체들의 정치적 추이를 분석하여, 이들 대부분이 극상 직전까지도 친상親商 세력이었음을 제시할 것이다. 따라서 삼감三監의 난 발발 초기 이루어진 당숙에 대한 분봉이 산시성 서남부의 친상 반주反周 세력을 제어하기 위한 것이었음을 밝히며, 진의 최초 봉지인 당의 위치에 대해서도 필자 나름대로의 견해를 내놓을 것이다.

제2장에서 제4장까지는 서주시대 진의 발전에 대해 서술할 것이다. 제2장에서는 서주에서 춘추시대 초까지 진후묘지를 비롯한 진국 주요 유적지

를 일별할 것이다. 진후묘지에서는 진후의 이름이 담긴 많은 청동기 명문이 발견되었는데, 거기에 나타나는 이름이 『사기』 「진세가」에 나오는 진후의 이름과 대부분 일치하지 않는다. 따라서 진후묘지에서 발굴된 묘들의 편년과 함께 다른 두 이름들의 연유를 설명하고 각각의 진후들을 상호 대조할 것이다. 나아가 진후묘지에서 출토된 청동예기를 중심으로 진의 상류층 문화를 샨시성 주 중심지의 문화와 비교하여 살펴볼 것이다. 이를 통해 서주시대 진의 면모 및 주 문화의 일부로서의 진의 문화적 성격이 더욱 명확히 드러나리라 기대한다.

제3장에서는 진후묘지 발굴 이후 인근 헝수이와 다허커우에서 각각 발굴된 또 다른 정치체인 붕과 패의 고고학 성과와 함께 이들의 성격을 진과의 관계 속에서 검토할 것이다. 특히 다허커우의 서주 초중기 패백묘霸伯墓들에 나타나는 상례를 벗어나는 청동예악기 조합과 파격적인 수량을 통해 상말商末 이래 독자성을 유지해 온 비주 정치체들이 주의 예제에 동화되어 가는 과정을 살펴볼 수 있을 것이다. 진은 산시성 서남부에서 주 왕실의 대행자로 인근의 여러 비주 정치체를 관할하는 역할을 수행하다 급기야 이들을 흡수했을 것으로 보인다.

제4장에서는 청동기 명문들을 통해 서주시대 진의 성장 과정을 군사적 측면에서 검토할 것이다. 서주시대 진을 비롯한 제후국의 내재적 발전을 검토할 수 있는 자료는 극히 부족한 실정이다. 이 장에서는 그러한 한계를 인정하고 제후국 진이 발전한 한 단면을 전쟁금문을 매개로 살펴볼 것이다. 서주는 초보적 관료제를 도입했으나 족적族的 사회를 근간으로 했기 때문에, 군사적 전문성을 토대로 한 체계적인 상비군 체제를 구축했다기보다는 유력자들이나 제후들의 군사력에 의존했다. 서주 전 시기를 통틀어 제후국들의 군대는 대체로 봉지 인근의 전역戰域에 주로 참전했는데, 진후소편종晉侯蘇編鐘 등의 명문은 진이 예외적으로 장거리 원정에도 자

주 참여했음을 보여 준다. 서주 후기 왕실의 쇠퇴로 인한 동방 제후국들의 이반 가능성에도 불구하고 진은 주 왕실의 측근 세력으로 발전해 가다, 서주 말의 혼란기에는 왕실을 이반한 자들의 망명처가 될 정도로 강한 세력으로 성장한 것으로 보인다.

제5장에서는 서주의 멸망과 그에 뒤이은 평왕平王(770~720 B.C.)의 동천東遷에서 진이 수행한 지대한 역할에 대해 다룬다. 동천기의 역사는 베일에 싸여 있었을 뿐만 아니라 단편적인 내용을 담고 있는 각각의 사료에는 상호 모순도 존재한다. 2011년 공간公刊된 『계년繫年』이라는 전국시대 초楚의 죽간 역사서는 그러한 모순을 더해 주면서도 새로운 실마리를 제공한다. 이미 여러 학자가 주 왕실의 동천을 기원전 770년으로 확정한 사마천의 역사 서술에 의문을 제기해 왔는데, 『계년』은 동천이 일회성 사건이 아닌 장기에 걸친 일련의 과정이었음을 보여 준다. 이 동천의 과정에서 주도적인 역할을 담당한 이가 바로 진의 문후文侯(780~746 B.C.)이다. 그의 두드러진 역할은 평왕이 문후의 업적을 치하하며 내렸다는 『상서尙書』「문후지명文侯之命」 편을 비롯하여 진강정晉姜鼎 및 융생편종戎生編鐘 명문에 언급되어 있다. 이 장에서 왕실의 보호자로 성장한 진의 역할을 살펴볼 수 있을 것이다.

제6장과 제7장은 춘추시대 패권국을 향해 가는 진의 발전 과정을 살펴볼 것이다. 제6장에서는 진 문후 사후 67년 동안 지속된 진의 내전 과정과 그 시기를 주도한 곡옥 소종에 대한 고고학 성과를 검토할 것이다. 통상적으로 장기간의 내전이 쇠퇴를 가져오는 것과 달리, 진의 군위를 찬탈한 곡옥 소종의 입장에서 67년의 내전은 기회의 시기였고, 그들의 최종 승리는 진의 역사에서 새로운 도약을 위한 큰 전기가 되었다. 이러한 양상은 고고학적으로도 확인되는데, 곡옥 소종의 근거지였던 원시 상귀촌묘지의 청동기들은, 곡옥 소종의 물질문화가 앞선 시기 진 통치가의 문화와는 달리 샨

시성 주의 주류문화를 벗어나 지역적 특성을 지니고 있었음을 보여 준다. 이러한 혁신성은 다음 장에서 살펴볼 헌공의 개혁과 문공 시기의 패업에 중요한 토대가 되었다.

제7장에서는 우선 문공의 영웅담에 가려 그동안 크게 부각되지 않은 문공의 부친 헌공의 개혁에 초점을 맞출 것이다. 그는 공족의 정치 참여를 단호히 배제하고 융적과의 관계를 개선하기 위해 새로운 혼인정책을 폈으며 산시성의 주요 희성 제후국들을 완전히 정복함으로써 진의 국력을 배가시켰다. 복국復國하여 재위에 오른 지 4년 만에 패자가 된 문공 패업의 실질적 토대가 사실상 이때 마련된 것이다. 나아가 최근에 발견된 자범편종子犯編鐘과 진공반晉公盤 명문을 통해 문공이 패자가 되는 과정과 패자의 반열에 올라 왕국의 정사를 주도한 그의 면모를 살펴볼 수 있을 것이다.

제 1 장

상말주초 산시성의 정치지리와 진의 봉건

1. 서론

대부분의 중국 고대사 연구자는 주周의 제후국이자 춘추春秋시대 가장 강력한 패권국霸權國이었던 진晉에 대해 대체로 이민족인 융戎, 적狄과 밀접한 관계를 맺으면서 발전했을 것으로 파악하고 있다. 이러한 이해를 토대로 진의 봉건에 대해서도 서주西周 초 성왕成王이 주공周公의 도움을 받아 "융적을 견제하는 과정"에서 무왕武王의 아들이자 자신의 아우인 당숙唐叔 우虞를 오늘날 산시성山西省 서남부의 취워曲沃-이청翼城 지역에 분봉했을 것으로 보고 있다. 이러한 인식은 진이 주와 융적 사이에서 혼성적인 문화를 발전시켰을 것이라는 추정에까지 이르게 한다.[1]

1 楊寬 1982, 114; 李孟存, 常金倉 1988, 5-6; Hsu and Linduff 1988, 192-194; 杜正勝

그렇지만 1970년대 후반 이래 산시성 취워-이청 지역 톈마天馬-취촌曲村 일대의 서주시대 진후晉侯들을 비롯한 귀족묘지에서 발굴된 방대한 유물은 주의 중심지였던 샨시성陝西省 시안西安이나 저우위안周原 일대에서 발굴된 유물과 아주 유사하다. 서주시대 진의 도읍지에서 대부분의 중국학자가 융적의 문화로 인식하는 북방문화를 비롯한 다른 이질적인 문화요소들이 거의 나타나지 않는 것이다(제2장 참조). 더욱이 중국 역사상 융이나 적이 방위개념과 결합된 서북의 이민족으로 등장하는 시점이 빨라야 춘추시대라는 점을 감안하면,[2] 진과 융적의 연관성을 상商 말이나 서주 초까지 소급시키려는 보편적 인식은 재고의 여지가 커 보인다.

지금까지 이러한 인식이 주류를 이룬 기저에는 『좌전左傳』이나 『국어國語』 같은 전래문헌에 춘추시대 진의 인근에서 할거한 것으로 나타나는 다양한 융적 부족이 자리한다. 더욱이 서주 초 성왕과 주공의 봉건에 대해 언급한 『좌전』 "정공定公 4년"에는 진의 시조 당숙을 하허夏墟에 봉할 때 "회성구종懷姓九宗"을 나누어 주며 "하夏의 법규에 따라 (통치를) 시작하고, 융戎의 관례대로 토지의 경계를 정했다(啓以夏政, 疆以戎索)."는 결정적인 내용이 담겨 있다.[3] 왕궈웨이王國維(1877~1927)가 회성懷姓을 춘추시대 산시성 서남부에서 거주한 여러 적狄 부족의 성姓인 외隗와 일치시키고 이들의 연원을 상 후기 이래의 갑골문과 금문金文에 나타나는 산시성 서(북)부의 귀방鬼方에서 찾은 다음부터[4] 중국학자들은 별 이견 없이 이 견해를

1992, 387-394; 任偉 2004, 82.

2 '趙鐵寒 1965b, 314; 沈載勳 2006a, 14-32; 渡邊英幸 2010, 3-17'에서도 서주 금문에 나타나는 戎이라는 용어가 방위와는 무관한 反周 세력을 지칭하는 보통명사였을 가능성을 제시하고 있다.

3 楊伯峻 1981, 1539. "啓以夏政"의 의미에 대해 楊伯峻은 정확히 알 수 없다고 했고, 『全釋漢文大系』에는 "夏의 정치를 응용하고"라고 의역하고 있으나(竹內照夫 1975, 462), 필자는 이 구절에 전국시대의 관점이 반영된 것으로 보아 政을 선진문헌에 자주 나타나는 용례인 法의 의미로 해석했다(『古訓匯纂』, 956).

4 王國維 1959, 590.

따르고 있다.

왕궈웨이로부터 비롯된 회懷/외隗/귀鬼의 통가通假 이론이 고문자학적으로 개연성이 있다고 해도, 상 이래 춘추전국시대까지 500~600년 이상의 긴 세월을 초월하여 전래문헌(회懷와 외隗)과 출토문헌(귀鬼) 상의 특정 족속들을 단일한 계보로 연결시키려는 대담한 시도의 문제점을 지적하는 학자가 거의 없음은 아쉽다.[5] 필자는 진과 융적의 밀접한 관계를 서주 초까지 소급시키는 이러한 인식이 『좌전』이 편찬된 전국시대의 관점을 반영하는 것으로 보고 있다.

서주 초 진이 산시성에 분봉된 역사적 배경을 제대로 파악하기 위해서는 상 멸망 전후 산시성의 역사적 상황 및 세력판도에 대한 올바른 이해가 필수적이다. 이 장에서는 상 후기의 갑골문과 그동안 크게 주목받지 못한 『일주서逸周書』의 「도읍度邑」과 「작락作雒」 편을 토대로, 당시 산시성 서남부의 이른바 진남晉南 지역과 펀하汾河 중하류 일대의 정치지리를 상과 주를 둘러싼 역학 관계의 추이에 따라 분석하고자 한다. 이를 통해 진의 봉건에 대해 『좌전』과는 다른 결론에 도달할 수 있을 것이다.[6]

상 후기 산시성의 역사지리 연구는 1950년대 후반에 천멍자陳夢家(1911~1966), 시마 구니오島邦男(1908~1977), 리쉐친李學勤 등과 같은 저명한 갑골학자들에 의해 본격적으로 시작되었다.[7] 그렇지만 당시 산시성에 대한 고고학적 연구가 초기 단계에 있었기 때문에 이들의 연구와 고고학 자료들

5 하나의 단적인 예로 晉 獻公의 첩으로 잘 알려진 驪姬는 獻公이 驪戎을 정벌한 후에 취한 그 수장의 딸이다(楊伯峻 1981, 239). 驪姬라는 이름에서 驪戎이 姬姓임을 짐작할 수 있지만, 戎 출신인 驪姬를 西周 金文에 등장하는 姬姓 周族의 후예로 보기는 어렵다. 이렇듯 商에서 춘추전국시기까지 수백 년이 경과하는 과정에서 姓의 차용에 상당한 굴곡이 있었다면, 출토문헌과 전래문헌에 나타나는 특정 문자들의 음운학적 유사성을 토대로 동일계보를 단정하는 방식은 위험이 따를 수밖에 없다.

6 서주 초 晉의 봉건을 검토하면서 가장 처음 부딪히게 되는 문제는 봉건의 정확한 장소와 시기를 둘러싼 논쟁인데, 이 문제들은 후술할 것이다.

7 陳夢家 1956, 269-300; 島邦男 1958, 378-424; 李學勤 1959, 61-94.

이 결합될 수 없었던 것은 아쉬움으로 남는다. 물론 이 때문에 갑골문에 나타나는 여러 지명을 산시성으로 위치 비정한 세 학자의 뛰어난 업적이 과소평가되어서는 안 된다. 그럼에도 불구하고 이들의 연구가 지명의 위치 추정을 넘어 상 후기 산시성 전체의 세력판도에 대한 체계적인 검토에까지 이르지 못한 한계를 안고 있음은 부인하기 어려울 것이다.[8]

이들의 뒤를 이은 연구들도, 뒤에서 상세히 살펴볼 린샤오안林小安과 에드워드 쇼네시Edward L. Shaughnessy, 夏含夷의 것을 제외하면,[9] 역시 이들의 연구에 근거해서 논의를 전개하고 있다.[10] 예를 들면, 데이비드 키틀리David N. Keightley(1932~2017)는 갑골문과 고고학 자료를 결합하여 상 후기의 세력판도를 그리려고 시도하면서 산시성에서는 이 두 자료가 일관되게 적용되지 않는다고 보고 있다.[11] 이러한 시도가 위의 세 학자의 방법론에서 한발 더 나아간 것이지만, 키틀리는 근거가 희박한(각주 8 참조) 시마

8 卜辭상의 지명과 전래문헌에 나타나는 지명 사이의 음운학적 유사성에 의존하여, 陳夢家는 많은 지명을 山西省 서남부(晉南)에 위치시키고 있다. 그의 위치 비정이 대체로 신뢰할 만하지만 𢀛方이나 土方과 같은 方國들까지도 晉南 지역으로 위치시키는 것은 설득력이 약하다. 島邦男는 卜辭만을 이용하여 여러 지명을 山西省 북부에 위치시키고 있다. 그의 위치 비정에 대한 Shaughnessy의 비판은 적절한데(Shaughnessy 1989, 3-13), 필자 역시 한 가지 결정적인 문제점을 지적하고 싶다. 『詩經』「小雅」"六月"에 군사 원정과 관련하여 "于三十里"라는 구절이 있는데, 이를 "군사들이 하루에 30里를 행군한다."고 해석한 후대의 주석에 근거하여, 島邦男는 商 후기의 군대 역시 매일 30km 정도를 일정하게 이동할 수 있었다는 가설로 논지를 전개하고 있다(島邦男 1958, 360). 하지만 고대 중국의 1里를 오늘날의 1km로 볼 수 있을지 여부뿐만 아니라 晉侯蘇編鐘 명문 등은 서주 군대의 하루 평균 이동 거리가 10km 정도였음을 보여 주고 있는데(제4장 참조), 이를 통해 島邦男의 기본 전제에 문제가 있음을 알 수 있다. 따라서 그가 추정한 商의 세력범위 역시 山西省 북부에까지 미치는 것으로 지나치게 확대 해석될 수밖에 없었다. 陳夢家의 방법론에 근거한 李學勤의 연구는 갑골문과 전래문헌을 비교적 균형 있게 이용하고 있지만, 𢀛方이나 土方 같은 方國을 商의 강력한 적으로 파악하지 않는 등(李學勤 1959, 63-64) 상 후기 山西省의 세력판도나 그 추이를 검토하는 데까지는 이르지 못하고 있다.

9 林小安 1986, 223-302; 夏含夷 1986, 129-143.

10 羅昆 1983, 127; 張亞初 1983a, 395-403; 鄭杰祥 1997, 283-323; 孫亞冰, 林歡 2010, 259-363.

11 Keightley 1983, 545-546.

구니오의 지도에 의존하여 자신의 논의를 전개시키고 있다. 또한 1980년대 이후 더욱 체계적으로 진행된 산시성의 고고학 성과를 제대로 이용하지 못한 것도 아쉽다.

상 후기의 역사지리를 재구성하면서 대부분의 학자는 동판관계同版關係라 부르는 한 가지 중요한 전제에 근거하고 있다. 즉, 2개나 혹은 그 이상의 지명이 같은 명문이나 복골卜骨에 나타난다면, 그것들이 비교적 가까운 지역에 위치한 것으로 가정한다. 필자는 여기에 갑골문에 나타나는 상 말기 산시성의 여러 정치체[12]가 상과의 친소관계에 따라 몇 가지 지역 세력으로 구분될 수 있다는 가설을 추가하고 싶다. 더욱이 이러한 구분이 당시의 고고학 자료로 뒷받침될 수 있다면 진이 분봉되기 직전 산시성의 정치지리를 이해할 수 있는 중요한 실마리를 찾을 수 있을 것이다. 따라서 우선 상 후기 산시성의 고고학 성과를 간략히 검토하고자 한다.

2. 상 후기 산시성의 고고학 지구들

상 후기의 산시성은 몇 가지 특징적인 고고학 지구地區로 구분할 수 있다. 이러한 독특한 고고학 유형은 각 지구의 문화적 혹은 종족적인 차이 못지않게 산시성의 다양한 지형에 기인하는 듯하다(그림 1-1).

1) 진산晉陝고원: 리자야문화

산시성에서 가장 뚜렷하게 구분되는 고고학 지구는 뤼량呂梁산맥 서쪽으로부터 샨시성 동북의 산악 지역까지 이어지는 산시성 서(북)부의 황토

12 필자는 이 책에서 갑골문에 나타나는 商代 山西省의 여러 지명을 각각 독립된 정치적 단위로 파악하면서 國이나 나라와 같은 용어 대신 정치체polity라는 용어를 사용할 것이다.

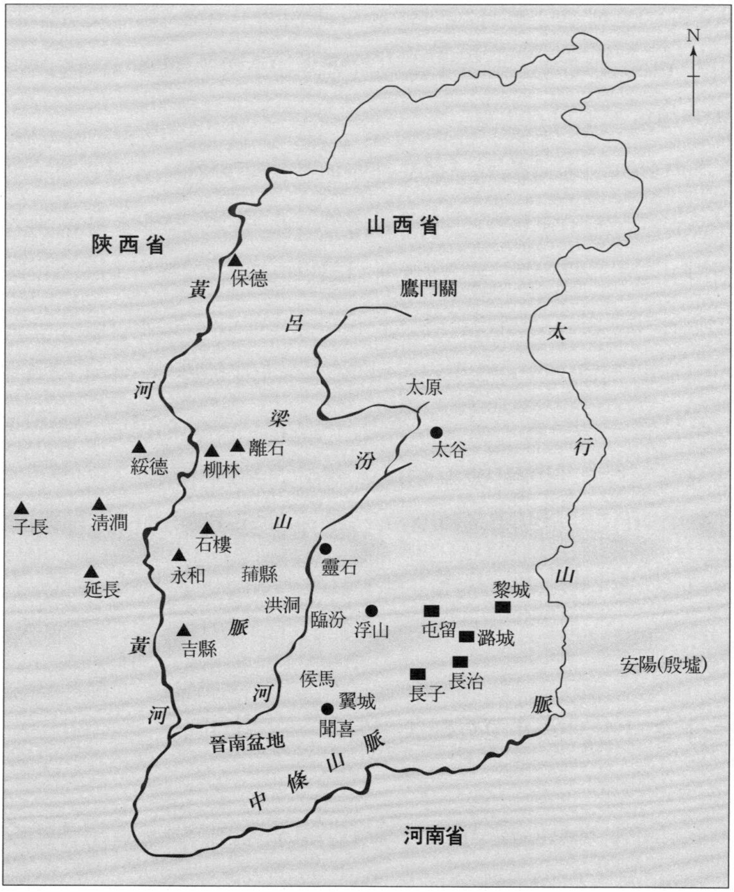

그림 1-1. 상 후기 산시성의 고고학 지구

고원지대이다. 다량의 상 후기 청동기가 산시성의 융허永和, 스러우石樓, 류린柳林, 리스離石, 바오더保德뿐만 아니라 황하黃河를 가로질러 샨시성의 쑤이더綏德, 칭젠清澗, 쯔창子長, 옌창延長 등지에서도 발굴되고 있다.

이 지역의 청동기는 정鼎, 궤簋, 고觚, 작爵, 가斝, 유卣, 반盤 등 상의 영향이 뚜렷한 것들과 자루용 구멍이 뚫린 도끼(銅銎內鉞)(그림 1-2-1), 활 모양

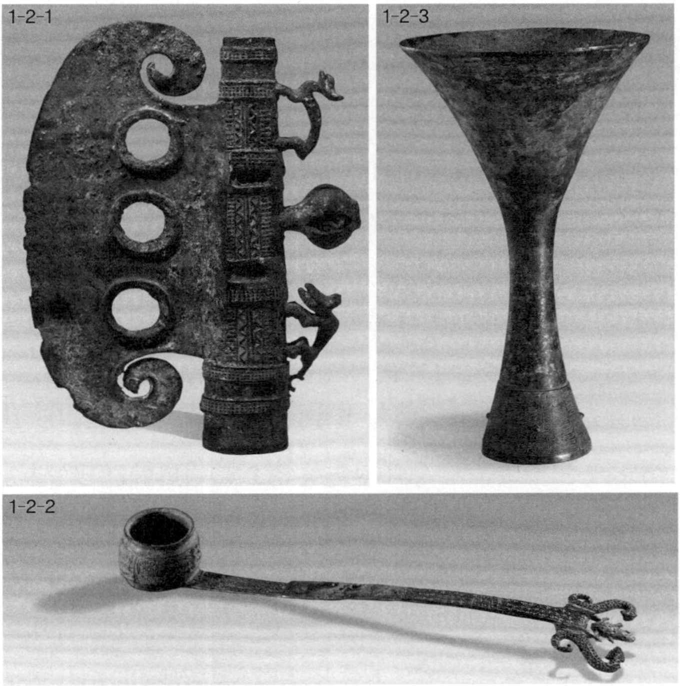

그림 1-2. 리자야문화 청동기
1-2-1. 산시성 류린 출토 구멍 뚫린 도끼(길이 18cm)(베이징수도박물관)
1-2-2. 산시성 스러우 출토 동물 장식 수저(길이 17cm)(산시박물원)
1-2-3. 산시성 스러우 출토 방울 달린 고(높이 32cm, 구경 18cm)(산시박물원)

의 기물(弓形器), 동물 머리 모양 장식이 부착된 칼(獸首刀), 수저(獸首勺)(그림 1-2-2), 금귀걸이 등 안양安陽에서 발굴된 상의 청동기와는 다른 토착성이 강한 것들로 나뉜다. 또한 목이 가는 호(細頸壺)와 호 모양 유(壺形腹提梁卣), 바닥에 방울 달린 고(帶鈴觚)(그림 1-2-3) 등과 같이 상의 양식과 토착 양식이 융합된 유형도 있다.[13] 특히 1980년대 후반기에 칭젠의 리자야

13 張長壽 1979, 62; Lin Yun 1986, 240; 宋新朝 1991, 111; So and Bunker 1995, 35–37; 中國社會科學院考古研究所 編著 2003, 585–591.

李家崖 유적에서 발굴된 상 후기의 도기들이 쑤이더의 쉐자취薛家渠와 류린의 홍가오紅高 유적지에서 발굴된 도기들과 아주 흡사하여 주목받은 바 있다.[14]

따라서 위의 지역들을 상 후기의 동일한 고고학 지구로 파악하고, 출토 유물이 가장 풍부하고 성지城址까지 발견된 리자야를 대표성을 띠는 유지遺址로 보아 이 지구 전체를 리자야문화로 명명하고 있다.[15] 한편 류린의 남쪽에서는 위의 것과 유사한 상 후기의 도기는 발견되지 않고 있지만, 유사한 청동기들이 산시성 서남부의 지현吉縣에서도 출토되어, 이 고고학 지구의 남쪽 한계가 펀하汾河 하류의 북쪽에까지 이르렀을 것으로 보기도 한다.[16] 이 지구를 갑골문에 상의 강력한 적으로 나타나는 공방𢀛方이나 토방土方, 귀방과 같은 방국方國의 지역으로 추정하는 데 이견이 없다. 『주역周易』「기제既濟」(63) 괘에는 고종高宗, 즉 상의 무정武丁이 기원전 13세기 후반쯤 이 지역의 귀방을 정벌하는 데 3년 걸렸다고 언급되어 있고,[17] 서주 전기 강왕康王 시기의 청동기인 소우정小盂鼎(集成[18] 2839) 명문에도 귀방을 정벌하여 4,812명을 살해하고 13,081명을 사로잡았음이 명시되어 있다. 서주 초기까지도 이 지역에 강한 세력이 존재했음을 보여 준다.[19]

2) 진남분지

산시성 서남부의 모퉁이에 위치한 진남분지 역시 독특한 고고학 지구로

---

14 張映文, 呂智榮 1988, 47-56; 北京大學考古系商周古實習組 등 1988, 28-37; 宋新朝 1991, 114-116.

15 Bunker 등 1997, 22-25; 中國社會科學院考古研究所 2003, 592; Li Yung-ti and Hwang Ming-chung 2013, 378-379; 陝西省考古研究院 2013.

16 吉縣文物工作站 1985, 848-849.

17 Shaughnessy 1983, 257-261.

18 이하 集成은 모두 『殷周金文集成』을 이른다.

19 Li Feng 2006, 54-55.

분류된다. 동남쪽과 서북쪽이 각각 중탸오中條산맥과 뤼량呂梁산맥으로 막혀 있는 이 지구의 북방 한계는 린펀臨汾 지역이다. 이 지구에서 상 전기의 대표 문화인 얼리강二里崗 유형의 유적지들은 비교적 많이 발견되었지만, 상 후기 은허殷墟 유형의 유적지는 거의 나타나지 않고 있어 의미심장하다.[20] 더욱이 상 후기까지 이 지구를 대표한 주류문화가 이 지역 토착문화인 얼리터우二里頭문화를 계승한 것으로 보는 견해도 있다.[21] 20세기 후반 중국사회과학원中國社會科學院 고고연구소考古研究所의 주도로 진행된 이 지역의 발굴에 참여한 고고학자들은 상 후기의 유적을 찾으려고 많은 노력을 기울였지만, 홍둥현洪洞縣 용닝바오永凝堡와 원시현聞喜縣 추자좡丘家莊 등지에서 은허 제Ⅲ기의 도기 파편을 채집했을 뿐, 유의미한 성과를 거두지 못했다고 한다. 따라서 이 지역에서 상 후기의 유적이 출토되지 않고 있는 것은 우연이 아니고 당시 이 지역이 처해 있던 역사적 상황과 밀접한 연관이 있을 것으로 보고 있다. 즉, 상 후기에 진남 지역(특히 산시성 서남쪽 모퉁이 지역)이 상의 세력권에서 벗어나 있었을 것으로 보는데,[22] 마바오춘馬保春은 특히 갑골문과 전래문헌 모두에서 산시성 서남부에 주의 사적事迹이 있었음이 나타나므로 이 지역이 주인周人의 동방 진출에 중요한 교두보 역할을 했을 것으로 추정하기도 한다.[23]

---

20 中國社會科學院考古研究所山西工作隊 1989, 40.

21 王克林 1981, 205.

22 Lin Yun 1986, 240; 中國社會科學院考古研究所 2003, 321-322.

23 馬保春 2007, 88. 그렇지만 최근 이러한 인식을 재고케 하는 흥미로운 유적이 발굴되어 주목을 끌고 있다. 山西省 公安局은 2018년 5월 27일부터 8월 15일까지 太原의 山西博物院에서 도굴범들을 체포하여 압수한 주요 유물 4천여 점을 전시하고 있다. 필자는 이 책의 마지막 교정 직전인 2018년 7월 4일 山西博物院의 해당 전람관을 방문했다. 무엇보다 필자의 눈길을 사로잡은 것은 晉南 지역의 聞喜縣 酒務頭墓地에서 출토된 전형적인 상 후기 청동기군이었다. 공안기관으로부터 도굴 墓 정보를 얻은 山西省考古研究所는 2017년 6월 이 墓地에 대한 구제성 발굴을 실시했다고 한다. 총 12기의 商代 墓와 車馬坑 등을 발굴했지만, 제1호 墓를 제외하고는 대부분이 도굴된 상태였다. 제1호 墓에서는 청동기 123점, 도기 7점, 골기 1점 등이 발굴되어 酒務頭墓地가 殷墟 후기 단계에 해당하는 商 후기의 대형 귀

3) 동남東南고원

산시성의 세 번째 고고학 지구는 타이항太行산맥 남부와 중탸오산맥, 그리고 그 사이에 끼어 있는 창즈長治 분지를 포함한 동남부의 고원지대이다. 이 지구의 대표적인 유적지들인 장쯔長子와 툰류屯留, 창즈, 리청黎城, 루청潞城 등지에서 출토된 도기와 청동기들은 기본적으로 상 후기의 은허 유형과 흡사하다.[24] 뿐만 아니라 산시성의 동남쪽 끝 부분은 상 후기 왕들의 중요한 사냥터였다. 따라서 상 후기에 산시성 동남부는 상왕의 영역이었거나 적어도 그들의 통치를 받았던 지역으로 파악하는 것이 합리적이다.[25]

4) 진중지구

산시성의 또 다른 고고학 지구는 중부의 타이위안太原 분지를 중심으로 남북으로 각각 링스靈石와 잉먼관鷹門關에 이르는 진중 지역이다.[26] 고고학 자료가 부족하여 이 지역을 연구하는 데 어려움이 있었으나, 1980년대 말 타이구太谷의 바이옌白燕 유적이 발굴됨으로써 관련 연구에 중요한 실마리를 얻게 되었다.[27] 바이옌 유적지에서 발굴된 도기들을 토대로 이 지역의 청동기시대 문화를 초기와 중기, 후기의 세 단계로 나눌 수 있다. 이들 중 중기와 후기가 대체로 은허시대 초기와 후기에 해당된다. 바이옌 유

족의 墓地임을 알게 해준다. 뒤에서 언급되듯이 갑골문에 나타나는 晉南 지역의 정치체들은 상 말기까지 상 왕실과 친밀한 관계를 유지했을 가능성이 커, 그동안의 고고학적인 양상과 상당한 괴리가 있었다. 이러한 측면에서 酒務頭墓地의 발굴은 뒤에서 언급될 橋北墓地와 함께 그러한 공백을 어느 정도 메워 준다. 나아가 山西省 서남부의 정치체들이 商의 멸망 직전 親商 경향을 띠었으리라는 이 장의 이어지는 주요 논의를 뒷받침해 준다.

24 山西省文物管理委員會 1959, 36; 文物編輯委員會 編 1979, 58; 王進先 1982, 49-52; 文物編輯委員會 編 1991, 42; 長治市博物館 1991, 177; 田建文 1994, 27; Li Yung-ti and Hwang Ming-chung 2013, 373-374.

25 李學勤 1990, 257.

26 宋新朝 1991, 109-110.

27 晉中考古學隊 1989, 1-21.

적지의 고고학 문화를 통해 이 지역과 샤자뎬하층夏家店下層 및 산시성 북부나 오르도스Ordos문화 사이에 빈번한 상호작용이 있었음을 알 수 있을 뿐만 아니라 상 후기 이 지역의 독특한 지역적 특색 역시 발견할 수 있다. 특히 이 지역에서 많이 발굴되는 상 후기 도기—입 부분이 퍼지고 다리가 빈 력鬲과 세 발 달린 관罐—는 토착 룽산龍山문화에서 영향을 받아 발전한 것이다. 따라서 후기에 상 문화의 영향이 증가하기는 해도, 이 지구의 고고학 문화 역시 상 후기 은허문화로부터 독립적으로 발전했음을 추측할 수 있다.[28]

5) 편하 중류의 징제촌묘지와 차오베이묘지

위에서 살펴본 상 후기 산시성의 네 고고학 지구[29]는 각기 독자성을 띠며 발전했지만, 실상 그 경계가 모호하고 중첩되는 부분이 있는 것도 사실이다. 이러한 측면에서 1980년대에 발견된 링스현 징제촌旌介村과 2000년대 초에 발견된 푸산현浮山縣 차오베이촌橋北村의 상 후기 묘들은 당시 편하 중류의 물질문화를 이해하는 데 중요한 자료가 되고 있다(그림 1-1 참조).

고고학자들이 진중지구의 남쪽 하한선으로 추정하는 링스에 위치한 징제촌의 중형 묘 3기에서는 다량의 상 후기 청동기가 출토되었다.[30] 이 묘들에서 나타나는 여러 양상은 은허와 비슷한 점이 많은데, 인웨이장殷瑋璋과 차오수친曹淑琴은 무덤의 형태와 인순人殉, 청동기의 양식과 장식, 청동 예기의 기본적인 배합(고觚, 작爵, 정鼎, 궤簋, 유卣, 뢰罍, 반盤, 가斝, 굉觥 등), 부정父丁·조을祖乙·형계兄癸와 같은 조상의 이름 등에서 유사점을 발견한다. 그렇지만 징제촌의 무덤들에서 은허와는 확연히 차이가 나는 합장

28 中國社會科學院考古硏究所 2003, 575.

29 여기에서 필자는 일반적으로 오르도스문화의 일부로 편입되고 있는 山西省 북부의 물질문화에 대해서는 언급하지 않을 것이다.

30 戴尊德 1986, 1-18; 山西省考古硏究所 2006. 185-204.

그림 1-3. 징제촌 청동기

1. 상 스타일 정(높이 22cm), 2. 관 모양 기물(길이 28cm), 3. 궁형기(길이 50cm)

合葬 풍습과 청동기에 나타나는 보다 사실적인 동물 문양, 청동예기의 독특한 배합(예를 들면 觚 4점과 爵 10점), 다량의 북방식 청동기[동물 머리 장식이 부착된 관 모양 기물(管狀器)과 칼, 활 모양 기물(弓形器), 속이 빈 단검 도끼 등] 등에도 주목한다(그림 1-3).

따라서 인웨이장과 차오수친은 징제촌의 청동기문화에서 상(은허)의 강력한 영향을 배제할 수는 없지만, 이 지역의 독특한 상황에 따른 이 곳만의 특이한 스타일을 발전시킬 수 있었다고 본다. 또한 이들 청동기에 가장 빈번히 나타나는 족씨 명문인 [illegible]을 갑골문에 지명으로 나타나는 병丙으로 해독하여 징제촌 무덤의 주인이 제I기의 갑골문에 나타나는 병국丙國

의 통치자와 그 배우자일 것으로 추정하기도 한다.[31] 리보첸李伯謙은 이를 병丙으로 단정하는 데는 조심스럽지만, 역시 이 지역을 ꓨ족의 소재지로 보면서 이 지역의 문화를 산시성 서북부의 리자야문화 등 이른바 융적 계통의 문화와는 확연히 구분되는 "상 문화의 분지分支"로 파악하고 있다.[32] 1986년 징제촌묘지 인근에서 발견된 상 말에서 서주 초의 대규모 식량 저장소(糧倉)들을 토대로 상당 규모의 군대가 주둔한 군사기지로서의 성격을 강조하는 견해도 있다.[33]

2003년 대규모 조사가 진행된 차오베이묘지에서는 상과 서주시대의 묘 31기가 발굴되었다(그림 1-4). 이들 중 묘도墓道가 하나인 상 후기 대형묘 5기는 묘도에 남아 있는 거마車馬와 마부의 흔적이나 요갱腰坑과 순구殉狗, 순인殉人 등의 매장 습속을 통해 상 문명의 세례를 받은 주변 정치체 수장들의 묘임을 어렵지 않게 짐작할 수 있다.[34] 특히 같은 묘지에서 발굴된 서주시대의 묘는 상의 것과는 비교할 수 없을 정도로 초라한 모습이어서, 극상克商 이후 이 정치체가 겪은 급격한 변화를 암시한다.[35] 차오베이묘지를 정식 발굴하기 전 도굴된 일부 묘에서 선先이라는 족씨 명문이 새겨진 청동기가 나온 것으로 알려져 있다. 따라서 이 묘지가 갑골문에 지명 혹은 제II기의 정인貞人으로 등장하는 선先과 관련이 있을 것으로 추정한다.[36] 발굴자들을 비롯한 일부 연구자는 진의 시조인 숙우叔虞가 최초로 분봉된 당唐의 원소재지 역시 차오베이묘지 인근일 것으로 보기도 한다.[37]

링스와 푸산은 150km 정도 떨어져 있지만, 이들은 각각 진중지구와 진

31 殷瑋璋, 曺淑琴 1990, 621-630.
32 李伯謙 1998, 167-184.
33 山西省考古硏究所 2006, 207-208.
34 Li Yung-ti and Hwang Ming-chong 2013, 375.
35 橋北考古隊 2006, 347-394.
36 孫亞冰, 林歡 2010, 357-358.
37 田建文 2004, 327; 馬保春 2007, 129-130.

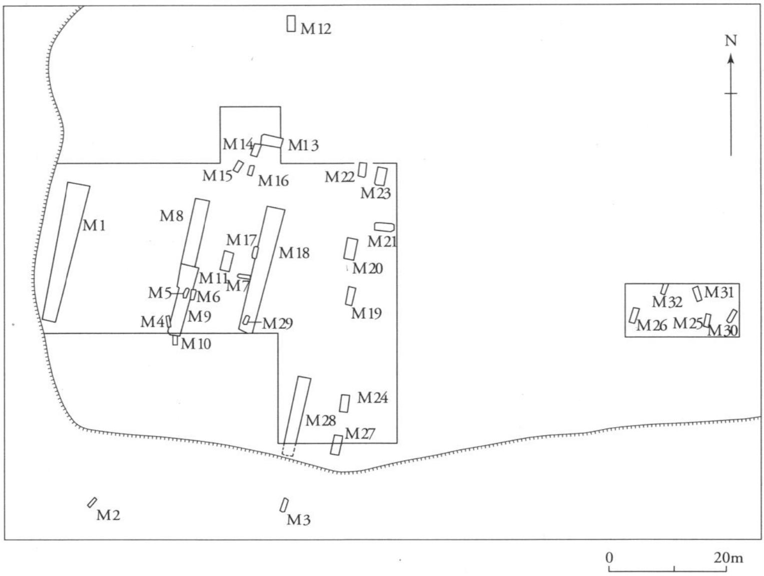

그림 1-4. 차오베이묘지 분포도(상)와 대형 묘 M1(하)[38]
M1의 묘 전체 길이는 24.84m, 묘도 길이는 18.96~19.1m, 묘실 크기는 5.74~5.88m×3.52~4m이다. 묘도의 중간에 순장인 한 명과 말 두 필이 끄는 마차가 놓여 있었다.

남지구의 남쪽과 북쪽 언저리에 위치하는 공통점을 지닌다. 차오베이묘지의 청동기들이 거의 도굴된 탓에 두 지역의 기물들을 비교할 수 없어 아쉽지만, 두 지역 모두에서 출토된 가랑이가 갈라지고 주머니 모양 다리를 지닌 력(分襠 袋足鬲)이나 활 모양 청동기(弓形器) 등[39]에서는 문화적 친연성이 나타나기도 한다. 더욱이 이들 묘에서 상의 영향이 뚜렷하다고 해도, 특히 징제촌의 경우 리자야문화에서 보편적으로 나타나는 북방 청동기의 특징 역시 강하게 나타나므로, 이들 지역을 산시성 동남부처럼 완전히 상에 복속된 지역으로 단정하기는 어려울 듯하다. 다만 각주 23에서 언급한 원시현 주우터우묘지酒務頭墓地의 최근 발견이 새로운 해석의 가능성을 제기하고 있다. 이 문제는 갑골문에 나타나는 산시성의 여러 정치체에 대한 고찰을 통해 더욱 명확해질 것이다.

3. 갑골문에 나타나는 상 후기 산시성의 세력판도와 그 추이

앞에서 언급한 린샤오안과 쇼네시의 논문은 복사卜辭에 나타난 지명들의 위치를 추정했을 뿐만 아니라 상 후기 산시성의 세력관계 연구에 중요한 실마리를 제공한다. 우선 린샤오안은 무정의 시기와 거의 일치하는 제I기(빈조賓組)의 갑골문에 나타나는 무수한 전쟁 기록을 초기, 중기, 후기의 세 시기로 구분하면서, 제I기 초기에 상으로부터 공격을 받은 산시성의 많은 정치체가 중기부터는 상의 동맹세력으로 나타남을 발견했다.[40] 이

38 M은 중국의 발굴보고서에서 墓를 지칭할 때 일반적으로 쓰는 방식으로, 墓의 중국어 발음 'mu'에서 유래한 것이다. M에 이어지는 숫자는 묘의 편호이다. 따라서 M1은 특정 지역의 1호 묘라는 의미이다. 편의상 이하 중국 학계의 표기법을 따를 것이다.

39 山西省考古研究所 2006, 84-85, 87, 131-132; 橋北考古隊 2006, 366, 375.

40 林小安은 商으로부터 공격을 받은 것으로 나타나는 40개 정도의 정치체를 열거하고 있다

들 중 지沚와 혹或,[41] 망望, 보甫, 缶 등과 같은 정치체는 당시 상의 가장 강력한 적이었던 산시성 서북부의 공방으로부터 공격을 받거나 상과 연합하여 공방과의 전쟁에 참여하고 있다.[42] 따라서 린샤오안은 무정 시기에 상과 산시성의 정치체들 사이의 세력관계에서 커다란 변화가 있었을 것으로 파악하는데,[43] 이러한 변혁이 주로 현재의 산시성 서남부, 즉 진남 지역에서 일어났을 것으로 보고 있다. 특히 이러한 정치체들 중 지, 혹, 缶는 우友, 미微와 같은 복사에 나타나는데, 우와 미는 또한 당唐과도 같은 복사에 나타난다. 2개 혹은 그 이상의 지명이 동일한 복사에 나타난다면 그것들을 비교적 가까운 지역에 위치한 것으로 파악한다는 '동판관계' 가설에 근거하여, 린샤오안은 지와 혹, 缶 역시 『사기史記』「진세가晉世家」에 진의 시조 당숙이 봉해졌던 곳으로 언급된 당과 비교적 가까운 지역에 위치했을 것으로 추정한다.[44] 갑골문의 당과 전래문헌에 숙우에게 분봉되었다고 나오는 당을 일치시킬 수 있을지 여부에 대해서는 이론의 소지가 있지만, 이들을 모두 산시성 서남부에 위치시키는 데는 이견이 없다(후술).

린샤오안의 논문과 거의 동시에 발표된 쇼네시의 논문 역시 상으로부터 공격을 받은 산시성의 정치체들에 주목하면서, 무정의 재위기부터 일어난 산시성의 세력판도 변화에 대해 흥미로운 견해를 제시한다. 갑골문에 나타나는 보와 혹을 각각 산시성 서부의 푸현蒲縣과 융허로 위치 비정하면서(그림 1-1 참조), 상으로부터 공격을 받은 이러한 많은 정치체가 황하

(林小安 1986, 227-268)

41 은 이전에 戉로 隸定되었지만, 林澐과 李學勤이 이에 대해 의문을 제기한 이래 최근 謝明文이 '或'의 初文으로 볼 것을 제안했다(謝明文 2012, 664-679).

42 𢀛方과 商의 전쟁에 관해서는 '沈載勳 1992, 755-775' 참조.

43 張亞初 역시 武丁의 山西省 서남부 정치체들에 대한 빈번한 정벌에 주목하면서, 이를 盤庚이 殷(安陽)으로 천도한 후 이 지역에서 商의 세력이 약화한 것에 기인한 것이라고 파악한다(張亞初 1983a, 404).

44 林小安 1986, 266-268.

와 편하 사이의 인접한 지역, 즉 하동河東 지역에 위치했을 것으로 추정한다.[45] 쇼네시는 또한 제I기, 즉 빈조 복사에 대한 새로운 시기구분에 근거하여,[46] 공방과 상의 전쟁이 빈조의 후기—동쭤빈董作賓(1895~1963)의 시기구분에서는 제II기의 초기(조경祖庚의 재위기에 해당)—부터 시작되었을 것으로 본다. 따라서 쇼네시는 상 후기 가장 강력한 왕이었던 무정이 공방과의 전쟁이 시작되기 직전에 사망했을 것으로 보면서, 이 전쟁의 결과에 대해 새로운 해석을 내리고 있다. 우선 상이 빈조 복사의 중기(무정시기 혹은 표준 빈조 복사 시기)까지 하동 지역 전체를 장악하고 있었지만, 빈조 복사 후기부터는 산시성에 위치한 긍亘과 부缶,[47] 주周 등 상의 일부 동맹세력들이 상과의 연합에서 이탈하는 것을 발견한다. 이를 통해 상이 빈조 복사 후기, 즉 무정 다음 왕인 조경의 재위기부터 하동 지역의 여러 정치체에 대한 통제력을 상실했을 것으로 본다. 그는 또한 중기인 표준 빈조 복사에서 상의 연합세력으로 나타나던 혹과 지, 세繐가 조경시기 이후의 복사에서는 적으로 나타남을 확인한다. 그러므로 상이 무정 사망 이후에 일어난 공방과의 장기에 걸친 격렬한 전쟁에서 패해 하동 지역의 지배권을

45 夏含夷 1986, 133-135. Shaughnessy 논문에서의 河東은 대체로 山西省 서남부의 모퉁이인 晉南盆地를 제외한 黃河 동쪽과 汾河 중류 일대를 지칭하는 듯하다.

46 董作賓이 1933년 5기의 시기구분법을 제출한 이래 갑골문의 시기구분에 대해서는 그 중요성만큼이나 많은 이론이 제기되어 왔다. 이러한 구분에 있어 가장 중요한 기준은 貞人의 분류이다. 1980년대 초 중국학자들이 제기하여 구미학계에서도 수용되고 있는 수정설은, 그동안 논란이 되어 온 董作賓이 제4기로 편입시켰던(武乙, 文丁 시기) 𠂤組복사를 董作賓의 제I기(武丁), 즉 賓組보다 앞서는 것으로 파악하고 있다. 또한 전체 갑골문의 50%퍼센트 이상을 차지하는 賓組 복사를 전기와 중기, 후기로 三分하여, 후기 賓組는 武丁의 다음 세대인 祖庚시기(董作賓의 제2기)에 속하는 것으로 파악하고 있다. 이들은 형식학과 同版關係, 갑골판이 출토된 지층의 층위학(특히 小屯南地 갑골) 등에 근거하여 거의 유사한 결론에 이르고 있다(李學勤 1980, 32-42; 李學勤 1981, 27-33; 裘錫圭 1981, 262-320; Shaughnessy 1982-1983, 1-13; 林澐 1984, 111-154). 최근 국내에서 번역 출간된 '왕우신, 양승남 외 2011, 제2권의 87-180'에도 이 문제가 비교적 상세히 설명되어 있다.

47 林小安은 亘과 缶 역시 제I기 초기에 商에 복속된 것으로 파악한다(林小安 1986, 237-239, 243-245).

잃음으로써, 그 후에는 결코 그 지역에서 지배권을 회복할 수 없었을 것으로 추정한다.[48]

위에서 살펴본 두 연구는 세부적인 면에서 일부 차이를 보인다. 우선 두 연구자가 갑골문에 나타나는 상 후기 산시성 정치체들의 위치로 각각 파악한 진남과 하동은 실상 같은 지역이지만, 쇼네시의 위치 추정이 린샤오안보다 약간 북쪽에 치우친 듯하다. 학자들 사이에서 정치체들의 세부 위치에 대해 상당한 이견이 있어 왔음을 감안하면, 현재 이 문제에 대해 정확한 시시비비를 가리기는 힘들 것으로 보인다. 그럼에도 불구하고 두 연구자 이외에 지명의 위치를 비정한 대부분의 다른 연구자도 이러한 정치체들이 대체로 산시성 서남부의 편하 중하류 일대에 산재했으리라는 점에 대해서는 별 이견이 없다.[49] 두 연구에서 필자가 특히 주목하는 것은 두 학자 모두 갑골문을 세밀히 분석하여 공교롭게도 이러한 여러 정치체가 상 후기에 상과 신축적인 관계를 유지했음을 밝힌 점이다.[50] 다시 말해 이들과 상의 관계가 고정불변이기보다는 상과 공방 세력의 추이에 따라 유동적이었다는 것이다. 나아가 아래에 제시될 무정에 뒤이은 기원전 12세기 조경과 조갑祖甲 두 왕의 재위기, 즉 제II기 혹은 출조出組의 전쟁 복사는 공방과의 전쟁 결과에 대한 쇼네시의 해석을 뒷받침해 준다.

(1) 丁酉卜, 出貞: 𠂤隻𢀛方. (合集 24145: II[51])

정유일(34)에 금을 내고, 출이 점치기를: "𠂤가 공방을 포획할 것이다."[52]

---

48 夏含夷 1986, 139-143.

49 陳夢家 1956, 249-312; 李學勤 1959, 15-95; 張亞初 1983a, 388-404; 鍾柏生 1989, 163-227; 鄭杰祥 1997, 283-323; 孫亞冰, 林歡 2010, 259-363.

50 이를 더 발전시켜 孫亞冰과 林歡은 갑골문에 나타나는 方國들을 (1) 상과 적대적 관계만 지속한 경우 26개, (2) 상과 적대적 혹은 우호적 관계를 되풀이한 경우 51개, (3) 상과 지속적으로 우호 관계만 유지한 경우 64개로 분류하고 있다(孫亞冰, 林歡 2010, 257-258).

51 이하 이와 같이 제시될 시기구분은 『갑골문합집』에 따른 것이다.

52 갑골문의 命辭에 대해서는 의문문으로 간주하는 것이 전통적 해석이다. 그러나

(2) 癸丑卜, 出貞: 旬有求(咎), 其自西來有娷. (合集 24146: II)

계축일(50)에 금을 내고, 출이 점치기를: "앞으로 열흘 동안 액이 끼어 있다. 서쪽으로부터 재앙[53]이 올 것이다."

(3) 壬午卜, 出貞: 今日無來艱自方. (合集 24149: II)

임오일(19)에 금을 내고, 출이 점치기를: "오늘 방으로부터의 재난은 없을 것이다."

(4) 乙卯卜, 大貞: 今日無來艱. (合集 24180: II)

을묘일(52)에 금을 내고, 대가 점치기를: "오늘 재난은 없을 것이다."

출出은 제II기의 정인이 분명하기 때문에, 위의 (1)은 공방과의 전쟁이 조경시대까지 지속되었음을 보여 준다. (2)와 (3), (4)는 제II기의 전형적

'Keightley 1972'에서 갑골문의 命辭가 미래에 대한 의문이 아니라 통치자의 실현의지가 담긴 미래에 대한 기원의 내용을 담은 것이기 때문에 의문형이 아닌 서술형으로 해석되어야 한다는 가설을 제시한 이래, 구미의 학자들이나 약간의 이견이 있지만 李學勤과 裘錫圭 같은 일부 중국학자들도 이에 기본적으로 동의하고 있다. 그들은 이러한 견해의 가장 중요한 근거로 두 가지 언어학적 현상을 들고 있다. 첫째, 商의 언어(갑골문)에 의문사가 있었음에도 불구하고 아주 초기의 卜辭를 제외하고는 의문사가 더 이상 나타나지 않고 있다는 점이다. 둘째, 갑골문의 命辭와 명백히 서술형으로 나타나는 占辭나 驗辭 사이에 어떤 문법적 차이도 발견할 수 없다는 점이다. 이들은 다양한 근거를 제시하며 '貞'이 긍정이나 부정의 대답을 구하는 '의문'보다는 '규정'의 의미를 내포하는 것으로 이해한다. 이에 대해서는 '*Early China 14*(1989)'에 포럼의 형식으로 'Qiu Xigui 1989, 77-114'와 'Nivison 1989, 115-125' 등의 발제와 함께, 중국과 구미의 갑골학 전문가들의 논쟁이 소개되어 있다. 사실 대부분 갑골문의 命辭 자체만 보면 의문문의 형식이 전혀 내포되어 있지 않기 때문에 이들의 논의는 상당히 타당성이 있어 보인다. 그러나 貞을 『說文』에 제시된 '卜問'의 의미가 아닌 '규정'의 의미로 단정하기는 아무래도 어렵다. 갑골문의 命辭가 기본적으로 어떤 결과를 얻기 위한 점복행위를 의미하는 貞 자에 뒤이어 나타나므로, 그 언어학적 구성 자체는 의문문이 아니더라도 貞 자에 의문의 의미가 내포되어 있는 것으로 보는 것이 순리적 해석이다(落合淳思 2007, 1-13; 왕우신·양승남 외 2011, 제2권, 462-472). 따라서 갑골문의 命辭에 대한 필자의 해석은 구문 그 자체에 따른 서술형이지만 사실상 의문의 의미를 지닌다는 것이다.

53 白川靜와 松丸道雄, 貝塚茂樹와 같은 일본 학자들은 이를 "외적의 침입"으로 해석하기도 한다(『甲骨文字字釋綜覽』, 239).

인 전쟁 복사이다. 『갑골문합집甲骨文合集』에 수록된 제II기의 전쟁 복사 중 절반 이상이 이러한 형식을 취하고 있다. 제II기의 정인 대부분(출, 대大, 려旅, 윤尹, 즉卽)이 이러한 점복을 주관하고 있지만, 실제 제II기의 복사 중 공방과의 전쟁을 전하는 것은 (1) 하나에 불과하므로, 이러한 유형의 전쟁 복사 대다수가 공방과의 전쟁 이후의 어려운 상황을 전하는 것으로 보아도 무방할 듯하다. (2)와 (3)은 당시 상이 겪고 있던 재난이 외부로부터의 압력이고, 특히 (2)는 그 방향이 서쪽임을 명시하고 있다. 더욱이 『갑골문합집』에 제II기의 전쟁 복사로 분류된 총 80건 중 상이 적을 공격한 사례는 4건(24145, 24156, 24216, 24217)에 불과하여, 빈번한 정벌이 명시되어 있는 이전 제I기의 상황과는 큰 차이를 보인다. 따라서 조경과 조갑 시기에 상의 세력이 약화된 양상이 뚜렷하여, 당시 상 왕실이 산시성 서남부의 여러 정치체에 대한 통제력을 상실했을 것이라는 쇼네시의 주장은 설득력이 있다.[54]

그럼에도 불구하고 조경의 통치기 이후로 상의 세력이 결코 하동 지역에 미칠 수 없었다는 쇼네시의 결론은 재고할 필요가 있다. 그의 연구가 『갑골문합집』이 완간되기 이전 시마 구니오의 『은허복사종류殷墟卜辭綜類』라는 비교적 제한된 자료에 의존한 사실을 감안하면 충분히 이해될 만한 일이지만, 『갑골문합집』에 포함된 제II기 이후의 복사는 쇼네시의 결론과는 다른 사실을 전해 준다.

현재 이용 가능한 전체 복사의 절반 이상은 무정의 재위기와 대략 일치하는 제I기, 즉 빈조에 속한다. 특히 전쟁 혹은 방국과 관련된 복사는 80퍼센트 이상이 제I기에 포함된다. 따라서 린샤오안과 쇼네시를 비롯한 상 후기의 역사나 정치지리에 관한 연구들이 무정 시기에 집중되는 것은 자

54 李學勤 역시 이에 동의하지만, 祖甲에 뒤이은 廩辛 시기부터는 商이 山西省에서의 패권을 회복했을 것으로 보고 있다(李學勤 1959, 96).

연스러운 현상이다. 그렇지만 무정에 뒤이어 6세대에 걸쳐 여덟 명의 왕이 재위했다는 사실을 고려한다면, 서주 초 진의 봉건은 무정의 재위기보다 무려 150여 년 이후에 일어난 일임을 알 수 있다. 따라서 제I기와 제II기의 복사만을 활용하여 분석한 산시성의 정치지리에 근거하여 진 봉건의 역사적 의의를 검토하는 것은 무의미한 일이다.

상 후기 마지막 두 왕인 제을帝乙과 제신帝辛 재위기의 자료인 제V기(황조黃組)나 그에 앞선 제III기와 제IV기의 복사가 서주 초 진의 봉건 직전 산시성의 세력판도를 이해하는 데 더욱 설득력 있는 자료를 제공해 줄 것임에 틀림없다. 아래에 제시될 제II기 이후의 복사들을 통해 상 멸망 직전 산시성 남부 편하 유역의 세력판도에 대한 새로운 실마리를 찾아보자.

(5) 在𣳠, 𩛥貞: 祖甲? …… 或?, 若, 我受 …… (合集 35913: V)
𣳠에서 𩛥가 점치기를: "조갑에 ? …… 혹에게 ?하면 순조롭고, …… 를 받을 것이다."

위의 복사는 제V기, 즉 황조에 속한다. 위에 언급된 정치체인 혹은 상 후기 내내 상과 상당히 신축적인 관계를 유지했다.[55] 쇼네시가 분석한 바 있듯이 혹은 무정 시기에 상의 공격을 받았고 그에 뒤이은 조경 시기(빈조 후기)에는 상과 연합하여 많은 전쟁에 참여한 것으로 나타난다. 하지만 조경 시기에 공방으로부터 공격을 받은 후에는 복사에 상의 적으로 나타난다.[56] 더욱이 쇼네시의 논문에 제시된 혹 관련 복사들 이외에도 제III기에 속하는 한 복사("…… 巳卜 …… 或方 …… 唯小宰. 大吉")에는 혹이 상의 적

55 或(戉)의 위치에 대해 Shaughnessy는 永和縣으로 비정했지만, 安邑(鍾柏生)이나 翼城縣 서남(鄭杰祥)으로 보기도 한다.

56 夏含夷 1986, 140-141.

임을 암시하듯 혹방或方으로 표현되어 있다(合集 29648). 그러나 (5)는 상이 주에 멸망당하기 직전인 제을이나 제신의 재위기에 또 다른 변화가 있었음을 암시한다. 즉, 조갑과 혹 뒤에 나타나는 글자의 의미는 불명확하지만,[57] 조갑과 혹이 문맥상 같은 위치에 있는 것으로 보아 혹이 당시 상과 우호적 관계에 있었음을 추정할 수 있다. 상이 멸망하기 직전 산시성 서남부의 정치체인 혹이 무정 시기와 마찬가지로 다시 상의 세력권에 편입되었음을 암시한다.

그렇지만 위의 명문에 나오는 혹의 해석과 관련해서는 이론의 소지가 있어 이를 단정하기는 조심스럽다. 다행스럽게도 혹과 동일 복사에 나타나는 또 다른 정치체인 망도 상과의 관계에 있어 상당히 신축적인 모습을 보여 준다.

(6) 癸巳卜, 殸貞: 呼雀伐望或. (合集 6983: I)

계사일(30)에 금을 내고 곡이 점치기를: "작을 호령하여 망과 혹을 공격할 것이다."

(7) 令望乘. 比望乘. 貞: 于唐告 …… 告𢀛方于(唐) …… (合集 6148: I)

"망승에게 명하라." "망승과 연합하라." 점치기를: "당께 고하라." ……
"(당)께 공방에 관한 일을 고하라 ……"[58]

(8) 王于𢓊使人于髮, 于之及伐望, 王受有祐. (合集 28089正: III)

"왕이 𢓊에서 발에 사람을 파견하고, 그곳에서 망을 공격한다면, 왕은 보우를 받을 것이다."

(9) 癸酉卜, 在望貞: 王旬無禍. (合集 35661: V)

---

57 이전에 여러 학자가 를 廾으로 읽고 제사와 관련된 의미로 파악했지만(『甲骨文字字釋綜覽』, 378), 최근에는 祼으로 보거나 勹의 初文으로 이해하여 廟로 읽기도 한다(何景成 2014).

58 이 복사는 同版에 새겨진 네 묶음의 다른 복사이지만, 여기서는 함께 열거했다.

계유일(45)에 금을 내고 망에서 점치기를: "다음 열흘 동안 왕께 화가 미치지 않을 것이다."

(6)은 제I기 초기에 망과 혹이 동시에 상왕 무정의 측근 무장인 작雀으로부터 공격받았음을 보여 준다. 따라서 망 역시 혹과 인접한 지역인 산시성 서남부로 위치 비정이 가능하다. 망은 상으로부터 공격을 받은 후에는 (7)을 통해 알 수 있듯이, 통치자인 승乘이 상과 연합하기도 하고 상으로부터 명령을 받기도 한다. 제III기의 복사인 (8)에서 망은 다시 상의 공격을 받은 것으로 나타나지만, 제V기의 복사인 (9)에서는 상왕(제을 혹은 제신)이 망에서 점복을 주재한 것으로 나타나 다시 상의 세력권에 편입되었음을 알 수 있다. 린샤오안을 비롯한 여러 학자가 산시성 서남부로 위치 비정한 미 역시 상과의 관계에 있어서 망과 유사한 변천과정을 보여 준다.[59]

아래의 보 관련 복사들 역시 상 후기 산시성의 정치 상황을 이해하는 데 중요한 자료를 제공한다.

(10) 辛未卜, 貞: 今日䍃(頒)庸. 十二月. 在甫魚. (合集 24376: II)

신미일(8)에 금을 내고, 점치기를: "오늘 鏞을 하사할 것이다.[60] 십이월. 보에서 물고기를 잡았다."

(11) 庚午卜: 野丁至于, 廼入甫. 茲用. (合集 30173: III)

경오일(7)에 금을 내고: "야가 丁일에 에 이른 후에, 보로 들어올 것이

59 제I기의 卜辭들에서 微는 상의 강적인 공방의 공격을 받고 있다(合集 6057正, 6063反, 6067, 6068正, 6365, 6366). 그런데 제III기의 복사에서는 오히려 상과 적대관계에 있었던 것으로 나타나다가(合集 28029), 제V기에 들어서는 望의 경우와 마찬가지로 상왕이 微에서 점복을 주재하고 있다(合集 36346, 36775, 36776). 따라서 微 역시 克商 직전 상의 세력권에 있었다고 보는 것이 합리적이다.

60 䍃에 대해서는 陳邦懷의 해석을 취한 裘錫圭의 해석에 따라 頒賜의 의미로 보았다(裘錫圭 2012, 45).

다. 이는 이용되었다."

(12) 庚辰卜, 在甫鼎: 王步于 …… [亡]災. (合集 36963: V)

경진일(17)에 금을 내고 보에서 점치기를: "왕이 로 걸어가면 재앙이 없을 것이다."

쇼네시는 보의 위치에 대해 보甫와 포蒲의 고음古音이 상통하므로 오늘날 산시성 편하 서쪽 뤼량산맥 남쪽 자락의 푸현으로 위치 비정하지만, 정제상鄭杰祥은 『수서隋書』「지리지地理志」에 오늘날 위안취현垣曲縣 일대에 있었던 것으로 나타나는 포원현蒲原縣으로 추정한다.[61] 린샤오안과 쇼네시가 논증한 바 있듯이, 보 역시 제I기의 이른 시기에 상의 공격을 받은 후 상의 연합세력이 된다. 하지만 앞에서 언급된 정치체인 혹이나 망, 미와는 달리, 위에 제시된 세 명문들은 보가 제II기〔(10)〕와 제III기〔(11)〕, 제V기〔(12)〕에 계속 상과 우호적인 관계를 유지해 왔음을 보여 준다. 현재 이용 가능한 제II기 이후의 갑골문 중 상과 보의 관계가 변화했음을 보여 주는 것은 하나도 없어, 상 말기까지 보는 상의 직접 통치하에 있었음을 알 수 있다. 이는 보의 위치와 무관하지 않을 듯한데, 공방의 근거지와 가까운 푸현보다는 정제상의 주장처럼 상 전기의 성(垣曲商城)이 발굴되어 상의 거점으로 여겨지고 있는 위안취 일대[62]가 가능성이 더 커 보이지만, 단정하기는 어렵다.

다음의 복사 역시 상 말기 산시성 편하 중류 일대의 정치지리를 이해하는 데 중요한 자료가 되고 있다.

61 鄭杰祥 1997, 311.

62 심재훈 2008b, 11-13.

(13) 癸丑卜, 在霍貞: 王旬無憂. (合集 36779: V)

계축일(50)에 금을 내고, 곽에서 점치기를: "다음 열흘 동안 왕께 우환이 없을 것이다."

위 명문은 다음 열흘 동안 왕의 안녕을 점친 상 말기(제V기, 즉 황조)의 전형적 복사이다. 곽霍의 위치에 대해 학자들은 일반적으로 주의 극상 직후 문왕文王의 아들이자 무왕의 아우인 곽숙거霍叔處가 분봉된 곳으로 알려진 오늘날 펀하 중류의 훠저우霍州 일대로 추정하고 있다.[63] 『갑골문합집』에는 상 말 제을 혹은 제신의 재위기에 곽에서 왕과 관련된 점복이 주재된 것을 보여 주는 위와 유사한 복사가 8건 수록되어 있다. 또한 신빙성이 있는 『일주서』「세부世俘」 편에는 주가 상을 정복하는 과정에서 곽후霍侯가 주의 무왕에 사로잡힌 것으로 기록되어 있다.[64] 이 "금곽후擒霍侯"의 기사를 주가 삼감三監의 난에 동참한 곽숙을 진압한 근거로 보기도 하지만,[65] 「세부」 편의 내용이 무왕 시기의 극상 정벌인 점을 감안하면 여기서의 곽후는 곽숙이 아닌 당시 친상親商 정치체인 곽의 통치자에 대한 칭호로 보는 것이 합리적이다. 따라서 앞에서 언급된 산시성 서남부의 정치체들과 마찬가지로 곽 역시 극상 직전 상의 세력권에 있었음을 알 수 있고, 극상 직후 이 지역에 분봉된 곽숙이 주공에 대항한 반란에 참여했음을 기억해 둘 필요가 있다.

제V기의 복사만 남아 있는 곽의 경우와 달리 제I기의 것만 남아 있는 양昜과 관련된 아래의 복사들 역시 주목할 가치가 있다.

---

63 李學勤 1959, 76; Průšek 1971, 49; 沈建華 2002, 210. 霍叔의 분봉은 '『史記』「管蔡世家」, 1564'에 언급되어 있다.

64 『汲冢周書』, 4.10下. 「世浮」 편의 신빙성에 대해서는 'Shaughnessy 1980-1981, 57-79' 참조.

65 Průšek 1971, 51.

(14) …… 𢦏(翦) 𤰈 …… 昜 …… (合集 3394: I)

…… 𤰈 …… 양을 멸하였다 ……

(15) 辛巳卜, 㱿貞: 王比昜伯𢦔. (合集 3380: I)

신사일(17)에 금을 내고, 곡이 점치기를: "왕이 양백 𢦔와 연합할 것이다."

(16) 昜入廿. (合集 5637反: I)

양이 (龜甲) 20묶음을 공납하였다.

(17) 己酉卜, 賓貞: 鬼方,昜亡憂. 五月. (合集 8591: I)

기유일(56)에 금을 내고, 빈이 점치기를: "귀방과 양에 우환이 없을 것입니다." 5월.

(14)는 잔편만 남아 있어 아쉽지만, 양이 산시성 서남부의 정치체로 추정되는 𤰈와 함께 공격 대상으로 나타난다. 그 공격의 주체가 혹시 상이라면,[66] 린샤오안이 주목한 바와 같이 양 역시 많은 산시성 서남부의 정치체와 마찬가지로 무정 시기에 상의 공격을 받고 복속되었을 가능성이 있다. 이를 뒷받침하듯 나머지 복사들은 상과 양의 우호적 관계를 보여 준다. (15)는 왕이 양과 연합할지 여부를 점친 것으로, 이러한 유형의 복사가 상당수 남아 있다. (16)은 양이 상에 공납하는 내용이고, (17)은 양에 화가 미칠지 여부에 대해 점친 것이다. 양은 또한 뒤에서 인용될 복사 (22)에서는 산시성 서남부에 존재했을 것으로 추정되는 미, 당, 𤰈 등과 함께 공방의 공격을 받는 것으로 나타나, 이들과 인접한 지역에 위치했을 가능성이 크다. 정제샹은 그 위치를 타이구太谷로 추정했지만,[67] 요즘 들어서는 편하

66 이 복사가 아래 (22)의 복사에 나타나는 공방의 공격에 대한 점복의 驗辭일 가능성도 배제할 수 없다. 그렇다면 이 공격의 주체는 상이 아닌 공방이 되어야 할 것이다.

67 鄭杰祥 1997, 303.

중류 홍둥 지역에 대한 고고학 연구가 이루어지면서 양을 홍둥 지역에 위치한 것으로 전해지는 희성姬姓 제후국 양楊의 전신으로 보는 견해가 설득력을 얻고 있다. 나아가 전래문헌에 진의 시조 당숙의 분봉지로 언급된 당을 양으로 보아, 그 시봉지를 홍둥 인근에서 찾기도 한다.[68] 이 문제는 뒤에서 더욱 심도 있게 다룰 것이다.

지금까지 언급된 여러 정치체, 즉 보, 혹, 망, 미, 지, 곽, 양 등은 대부분 편하 중하류에 산재한 것이 확실해 보인다. 이들은 또한 상과 공방 세력의 추이에 따라 대체로 유사한 정치적 입장을 견지했을 가능성이 크다. 특히 마지막 두 왕인 제을과 제신 재위기에는 상이 이 지역의 지배권을 계속 유지했거나 회복해서, 주의 무왕에게 멸망당하기 직전까지 위의 정치체들을 장악하고 있었음도 알 수 있다. 사실 이들의 정확한 위치를 단정하기 어렵고 추정된 위치도 고고학적으로 뒷받침되지 않고 있지만, 앞에서 언급한 징제촌과 차오베이의 상 후기 묘들의 발굴은 위 정치체들의 물질문화를 이해하는 간접적인 자료를 제공해 준다. 두 유적지가 위의 정치체들의 위치로 추정되는 곳과 인접할 뿐만 아니라, 상과 북방의 요소를 모두 간직한 문화적 특성 역시 상에의 복속과 이반을 되풀이한 이들 정치체의 신축적 성격과 부합하기 때문이다. 이러한 추론은 상 말기 은허 지역의 대표적 유물인 다쓰공촌大司工村 제Ⅲ기의 도기 력鬲과 흡사한 도기가 양이 있던 곳으로 추정되는 홍둥현 용닝바오 유적에서 상당량 출토되고 있는 사실에서도 뒷받침된다(그림 1-1 참조).[69] 최근 공개된 원시현 주우터우 상 후기 귀족묘지 역시 이러한 친상 정치체의 면모에 부합한다.

68 馬保春 2010, 153-157; 孫亞冰, 林歡 2010, 338. 西周시대의 楊國에 대해서는 '陳槃 1969, 462上-463下' 참조. 洪洞縣 永凝堡에서는 서주시대 楊國의 유적으로 추정되는 상당 규모의 묘지가 발굴된 바 있다(山西省文物工作委員會 등 1987, 1-16; 臨汾地區文化局 1994, 71-93).

69 中國社會科學院考古研究所山西工作隊 1989, 40.

또한 『일주서』 「도읍」 편에 나타나는 아래의 기록도 이러한 추론에 중요한 근거를 더해 준다.

> 왕이 은殷을 정복했을 때 여러 나라의 통치자들과 제후들, 그들이 헌상한 백성들, 소환된 지도자들, 구목九牧의 우두머리들이 은의 교외에서 왕을 알현하였다. 왕은 이에 분汾(河)의 언덕에 올라 상읍商邑을 바라보며 탄식하며 말하기를, "오호! (주왕紂王은) 하늘을 대하는 데 충실하지 않아 하루아침에 천명을 잃고 말았다. 우리가 반드시 잊지 말아야 할 명백한 경외가 바로 이것이다." 왕이 주周에 이르렀다.[70]

이는 극상 직후 무왕이 죽기 전 아우 주공 단旦을 훈계한 「도읍」 편의 첫머리로, 무왕이 정복자로 은허의 교외에서 각국의 지도자들로부터 알현을 받은 후 산시성 주의 근거지에까지 도달하는 과정을 언급하고 있다. 『일주서』를 문헌학적으로 분석한 황페이룽黃沛榮은 「도읍」 편의 일부 구절에서 『상서尙書』 「주고周誥」 편과 유사한 고어체를 발견하고 「도읍」 편을 『일주서』의 초기 문헌들 중 하나로 간주한 바 있다.[71]

따라서 전통시대 이래로 위 인용문의 신빙성을 인정하는 연구자들은 무왕이 제후들을 사열한 후 올라 탄식했다는 "분의 언덕汾之阜"을 어디로 볼 것인지 논쟁을 벌여 왔다. 우선 위의 상읍이 당연히 은(안양安陽)과 가까운 지역에 위치했을 것으로 가정하면서, 청대淸代의 노문초盧文弨(1717~1795)와 양옥승梁玉繩은 분을 오늘날의 치현淇縣(조가朝歌) 근처로 비정한다.[72] 이들은 사마표司馬彪(?~306)의 『속한서續漢書』 「군국지郡國志」에 나오는

70 維王克殷, 國君諸候, 乃厥獻民, 徵主九牧之師, 見王于殷郊. 王乃升汾之阜, 以望商邑, 永難曰, 嗚呼, 不淑兌天對, 遂命一日. 維顯畏弗忘. 王至于周(『汲冢周書』 5.3下).

71 黃沛榮 1976, 83.

72 『逸周書』, 5.3上; 『史記志疑』, 3.18b-19a.

"양성襄城의 분구汾丘"를 위의 인용문에 나오는 "분의 언덕"과 같은 곳으로 보고 있는데, 노문초는 또한 이 분구를 『좌전』 "양공襄公 18년" "(기원전 555년) 초楚의 자경子庚이 군사를 분汾에 주둔시켰다."는 기록에 나오는 분과 동일한 지명으로 파악하기도 한다. 두예杜預 역시 『좌전』에 명시된 분을 서진西晉시대 양성현襄城縣의 분구성汾丘城과 같은 지명으로 보고 있다.[73]

그렇지만 양성의 분구성은 오늘날 허난성河南省 남부의 쉬창許昌 근처이기 때문에,[74] 노문초와 양옥승이 「도읍」 편의 "분의 언덕"을 오늘날 허난성 북부의 치현(조가)에서 찾는 것은 불합리해 보인다. 이들의 주장을 비판하는 첸무錢穆(1895~1990)는 무왕이 "분의 언덕"에서 상읍을 바라본 것이 은허의 교외에서 상의 정복에 참여한 신속들을 사열한 후 자신의 근거지인 오늘날 샨시성 시안 인근의 종주宗周로 귀환하던 중에 일어난 일이라고 주장한다. 나아가 「도읍」 편에 언급된 "분의 언덕"을 은허의 서쪽에 위치한 시안으로 가는 길목인 산시성 편하 유역의 어느 지점으로 추정한다.[75] 청대 진봉형陳逢衡(1778~1855) 역시 첸무와 비슷한 논리로 「도읍」 편의 "분의 언덕"을 산시성 편하 하류의 허진시河津市 근처로 추정한 바 있다.[76] 위의 인용문이 상의 도읍을 정복한 후 은허에서 자신의 근거지인 주에 이르기까지의 무왕의 행적을 요약하고 있다는 점에서 분이나 상읍을 반드시 은허와 인접한 지역으로 파악할 필요는 없다. 더욱이 제I기와 제II기의 갑골문에 나타나는 주의 위치를 산시성 서남부로 보는 견해가 유력하고,[77] 『사기』 「주본기周本紀」에서도 상의 마지막 왕 제신 재위기에 주

73 『春秋左傳正義』, 1965.

74 楊伯峻 1981, 1041.

75 錢穆 1982a, 31-32.

76 『逸周書輔注』, 11.9a-9b.

77 陳夢家 1956, 291-293; 夏含夷 1986, 131-135; 鄭杰祥 1997, 290-291; 孫亞冰, 林歡 2010, 296-301. 특히 Shaughnessy는 앞에서 언급한 汾河 중하류의 정치체들과 마찬가지로 周

의 문왕(西伯)이 산시성 서남부 모퉁이인 오늘날 핑루平陸와 루이청芮城에 각각 위치한 우虞와 예芮의 송사에 개입하여 이 지역에서 영향력을 행사했음을 보여 준다.[78] 산시성 서남부의 이러한 양상을 통해 이 지역을 극상 전 상 정복을 위한 주의 중요한 교두보로 보기도 하듯이(각주 23 참조), 상을 정복한 무왕이 산시성 서남부를 거쳐 종주 지역으로 귀환했다고 보는 것이 오히려 자연스러워 보인다.[79] 산시성 서남부는 고대에 황하를 경유하는 펀하와 웨이하渭河 사이의 수로가 발달하여 샨시성 주의 중심지와의 교통이 상당히 용이한 지역이었다는 주장[80] 역시 이를 뒷받침한다.

따라서 첸무나 진봉형이 주장한 대로「도읍」편의 '분'을 산시성 펀하의 어느 지역으로 추정할 수 있다면, 극상 직후 펀하 유역에 상읍으로 볼 수 있는 지점들이 존재했음이 분명해 보인다. 더욱이 당시 무왕이 탄식하며 바라보았다는 상읍(들)의 위치가 여러 학자가 주목한 펀하 중하류의 정치체들인 보와 부, 혹, 망, 미, 지, 곽, 양 등의 위치와 대략 일치하는 것도 우연은 아닐 것이다.

아래에 제시될 당과 관련된 복사 역시 위의 논지와 관련하여 흥미로운 근거를 더해 준다.

(18) 貞: 作大邑于唐土. (英國 1105正: I[81])

점치기를: "당토에 대읍을 지을 것이다."

역시 武丁 시기에 商에 복속되지만 祖庚 혹은 祖甲 시기에는 상과 적대관계였음을 밝혔다.

78 『史記』, 117. 이 사건은 『詩經』「大雅」"緜"의 마지막 구절에도 언급되어 있다. 虞와 芮의 위치에 대해서는 '陳槃 1969, 202, 232' 참조.

79 앞에서 언급한「世俘」편의 武王이 親商 霍侯를 사로잡은 것도 귀환 중의 일로 보는 것이 순리에 맞는다.

80 田世英 1981, 33; 李廣洁 1985, 48; Li Feng 2006, 83.

81 이 복사와 같은 판에 새겨진 다른 두 복사의 점복이 貞人 賓에 의해 주도되었기 때문에, 이 복사도 안전하게 賓組, 즉 제I기로 시기를 구분할 수 있다(『英國所藏甲骨集』 1, 223).

(19) 貞: 帝孜唐邑. (合集 14208正: II)

점치기를: "제가 당읍을 해할 것이다."

위의 두 복사에 명시된 당에 대해 대부분의 학자는 진의 시조 당숙이 분봉된 당으로 보고 있지만, 그 위치에 대해서는 이견이 많다(후술). 그럼에도 불구하고 대부분의 학자가 갑골문의 당을 산시성 서남부로 보고 있기 때문에, 위의 복사들은 상 후기의 한 왕이 펀하 중하류에 자신의 읍邑을 건설하고 그 안위에 신경을 쓰고 있었음을 보여 준다. 따라서 극상 직전 펀하 중하류 지역에 상읍이라고 불릴 만한 여러 정치체가 존재했을 것이고, 이는 상왕들이 아직 지배권을 유지하고 있던 당시 그 지역의 정치상황과도 부합한다. 아래의 복사들은 또한 상 후기 당의 정치적 입장에 대해 중요한 자료를 제공한다.

(20) …… 雀 …… 唐. (合集 4169: I)

"…… 작 …… 당."

(21) 弗其征唐. (合集 11484正: I)

"당을 정벌하지 못할 것이다."

(22) …… 來艱自微,友,唐, 舌方圍 …… 𢦏 (翦) 𤰈,示,昜. 戊申, 亦有來[艱]自西. 告牛家 …… (合集 6063反: I)

…… 어려움이 미와 우, 당으로부터 닥쳐 와, 공방이 포위하여 𤰈와 시, 양을 멸하였다. 술신일(45)에도 [어려움이] 서쪽으로부터 닥쳐 와 牛家(?)에 고하였다 ……

(23) 貞: …… 在唐 ……三月. (合集 24374: II)

점치기를: "당에서 …… 3월."

린샤오안이 주목했듯이, 작은 제I기의 이른 시기에 산시성의 많은 정치체를 빈번하게 공격한 것으로 나타나는 상의 장군이다. 따라서 (20)과 (21)은 산시성의 다른 정치체들과 마찬가지로 당 역시 상의 세력권으로 편입되기 전에 상의 공격을 받았음을 암시한다. 앞에서 인용된 복사 (18)과 (19)는 당이 상의 지배하에 있음을 보여 주는 것이고, (22)는 당이 산시성 서남부의 다른 정치체들과 함께 상의 강력한 적인 공방의 공격을 받았음을 암시한다. (23)에서 조경 혹은 조갑 시기에도 당이 계속 상의 통제하에 있었음을 알 수 있지만, 아쉽게도 제II기 이후의 복사에서 당과 관련된 것은 남아 있지 않다. 하지만 당이 상과의 관계에 있어서 펀하 중하류의 정치체들과 유사한 과정을 겪었을 가능성을 고려한다면, 당 역시 극상 직전에는 친상 정치체로 남아 있었을 것으로 보아도 무방할 것이다.

지금까지 갑골문을 활용하여 상 후기 산시성 서남부의 세력판도가 어떻게 변화했는지 검토해 보았다. 당시 가장 강력한 왕이었던 무정 재위기에 상은 산시성 펀하 중하류 일대의 많은 정치체를 정복했다. 무정 사망 이후 상은 산시성 서북부의 강적인 공방과의 전쟁에서 패함으로써 서남부 일대의 지배권을 최소한 일시적으로라도 상실한 듯 보인다. 그렇지만 제V기의 복사는 상의 마지막 두 왕인 제을과 제신 재위기에 상이 펀하 중하류 유역의 패권을 회복했음을 보여 준다. 따라서 극상 후 서주 성왕 재위기에 오늘날 산시성 서남부에서 이루어진 진의 봉건은 당연히 이러한 정치적 추이를 염두에 두고 검토되어야 할 것이다.[82] 이를 살펴보기 전에 당숙 우가 분봉되었다는 전래문헌의 당과 앞에서 살펴본 갑골문의 당 및 양의 연관성을 먼저 짚고 넘어갈 필요가 있다.

82 商이 말기에 지배권을 회복한 汾河 중하류 지역은 필자가 앞에서 개괄한 山西省의 네 고고학 지구 중 어느 하나에 포함되기보다는 대체로 이들의 중간에 위치하고 있다.

4. 전래문헌상 당숙의 분봉지 당과 갑골문의 양

진의 최초 분봉지인 당唐의 위치에 대해서는 당대唐代 이래로 산시성의 여러 지역을 둘러싸고 다양한 의견이 제시되어 왔다. 1990년대 초 톈마-취촌의 진후묘지가 발견된 이후 발굴을 주도한 베이징대학北京大學의 쩌우헝鄒衡과 리보첸은 그 일대를 당의 소재지로 추정했지만,[83] 톈젠원田建文을 비롯한 산시성의 고고학자들은 진후묘지를 진의 초봉지初封地인 당과는 무관한 지역으로 보아,[84] 위치 비정을 둘러싼 논쟁이 지속되고 있다.[85]

『사기』「진세가」에 따르면, 당숙의 아들 섭燮이 최초로 진후晉侯라는 명칭을 사용한 것으로 나타난다. 이에 대한 『정의正義』의 주석에 『종국도성기宗國都城記』를 인용하여 "당숙우의 아들 섭보燮父가 진수晉水 인근으로 이주하여 거했음"과 함께, 『모시보毛詩譜』를 인용하여 "섭보가 요허堯墟 남쪽에 있는 진수로 인해 진후晉侯로 개칭했음"을 전하고 있다.[86]

이를 뒷받침하듯 2007년 주펑한朱鳳瀚이 공간公刊한 요공궤覭公簋 명문에는, 서주 전기의 성왕 혹은 강왕康王 28년 제2대 진후인 섭보로 추정되는 양(당)백昜(唐)伯을 진의 후로 봉했다는[王令昜(唐)白(伯)侯于晉] 기록이 있다. 따라서 당숙 우의 초봉지인 당과 섭보[양(당)백]의 이봉지移封地인 진이 다른 지역임이 명백해 보여,[87] 둘을 같은 지역으로 추정하여 톈마-취촌의 진후묘지를 최초 분봉지인 당으로 봤던 리보첸도 자신의 견해가 틀렸음을

83 李伯謙 1993; 鄒衡 1994, 29-32.

84 田建文 1994, 27-29.

85 唐의 위치를 특정하기는 불가능하다고 보면서 대다수의 학자는 唐 역시 진후묘지가 발견된 天馬-曲村 유지에서 멀지 않은 曲沃縣과 翼城縣 일대나 그 인근에 자리했을 것으로 추정하고 있다(馬保春 2007, 88-92, 146-148).

86 『史記』, 1636.

87 朱鳳瀚 2007, 64-69.

인정한 바 있다.[88]

그렇지만 문제는 많은 학자가 인정하는 "갑골문의 당唐=전래문헌의 당唐"의 등식과 달리, 요공궤 명문에는 진에 후로 봉해진 인물이 당唐이 아닌 양昜의 백伯으로 명시되어 있다는 점이다. 더욱이 춘추시대 진국 기물인 진공분(전)晉公盆(盦)(集成 10342) 명문에도 당숙 우를 지칭하는 당공鄗公의 당 자에 당唐보다는 양昜이 주요 부분을 이루고 있다. 2014년 우전평吳鎭烽이 공개한, 진공분과 동일한 명문을 지닌 진공반晉公盤 명문의 당鬺 자 역시 마찬가지다.[89] 물론 고음이 모두 양부陽部에 속하는 당唐과 양昜은 출토문헌과 전래문헌에 통가 사례가 많기 때문에, 요공궤의 양昜을 당唐으로 보는 주평한을 비롯한 연구자들의 견해를 잘못되었다고 볼 수는 없다. 그럼에도 불구하고 여기에는 또 다른 문제가 있는데, 앞에서 살펴본 바와 같이 갑골문에는 당唐뿐만 아니라 양昜 역시 산시성 서남부의 여러 정치체 중 하나로 나타난다는 점이다.

따라서 요공궤에 암시된 진의 원 소재지, 즉 양백昜伯의 양昜이 갑골문의 양昜과 같은 지역일 가능성도 배제할 수 없을 것이다. 앞에서 제I기의 갑골문에 언급된 양昜의 위치를 산시성 편하 중류의 훙둥현 인근으로 보는 견해를 언급했다. 훙둥현은 당대唐代에 설치되었는데, 『한서漢書』「지리지地理志」를 통해 한대漢代에는 이 지역이 하동군河東郡에 속하는 24개 현 중 하나인 양현楊縣이었음을 알 수 있다. 2세기 후반 응소應劭는 양현에 대해 원래 "양후국楊侯國"이었다고 주해하고 있어,[90] 갑골문에 나타나는 양昜과의 연관성을 짐작할 수 있다. 더욱이 『좌전』 "양공襄公 29년"에는 "우虞와 괵虢, 초焦, 활滑, 곽霍, 양楊, 한韓, 위魏는 모두 희성姬姓이다."

---

88 李伯謙 2007, 29.

89 吳鎭烽 2014.

90 『漢書』, 1550-1551.

라고 언급되어 있어,[91] 양昜이 원래 희성에 속했음을 전해 준다.

홍둥이 양楊 혹은 양昜의 지역으로 비정되는 데 문제가 없고 양이 희성이라는 『좌전』의 기록까지 있으니, 당숙 우의 첫 분봉지를 이 지역으로 보는 게 오히려 더 자연스러울 수도 있다. 그러나 이 주장은 지금까지 쑨야빙孫亞冰과 왕리신王立新만이 제기한 소수 의견에 불과하다. 대부분의 연구자가 "전래문헌의 당唐=갑골문의 당唐"이라는 등식을 벗어나지 못하고 있고, 제2장에서 알아볼 진후묘지 M64(목후穆侯의 묘로 추정)의 부인 묘인 M63에서 출토된 양길호楊姞壺(그림 2-13 참조) 역시 "전래문헌의 당唐=갑골문의 양昜"을 수용하는 데 장애가 되고 있다. 상당수의 학자가 양국에서 진으로 시집온 진후 부인이 가져온 잉기媵器로 추정하고 있는 양길호 명문에 양昜이 희성이 아닌 길성姞姓으로 나타나기 때문이다(제2장 참조).

그렇지만 2003년 산시성 메이현眉縣 양자촌楊家村에서 발견된 사십이년구정四十二年逑鼎 명문이 다른 차원에서 중요한 실마리를 제공한다. 이 명문에는 선왕宣王(827/825~782 B.C)이 재위 42년 장보長父라는 인물을 양楊에 후로 봉했음(余肇長父侯于楊)이 명시되어 있고,[92] 이 양을 산시성 훙둥현 인근으로 보는 데 별 이견이 없다.[93] 더욱이 『신당서新唐書』「재상세계표宰相世系表 一下」에 "양씨楊氏는 희성에서 나왔는데, 주 선왕의 아들 상보尙父가 양후楊侯로 봉해졌다."[94]라고 언급되어 있는 것을 토대로, 사십이년구정 명문의 장보와 『신당서』의 상보를 동일 인물로 추정하기도 한다.[95] 이를 따를 수 있다면, 서주 후기 선왕 42년에 희성인 장보가 양에 봉해졌다는 얘기가 되어, 양을 희성으로 본 전래문헌의 기록이 신빙성이 있음을

91 楊伯峻 1981, 1160.

92 陝西省考古硏究所 등 2003, 6.

93 董珊 2003, 48-49; 李學勤 2003, 68-69.

94 『新唐書』, 2346.

95 董珊 2003, 48.

알 수 있다.

그렇다면 길성 정치체의 산물이 분명한, M63에서 출토된 양길호에 대해서는 어떻게 이해해야 할까? 두 가지 해석이 가능하다. 첫째, 양길호 명문의 양길을 목후(811~785 B.C.)로 추정되는 진후의 부인으로 보아 양을 길성으로 인정하지만, 두 사람의 혼인을 사십이년구정 명문에 명시되었듯 희성인 장보가 분봉된 선왕 42년(786 B.C.) 이전에 있었던 일로 추정하는 것이다. 다시 말해 선왕 42년 이전까지 홍둥 지역을 장악한 세력이 길성이었을 수 있다는 것이다.[96] 둘째, 양길호라는 기물이 잉기임은 분명하지만, 반드시 양국 군주의 여식이 진에 시집올 때 지참한 것으로 볼 필요는 없고, 오히려 양에 시집간 길성 여성이 가져갔을 가능성도 있다. 그런데 이 기물이 진후의 부인묘에서 출토된 것은 M63의 묘주인 진후 부인의 장례에 진의 인근에 위치한 희성 양국이 자신들이 갖고 있던 양길호를 부의품(賻賵)으로 보냈기 때문이라는 것이다.[97]

M63이 조성되었을 것으로 보이는 서주 후기나 춘추 초기에 청동기를 부의품으로 사용했을지 여부에 대해서는 논란의 여지가 있지만,[98] 어쨌든 두 번째 해석을 따르면 양국이 길성일 가능성은 사라진다. 쑨야빙이 제시한 첫 번째 해석을 따른다고 해도, 극상 후 당숙이 편하 중류 홍둥 지역의 친상 정치체인 양昜에 분봉되었다가 아들 섭보 때 오늘날 톈마-취촌 지역의 진으로 이주하면서 길성 정치체가 그 지역, 즉 양을 이어받았으리라는 해석이 가능해진다.

따라서 양길호 명문 역시 당숙이 분봉되었다는 전래문헌의 당唐과 갑골문과 요공궤 명문의 양昜을 일치시키는 데 장애 요소가 될 수는 없을 것으

96 孫亞冰, 林歡 2010, 338.
97 孫慶偉 2006, 66.
98 曹偉 2004a, 165-175; 曹偉 2004b, 258-263.

로 보인다. 위치가 아직까지 정확하게 밝혀지지 않은 갑골문의 당唐보다는 전래문헌을 통해 훙둥 지역으로 비정이 가능한 양昜이 당숙 우가 최초로 분봉된 지역일 가능성을 열어 두어야 할 것이다. 이러한 추론은 훙둥 지역의 고고학적 양상과도 부합한다. 산시성 서남부에서 상 후기 은허문화가 거의 발견되지 않는 것과 달리, 린펀분지의 일부 지역과 마찬가지로 융닝바오를 비롯한 훙둥 지역에 상주 교체기의 은허 제4기 유적이 분포되어 있고, 더욱이 이 지역에서 톈마-취촌의 서주 초기 진의 문화와 흡사한 양상이 발견된다는 것이다.[99]

물론 전래문헌에 당唐은 진뿐만 아니라 전설상의 요도堯都와 관련되어 나타나고, 산시성 이외에 허베이성河北省 탕현唐縣 및 후베이성湖北省 쑤이저우시隨州市 인근에도 있었던 것으로 언급되어,[100] 출토문헌의 양昜 및 당唐과의 관련성을 속단할 수는 없다. 따라서 이들의 위치에 관한 어떤 논증도 추정에 불과하지만, 다음에서 "당숙 우와 관련된 전래문헌의 당唐=갑골문의 양昜=훙둥"의 등식이 극상 직후 산시성 서남부의 정치지리에 더 부합함을 알 수 있을 것이다.

5. 당숙 우 봉건 재검토

서주 초 진, 즉 당숙 우의 봉건을 검토하면서 먼저 유념해야 할 문제는 당시 진이 서주시대 산시성 서남부에 있던 많은 제후국 혹은 정치체 중 하나였다는 점이다. 앞에서 언급했듯이 상 후기에 그 지역에는 많은 정치체가 존재하고 있었는데, 필자는 당숙 우가 원래 그중 하나인 훙둥 지역

99 王立新 2003, 25.
100 Shim 2017, 79.

의 양昜에 분봉되었다가, 제2대 제후인 섭 때 남쪽으로 100km 정도 떨어진 오늘날의 톈마-취촌 지역, 즉 진으로 옮겼을 가능성을 제시한 바 있다. 『좌전』 "소공昭公 3년"과 『사기』 「진세가」에 따르면, 서주 초에 진의 영역은 단지 100리里에 불과했다고 한다. 이를 당시 노魯와 위衛가 400리의 영역을 차지했다고 전해지는 것과 비교하면서, 두정성杜正勝은 서주 초기 진이 그다지 중요한 제후국이 아니었을 걸로 추정한다.[101] 그렇지만 두정성이 든 노와 위의 400리 설이 어디서 근거한 것인지 불분명할뿐더러, 설사 이를 따른다고 하더라도 영토의 크기로 서주 초 진국 봉건의 의미를 축소시킬 수 있을지는 의문이다.

그렇다면 진의 시조인 당숙 우의 봉건은 서주 초에 어떠한 의미였을까? 융적과 같은 이민족을 방어하기 위한 것이었다는 종래의 견해를 재고하면서 더욱 구체적인 해석을 제시하고자 한다. 필자는 서주 초 산시성 서남부에서의 신흥 주의 세력과 잔존 친상親商 정치체들 사이의 세력관계를 통해 실마리를 찾을 수 있을 것으로 보고 있다. 멸망하기 직전까지 상이 산시성 펀하 중하류 지역의 지배권을 유지하고 있었음을 논증한 제3절의 서술이 진의 봉건을 이해하는 핵심 열쇠가 될 것임은 물론이다.

그러나 당숙의 봉건에 대한 구체적 검토에 앞서 당숙 봉건 이전에 펀하 중류의 오늘날 훠저우 지역에 이미 주의 중요한 제후국인 곽이 존재했다는 사실을 상기해야 한다. 『사기』 「관채세가管蔡世家」에는 극상 직후 무왕이 동생 거處(곽숙霍叔)를 곽에 봉했다는 기록이 있다. 사마천司馬遷은 곽에 대해 더 이상의 기록을 남기지 않아 곽을 중요한 제후국으로 간주하지 않은 듯하지만, 『일주서』 「작락」 편은 곽에 대해 아주 귀중한 내용을 전해준다.

---

101 杜正勝 1992, 388.

> 무왕武王은 은殷을 멸망시키고 나서 (은의) 왕자 록보祿父를 세워 상商의 제사를 섬기게 하였다. 관숙管叔을 동쪽에 봉하고 채숙蔡叔과 곽숙霍叔을 은에 봉해 은의 신속들을 감독하게 하였다. 무왕이 이미 (주周로) 돌아왔다. (무왕은) 다음 해 12월 호鎬에서 붕어하여 기주岐周에 묻히셨다. 주공周公이 (섭정으로) 즉위하여 천자를 돕자, 삼숙三叔(관숙, 채숙, 곽숙)과 은 동쪽의 서徐, 엄奄 및 웅熊, 영盈이 (주공에) 반하여 난을 일으켰다.[102]

황페이룽은 앞에서 인용한 「도읍」 편과 마찬가지로 「작락」 편 역시 전국시대의 저작으로 파악하고 있다.[103] 따라서 곽이나 곽숙에 관한 한 『사기』의 「세가」들보다 최소한 2~3세기 이전에 쓰인 「작락」 편을 더 신뢰해야 할지도 모른다. 위의 구절은 극상 직후의 역사적 상황을 서술한 것으로, 무왕은 아우인 관숙을 동방에, 채숙과 곽숙을 이전 상의 지역들에 세워 감독하게 한 것으로 보인다. 무왕 사후 또 다른 아우인 주공이 어린 조카 성왕의 섭정이 되자, 삼숙, 즉 관숙, 채숙, 곽숙이 동방의 반주反周 세력들과 함께 반란을 일으켰다. 이는 역사적으로 '삼감三監의 난'으로 알려진 사건으로, 주공의 동방 정벌로 진압되어 서주 초기 왕조 발전의 초석이 되었다.[104]

그런데 위의 「작락」 편에는 삼감이라는 표현은 등장하지 않는다. 『상서』 「대고大誥」 편 "서서書序"에 전래문헌 중 최초로 삼감이 주공의 섭정

102 武王克殷, 乃立王子祿父俾守商祀. 建管叔于東, 建蔡叔霍叔于殷, 俾監殷臣. 武王旣歸, 乃歲十二月崩鎬, 肂予岐周. 周公立相天子, 三叔殷東徐奄及熊盈以略(畔)(『汲冢周書』, 5.7b). 필자는 朱右會의 주석에 따라 원문의 마지막 자 略을 畔으로 교정했다(朱右會 1940, 76). 위의 인용문에 이어서 三叔이 항복하고 도망한 것(降辟)으로 나타나, 이러한 교정이 타당함을 알 수 있다.

103 黃沛榮 1976, 347.

104 Li Feng 2008, 31-33.

에 대항하여 반란을 일으켰다고 전하고 있지만,[105] 아쉽게도 "서서"의 저자는 삼감이 누구누구인지는 명시하지 않고 있다. 사마천은 노, 관채, 위의 「세가」에서 상 왕실의 후예인 무경록보武庚祿父가 관숙, 채숙과 함께 주공에 대한 반란에 참여한 것으로 언급하여[106] 곽숙의 존재를 부정하고 있으며 삼감이라는 용어도 사용하지 않고 있다. 반고班固(32~92)의 『한서漢書』「지리지地理志」에서야 최초로 록보와 관숙, 채숙을 묶어 삼감으로 명명하고 있다.[107] 한대漢代 학자들의 이러한 인식은 최술崔述(1740~1816)이나 왕인지王引之(1766~1834) 같은 청대 학자들로 하여금 곽숙을 삼감 중 한 명으로 포함시키는 견해를 부정하며 「작락」 편의 신빙성에 의문을 제기토록 했다.[108]

그렇지만 기원전 2세기에 쓰여 상당한 가치를 인정받고 있는 『상서대전尙書大傳』「금등金縢」 편[109]에는 주공에 대한 반란을 일으킨 주체로 록보와 삼감을 별도로 명시하고 있어,[110] 『사기』가 편찬된 즈음에도 록보를 삼감에 포함시키지 않는 견해가 분명 존재했음을 알 수 있다. 더욱이 대부분의 편이 한대 이전의 저작으로 추정되는 『상군서商君書』의[111] 「상형賞刑」 편에도 삼감의 난 이후의 상황을 전하는 듯 주공의 관숙 살해와 곽숙 추방이 언급되어 있다.[112] 따라서 곽숙을 난의 주동자에서 제외한 사마천과 반고의 삼감에 관한 기술에 오류가 있을 것으로 보고, 삼감에 관한 한 「작락」 편의 기록을 더 신뢰하는 학자들도 있다.[113] 위의 인용문은 삼숙三叔

105 『尙書正義』, 197.
106 『史記』, 1518, 1565, 1589.
107 『漢書』, 1647.
108 『崔東壁遺書』, 206; 『經義述聞』, 3.30a-31b.
109 Loewe 1993, 385.
110 『尙書大傳』, 2.83.
111 Loewe 1993, 369-370.
112 昔者周公旦殺管叔, 流霍叔, 曰犯禁者也(『商君書』, 30).
113 劉連與 1985, 68-73; 楊寬 1990, 253-256.

의 한 명으로 은의 신속들을 감독하던 곽숙이 주공의 섭정에 대항하여 다른 두 형 및 이전 은의 신속들이 일으킨 난에 동참했음을 명확히 보여 준다.[114] "서서"에 언급된 삼감에 대한 기록이 「작락」 편의 내용을 수정해서 인용했을 가능성도 배제할 수 없을 것이다.

이와 관련하여 2011년 출간된 칭화간清華簡 『계년繫年』 제3장에 삼감에 관한 이야기가 담겨 있어 흥미롭다.

> 주周 무왕武王이 극은克殷 이후 은殷에 삼감三監을 설치하였다. 무왕 사망 이후 상읍商邑들이 흥기하여 삼감을 살해하고 록자경彔子耿(武庚祿父)[115]을 세웠다. 성왕成王이 상읍들을 섬멸하고 록자경을 살해하였다.[116]

『계년』은 기원전 4~기원전 3세기 초楚의 문헌으로 추정된다. 위 이야기는 극상 직후 주에 대한 반란의 주체를 삼감이 아닌 무왕 사후 흥기한 상읍들과 록자경(무경록보)으로, 그 진압의 주체를 주공이 아닌 성왕으로 보는 점에서 기존에 알려진 삼감의 난과 사뭇 다르다. 전국시대 후반 이미 삼감의 난에 대한 상이한 이야기들이 존재했음을 알 수 있다. 그럼에도 불구하고 무왕에 의해 은의 지역에 삼감이 세워진 것과 삼감과 무경록보를 엄연히 구분해서 본 점에서는 「작락」 편과 상통하는 점이 있다. 전국시대까지 록보를 삼감에 포함시키는 인식이 출현하지 않았음을 보여 주는 것이다. 물론 삼감을 살해한 주체를 전래문헌의 인식과 달리 록보와 연계된 상읍들로 서술하여 논란을 야기하고 있는데, 그 진위를 확인할 방법은 없

114 Průŝek, 1971, 50.

115 대부분의 연구자가 彔子耿을 大保簋(集成 4140) 명문에서 서주 초 成王과 召公의 정벌 대상으로 나타나는 彔子耶(聖), 즉 武庚祿父와 일치시키는 데 이견이 없다(蘇建洲 등 2013, 152-157).

116 周武王旣克殷, 乃埶[設]三監于殷, 武王陟, 商邑興反, 殺三監而立彔子耿. 成王屎[踐]伐商邑, 殺彔子耿(『清華大學藏戰國竹簡(貳)』, 141-142).

어 보인다.[117] 그러나 난의 주체를 록보를 비롯한 상의 잔존세력으로, 진압을 성왕에 의해 이루어진 것으로 서술한 『계년』의 인식이 「작락」 편과 반드시 상충되어 보이지도 않는다. 극상 직후의 상황을 주 및 주공의 관점에서 서술한 「작락」 편과 달리, 『계년』은 상과 성왕의 관점에서 서술한 것으로 볼 수 있기 때문이다.

이러한 측면에서 『일주서』 「작락」과 「도읍」 편의 저자(들)가 상 멸망 직후 편하 중하류의 상황에 대해 유사한 인식을 지니고 있었을 뿐만 아니라 이러한 인식이 『계년』과도 상통할 수 있음은 의미심장하다. 앞에서 언급한 바와 같이 「도읍」 편에서는 극상 직후 편하 유역에 상읍이라고 명명되는 정치체가 존재하고 있었음을 암시하고 있다. 이 상읍은 위의 『계년』에 언급된 상읍들에 포함될 수 있을 것이다. 공교롭게도 「작락」 편 역시 무왕이 아우 곽숙을 은에 봉했음을 명시하고 있다. 곽숙의 봉지를 오늘날 산시성 훠저우 지역으로 보는 데 이견이 없으므로, 「작락」 편의 저자 역시 곽을 상(은)의 영역이나 혹은 최소한 상(은)의 세력권에 포함되는 지역으로 이해했음을 알 수 있다. 은의 세력 범위 역시 『계년』과 다르지 않을 것이다.[118] 『일주서』 두 편의 이러한 인식은 상이 멸망하기 직전까지도 편하 중하류에서 지배권을 유지하고 있었다는 앞 절의 논증과도 일치한다.

그렇다면 위에서 인용한 「작락」 편은 주 무왕 사망 직후 상읍으로도 불리던 편하 중하류의 정치체들 역시 다른 반란 세력들과 함께 곽숙의 주도하에 주공에 대한 반란에 참여했음을 시사한다. 극상 직전까지 편하 중하류의 많은 정치체가 상의 세력권에 포함되어 있었기 때문에, 이 지역의 상

117 蘇建洲 등 2013, 149-152.

118 혹자는 「作雒」 편의 殷을 商 후기 도읍지인 殷墟로 가정할지도 모른다. 하지만 「作雒」 편의 저자는 蔡叔과 霍叔이 모두 殷에 봉해졌다고 기록하고 있어, 殷은 商이 지배했던 지역의 통칭으로 파악하는 것이 합리적이다. 『史記』 「管蔡世家」에 의하면, 蔡叔은 오늘날 河南省 동남부의 上蔡 지역으로 추정되는 蔡에 분봉되었다고 한다(『史記』, 1564).

황이 당시 록보나 관숙, 채숙에게 관할되었던 상의 다른 고토故土와 별 차이가 없었으리라 추정하는 것이 오히려 자연스럽다. 『상서』 「금등金縢」 편에는 관숙과 그의 여러 동생(群弟)이 난을 일으키기 전에 주공에 대한 거짓 소문을 퍼뜨렸음이 언급되어 있어,[119] 관숙의 여러 형제 중 하나인 곽숙 역시 주공에 대항한 반란에 동참했음을 암시한다. 난 이후 록보, 관숙, 채숙과 마찬가지로 곽숙과 곽 역시 중국 역사의 주류에서 사라지고 만다.[120]

이를 염두에 두고 당이 봉해진, 전래문헌에 당唐으로 명시된 양昜으로 시야를 돌려 보면, 편하 중하류 근처에 위치했던 곽과 마찬가지로 양(전래문헌의 당) 역시 인근의 친상 정치체들과 함께 주공에 대항한 반란에 동참했을 개연성이 있다. 그렇다면 진의 최초 봉건은 필자가 편하 중하류 유역까지 확대되었을 것으로 보는 주공에 대한 반란과 무관하지 않을 것이다.

『사기』 「주본기」에 따르면, 삼감의 난을 진압하는 데 3년이 소요되었다고 한다.[121] 반란이 무왕 사망 후 주공이 섭정의 지위를 차지한 직후부터 시작되었다고 가정한다면, 진 봉건의 시점에 관한 왕후이王暉의 치밀한 연구는 서주의 이른 시기 산시성 서남부의 역사를 재구성하는 데 귀중한 실마리를 제공한다.[122] 왕후이는 우선 『상서』 「궤화餽禾」의 "서서書序"와 『사기』 「주본기」 및 「노주공세가魯周公世家」에 언급된 성왕 재위 초 당숙

119 『尙書正義』, 197.

120 이들은 모두 사서에 아주 드물게 나타날 뿐이다. 霍叔은 『商君書』 「賞刑」 편에 周公에 의해 추방당한 것으로 나타나고, 『尙書』 「蔡仲之命」에는 三監의 난이 진압된 후 3년 동안 평민이 되었다고 언급되어 있어(『尙書正義』, 227), 목숨을 유지하고 후사를 이어 간 것으로 보인다. 물론 「蔡仲之命」이 古文尙書에 포함되어 있기 때문에, 그 진위를 단정하기는 어렵다. 『今本竹書紀年』에는 穆王 16년 霍侯의 사망이 기록되어 있고(『竹書紀年』, 2.5a), 霍은 기원전 841년 周의 厲王이 霍山 근처 彘로 망명했을 때 간접적으로 역사의 무대에 등장할 뿐이다. 姬姓 제후국으로 명맥을 유지하던 霍은 기원전 661년 晉 獻公에 의해 멸망당한 것으로 나타난다〔『春秋左傳正義』, 1786(閔公 1); 『史記』, 1781〕.

121 『史記』, 131.

122 王暉 1993, 934-936.

이 얻었다는 상서로운 벼(嘉禾), 즉 두 이랑에서 팬 하나의 벼 이삭[異畝(母)同穎] 이야기에 주목한다. 당숙이 그 상서로운 곡물을 성왕께 바치자, 왕은 그것을 록보와 관숙, 채숙의 난을 진압하고 아직 동방東土에 머무르던 주공에게 보냈다고(餽) 전한다. 당숙이 그 곡물을 자신의 봉지인 산시성 서남부에서 얻었을 것으로 보면서, 왕후이는 당숙이 록보와 관숙, 채숙이 진압된 이후에야 그들을 대체하며 분봉된 것으로 알려진 송미자宋微子나 위강숙衛康叔보다 확실히 먼저 분봉되었으리라 추정했다. 그는 또한 『국어』「주어周語하下」와 「진어晉語4」에 각각 명시된 무왕의 극상 당시 세성歲星인 순화鶉火와 당숙 분봉 시의 세성인 대화大火에도 주목한다.[123] 세성의 순서상 순화에서 대화에 이르기까지 3년이 소요되므로(순화-순미鶉尾-수성壽星-대화), 왕후이는 당숙의 분봉이 극상 이후 3년째에 이루어졌을 것으로 주장한다. 이는 무왕 사후 2년이자 주공 섭정 2년에 해당한다. 나아가 『수서隋書』「이덕림전李德林傳」과 『통감외기通鑒外紀』 등에 인용된 『상서대전』「낙고洛誥」의 유명한 주공 업적 기사 "주공 섭정 1년에 난을 진압하고, 2년에 은(록보와 관숙, 채숙 등)을 무찔렀고, 3년에 (동이의) 엄奄을 정벌했고, 4년에 위衛에 후侯를 세웠으며 ……"[124]를 결정적인 근거로 삼는다. 다시 말해 섭정 첫해에 진압했다는 난을 당唐에서의 난과 일치시키며, 당숙이 주공의 동방 정벌 이전에 세워졌음을 알 수 있다는 것이다.

왕후이의 이러한 추론은 진 봉건의 유래를 설명한 『사기』「진세가」 서두에 "무왕이 붕어하고, 성왕이 등극했다. (그때) 당唐에서 난이 일어나 주공이 당을 벌하여 멸망시켰다."[125]는 기록과도 일맥상통한다. 따라서 왕후이는 주공이 섭정 1년에 산시성 서남부의 당에서 일어난 난을 진압하고

123 昔武王伐殷, 歲在鶉火.; 吾聞晉之始封也, 歲在大火.

124 周公攝政, 一年救亂, 二年克殷, 三年踐奄, 四年建侯衛 …….

125 武王崩, 成王立. 唐有亂, 周公誅滅唐.

그 이듬해 당숙을 당에 분봉한 뒤, 계속해서 록보와 관숙, 채숙 등 동방의 반란세력에 대한 원정을 계속했으리라 결론짓는다. 필자 역시 무왕 사후 이전의 친상 세력들이 주도한 광범위한 반란에 직면한 주공이 주의 중심지에서 지리적으로 가까운 산시성 서남부 일대를 우선적으로 진압했을 것으로 본다. 진의 분봉 내력에 초점을 맞춘 듯한 「진세가」에서는 비록 당에서의 난이 강조되고 있지만, 앞에서 살펴보았듯 주모자 격인 곽이나 이전 산시성 서남부의 친상 상읍들 역시 주공의 정벌 대상이었을 것이다. 앞 절에서 제기한 훙둥 지역의 양이 당숙 우가 최초로 분봉된 당일 가능성은 곽숙의 근거지 훠저우가 그 지역에서 북쪽으로 불과 30km 떨어진 곳이라는 점을 통해서도 뒷받침된다. 곽을 중심으로 한 그 일대의 반주反周 세력을 제어하려는 주공의 입장에서 선봉을 담당했을 당숙 우를 그 인근에 분봉했을 개연성이 커 보이기 때문이다.

이러한 배경을 바탕으로 서주 초 진의 시조 당숙을 산시성 서남부에 분봉한 목적이 더욱 뚜렷해진다. 무왕이 사망할 때까지도 주의 상에 대한 정복이 불완전했음을 감안한다면, 무왕의 사망과 그에 뒤이은 주공의 섭정으로 인해 상의 고지故地—특히 주공에 대해 의심을 품고 있던 성왕의 숙부들이 다스리던 지역들—에서 광범위한 반주 정서가 일어났을 것이다. 앞에서 서술한 것처럼 산시성 서남부 편하 중하류 유역 역시 이러한 반주 정서에서 예외가 아니었다. 따라서 성왕의 동생인 당숙을 산시성 서남부의 요지에 위치한 상 이래의 정치체인 양(당)에 봉함으로써, 주공은 제2대 제후인 섭의 시대에 톈마-취촌 지역의 진으로 이주한 이 새로운 제후국이 당시 그 지역에 잔존하고 있던 친상 반주 세력의 도전을 막아 내길 기대했을 것이다.

최근의 발굴을 통해 드러난 톈마-취촌 유적지에서 남쪽과 동쪽으로 각각 직선거리 31km, 21km 떨어진 헝수이橫水의 붕국묘지倗國墓地와 다허커우大河口의 패국묘지霸國墓地는 친상 후예들의 문화적 면모와 함께, 이들이 진의 관할하에 주의 새로운 질서에 적응해 가는 모습을 보여 준다(제3장 참조).

6. 소결

이 장에서 필자는 진국 봉건에 관한 대안적 해석을 제시하기 위해 상 후기 산시성의 고고학과 명문(갑골문) 자료들을 다양한 방식으로 활용하려고 시도했다. 그러나 이 시기 관련 연구 자료가 적기 때문에 필자가 제시한 방법론에 내재된 약점을 인정하지 않을 수 없다. 무엇보다 필자가 산시성의 다섯 고고학지구 구분을 위해 의존한 고고학 자료들이 반드시 각 지구의 정치적 상황을 반영하는 것은 아니다. 갑골문의 희소성과 단편성, 불완전성에 따른 문제점뿐만 아니라, 제I기 후의 전쟁이나 방국 관련 갑골문이 전체의 20퍼센트 정도에 불과한 데서 기인한 취약한 대표성 역시 진의 봉건과 관련된 필자의 주장의 가설적 성격을 인정하지 않을 수 없게 한다.

그럼에도 불구하고 이 장에서 분석한 갑골문은 극상 직전 산시성 펀하 중하류의 많은 정치체가 확실히 친상 경향을 띠고 있었음을 보여 준다. 따라서 극상 직후인 서주 초까지 이러한 친상 세력들이 반주 정서를 공유했을 개연성은 충분해 보인다. 이러한 성격 규정이 펀하 중류에서 주공에 대항한 반란의 주모자로 『일주서』「작락」편에 언급된 삼숙 중 한 명인 곽숙과 그가 이끈 정치체 곽의 역할에 부합한다. 당시 광범위하게 퍼진 반주 반란에 있어 산시성 서남부도 예외가 아니었던 것이다.

따라서 주공은 상 말기 친상 정치체인 양昜 혹은 당唐에서의 반란을 진압하고 그곳에 성왕의 아우 숙우를 봉해야만 했을 것이다. 이러한 조처는 "융이나 적이 아닌" 산시성 서남부에 잔존한 친상 세력의 압박을 제어하기 위한 노력의 일환이었음이 분명해 보인다. 필자가 제시하는 진의 분봉 원인은 이른바 삼감의 난이 초래한 주공의 동정東征이 성공한 이후 본격적으로 이루어진 다른 제후국들의 분봉에도 유사하게 적용될 수 있을지 모른다.

서주사의 전개 과정에서 이질적인 적으로서 융의 존재감이 부각되었고,[126] 춘추시대 들어 산시성에서 진의 세력이 확장하면서 융적 역시 진의 친밀한 동반자 혹은 적으로 중국 역사의 전면에 자리하게 되었다. 특히 당시 시작된 것으로 보이는 진의 통치집단과 융적의 혼인 관계(제7장 참조)는 역사가들이 이들의 불가분한 관계를 더욱 확증할 수 있는 근거를 제공해 주었다. 이렇듯 동주시대에 강하게 각인된 진과 융적 사이의 밀접한 관계는, 『좌전』의 저자(들)나 후대의 역사가들로 하여금 시대를 훨씬 거슬러 올라간 진의 봉건 역시 융과의 밀접한 관계 속에서 파악하도록 했을 것이다. 그러나 당숙 우에서 비롯된 진의 봉건을 융적을 제어하기 위한 것이라고 보는 전통적인 해석은 시대착오적이다.

다음 장에서 살펴볼 서주시대 진의 문화적 면모는 이러한 필자의 인식을 더욱 강화시켜 줄 것이다.[127]

126 沈載勳 2005a, 14-32.

127 이 장은 「商末周初 山西省의 세력판도를 통해 본 晉國 봉건의 새로운 이해」, 『東洋史學研究』 66 (1999), 1-35쪽을 대폭 수정 보완한 것이다. 이 논문은 영문으로도 출간되었다: Jae-hoon Shim, "The Political Geography of Shanxi on the Eve of the Zhou Conquest of Shang: An Alternative Interpretation of the Establishment of Jin", *Toung Pao* 88.1 (2002), 1-26.

제 2 장

서주시대 진의 세계와 문화적 특성

1. 서론

서주시대 진晉을 비롯한 제후국의 역사는 1990년대 이전까지는 베일에 가려 있었다. 전래된 문헌 기록이 거의 주 왕실 중심이기 때문이다. 사마천이 「세가世家」를 남겼지만, 서주대의 제후국들에 관해서 세계世系 이상의 정보를 찾아보기란 어렵다. 『사기史記』「진세가晉世家」의 경우, 시조 당숙唐叔 우虞의 분봉에 얽힌 고사와 제9대 목후穆侯의 혼인 및 조條와 천무千畝 정벌, 목후의 아우인 상숙殤叔(784~781 B.C.)의 왕위 찬탈과 문후文侯의 복위 등을 전하고 있을 뿐이다. 진 계통의 자료로 추정되는 『죽서기년竹書紀年』 역시 별 차이가 없다.

그렇지만 다행스럽게도 1980~1990년대에 활발히 진행된 제후국들에 대한 고고학 성과는 이러한 한계를 어느 정도 보완해 주고 있다.[1] 특히 1990년대 산시성山西省 톈마天馬-취촌曲村 유적지 베이자오北趙 진후묘지晉侯墓地의 발굴은 진의 역사를 서주 초기까지 소급시킬 수 있는 귀중한 자료를 제공해 준다.

기원전 585년 건설된 진의 마지막 도읍 신전新田으로 알려진 허우마侯馬 진국유지晉國遺址가 발견되면서 1956년 건립된 산시성고고연구소山西省考古研究所 허우마공작참侯馬工作站은 산시성 서남부의 상주商周시대 고고학 발굴을 주도하며 진국 연구의 기지 역할을 담당하고 있다. 1962년 최초로 발견된 톈마-취촌 유적지는 산발적으로 조사가 진행되다, 1979년 베이징대학北京大學 고고학과가 이 지역을 실습지로 선정하면서 산시성고고연구소와 합작으로 본격적인 발굴에 들어갔다. 2010년까지 약 20차례에 걸친 발굴을 통해 진후묘지를 비롯한 서주시대 진국의 모습이 조금씩 드러나고 있다.[2] 2014년 10월에는 30여 년에 걸친 노력의 결실로 진국박물관晉國博物館이 문을 열었는데,[3] 이 박물관은 베이자오촌北趙村 진후묘지 유지 위에 세워졌다.

톈마-취촌 유적지는 허우마시에서 북동쪽으로 약 25km 떨어진 취워

1 현재까지 고고학적으로 확인된 봉국 유적지만 해도 晉國을 제외하고도 다음과 같이 상당수에 이른다: 北京 근교 琉璃河의 燕國 墓地와 城址, 河南省 浚縣 辛村의 衛國墓地, 平頂山 北滍村의 應國墓地, 鄭州 窪劉의 管國墓地, 鹿邑 太淸宮의 長子口(宋微子)墓, 河北省 邢臺 南小汪의 邢國墓地, 山東省 曲阜의 魯國古城墓地, 濟陽 劉臺子村의 逢國墓地(中國社會科學院考古研究所 2004, 78-118; 任偉 2004). 2000년대 이후에도 山東省 滕州 前掌大와 黃縣 일대, 高靑 陳莊, 山西省 絳縣 橫水와 翼城縣 大河口, 湖北省 魯臺山, 隨州 葉家山과 羊子山 등지에서도 위의 유적지들과 유사한 양상의 서주시대 묘지가 다수 발굴되었다.

2 楊富斗 1985, 5-11. 특히 '劉緖, 吉琨璋 2011, 157-163'에 발굴 개황이 상세히 소개되어 있다. 山西省考古研究所 侯馬工作站에 대해서는 http://www.sxkaogu.net/webshow/aritcleDetail.shtml?articleId=1050 참조(2017년 7월 20일 접속).

3 晉國博物館 공식 사이트 http://www.晋国博物馆.com/ 참조.

현曲沃縣 동부와 이청현翼城縣 서부에 위치하고 있다(그림 서-1 참조). 북쪽으로 타얼산塔儿山(일명 총산崇山 혹은 차오산喬山), 남쪽으로 장산絳山(일명 쯔진산紫金山)에 에워싸여 있고, 서쪽으로는 펀하汾河가, 남쪽으로는 콰이하澮河가 있고, 유적지의 동남쪽 언저리로 푸하滏河가 흐른다. 인접한 네 부락(취촌, 베이자오, 톈마, 쌴장毛張)에 에워싸인 넓은 평원지역에 위치한 이 유적지에서는 주거 유적뿐만 아니라 각종 등급의 수많은 묘가 발굴되었다. 유적지는 동서 3,800m, 남북 2,800m에 달하는 상당히 광범위한 지역(총면적 약 11km^2)을 포괄하여, 현재까지 발견된 서주시대 유적 중 주周의 도읍인 산시성陝西省 시안西安의 풍호유지豊鎬遺址 다음으로 크다.[4] 대형 건축과 청동기 작방作坊이 존재한 흔적이 있지만 취락은 일부만 발굴되었고[貴族集落地區(I區)],[5] 진국 유지에서 현재까지 발굴이 가장 많이 진행된 곳은 취촌의 북부와 서부에 자리한 귀족묘지(II區), 즉 취촌묘지曲村墓地와 그 동쪽으로 유적지의 중앙 베이자오촌에 위치한 진후묘지(III區)이다. 이 두 묘지 사이의 거리는 약 1,200m에 달한다(그림 2-1).

베이자오 진후묘지에서는 대략 서주 초기에서 후기, 혹은 춘추 초기까지로 추정되는 진의 통치자(진후晉侯 혹은 진숙晉叔) 묘 9기와 배우자묘 10기가 발굴되었다. 이 묘지는 1987년 이래로 도굴이 계속되자 1992년 봄부터 2001년 1월까지 여섯 차례에 걸쳐 공동 발굴에 들어가 그 모습을 드러내게 되었다.[6] 19기 묘 중 8기가 발굴 전에 도굴되었음에도 불구하고, 남아 있는 유물들만으로도 서주 제후국 통치자 묘지 가운데 가장 풍부한 자료를 제공해 준다.

4 劉緒, 吉琨璋 2011, 164.

5 北京大學考古學係商周組 등 (鄒衡 主編) 2000, 第一冊, 33-281.

6 현재까지 北趙墓地에 대한 정식보고서는 나오지 않았고 여섯 편의 발굴 簡報만 출판되었다(北京大學考古系 등 1993, 11-30; 北京大學考古學系 등 1994, 4-28; 山西省考古研究所 등 1994a, 22-33, 68; 山西省考古研究所 등 1994b, 4-21; 北京大學考古學系 1995, 4-39; 北京大學考古文博院 등 2001, 4-21, 55).

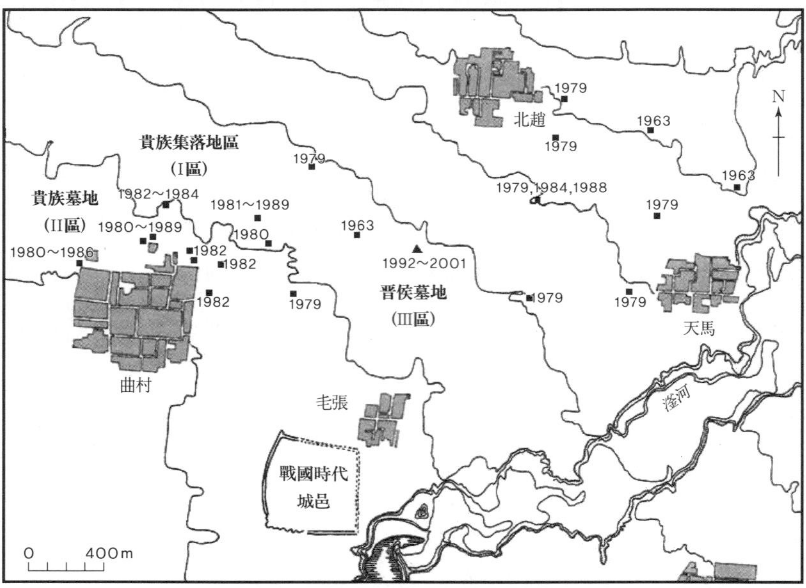

그림 2-1. 톈마-취촌 유적지 전경(상)과 배치도(하: 숫자는 발굴 연도)

진후묘지에 대한 발굴이 종료되고 2년 후, 묘지의 동남쪽으로 직선거리 4,500m 지점인 취워현 양서촌羊舌村에서도 춘추시대 초 진의 통치자와 배우자 묘로 추정되는 묘군이 발견되었다. 2005년의 발굴을 통해 이 묘지의 윤곽을 파악할 수 있었지만, 대부분의 묘가 이미 도굴된 후였다. 이 묘지에 대해서는 『중국문물보中國文物報』에 간략한 보고서 한 편만 나와 있어 아쉽지만, 서주에서 춘추 초까지 진 통치자들의 분묘에 대한 귀중한 정보를 제공한다.[7]

완전히 도굴된 양서촌묘지와 달리 베이자오 진후묘지에서는 방대한 양의 청동기가 출토되었다. 이 중 여러 진후의 이름이 들어 있는 명문이 주조된 다양한 청동 예기禮器가 단연 주목을 끈다. 한 가지 흥미로운 사실은 이러한 청동기 명문에 나타나는 진후의 이름과 『사기』「진세가」의 계보에 언급된 진후의 이름이 거의 일치하지 않는 점이다. 따라서 『사기』의 신빙성 여부와 함께 이를 어떻게 이해해야 할지가 논란의 대상이 되고 있다. 또한 9기의 진후묘의 배열과 각 묘의 연대 설정 역시 의견이 일치되지 않고 있다.

한편 제1장에서 언급했듯이, 베이자오묘지의 발굴이 이루어지기 전까지 많은 학자는 진의 발전이 융적戎狄과의 밀접한 관계 속에서 이루어졌을 것으로 파악하면서 진의 문화에 대해서도 주周의 문화와 북방 이민족의 문화가 복합되었을 것으로 가정한 바 있다.[8] 그렇지만 베이자오묘지에서 나타나는 서주시대 진 통치 계층의 문화 양상은 이러한 추정이 재고되어야 함을 보여 준다.

이 장에서 필자는 우선 톈마-취촌의 진국묘지를 취촌의 귀족묘지, 베이자오 진후묘지, 양서촌의 진후묘지로 나누어 개관할 것이다. 이를 토대

7 吉琨璋 등 2006.

8 제1장 각주 1 참조.

로 진후묘들의 연대를 검토하고, 청동기 명문상의 진후와 「진세가」에 나타나는 진후를 확인하는 작업을 진행할 것이다. 나아가 진후묘지에서 출토된 청동기를 중심으로 진의 상류층 문화를 샨시성 중심지 주류문화와의 연관성 속에서 살펴볼 것이다. 이를 통해 서주시대 진의 면모 및 그 문화의 성격이 더욱 명확히 드러날 것이다.

2. 취촌묘지

톈마-취촌 진국유지에서 아직까지 성벽이나 대형 건축물은 확인되지 않고 있다. 그러나 청동 용기나 병기, 공구를 만드는 도범陶范이 발견되어 청동기 주조 공방工房이 있었음을 입증해 주고, 원통형 기와(筒瓦)가 발견되어 대형 건축물이 존재했을 가능성을 암시한다. 이러한 청동공방과 대형 건축의 존재 가능성은 이 유적지가 결코 일반 취락 유적이 아니었음을 보여 준다.[9]

더욱이 취촌의 귀족묘지와 베이자오 진후묘지의 발견은 이 유적지가 서주시대 진국의 도읍이었음을 입증하기에 충분하다. 취촌묘지에서는 모두 일곱 번에 걸친 대규모 발굴이 진행되었는데, 발굴된 면적만 13,800m^2에 이른다. 현재까지 발굴된 739기의 주대周代 장방형 수혈 토광묘 중 서주와 춘추 시대 묘가 670여 기, 전국시대 묘가 60여 기에 이르고, 서주시대 거마갱 6기도 정리되었다. 전체 묘지의 크기는 동서 약 800m, 남북 약 600m에 달하며, 현재까지 35분의 1 정도의 발굴이 완료된 묘들의 밀도를 토대로 총 2만 기 이상의 분묘가 조성되어 있었을 것으로 추정된다.[10]

9 劉緖, 吉琨璋 2011, 165.

10 '北京大學考古學係商周組 등 (鄒衡 主編) 2000'이 출간될 때까지 626기가 발굴되었고

다양한 크기의 묘에서 청동기를 비롯한 많은 부장품이 출토되었음은 물론이다. 현재까지 취촌묘지에서 발굴된 묘 중 청동기를 부장한 묘는 모두 44기에 이른다. 대형 묘 중 하나인 M6081은 서주 초기 묘로 묘실의 면적이 4.25m×3.40m=14.45m^{2}이고 깊이는 7.5m이다. 청동예기 총 12점[정鼎(방정方鼎 1점) 4점, 궤簋 2점, 언甗과 작爵, 치觶, 준尊, 유卣, 반盤 각각 1점]과 청동 무기, 공구, 마구와 함께 옥기, 석기, 칠기 등이 부장되어 있었다.[11] 다음에서 살펴볼 진후묘들에 비하면 규모나 부장 청동기의 수량에서 절반 정도의 규모이다. 그런데 M6081에 대한 보고서는 진후묘지 발굴 이전에 집필되었기 때문인지 이 묘를 진의 시조인 당숙 우의 묘로 추정하는 오류를 범하기도 했다.[12]

취촌묘지의 보고서에서는 M6081에 이어 청동 정鼎의 수에 따라 3정 묘 4기(M6069, M6195, M6210, M6308)와 2정 묘 5기(M5189, M6080, M6197, M6214, M6231), 1정 묘 34기 등의 순으로 묘의 규모와 부장품들을 소개하고 있다. 로타 본 팔켄하우젠Lothar von Falkenhausen은 이러한 취촌의 묘 중 상당수가 베이자오 진후묘지에는 결여되어 있는 서주 초기의 묘로, 이 두 묘지를 비교하는 데 한계가 있다고 한다.[13] 현재까지 취촌묘지의 극히 일부만이 발굴된 점을 고려할 때, 이 묘지에서 나타나는 양상들을 일반화하기는 어려워 보인다. 그럼에도 불구하고 취촌묘지에서 대형 묘에 속하는 일부 묘들(M6195/M6197, M6231/M6080, M6130/M6131, M5189/M5150 등)이 진후묘지와 마찬가지로 부부 쌍봉(혹은 이혈異穴) 합장의 형태를 취하고 있고,[14] 이들 묘에서 출토된 청동예기 역시 베이자오 진후묘지의 것과 기

(287-937), 전체 묘지의 1/35만 발굴된 것으로 언급되었지만(283), 이후 2010년까지 추가 발굴이 이어졌다(劉緒, 吉琨璋 2011, 163, 167).

11 北京大學考古學係商周組 등 (鄒衡 主編) 2000, 第一册, 335-350.

12 北京大學考古學係商周組 등 (鄒衡 主編) 2000, 第三册, 1133.

13 팔켄하우젠 2011, 165.

14 北京大學考古學係商周組 등 (鄒衡 主編) 2000, 第一册, 284; 팔켄하우젠 2011, 166.

본적으로 유사함에는 이의를 제기하기 어려울 것이다.

취촌묘지가 전체 몇 기인지 추정하는 것은 당시 진국 도읍의 인구수를 가늠하는 데 흥미로운 실마리를 제공해 준다. 이 문제에 대해서는 팔켄하우젠이 주목한 바 있는데, 그가 중국 고고학사에서 획기적인 업적으로 꼽는 허우마 인근의 상마묘지上馬墓地에 대한 보고서가 그 시발점이 되었다.[15] 진에 속한 한 족속의 묘지로 추정되는 상마묘지에서는 서주 후기에서 춘추 후기까지로 편년되는 묘 1,387기가 거의 완전한 형태로 발굴되었다. 발굴자들이 아홉 시기로 구분한 고고학 단계 각각에 속하는 묘의 수와 각 단계의 기간, 전근대 사회 성인의 평균 기대수명 등을 고려하여, 팔켄하우젠은 기원전 7세기 중엽까지 각 단계 일정 시점의 인구수 최대치가 250~350명이었을 것으로 파악했다. 이 수치는 그 묘지에 묻힐 수 있었던 '성인 핵심 인구'수로, 아동과 신분이 낮은 종속적 여성, 외부 출신 거주자 등을 포함하면 그 수치가 최소한 두 배 이상으로 늘어날 것으로 보았다.

나아가 취촌묘지가 전체에서 35분의 1만 발굴되었고 묘지의 밀도가 동일했다면, 그 묘지에서 보고서 작성 시기까지 발굴된 서주에서 춘추 중기까지의 묘 626기로부터 전체 인구수 21,910명(626×35)을 얻을 수 있다. 이 묘지가 450년 정도 사용되었을 것으로 보고, 역시 평균 수명 등을 고려한 고대사학자 이언 모리스Ian Morris의 공식을 토대로 취촌묘지의 '성인 핵심 인구'수를 1,622~1,903명으로 추산할 수 있었다. 여기다 2 혹은 그 이상을 곱하면 당시 진 도읍 인구의 평균치를 얻을 수 있을 것으로 보았다. 따라서 팔켄하우젠은 서주시기 진의 도읍은 상마 유적지가 최대로 팽창했던 춘추 중기 평균 인구수의 여섯 배에서 열 배에 이르렀을 것으로 추정했다.[16]

---

15 山西省考古研究所 1994a.

16 팔켄하우젠 2011, 192-194.

물론 취촌묘지의 발굴이 완전하지 않아 대표성을 띠기 어렵고 시대별 추이 역시 결여되어 있기 때문에, 이러한 추정은 상당한 약점을 지닐 수밖에 없다. 그럼에도 과학적인 시도를 통해 얻은 수치라는 점에서 어느 정도 신뢰성이 있다면, 서주시대 진 도읍의 인구는 상마의 최대치 750명의 6~10배인 4,500~7,500명으로 추산할 수 있을 것이다.

3. 베이자오 진후묘지

현재까지 서주시대 정치체(제후국)나 족속의 통치자 묘지가 별도로 조성되어 발견된 사례는 주공周公의 가족묘 혹은 서주시대 왕릉으로 추정되는 저우공먀오묘지周公廟墓地[17]와 베이자오 진후묘지 등에서 드물게 나타날 뿐이다. 동서, 남북으로 대략 150m×130m 규모인 진후묘지에서는 모두 19기(진후묘 8기, 진숙晉叔묘 1기, 배우자묘 10기)의 묘가 9조組의 쌍봉 합장 형태로 발견되었다.[18] 그림 2-2에 나타난 바와 같이 M114/M113, M91/M92의 짝을 제외한 7조의 진후와 배우자들의 합장묘는 대략 남북 평행으

17 沈載勳 2005b, 1-25.

18 사실 진후묘지의 묘를 19기로 단정할 수는 없다. 19기의 묘에 대한 간략한 보고가 완료된 이후에도 여러 학자가 M114/M113과 M91/M92 사이에서 거마갱이 발견된 것을 들어 묘가 더 있었을 것으로 추정했다. 실제로 北京大學 고고학과와 山西省考古研究所는 2001년 발굴 종료 이후 두 합장묘 사이에서 M112/M138로 명명한 합장묘를 하나 더 발굴했지만, 이에 대한 보고서는 아직 나오지 않고 있다. 다만 발굴 사정에 정통한 北京大學의 劉緒와 徐天進이 M112에 대해 鼎을 3점 부장한 중형 묘라고 간략하게 언급한 바 있다(劉緒 등 2002, 44-46). 필자는 2008년 8월 山西省考古研究所 侯馬工作站에서 이 두 묘에서 출토된 청동기 10점을 열람할 수 있었는데, 이들 묘의 규모나 출토된 청동기의 수량이 앞에서 서술한 曲村묘지 최고위층과 비슷해 보인다. 이들 묘에서 출토된 청동기는 서주 초기의 기물로 보이는 卣 1점과 簋 1점을 제외한 대부분이 서주 중후기의 것들이었다. 이들 중 鼎 3점에 "叔作寶鼎"이라는 명문이 있어, 현지 고고학자들은 이 묘를 晉侯의 아우 묘로 추정하고 있다(山西省考古研究所 吉琨璋 선생과의 대화, 2008년 8월 8일, 侯馬工作站).

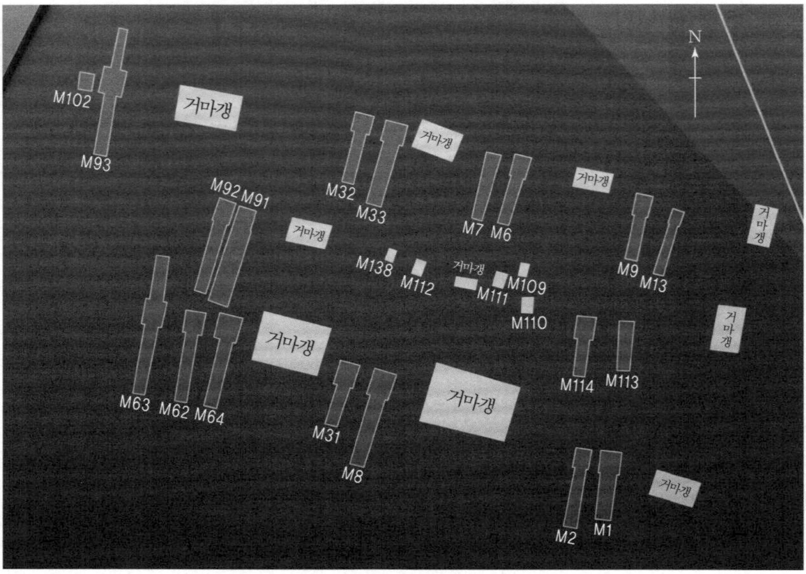

그림 2-2. 진후묘지 배치도

로 배치되어 있다. 모든 묘는 약간 서쪽으로 기울어 북남 방향으로 배열되어 있는데, 장방형 수혈토광식 묘실은 북쪽으로, 묘도墓道는 남쪽으로 나 있다(그림 2-3). 대부분의 묘는 묘도가 하나인 갑자형甲字形이지만 묘지에서 가장 늦은 시기의 것으로 추정되는 M63과 M93은 남북 양쪽으로 묘도가 있는 중자형中字形 묘이다. 묘실의 크기는 5m×7m=35m^2 정도여서 취촌묘지에서 가장 큰 묘의 두 배에 이르고, 묘도의 길이는 15~18m이다. 대부분의 합장묘 동쪽에 거마갱車馬坑이 딸려 있다. 청동기와 같은 부장품들은 관棺과 곽槨 사이나 관 속, 곽의 뚜껑 부분에 주로 배치되었고, 피장자의 얼굴과 몸은 다양한 형태의 옥장식(玉飾)으로 뒤덮여 있었다.

M91/M92와 M93/M102, M114/M113이 발굴되기 전에 발굴자들은 북쪽에 배치된 합장묘군이 남쪽보다 빠른 시기이고, 각각의 합장묘는 동쪽의 것이 서쪽보다 빨라, 각 묘들이 일정한 순서로 배치되었을 것으로 추정

그림 2-3. 진국박물관에 복원 전시된 진후(M8)(좌)와 부인(M31)(우)의 묘

했다.[19] 그렇지만 이 세 합장묘의 추가 발굴로 이러한 예측이 수정되었고, 많은 논의를 거쳐 발굴자들은 서주 초기의 후단에서 서주 말 혹은 춘추 초까지로 추정되는 베이자오묘지의 9조 합장묘를 다음과 같은 순서로 배열하고 있다.[20]

---

19 北京大學考古系 등 1993, 22-23.

20 北京大學考古學系 1995, 37; 李伯謙 2002, 18-19; 劉緖 2007, 149-153. 이 연대순은 묘의 형태의 변화나 積石積炭의 사용 여부, 각 묘에서 출토된 청동기의 편년 등에 근거한 것이다. 그렇지만 일부 학자들은 이 연대순에 대해 이의를 제기하고 있다. 盧連成은 M13과 M7에서 각각 출토된 2점의 陶鬲을 비교 검토하여 이 두 묘의 연대가 뒤바뀐 것으로 주장한다. 그는 또한 M9에서 출토된 4점의 編鐘에 주목하고 이들이 穆王의 시기보다 빠를 수 없을 것으로 파악하여 M9/M13을 共王이나 懿王의 시기로 연대 추정한다. 또한 M8에서 출토된 청동기, 특히 晉侯斷簋를 西周 말이나 春秋 초의 것으로, M64/M62/M63에서 출토된 여러 청동기나 옥기 역시 春秋 초의 것으로 파악한다. 따라서 그는 발굴자들과는 달리 晉侯묘지를 西周 후기에서 春秋 초기에 이르는 것으로 파악한다(盧連成 1997, 140-144). Jay Xu는 현재까지 M64에서 출토된 어떤 청동기도 M8에서 출토된 晉侯蘇鼎보다 연대가 늦을 수 없다고 믿으면서 이 두 묘의 순서 역시 뒤바뀌어야 한다고 주장한다(Xu 1996, 197-

M114/M113→M9/M13→M6/M7→M33/M32→M91/M92→M1/M2→M8/M31→M64/M62/M63→M93/M102 (그림 2-2 참조).

일부 이견이 있지만 이 순서에 따라 각 묘에서 출토된 청동예기[21]를 중심으로 9조의 합장묘를 개관해 보자.

1) M114/M113[22]

1994년 10월 제5차 발굴을 끝으로 베이자오묘지의 발굴은 일단락되었다. 그런데 2000년 9월 취워현 공안국公安局에서 도굴 혐의자들을 심리하던 중, 1998년 봄 묘지 내에서 대형 묘가 도굴된 사실을 알게 되었다. 이에 그들이 말한 지점을 조사하여 2기의 대형 묘 M114와 M113을 발견했고, 2000년 10월에서 2001년 1월까지 발굴을 진행했다.

베이자오묘지의 동쪽 끝 M9/M13과 M1/M2 사이에 위치하고 있는 두 대형 묘 중 진후묘인 M114는 이미 도굴되어 훼손이 심했다. 그러나 남아 있는 유물들과 배우자묘 M113의 출토 유물들을 토대로, 발굴자들은 이 두 묘가 M9/M13과 함께 베이자오묘지에서 가장 이른 시기의 묘(서주 초기에서 중기 사이)일 것으로 파악했다. M114와 M113에서 채취한 인골을 이용한 방사성탄소 측정 연대는 각각 기원전 1000~기원전 925년과 기원전 1020~기원전 930년으로 나와 각각 기원전 930~기원전 855년과 기원전 925~기원전 855년으로 나온 M9/M13보다 빠르게 나타난다(표 2-2 참

199). 張長壽는 각각의 합장묘가 일정한 규율로 순서대로 배치되었을 것으로 가정하면서 동북쪽의 끝의 M9/M13을 필두로 각각 종렬의 순서로 서쪽으로 배치되었을 것으로 추정한다(張長壽 2002, 75-78). 그렇지만 뒤에서 언급되듯이 이들의 주장 역시 비판에서 자유로울 수는 없다. 이 문제에 대해 비록 논쟁의 여지가 남아 있다고 해도, 유적지의 여러 상황에 가장 익숙한 발굴자들의 의견을 따르는 것이 현재로서는 최선으로 보인다.

21 중국 고대 청동예기의 종류와 발전 전반에 대해서는 '리쉐친 2005' 참조.

22 北京大學考古文博院 등 2001, 4-21.

조).[23] M114/M113에서 출토된 청동기나 질그릇의 형태 역시 M9/M13보다 빠른 것으로 파악되어 M114/M113을 묘지에서 가장 이른 묘로 추정하는 데 이견이 없다.[24]

M114에서는 명문이 주조된 청동기 3점이 출토되었는데, 48자의 명문이 주조된 숙측방정叔夨方鼎(集錄二編[25] 320)이 주목을 끈다. 명문에는 이름이 명시되지 않은 왕이 성주成周에서 대제전大祭典을 거행한 후에 신하들을 접견했는데, 숙측叔夨에게 의복과 거마車馬, 패貝 등 하사품을 수여했고 숙측이 이를 기념하여 그 기물을 주조했다는 내용이 담겨 있다(그림 2-4).[26] 리보첸李伯謙은 상고시대에 측夨이 오吳와 유사한 음을 가졌고 우虞와도 통용되었을 것으로 추정하여 숙측을 진의 시조인 숙우叔虞, 즉 당숙 우로 추정한 바 있다.[27] 비교적 많은 학자가 이를 따르지만,[28] 의후측궤宜侯夨簋의 명문에 나오는 "왕이 우후 측에게 명하여 이르기를王命虞侯夨曰"이라는 구절에 우虞와 측夨이 별개의 문자로 나타나기 때문에, 황성장黃盛璋과 장마오룽張懋鎔 등 이 견해를 반박하는 연구자들도 있다.[29] 이들은 오히려 M114/M113에서 출토된 기물 중 서주 중기의 이른 시기까지 연대 추정될 수 있는 청동기들이 있기 때문에 숙측을 제2대 진후인 섭燮으로 추정하기도 한다.

M114에서는 또한 이름이 명시되지 않은 진후가 태실太室에 바친 것으로 언급된 조준鳥尊이 출토되었다(그림 2-23 참조). 마지막으로 M114의 도

23 李伯謙 2002, 19.

24 饒宗頤 등 2002, 69-77.

25 이하 集錄二編은 모두 『近出殷周金文集錄二編』을 이른다.

26 惟十又四月, 王彡大禰, 桒在成周. 咸桒, 王呼殷厥士, 齎叔夨以裳,衣,車,馬,貝卅朋. 敢對王休, 用作寶尊彝. 其萬年揚王, 光厥士.

27 李伯謙 2001, 39-42.

28 李學勤 2001, 67-70; 馮時 2002, 258-265. 饒宗頤와 王占圭 등도 이를 따른다(饒宗頤 등 2002, 69, 75).

29 饒宗頤 등 2002, 70-71, 74.

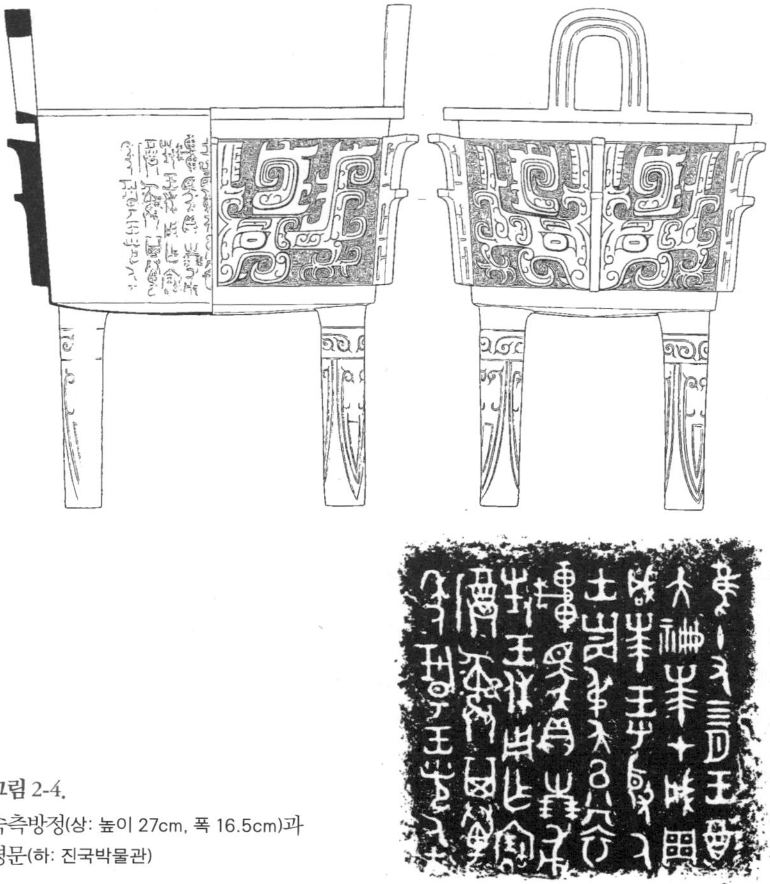

그림 2-4.
숙측방정(상: 높이 27cm, 폭 16.5cm)과
명문(하: 진국박물관)

굴 당시 피폭된 잔편들을 모아 베이징대학에서 복원한 위언䵼甗(集錄二編 126) 명문도 주목을 끈다. 현재 43자가 식별 가능한 이 명문은 서주 제4대 소왕昭王(977/975~957 B.C.)의 남방 정벌을 전후한 시점에 왕명을 받은 위䵼라는 인물이 오늘날 허난성 남부 신차이현新蔡縣으로 추정되는 번繁에서 왕의 업무를 수행한 사실을 기록하고 있다(그림 2-5).[30] 위를 리쉐친은 진

그림 2-5. 위언(좌: 높이 40.5cm, 구경 25cm)과 명문(우)(베이징대학)

인晉人으로, 쑨칭웨이孫慶偉는 진후 섭보의 자字로 추정한 바 있다.[31]

훼손되지 않은 채로 발굴된 배우자묘인 M113에서는 방정方鼎 2점을 포함한 정鼎 8점과 궤簋 6점, 유卣 2점, 그리고 언甗, 통형기筒形器, 쌍이관雙耳罐, 삼족옹三足瓮, 저준猪尊이 각각 1점씩 출토되었다. 방정과 저준에는 각각 "숙이 '려' 제사용 정을 만든다(叔作旅鼎)."와 "진후가 '려' 제사용 (기물을) 만들어 (조상께) 제사드릴 것이다(晉侯作旅飤)."[32]라는 간략한 명문이 새겨져 있다(그림 2-6).

---

30 唯十又二月王命南宮伐虎方之年. [唯]正月旣死霸庚寅, 王在宗周. 王□□𢽎使于緐繁, 賜貝[五]□. [𢽎]揚對王[休], 用作□□□[彝].子=[孫=]永□□□.

31 李學勤 2011a, 108-111; 孫慶偉 2007, 64-68.

32 '旅'와 '飤' 자의 의미에 대해서는 다양한 견해가 제시되어 있지만 아직 그 정확한 의미를 파악하지 못하고 있다. 위의 해석은 각각 陳英傑과 郭永秉의 견해를 따른 것인데, 두 글자에 대한 여러 견해와 그에 대한 비판 역시 논의되어 있다(陳英傑 2008, 250-257; 郭永秉 2015, 179-187).

기물 내벽의 명문

뚜껑의 명문

그림 2-6.
M113 출토 저준(좌: 높이 22.4cm, 길이 39cm)과 명문(우)(진국박물관)

2) M9/M13[33]

앞에 언급된 M114/M113과 마찬가지로, 하지만 베이자오묘지의 다른 합장묘들과는 달리, 진후묘인 M9가 서쪽에 배치되어 있다. 발굴자들은 M9에서 정鼎과 궤簋, 가斝, 편종編鐘 등의 청동기를 확인했지만 자세한 보고서는 없는 상황이다. 발굴자 중 한 명인 류쉬劉緒는 이 묘에서 청동 정만 10여 점이 출토되었다고 언급한 바 있다.[34] 주펑한朱鳳瀚에 따르면, M9에서 7점의 분정盆鼎이 출토되었는데, 이를 통해 형태는 같고 순서에 따라 크기가 다른 이른바 열정列鼎의 형태를 찾을 수 있다고 한다.[35] 이 중 1점의 정에는 "(진후가) 진공의 종실을 위한 보배로운 제사용 그릇(을 만든다) [(晉侯作)晉公□(宗)室寶尊彝]."라는 명문이 새겨져 있는 것으로 알려져 있다.

배우자의 묘인 M13 역시 곽槨의 북측에 많은 청동기를 부장하고 있는

33 北京大學考古學系 등 1994, 6-8.
34 劉緒 2007, 158.
35 饒宗頤 등 2002, 72.

그림 2-7. M13 출토 진후온정(좌: 높이 23.7cm, 구경 16.4cm)과 명문(우)(진국박물관)

데, 2점의 데움용 온정溫鼎을 포함한 7점의 정과 4점의 궤가 주목을 끈다. 이 밖에 언甗과 수盨, 반盤, 관罐 등도 각각 1점씩 출토되었다. 온정 내부에는 "진후가 이 정을 만든다(晉侯作此鼎)."라는 명문이(그림 2-7), 궤 1점에는 묘주인 듯한 "(진후의 부인) 진강이 이 보배로운 궤를 만든다(晉姜作寶簋)."라는 명문이 각각 새겨져 있다.[36] 이를 통해 뒤에서 언급될 목후의 부인 제齊의 강씨姜氏와 문후文侯의 부인 진강晉姜, 헌공獻公의 부인 제강齊姜과 마찬가지로 서주 전기부터 진의 혼인 상대가 제나라였음을 알 수 있다. M13에서 출토된 다른 청동기 중 사슴 머리(立鹿杖首)와 멧돼지(野猪) 모양의 띠장식(帶飾)에서는 북방문화의 풍격을 찾을 수 있다.

3) M6/M7[37]

이 두 묘는 1991년에 도굴되었기 때문에 몇몇 도기와 청동 조각, 청동

36 山西省文化局 등 2002, 58-60.
37 北京大學考古學系 등 1994, 5-6, 28.

검 등이 출토되었을 뿐이다. M7에서 나타나는 눈에 띄는 특징은 이전의 다섯 묘(M114, M113, M9, M13, M6)와는 달리 묘의 바닥에 목탄이 한 층 깔려 있다는(積炭) 것인데, M7보다 연대가 늦은 베이자오묘지의 대부분 묘에서도 M7보다 약간씩 발달된 형태로 들보와 목탄이 깔린 적석적탄積石積炭 양식이 나타나 묘지 전체의 연대 배열에 도움을 준다. 발굴자들은 또한 M7의 이층대二層臺에서 발견된 도력陶鬲을 M13에서 출토된 력보다 명확히 늦은 시기의 것으로 파악하여 M7의 묘주를 M9보다 한 세대 늦은 진후의 배우자로 추정한다.

4) M33/M32

북쪽 열의 중앙에 위치한 네 번째 합장묘 역시 여러 차례의 도굴로 완전히 파손되었다. 배우자의 묘로 추정되는 M32에서는 묘도에서 출토된 마차 1점과 묘실에서 발굴된 청동 정鼎, 궤簋 이외에는 어떠한 유물도 남아 있지 않았다.[38] 그렇지만 진후묘인 M33에서는 청동 마구와 무기 등과 함께 뚜껑에 명문이 주조된 진후북마방호晉侯僰馬方壺가 출토되어 묘주를 확인할 수 있는 귀중한 실마리를 제공한다. 기물은 파손이 심했지만 뚜껑은 비교적 완전하여 명문 내용을 확인할 수 있었다. 명문은 진후 북마僰馬가 종실의 제사에서 사용할 청동 호를 만들어 바치

그림 2-8.
M33 출토 진후북마방호 명문
(진국박물관)

38 山西省考古硏究所 등 1994b, 22.

는 것을 기념하는 내용이다(그림 2-8).[39] 발굴자들은 M33에서 북마의 이름이 들어 있는 명문이 주조된 심하게 훼손된 2점의 청동기(鼎과 盂) 역시 찾아내었다. 이들 청동기는 베이자오묘지에서 현재까지 발굴 보고된 특정 진후의 이름이 주조된 청동기 중 가장 이른 시기의 것이다. 진후 북마의 이름이 담긴 또 다른 청동기들이 M33의 다음 세대인 M91과 M92, 몇 세대 후로 추정되는 M31에서도 출토되었다. 묘의 배치와 부장품에 근거하여 M33의 발굴자들은 진후 북마의 재위기를 서주 중기의 늦은 시기인 효왕孝王(872?~866 B.C.)이나 이왕夷王(865~858 B.C.)대로 추정한다.[40]

5) M91/M92[41]

베이자오묘지의 서쪽 중앙부에 위치하고 있는 다섯 번째 합장묘 M91/M92는 도굴되지 않아 원래 상태를 그대로 보존하고 있다. 진후의 묘로 추정되는 M91에서는 다양한 마구와 청동 무기, 석경石磬 등과 함께 35점의 청동기(鼎 7점, 簋 5점, 爵 2점, 鬲 2점, 方壺, 圓壺, 盤, 匜, 盂, 尊, 卣, 豆 각각 1점, 7점의 編鐘 한 세트 등)가 출토되었다. M91의 풍부한 기물 중 명문이 주조된 2점의 청동기가 주의를 끄는데, M91에서 출토된 명문은 M33에서 출토된 진후북마방호 뚜껑 부분의 명문과 일치한다. M91에서 출토된 훼손이 심해 종류를 알 수 없는 다른 청동기의 바닥 부분에는 진후 희보喜父가 돌아가신 부친 랄후剌侯를 위해 그 청동기를 제작했다는 명문이 있다. 배우자의 묘인 M92에서도 같은 명문이 주조된 진후희보반晉侯喜父盤이 출토되었다(그림 2-9).[42] 발굴자들은 희보 청동기 2점이 모두 랄후에게 헌납된 것

39 唯正月初吉, 晉侯僰馬既爲寶盂, 則作尊壺. 用尊于宗室, 用享用孝, 用祈壽老. 子=孫=其萬年永是寶用.

40 山西省考古研究所 등 1994b, 4-7.

41 北京大學考古學系 등 1995, 8-22, 37.

42 唯五月初吉庚寅, 晉侯喜父作朕文考剌侯寶盤, 子=孫=其永寶用.

그림 2-9.
M92 출토 진후희보반(좌: 높이 14.3cm, 구경 45.6cm)과 명문(우)(진국박물관)

을 주목하면서, 고대 한어에서 랄剌은 여厲와 통용이 가능하기 때문에[43] 랄후가 『사기』「진세가」에 진의 다섯 번째 제후로 언급되어 있는 여후厲侯(?~859 B.C) 복福과 동일 인물일 것으로 파악한다. 따라서 랄(여)후가 M33에 묻힌 북마의 사후에 붙여진 시호諡號일 가능성이 크다고 보아, 그다음 세대인 희보는 「진세가」에 여후의 아들이자 진의 여섯 번째 제후로 알려진 정후靖侯(858~841 B.C.) 의구宜臼로 추정한다.[44] 사마천에 따르면 정후는 주의 여왕厲王(857/853~842/828 B.C.)과 동시대 인물이다.

리보첸은 2009년 M91에서 출토된 궤에서 복원해 낸 명문 31자에 대해 언급한 바 있는데, 그중에 "백희보伯喜父가 비로소 붕모倗母의 보배로운

43 唐蘭 1962, 46;『古文字譜系疏證』, 2465.

44「晉世家」에 언급된 西周시대 晉의 世系와 추적 가능한 연대는 다음과 같다: 叔虞(1)→晉侯 燮(2)→武侯 寧族(3)→成侯 服人(4)→厲侯 福(5)→靖侯 宜臼(6: 858~841 B.C.)→釐侯 司徒(7: 840~823 B.C.)→獻侯 籍(蘇)(8: 822~812 B.C.)→穆侯 費(王)生(9: 811~785 B.C.)→殤叔(10: 784~781 B.C.)→文侯 仇(11: 780~746 B.C.).

궤를 만들었다(伯喜父肇作倗母寶簋)."는 부분은 주목할 만하다. 이 명문의 백희보는 진후 희보와 동일 인물일 것이다. 진후 희보의 모친이 제3장에서 언급될 진국 인근의 붕국倗國 출신 여성이라는 점[45]이 흥미롭다.

M91의 배우자묘인 M92 역시 풍부한 부장품을 담고 있었는데, 8점의 청동예기(鼎, 盨, 壺 각각 2점씩, 盤과 盉 각각 1점씩)가 출토되었다. M33과 M91에서 각각 출토된 북마와 희보 청동기(진후북마원호晉侯僰馬圓壺, 진후희보반晉侯喜父盤) 이외에도, M92에서는 또 다른 진후 청동기인 진후대정晉侯對鼎[46]이 발견되었다. 다음에 언급될 두 묘 M1/M2에서도 몇 점의 진후대수晉侯對盨가 부장되어 있었던 것으로 확인된다.[47]

6) M1/M2[48]

여섯 번째 합장묘인 M1/M2는 베이자오묘지에서 최초로 발굴된 묘이다. 앞에서 언급된 일부 묘들과 마찬가지로 이 여섯 번째 묘 역시 1992년 발굴되기 오래전에 완전히 도굴되었다. 따라서 처음 이 두 묘를 발굴했을 때 이들이 진후와 그 배우자의 묘라는 어떠한 결정적인 근거도 찾을 수 없었다. 단지 M2에 안치된 묘주의 뼈를 통해 여성의 묘임을 확인했고, 각 묘곽실 내 도동盜洞에서 청동 마구와 과戈, 명문(…… 月初吉 …… 作寶僔 …… 年子=孫=永寶 ……)이 주조된 깨진 청동기 조각, 청동 수盨의 깨진 손잡이 등을 발견한 것이 전부였다.

이러한 상황에도 불구하고 M1/M2는 진후묘지의 연대를 결정하는 데 있어 아주 중요한 실마리를 제공한다. 1992년 봄 상하이박물관上海博物館은 해외에 유출되어 있던 진후대수 4점을 구입했는데(그림 2-10), 이 밖에

45 李建生 2014.

46 뒤에서 언급되듯이 [illegible]의 對로의 고석은 裘錫圭의 견해를 따른 것이다(裘錫圭 1994, 40).

47 孫華 1995, 50-51.

48 北京大學考古系 등 1993, 11-30.

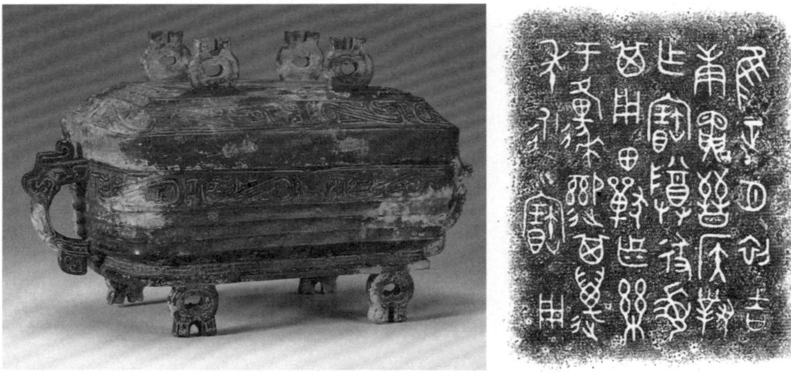

그림 2-10. 상하이박물관 소장 진후대수(좌: 높이 17.8cm, 구경 21.4cm)와 명문(우)

일본과 대만으로도 유사한 기물이 유출되어 있었다. 상하이박물관과 베이징대학의 연구자들은 M1/M2에서 출토된 청동기 조각들을 면밀히 검토한 결과 이 조각들이 상하이박물관과 일본, 대만에서 소장 중이던 진후대수의 잔편임을 확인했다. 따라서 이 진후대수가 모두 M1과 M2에서 도굴되어 유출된 기물들임이 분명하다고 결론지은 바 있다.[49]

상하이박물관에 소장되어 있는 진후대수에는 두 가지 다른 명문이 주조되어 있다. 3점의 장방형 기물에는 진후 대對가 사냥에 사용하기 위해 청동 수를 제작한다는 명문이 있고,[50] 타원형 기물에는 제사용 수의 제작과 관련된 내용이 언급되어 있다.[51] 마청위안馬承源(1927~2004)은 『집운集韻』에 언급된 𨚕과 복福의 음운학적 유사성에 근거하여, M92, M1, M2의 진후 대對를 「진세가」에 다섯 번째 진후로 언급된 여후厲侯 복福과 동일시한

49 馬承源 1993, 226-227; 李伯謙 1993; 孫華 1995, 51. 臺灣 故宮博物館은 M1이나 M2에서 나온 것으로 파악되는 晉侯對簠도 소장하고 있다.

50 唯正月初吉庚寅, 晉侯對作寶尊彶盨, 其用田狩, 甚樂于原隰, 其萬年永寶用. 또 다른 장방형 盨 1점을 미국 화교인 范季融이 소장하고 있어 장병형 盨가 4점 이상이었음을 알 수 있다.

51 唯正月初吉丁亥, 晉侯對作寶尊盨, 其萬年子=孫=永寶用.

다.[52] 한편 추시구이裘錫圭는 진후 청동기에 나타나는 가 이준盠尊과 작종柞鐘 명문에 나타나는 대對 자와 동일함을 근거로 이 글자가 대對로 고석될 수 있다고 믿고, 진후 대를 여후 복이나 정후 의구宜臼로 추정한다.[53] 이 두 견해는 M1의 묘주를 「진세가」에 일곱 번째 진후로 언급된 이후釐侯(840~823 B.C.) 사도司徒로 파악한 M91/M92 발굴자들의 견해와 상충된다.

7) M8[54]/M31[55]

진후묘인 M8은 1992년 여름에 도굴되었음에도 상당량의 청동기(鼎 1점, 簋, 方壺 각각 2점씩, 爵, 盤, 盉, 甗 각각 1점씩, 甬鐘 2점, 兎尊 3점)가 남아 있었다. 대부분의 청동기가 서주 후기의 양식인 데 반해 작爵은 서주 초기의 것으로 추정되고 있어 주목을 끈다. M8에서는 명문이 주조된 청동기가 8점 발견되었는데, 이 청동기는 두 종류로 나누어진다. 각각의 진후이궤晉侯斫簋와 진후이방호晉侯斫方壺 뚜껑에는 진후 이斫가 조상의 제사를 위한 기물을 만들었음을 언급하는 명문이 담겨 있다. 진후의 이름 를 리차오위안李朝遠(1953~2009)은 구咎로, 장한張頷은 필匹로 다르게 예정隸定하지만, 각각 음운상과 의미상의 유사성에 근거하여 구仇와 일치시킨다. 구仇는 진의 열한 번째 통치자인 문후文侯의 이름이기 때문에 이들은 M8을 문후의 묘로 추정한다.[56] 그렇지만 추시구이는 같은 글자를 이斫로 고석하면서, 이 글자가 사斯의 다른 형태였을 것으로 추정한다.[57]

M8에서 출토된 다른 명문들에는 진후 소穌(이하 蘇)가 언급되어 있다.[58]

---

52 馬承源 1993, 222-226.
53 『金文編』, 157; 裘錫圭 1994, 40.
54 北京大學考古學系 등 1994, 11-26.
55 山西省考古研究所 등 1994a, 25-28.
56 李朝遠 1993, 232-234; 張頷 1994, 33-34.
57 裘錫圭 1994, 38-39.
58 曲沃縣博物館은 M8에서 출토된 晉侯蘇鼎과 같은 세트의 일부로 파악되는 2점의 晉侯蘇鼎

『세본世本』의 세계世系에 진의 여덟 번째 제후인 헌후獻侯(822~812 B.C.)의 이름이 소蘇로 나타나기 때문에, M8의 발굴자들은 진후 소를 헌후와 동일시하면서 묘주 역시 헌후일 것으로 추정한다.[59] 또한 M8 출토 청동기 중 2점의 용종甬鐘은 상하이박물관에서 수집한 진후소편종晉侯蘇編鐘의 한 부분을 이루는 것으로 밝혀졌다. 이 편종과 명문에 대해서는 제4장에서 다룰 것이다.

진후 이斷/소蘇의 배우자 묘인 M31은 도굴되지 않아 청동기(鼎 3점, 簋 2점, 方壺 2점 盤, 盉 각각 1점씩)와 옥기 등 상당히 풍부한 자료를 제공한다. 이들 중 화盉는 특이한 모습(나체인裸體人 두 명이 다리로 받친 원형 몸체와 새 모양의 뚜껑)으로 눈길을 끈다(그림 2-22 우 참조). 처음에는 M31에서는 명문이 있는 기물은 출토되지 않은 것으로 알려졌지만, 2002년 상하이박물관의 진후묘지 관련 학회 때 공개된 마모가 심한 반盤에서 학자들은 "侴僰馬 …… '□'考成侯"라는 명문을 식별해 내었다. 더욱이 이 기물은 M31에서 출토된 다른 청동기들보다 연대가 빠른 서주 중기의 양식을 지니고 있다. 따라서 이러한 해석을 따를 수 있다면, 이 청동 반은 M8/M31보다 수 세대 앞선 합장묘인 M33/M32의 묘주로 추정되는 북마와 관련 있는 기물로 보는 게 합리적이다. 이 명문은 더욱이 북마의 부친(考) 시호가 성후成侯임을 알게 해주어, 그가 「진세가」에 나오는 성후成侯 복인服人과 동일한 인물일 가능성을 암시한다.[60] M31 묘주의 등 부분에서 출토된 옥환

을 회수했다(曲沃縣博物館 1996, 53-54).

59 「晉世家」에는 獻侯의 이름이 籍으로 나타나지만, 『索引』에는 『系本(世本)』을 인용하여 獻侯의 이름이 蘇로 기록되어 있다(『史記』, 1637). 따라서 발굴자들은 「晉世家」의 籍을 고대에 유사한 음을 가졌던 蘇의 誤字로 파악한다(北京大學考古學系 등 1994, 23). 裘錫圭 역시 이 견해에 동의하면서 M8의 두 晉侯는 동일인으로 각각의 이름인 蘇와 斷는 名과 字를 의미하는 것으로 주장한다. 나아가서 그는 청동기 명문에 나타나는 晉侯의 이름은 字로, 「晉世家」에 나타나는 晉侯의 이름은 名으로 파악한다(裘錫圭 1994, 36-39).

60 劉緒 2007, 157.

玉環에도 12자의 명문이 새겨져 있었다.[61]

이들 묘에 부속된 거마갱은 현재까지 중국에서 발견된 서주 거마갱 중 최대 규모로, 동서 22m, 남북 15m에 달한다. 갱 내에 말과 수레를 부장한 부분이 나뉘어 있었는데, 말은 105필 이상이, 수레는 의례용, 전쟁용, 운반용, 생활용 등으로 열을 지어 48승이 부장되어 있었다(그림 2-11).[62]

그림 2-11.
M8에 부속된 거마갱
(진국박물관)

8) M64/M62/M63[63]

베이자오묘지 서남쪽 구석에 위치한 여덟 번째 진후와 두 배우자의 묘는 도굴되지 않아 귀중한 자료를 제공해 준다. 더욱이 묘의 형태에 있어 앞의 두 묘(M64/M62)는 묘도가 하나인 갑자형인 반면에 M63은 남북으로 2개의 묘도가 있는 중자형으로, 묘도의 수가 반드시 신분 표식만이 아닌 묘 형태의 발달 과정과도

61 李學勤은 이 명문을 "文王卜日: 我眔唐人弘戰賈人"으로 고석하여, 克商 이전 周와 唐(후에 晉)이 연합하여 山西省 襄汾縣 근처의 賈를 공격하기 위한 卜筮의 일종으로 이해한다(李學勤 1995a, 69-71).

62 吳曉筠 2009, 137.

63 山西省考古研究所 등 1994b, 4-20.

그림 2-12.
M64 곽실 전경

관련이 있을 수 있음을 보여 준다. 진후묘인 M64에서는 방대한 양의 기물이 발견되었는데(그림 2-12), 이 중 청동예기는 정鼎 5점, 궤簋 4점, 준尊 4점, 방호方壺 2점, 반盤, 이匜, 보簠, 작爵, 언甗 각각 1점씩이 출토되었다. 또한 과戈와 검劍, 화살촉 등의 청동 무기와 함께 8점의 용종甬鐘으로 이루어진 편종 한 세트 역시 발굴되었다.

M64에서 출토된 청동기에는 다섯 가지 다른 명문이 새겨져 있다. 우선 2점의 진후방보정晉侯邦父鼎은 진후 방보邦父가 제사용 정을 주조한 것을 기념하고 있다. 4점의 궤 뚜껑에는 장휴鬻休라는 인물이 돌아가신 부친(文考)[64] 숙씨叔氏의 제사를 위해 궤를 만들었다는 명문이 있다. 방언方甗에는 숙쇠보叔釗父가 백길栢姞을 위해 주조했다는 명문이 담겨 있다. 8점의 초공역편종楚公逆編鐘에는 초공 역이 조상의 제사를 지내는 데 쓸 청동기를 제작하기 위해 사방의 통치자들로부터 청동을 구해 다량의 청동을 얻고는 이를 기념하기 위해 종 100개 한 세트를 만들었다는 명문이 담겨 있다.[65] 이 명문은 그동안 논란이 되어 왔던 다른 초공

64 청동기 금문에 자주 등장하는 文考라는 표현은 제사 대상이 된 사망한 부친을 높여서 부르는 말이다. 수식어인 文은 요즘 식으로 얘기하면 "교양이 빼어난" 정도로 이해할 수 있을 것이다.

65 黃錫全 등 1995, 170-178; 李學勤 1995b, 69-72.

역종들의 연대뿐만 아니라[66] 서주 후기 진과 초의 관계를 구명하는 데도 중요한 자료를 제공한다. 마지막으로 M64에서 출토된 반에는 진숙晉叔가보家父라는 이름이 등장하는데, 이는 다음 세대의 진 통치자 묘인 M93에서도 나타난다.

M64에서 출토된 기물들의 상대연대에 근거하여 발굴자들은 이 묘가 서주 말에 속하는 것으로 파악하고, 묘주로 추정되는 진후 방보邦父를 「진세가」에 아홉 번째 진후로 언급된 목후穆侯 비왕費王으로 추정한다. M64 바로 앞의 진후묘인 M8이 목후의 부친인 헌후의 묘일 가능성이 크기 때문에, 추시구이와 리쉐친 등 대부분의 학자가 이를 따르고 있다.[67]

방보의 배우자 묘들 중 하나인 M62 역시 청동예기를 담고 있다(鼎 3점, 簋 4점, 壺, 盤, 盉, 爵, 尊, 方彝, 觶 각각 1점씩). 이 중 일부 청동기는 크기가 작고 모양이 단순하여 실용기가 아니라 제사용으로 제작된 명기明器일 것으로 추정된다.

방보의 또 다른 부인의 묘로 추정되는 M63에서는 정鼎 3점, 궤簋 2점, 호壺 2점, 방합方盒 2점, 작爵, 치觶, 방이方彝, 반盤, 화盉, 방좌통형기方座筒形器 각각 1점씩이 출토되었다. 발굴자들은 방이를 명기로 분류하고 있다. 보석함으로 추정되는 방합에는 다량의 상商 스타일 동물 모양 옥기가 들어 있었는데, 발굴자들은 이 옥기들이 서주 초기의 노획물일 것으로 파악한다. 2점의 호 뚜껑과 목 부분 내벽에 주조된 명문에는 제1장에서 언급한 바 있는 양길楊姞이라는 인명이 나타나는데(그림 2-13), 이는 M63에 묻힌 여인이 오늘날의 홍둥洪洞 지역으로 추정되는 양국楊國과 관련이 있음을 암시한다.

---

66 Constance A. Cook은 현재까지 발견된 모든 楚公逆鐘의 연대가 春秋시대 이전으로 소급될 수 없다고 주장하지만(Cook 1993, 539-550), 西周 말기로 추정되는 M64에서 출토된 楚公逆鐘은 그 연대가 西周 후기까지 소급될 수 있음을 입증한다.

67 裘錫圭 1994, 41; 李學勤 1994.

그림 2-13. 양길호(좌: 높이 35.8cm, 구경 12.4cm)와 명문(우)(진국박물관)

9) M93/M102[68]

M63과 마찬가지로 중자형 묘인 M93에서도 방대한 청동기와 옥기가 발굴되었다. M93에는 두 종류의 청동예기가 부장되어 있다. 첫 번째는 명기 세트로 정鼎, 궤簋, 준尊, 유卣, 작爵, 치觶, 반盤, 방이方彝 각각 1점씩으로 구성되어 있고, 두 번째 실용기 세트는 정鼎 5점, 궤簋 6점, 호壺 2점, 반盤, 이匜, 언甗 각각 1점씩으로 조합되어 있다. 악기인 편경編磬과 편종 역시 두 세트씩 출토되었는데, 각각 소형 8점과 대형 8점씩으로 구성되어 있다. 2점의 호에는 진숙 가보가 주조했다는 명문이 새겨져 있다.

M93의 방대한 규모와 부장품에 근거하여 발굴자들은 이 묘가 진숙 가보의 묘이기보다는 진후의 묘일 것으로 추정한다. M93에서 출토된 5점의 정이 진 문후의 배우자가 주조한 진강정晉姜鼎과 아주 흡사하고(그림 2-14;

68 北京大學考古學系 등 1995, 22-36.

그림 2-14. M93 출토 열정(가장 큰 것의 높이 36.8cm, 구경 44.6cm)(진국박물관)

그림 5-3 진강정 참조) 다른 기물들도 춘추 초기의 특성을 나타내기 때문에, 발굴자들은 M93의 묘주를 문후로 추정한다. 그러나 묘주를 진숙으로 파악하여 진의 제후위를 찬탈한 문후의 숙부 상숙殤叔으로 보는 견해도 있다.[69]

배우자묘인 M102는 묘도가 없는 장방형 토광묘로, 베이자오묘지에서 발굴된 진후와 배우자의 묘 중 가장 규모가 작고 부장품도 빈약하다. M93과 마찬가지로 M102에서 출토된 청동기 역시 실용기(鼎 3점, 簋 4점, 盤, 匜, 壺 각각 1점씩)와 명기(鼎, 簋, 盉, 爵, 觶, 方彝 각각 1점)로 나뉘지만 명문을 지닌 청동기는 없다.

4. 양서촌 진후묘지[70]

베이자오 진후묘지의 발굴이 종료되고 4년여 후 산시성고고연구소는

69 李學勤 1995c, 168; 黃錫全 2002, 234-235; 吉琨璋 2006a, 27-30.

70 이하 이 묘지에 대한 서술은 유일한 簡報인 '吉琨璋 등 2006'과 '吉琨璋 2007, 97-113'에 의거한다.

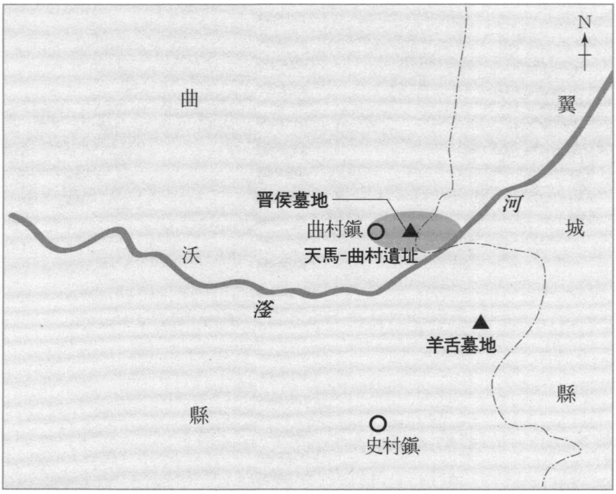

그림 2-15. 양서촌묘지 위치(상)와 M1(하우), M2(하좌)

묘지의 동남쪽 취워현 양서촌에서 또 다른 묘지를 발굴했는데, 이 묘지도 진의 통치자의 것으로 보인다(그림 2-15). 서로 마주 보이는 두 묘지 사이의 거리는 푸하를 가로질러 직선거리로 4.5km 정도이다. 이 새로운 묘지 역시 2003년 자행된 도굴의 흔적을 통해 알려졌는데, 2005년 7월의 조사 결과 도갱盜坑 주위에서 묘도가 2개인 대형 중자형 묘 3기를 확인할 수 있었다. 또한 이 대형 묘에서 동쪽으로 70m 지점에서 또 다른 대형 중자형 묘 2기(M1/M2)와 거마갱을 발견하여, 이들이 근래 수십 년 동안 도굴되지 않은 것을 확인했다.

이에 M1과 M2에 대한 발굴에 착수함과 동시에 그 주변에 대한 조사도 병행하여 묘지의 범위가 대략 동서 300m, 남북 400m의 12만m^2에 이름을 알 수 있었다. 베이자오묘지와는 달리 이 묘지에는 대형 묘와 중소형 묘가 함께 조성되어 있었는데, 대형 묘는 주로 북쪽의 산줄기를 따라 분포되어 있었다. 현재까지 확인된 5기의 대형 묘 중 동쪽의 2기, 즉 M1, M2는 베이자오 진후묘지와 마찬가지로 합장묘가 분명해 보이지만, 서쪽의 3기는 명확하지 않다. 대형 묘들의 남쪽으로 중소형 묘들이 퍼져 있었는데, 상당수의 중형 묘에 거마갱이 부속되어 있었다. 이 밖의 더 구체적인 묘지 정황은 아직 알려지지 않고 있다.

M1과 M2는 베이자오 진후묘지의 M63, M93과 마찬가지로 묘도가 둘인 중자형 대형 묘로, M1의 경우 장방형의 묘실 크기가 6.7m×6.5~6.9m, 계단식 북쪽 묘도의 길이가 15.1m, 경사진 남쪽 묘도의 길이가 26.5m로, 전체 묘의 길이가 약 48.3m에 달한다. M2는 이보다 약간 작아 총 길이 39.9m이지만, 이 합장묘는 현재까지 산시성에서 발견된 주대 묘 중 최대 규모이다. 베이자오 진후묘지의 후기 묘들과 마찬가지로 묘 바닥에 들보와 목탄이 깔렸고(積石積炭), 묘 동쪽 15m 지점에 조성된 거마갱은 베이자오 진후묘지에서 가장 큰 M8의 거마갱보다 약간 작은 규모다.

특히 두 묘의 묘실 남쪽과 남쪽 묘도에서 227기에 달하는 제사갱이 서로 뒤엉켜 발견되어 눈길을 끈다. 대부분의 제사갱이 남성묘인 듯한 M1 주위에 몰려 있는 것으로 보아, 이 묘를 대상으로 무수한 제사가 거행되었음을 알 수 있다. 희생 제물로는 사람 10인 이외에 말, 소, 양, 개 등이 사용되었다.

두 묘 모두 지층 증거를 통해 볼 때 늦어도 한대漢代 이전에 도굴된 흔적이 뚜렷해 보인다. 통상적인 소규모 도굴 통로와 달리 묘실 상부의 절반 이상이 파일 정도로 큰 도갱이 있었지만, 묘벽은 파괴되지 않았다. 곽실의 경우 M1은 관이 파손되어 묘주의 두골이 곽실 서남쪽 귀퉁이에 방치되어 있었고, 상반신의 옥패식은 훼손당해 관과 곽 사이에 조각조각 흩어져 있었다. 관과 곽 사이에 석경石磬과 도력陶鬲의 잔편이 있었지만 청동기는 모두 도굴된 듯 흔적이 거의 나타나지 않았다. 도굴 당시 곽실이 함몰되지 않았고, 관의 판목 구조도 비교적 양호했던 것으로 보인다. M2의 경우 곽실 내에 관의 판목들이 흩어져 있고 작은 옥패식들이 여기저기 떨어져 있는 것으로 보아 관을 여러 차례 헤집은 흔적임이 분명하다.

묘실 내부의 이러한 상황을 토대로 발굴자들은 M1과 M2가 조성된 후 얼마 되지 않아 도굴된 것으로 추정한다. 나아가 이러한 도굴 양상이 통상적 도굴과는 다른 의도적인 훼손으로 복수 행위와 연관되어 있을 것으로 본다.

두 묘의 곽실이 거의 훼손되었고 청동예기 역시 1점도 남아 있지 않아, 묘주의 신분을 단정할 증거는 없다고 할 수 있겠다. 그렇지만 발굴자들은 주변의 다른 묘들에서 출토된 도기나 청동기 등 유물과 묘들의 형태에 근거하여 이 묘지의 연대를 대략 서주 후기에서 춘추 초기까지로 추정한다. 나아가 M1/M2를 베이자오 진후묘지의 묘들과 비교 분석하여, 이들을 서주와 춘추 교체기 즈음의 진국의 통치자와 부인 묘로 확정하고, M1의 묘주에 대해 주 왕실의 동천에 지대한 역할을 한 진 문후로 추정한 바 있다.[71] 이러한 주장은 베이자오 진후묘지의 마지막 묘인 M93이 문후가 아닌 상숙의 묘라는 것을 전제로 하는 것이기에, M93을 문후의 묘로 보는 쪽에서는 M1의 묘주를 문후를 잇는 소후昭侯(745~740 B.C.)나 그 이후의

71 吉琨璋 2006b.

제후로 보기도 한다.[72]

진은 문후 사후 67년 동안 극심한 내란에 빠져들어, 결국 곡옥曲沃 소종小宗이 문후의 적손인 익翼의 대종大宗을 대체하게 된다(제6장 참조). 따라서 두 묘의 훼손이나 무수한 제사갱 역시 이러한 역사적 추이와 관련이 있을 것으로 보인다. 양서촌묘지의 발굴자인 지쿤장吉琨璋은 이 묘지를 익의 대종 묘로 보면서 M1과 M2에 대한 훼손이 문후의 아우인 성사成師의 후예인 곡옥 소종에 의해 자행되었을 것으로 추정한다.[73]

5. 베이자오 진후묘들의 연대와 진의 세계

앞에서 서주에서 춘추 초까지 진의 세 묘지를 베이자오 진후묘지를 중심으로 개관하고 주요 묘의 묘주와 관련된 여러 논의를 소개했다. 베이자오 진후묘지에서 출토된 청동기 명문을 통해 현재까지 「진세가」의 진후 이름과 상통하는 세 명의 이름이 제시되고 있다(표 2-1).

표 2-1 청동기 명문의 이름과 「진세가」의 이름이 상통하는 진후

묘	청동기	명문상의 이름	「진세가」의 이름
M91/M92	진후희보반 등	진후 희보喜父의 부친 랄후剌侯	여후厲侯 복福
M8	진후소정 등	진후 소蘇	헌후獻侯 적籍 혹은 소蘇
M31	반盤	진후 북마僰馬의 부친 성후成侯	성후成侯 복인服人

72 馬冰 2007. M1을 문후의 아우이자 曲沃 小宗의 시조인 成師로 보는 견해도 있다(田建文 2007).

73 吉琨璋 2007, 111-112.

그렇지만 세 경우 모두 완벽한 증거로 보기 어려운 측면도 있으므로, 각 묘의 절대연대와 묘주를 「진세가」에 언급된 진후의 계보를 통해 확인하는 작업은 논란의 여지가 있을 수밖에 없다. 따라서 여러 합장묘에서 출토된 청동예기들을 중심으로 이들의 상대연대를 검토해 보는 것이 우선일 듯하다.

1) 베이자오묘지 출토 청동기들의 상대연대

1995년 베이자오묘지의 발굴 보고가 일단락된 후 2000년 M114/M113이 발굴되기까지 학자들은 묘지에서 출토된 서주 후기 청동기들에 주목했다. M114/M113이 발굴되기 전이었을 뿐만 아니라 이른 시기로 추정되는 세 합장묘(M9/M13, M6/M7, M33/M32)에 대한 세부적인 보고서가 나오지 않아, 서주 후기 이전까지 소급되는 기물의 존재 여부를 단정할 수 없었기 때문이다. 단지 M9/M13의 발굴에 참여했던 쑨화孫華가 이들 묘에서 출토된 정鼎 1점과 다른 기물들이 목왕穆王(956~918 B.C.) 시대로 추정되는 샨시성 장신長甶 묘에서 출토된 기물들과 흡사하다고 주장한 바 있어,[74] 이를 토대로 묘지의 상한선을 서주 중기까지로 올려 잡을 수 있을 뿐이었다.

그런데 가장 이른 시기의 묘로 추정되는 M114/M113의 발굴과 M9/M13 출토 유물의 부분 공개를 통해 서주 초중기로 연대 추정되는 기물의 존재를 확인하게 되었다. 우선 진후의 묘인 M114에서 출토된 숙측방정(그림 2-4 참조)은 기물 표면이 수면문獸面紋으로 장식된 전형적인 서주 초기의 청동기로, 모양이 성왕成王(1042/1035~1006 B.C.) 시기로 추정되는 전세傳世 기물인 덕방정德方鼎(그림 2-16)과 흡사하다. 따라서 이 기물의 상한 연대 역시 성왕 시기까지로 볼 수 있을 것이다. 같은 묘에서 출토된 와문궤瓦紋簋는 숙측방정를 비롯한 다른 기물들보다 연대가 약간 늦은 것으

74 孫華 1995, 각주 16.

로 보이지만, 이 역시 서주 중기 이후의 고리 모양 귀(環耳)나 3개의 짧은 다리가 달린 와문궤와는 뚜렷이 구분되어 서주 초기 늦은 시기의 기물로 추정된다.[75] 따라서 M114의 연대는 대략 서주 초 강왕康王(1005/1003~978 B.C.) 혹은 소왕 시기로 파악된다.[76]

그림 2-16.
덕방정(높이 24.4cm, 구경 14.2cm)
(상하이박물관)

배우자 묘인 M113 출토 청동기는 M114보다 대체로 늦은 시기의 것으로 파악된다. M113 출토 정鼎은 이미 몸체가 경사지게 깊어져 있어 서주 초기에서 중기 사이의 전형적인 양식임을 알 수 있다.[77] 종방정 㦰方鼎과 유사한 숙작려정叔作旅鼎이나 다른 청동기 역시 서주 중기의 이른 시기 양식을 나타내고 있어[78] M113가 조성된 연대는 목왕 전기쯤으로 추정된다.

M114/M113조가 발견되기 전 가장 이른 시기의 묘로 추정되었던 M9/M13조에서 출토된 청동기는 M114/M113의 것들보다 대체로 늦어 보인다. 주평한의 주장처럼 M9에서 출토된 분정盆鼎 7점이 확실히 모양이 유사한 열정 세트의 형태를 띠고 있다면, 이는 그 묘가 서주 중기의 묘임을 뜻한다(후술). 배우자묘인 M13에서 출토된 진후온정(그림 2-7 참조)의 위 테두리 아랫부분에 장식된 회수용문回首龍紋 역시 목왕에서 공왕共王

75 李學勤 2001, 69.
76 孫慶偉 2002, 241-242.
77 饒宗頤 등 2002 (朱鳳瀚), 71-72.
78 饒宗頤 등 2002 (張懋鎔), 74.

(917/915~900 B.C.) 시기에 유행하던 양식이다.[79] M9에서 출토된 것으로 알려진 3점의 용종甬鐘 역시 서주 중기 이후부터 나타나기 시작하는 기물이기 때문에 M9/M13 합장묘의 연대를 목왕 이후로 파악하는 데 무리가 없을 것이다.

세 번째와 네 번째 합장묘인 M6/M7과 M33/M32는 심하게 도굴되어 자세한 정황을 알 수 없지만, M33에서 출토된 유일한 청동기인 진후북마방호는 이 묘들이 서주 중기의 늦은 시기[의왕懿王(899/897~873 B.C.)~이왕] 묘였음을 암시한다. 방호가 서주 중기 후단부터 나타나기 시작하기 때문이다.[80]

베이자오묘지에서 발굴된 서주 후기의 묘들 중 여섯 번째 합장묘 M1/M2를 제외한 나머지 네 합장묘(M91/M92, M8/M31, M64/M62/M63, M93/M102)에 대해서는 비교적 상세한 보고서가 나와 있다. 이들 묘에서 출토된 기물들은 서주 후기 청동기의 양식과 문양이 진화하는 과정을 보여 줄 뿐만 아니라 샨시성 주 왕실의 중심지에서 나타나는 청동기 조합의 새로운 경향도 반영하고 있어 주목을 끈다.

서주시대 청동예기의 발전 과정에서 가장 두드러지는 현상은 중후기부터 나타나는 기물 조합과 양식상의 변화일 것이다. 먼저 양식상의 변화는 서주 중기 들어 도철문(수면문)이 소멸하면서 시작되는데, 도철문에 뒤이어 조문鳥紋이 유행하다가 서주 후기에는 중환문重環紋 같은 추상적인 기하학 문양이 주류를 이룬다. 기물의 조합과 관련해서는 중기 후반부터는 그때까지 예기의 한 축을 형성하던 주기酒器가 거의 사라지고[81] 새로운 기

79 山西省文化局 등 2002, 59.

80 Rawson 1990, 89; 王世民 등 1999, 136-139.

81 『尙書』「酒誥」와 서주 전기의 大盂鼎(集成 2837) 명문에는 商이 멸망한 주요 원인으로 술에의 탐닉이 언급되어 있어 周에서 금주정책을 편 것을 알 수 있다. 그러나 이러한 기록이 중후기 이후 주기의 소멸과 어떤 상관성이 있는지는 불명확하다.

물들이 출현했는데, 편종編鐘이 예기의 새로운 품목으로 추가되었다. 이러한 변화는 일정한 수량의 기물 세트로 구성된 예기의 표준 조합(열정제)으로 이어져, 서주 후기 청동예기의 획일성을 보여 준다.

이와 같은 일련의 변화는 1950년대 후반 이래 중국 학계에서 부분적으로 주목받았는데,[82] 주평한 역시 이러한 변화가 서주 후기 귀족들의 예제와 종교 활동에서의 변혁을 반영하는 것으로 보고 있다.[83] 그런데 이를 서주 후기의 주요한 역사적 현상으로 담론화한 것은 1980년대 후반 옥스퍼드대학의 제시카 로슨Jessica Rawson이었다.[84] 위에서 언급된 새로운 변화들과 함께 산시성 푸펑현扶風縣 창자촌强家村에서 출토된 청동기의 조합 등을 통해 서주 전기의 청동예기에는 나타나지 않던 중후기(의왕, 효왕, 이왕 시기)의 획일성에 주목하며, 로슨은 청동예기의 수량과 양식의 규정을 비롯한 예제 전반의 두드러진 변용을 이른바 '의례혁명Ritual Revolution'이라고 명명했다. 팔켄하우젠 역시 1976년 푸평현 좡바이莊白 제1호 교장窖藏에서 출토된 미족微族의 청동예기 103점(용기 75점과 종 28점)을 기물의 양식과 명문에 의거하여 연대순으로 분석하여 유사한 결론에 이르고 있다. 팔켄하우젠은 로슨과 달리 이러한 변화의 목표가 지배기구를 대체하기보다는 더욱 공고히 하려는 데 있는 것으로 보아, '개혁reform'이라는 용어를 선호한다.[85] 이들이 주목한 중후기의 특징적 변화는 다음과 같다.

82 列鼎의 존재를 최초로 주목한 중국학자로 1935년 河南省 汲縣 山彪鎭 東周시대 遺址를 발굴한 郭寶鈞을 들 수 있다(郭寶鈞 1959, 41-47, 51-52, 72-73). 이러한 관심은 1970년대 말 兪偉超와 高明을 통해 서주 후기 이래로 신분에 따라 死後 부장되는 청동예기의 수량이 규정된다는 이른바 用鼎制度에 관한 연구로 확대되었다(兪偉超 등 1978a; 兪偉超 등 1978b; 兪偉超 등 1979). 酒器의 소멸과 이에 따른 새로운 기물의 도입 역시 '盧連成 등 1988'이나 '李峰 1988b' 등의 연구에서 언급되었다. 曹瑋 역시 서주 전후기 사이의 예제 변화를 논하며 새로운 기형의 생산과 酒器의 쇠락, 列器의 출현, 編鐘제도에 주목한 바 있다(曹偉 1998, 443-455).

83 朱鳳瀚 2009, 1327.

84 Rawson 1985-1987, 290-291; Rawson 1990, 93-110.

85 팔켄하우젠 2011, 88-110.

(1) 작爵, 가斝, 고觚, 치觶, 유卣, 준尊과 같은 주기의 소멸

(2) 대형 호壺, 두豆, 수盨, 보簠, 이匜와 같은 새로운 기물의 출현

(3) 방좌동궤方座銅簋와 같은 새로운 형태의 청동기 출현

(4) 편종編鐘의 출현

(5) 모양은 같고 크기는 다른 정鼎과 궤簋 세트의 출현(鼎은 홀수, 簋는 짝수로)

(6) 명기明器의 출현

서주 전기의 제사를 비롯한 의례가 가족 중심의 소규모였다면, 후기에는 예기의 규모 확대와 함께 편종과 같은 새로운 기물이 출현하면서 시청각적 측면이 중시되는 대규모 의식儀式으로 변모하는 양상이 뚜렷해진다.[86] 로슨은 이러한 새로운 의식이 왕실에서 규정한 방식에 따라 의례 전문가들에 의해 거행되었을 것으로 보았다. 서주 전기에는 예기의 품질과 다양성이 신분의 표식으로 작용한 것과는 달리, 중후기 이후에는 예기의 양식은 일률적인 대신 수량이 많고 적음이 신분을 나타내는 기준이 되어 의례를 통한 사회 질서의 정립에 대한 열망을 읽어 낼 수 있다는 것이다.[87] 팔켄하우젠은 이러한 새로운 예 규범이 주의 귀족 사회에서의 종족 분열이라는 인구통계학적 현상을 반영하는 것으로, 서열이 다른 본가(大宗)와 분가(小宗) 사이의 등급 차이를 명시하려는 목적에서 비롯되었다고 본다.[88] 그는 공자가 주공에 의해 서주 초 이루어진 것으로 주목한 의례 정립이 사실상 서주 후기에 일어난 것으로 파악한다.

86 Shaughnessy는 『詩經』의 노래들에 반영된 서주 후기 이래 청중을 대상으로 한 儀式의 변화를 주목한 바 있는데, 특히 『詩經』「周頌」"有瞽"에 나타나는 각종 음악과 함께 조상과 청중을 맞이하는 의례의 모습이 Rawson이 주장하는 의례혁명의 양상과 일치하는 것으로 보고 있다(Shaughnessy 1999, 323-338).

87 Rawson 1999, 433-440.

88 팔켄하우젠 2011, 96의 각주 36, 101-117.

이러한 변화를 염두에 두고 베이자오묘지의 후반부 묘들에서 출토된 청동기 조합을 살펴보면 표 2-2를 통해 알 수 있듯이 M91과 M8, M64에서 서주 후기까지도 주기가 출토된 것을 제외하고는[89] 대체로 서주 후기의 새로운 경향에 충실함을 알 수 있다. 진후의 묘인 M91, M8, M64, M93에

표 2-2 진후묘지 출토 청동기의 명문과 진의 연대기

구분 / 묘		청동기	명문이 주조된 청동기	명문상의 진후 이름 / 「진세가」의 진후 시호와 이름	추정연대	C14 구경측정 연대 (B.C.)[90]
1	M114*[91]	2 鼎, 1 簋, 1 甗, 1 鳥尊, 1 卣, 1 觶, 1 方彝 (도굴)	叔夨方鼎 晉侯鳥尊 𣪕甗	晉侯 晉侯(燮)	康王~昭王	1000~925
	M113	8 鼎, 6 簋, 1 甗, 1 猪尊, 2 卣, 1 筒形器	晉侯温鼎 猪尊		穆王	1020~930
2	M9*	10 鼎, 簋, 斝, 甬鐘 ……? (보고 불명확)		? 武侯(寧族)	穆王	930~855
	M13	7 鼎, 4 簋, 1 甗, 1 盨, 1 盤, 1 罐 ……? (보고 불명확)	晉姜簋 晉侯温鼎			925~855
3	M6*	도굴		成侯? 成侯(服人)	共王~懿王	
	M7	도굴				
4	M33*	鼎, 簋, 盂, 甗, 壺 ……? (도굴)	晉侯僰馬方壺	僰馬 厲侯(福) 刺侯	孝王~夷王	879~830
	M32	도굴				
5	M91*	7 鼎, 5 簋, 2 爵, 2 鬲, 1 方壺, 1 圓壺, 1 盤, 1 匜, 1 盂, 1 尊, 1 卣, 1 豆, 7 甬鐘	晉侯僰馬方壺 晉侯喜父盤 伯喜父簋	喜父 靖侯(宜臼) 858~841 B.C.	厲王	856~816

89 西周 초기 傳世器로 파악되는 M8 출토의 爵을 제외하고는, M91과 M64에서 출토된 酒器의 사진은 보고서에 빠져 있다.

90 Lu, Xiangyang 등 2001, 61 참조.

91 '*'는 晉侯墓

묘	구분	청동기	명문이 주조된 청동기	명문상의 진후 이름	「진세가」의 진후 시호와 이름	추정연대	C14 구경측정 연대 (B.C.)
	M92	2 鼎, 2 盨, 2 壺, 1 盤, 1 盉	晉侯喜父盤 晉侯樊馬圓壺 晉侯對鼎				
6	M1*	도굴	晉侯對盨	對	釐侯(司徒) 840~823 B.C.	厲王	833~804
	M2	도굴	晉侯對盨 ?				
7	M8*	1 鼎, 2 簋, 1 爵, 2 方壺, 3 兎尊, 1 甗, 1 盉, 1 盤, 16 甬鐘	晉侯斷簋 晉侯斷方壺 晉侯蘇鼎 晉侯蘇編鐘	斷/蘇	獻侯 (籍, 蘇) 822~812 B.C.	厲王~ 宣王	814~797 814~798
	M31	3 鼎, 2 簋, 1 盤, 1 盉, 2 壺					
8	M64*	5 鼎, 4 簋, 4 尊, 2 方壺, 1 盤, 1 匜, 1 簠, 1 甗, 1 爵, 8 甬鐘	晉侯邦父鼎 鼐休簋 叔釗父方甗 晉叔家父盤 楚公逆編鐘	邦父	穆侯(費王) 811~785 B.C.	宣王	804~791 801~788
	M62	3 鼎, 4 簋, 1 壺, 1 盤, 1 盉, 1 爵, 1 尊, 1 方彝, 1 觶					
	M63	3 鼎, 2 簋, 2 壺, 1 爵, 1 觶, 1 方彝 , 1 盤, 1 盉, 2 方盒, 1 方座筒形器	楊姞壺				
9	M93*	鼎, 簋, 尊, 卣, 爵, 觶, 盤, 方彝 각 1(明器); 5 鼎, 6 簋, 2 壺, 1 盤, 1 匜, 1 甗, 16 甬鐘	晉叔家父方壺	晉叔家父	殤叔 784~781 B.C.	幽王~ 平王	795~772 795~774
	M102	鼎, 簋, 盉, 爵, 觶, 方彝 각 1(明器); 3 鼎, 4 簋, 1 盤, 1 匜, 1 壺					

서 발견된 청동기들은 서주 후기 상류층의 묘에서 나타나는 기본 청동예기 조합인 식기(鼎, 簋), 수기(盤, 匜 혹은 盉), 악기(編鐘) 세트를 완벽하게 충족시킨다. 더욱이 진후묘지에서 나타나는 이러한 청동기 조합의 변천은 발굴자들이 설정한 연대 배열과도 일맥상통한다. M91(爵 2점, 尊과 卣 각각 1점씩)과 M8[爵 1점(그림 2-17)], M64(尊 4점)에서 지속적으로 나타나는 주기는 뒤이은 M62, M63, M93에서는 부장용으로 주조된 명기로 대체된다. M62와 M63에서 출토된 대부분의 명기가 주기인 반면,[92] 다음 세대 묘인 M93과 M102에서는 주기와 식기를 아우르는 아주 정형화된 다양한 명기 세트가 출현하여(M93의 鼎, 簋, 爵, 觶, 方彝; M102의 鼎, 簋, 盉, 爵, 觶, 方彝) 명기와 실용기 세트의 명확한 구분이 이루어진다.[93]

그림 2-17.
M8 출토 작(진국박물관)

92 M62와 M63의 보고자는 이들 묘에서 몇몇 明器가 출토되었다는 사실만 언급할 뿐 M63에서 출토된 方彝를 제외하고는 사진을 제공하지 않고 있다. 그렇지만 서주 후기 다른 세 배우자의 묘(M92, M31, M102)에 나타나는 實用器 세트가 단지 鼎과 簋(혹은 盨), 盤, 匜(혹은 盉), 壺로 구성되어 있다는 사실을 고려한다면, M62와 M63에서 출토된 이들 實用器 세트를 제외한 다른 酒器들(M62의 爵, 尊, 觶, 方彝; M63의 爵, 方彝, 觶)은 모두 明器일 가능성이 크다.

93 근래에 발굴된 河南省 三門峽 上村嶺의 虢國 묘지 출토 기물들에서도 이러한 변화를 읽을 수 있다. M2006은 5점의 明器를 부장하고 있었는데(盉, 尊, 方彝, 爵, 觶), 이 중 4점이 酒器였다. 반면에 M2001은 明器의 숫자가 더욱 증가하고 다양해졌다(鼎 3점, 簋 2점, 盤 3점, 盉 2점, 方彝 2점, 尊 3점, 觶 2점, 爵 1점). 발굴자들은 이들 묘를 西周 후기에 속하는 것으로 파악한다(河南省文物硏究所 등 1992a, 104-113; 河南省文物硏究所 등 1995, 4-31). 河南省의 平頂山 西周 후기 應國 묘지(M1, M95)에서도 明器 사용에 있어서 위와 유사한 변화가 나타난다(河南省文物硏究所 등 1988, 30-44; 河南省文物硏究所 등 1992b, 92-103).

따라서 이러한 명기 부장 풍습상의 변화(제한적인 주기의 사용에서 다양해진 명기 세트로의 변화)를 통해 베이자오 진후묘지의 연대 서열뿐만 아니라 서주 후기 제사나 매장 체계의 전반적인 변화까지 추론할 수 있으리라 생각한다.

그림 2-18.
짐이(높이 20.5cm, 길이 31.5cm)
(바오지 청동기박물원)

이러한 배열을 토대로 각각의 묘에 대한 대략적인 상대연대를 설정해 보자. 리펑李峰에 따르면, 서주 후기 청동기 조합에서 화盉를 대체하여 반盤과 짝을 이루는 수기水器인 이匜 중 가장 연대가 빠른 것은 1976년 푸펑의 동자촌董家村에서 출토된 짐이㑶匜인데(그림 2-18), 이 기물의 연대가 여왕의 시기보다 더 빠를 수는 없다고 한다.[94] 이 연대를 받아들일 수 있다면, 베이자오묘지에서 이匜를 부장하고 있는 최초의 묘인 M91 역시 대략 여왕 시기로 파악할 수 있을 것이다. M91의 짝인 M92에서 출토된 진후대정晉侯對鼎(그림 2-19) 역시 이 연대를 뒷받침한다. 이 반구형 청동기의 중환문은 서주 후기의 전형적인 청동기 양식인데, 그 문양이 샨시성 푸펑현에서 출토된 함황보정을函皇父鼎乙[95]과 마찬가지로 아직 단순한 것으로 보아 이러한 청동기 중 초기의 것임을 알 수 있다. M91에서 출토된 이匜와 마찬가지로 진후대정 역시 베이자오묘지에서 출토된 같은 유형의 청동 정鼎 중 가장 이른 시기의 것이다. 루롄청盧連成과 리펑은 이러한 유형의 청동기가

94 李峰 1988a, 47. Rawson 역시 명문에 여전히 盉로 명기된 㑶匜를 匜의 가장 이른 형태로 파악하여 서주 중기에서 후기에 이르는 시기로 연대 추정한다(Rawson 1990, 713-715).

95 李西興 編 1994, 67.

이왕에서 여왕의 통치기에 최초로 출현했다는 데 의견이 일치한다.[96] 이는 M91 발굴자의 연대 추정과 대체로 맞아떨어진다.

그림 2-19.
M92 출토 진후대정(높이 20.4cm, 구경 22.2cm)
(진국박물관)

여섯 번째 합장묘인 M1/M2는 도굴되어 훼손이 심했지만 여기서 출토된 것으로 입증된 다수의 진후대수를 통해 서주 후기의 일정 시기로 연대 추정할 수 있다. 베이자오묘지에서 수盨가 처음으로 출토된 묘는 M92이고 M1에서는 보다 발달된 형태의 수盨가 4점 이상 출토된 것으로 나타나 M1을 M92보다 늦은 시기의 묘로 추론하는 데 무리가 없을 것이다.

진후소편종晉侯蘇編鐘이 출토된 M8/M31은 그 명문에 나타나는 왕 33년에서 왕이 여왕이나 선왕宣王이 분명하기 때문에 상대연대를 측정하는 데 도움이 된다. 필자는 이 명문에서 진후 소와 함께 현재의 산둥山東 지역을 정벌한 것으로 언급된 왕을 여왕으로 파악하는 것이 더 합리적이라고 보기 때문에[97] M8/M31의 연대 역시 여왕 말에서 선왕 초로 추정하고 있다. M8에서 출토된 진후이방호晉侯斷方壺 역시 여왕 전후의 기물로 추정되는 양기호梁其壺와 유사하여 이 연대를 뒷받침한다.[98] 현재까지 5점이 발견된 크기가 조금씩 다른 반구형 진후소晉侯蘇 열정에 나타나는 중환문

96 盧連成, 胡智生 1988, 474-475; 李峰 1988b, 391, 397.
97 沈載勳 2000, 26-28.
98 北京大學考古學系 등 1994, 28의 각주 10.

그림 2-20. 모공정(좌: 높이 53.8cm, 구경 47.8cm)(대만 고궁박물원)과 M8 출토 진후소정(우: 높이 28cm, 구경 32.7cm)(상하이박물관)

역시 모공정毛公鼎이나 선부산정善夫山鼎의 문양과 마찬가지로[99] M92에서 출토된 진후대정의 단순한 중환문보다 발달된 형태를 나타내고 있다(그림 2-20).

여덟 번째 합장묘인 M64/M62/M63의 발굴자들은 이 묘들이 서주 말에 속한다고 보는 반면에, 로슨과 루롄청은 M63에서 출토된 원호圓壺 등의 기물을 토대로 이들이 춘추 초기의 묘였을 가능성을 배제하지 않고 있다.[100] 그렇지만 동주 초기의 청동기들이 서주 말기의 청동기들과 구분이 거의 불가능하다는 사실을 고려한다면,[101] 이러한 판단은 성급하다 할 수 있을 것이다. 이 합장묘에서 춘추 초에 속한다는 견해를 반박하는 다른 기물들을 찾을 수 있는데, 예를 들면 M64에서 출토된 진후방보정이 서주 후기의 공화共和(841~828 B.C.) 시대 것으로 추정되는 사송정史頌鼎이나 선왕 통치기 이전의 것으로 파악되는 소극정小克鼎과 흡사함을 쉽게 확인할

99 李西興 編 1994, 68, 70.

100 Rawson 1999, 441. 盧連成 역시 M64/M62/M63에서 출토된 청동기와 옥기를 춘추 초기의 양식으로 추정한다(盧連成 1997, 143).

101 So 1995, 13.

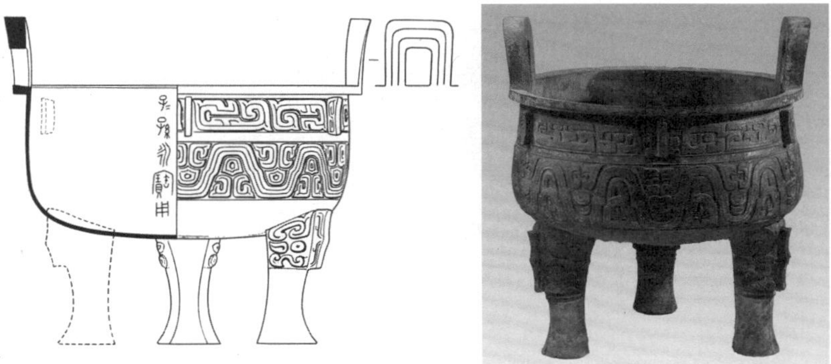

그림 2-21. 진후방보정(좌: 높이 28.2cm, 구경 29.2cm)(진국박물관)과 소극정(우: 높이 56.5cm, 구경 49cm)(상하이박물관)

수 있다(그림 2-21).[102] 또한 M64에서 출토된 초공역편종楚公逆編鐘이 서주 후기의 기물로 추정되고 있고,[103] 초공 역을 선왕 시대 초의 통치자인 웅악熊咢으로 본 궈뭐뤄郭沫若(1892~1978)의 견해를 따를 수 있다면,[104] M64/M62/M63의 연대 역시 선왕 대로 파악할 수 있을 것이다.

마지막으로 M93/M102를 베이자오 진후묘지에서 연대가 가장 늦은 합장묘로 보는 데 이견이 없다. 앞에서 언급했듯이 M93에서 출토된 5점의 열정은 진 문후의 배우자 진강晉姜이 주조한 진강정과 흡사하다. 나머지 기물들도 대체로 서주 말에서 춘추 초의 양식이어서, 이 합장묘의 연대를 서주와 춘추 시대의 교체기 즈음[유왕幽王(781~771 B.C.)~평왕平王(770~720 B.C.)]으로 추정할 수 있을 것이다.

지금까지 베이자오묘지 9조 합장묘의 상대연대를 주로 청동기들의 편년에 의거해 검토해 보았다. 묘지의 발굴이 일단락되었다고는 하나, 아직 간략한 보고서 6편 이외에 상세한 보고서가 제출되지 않았고, 여러 청동

102 『金文通釋』, 18.186, 512, 485.

103 高至喜 2002, 348.

104 『兩周金文辭大系圖錄考釋』, 164a.

기의 사진 역시 공개되지 않고 있어, 이러한 상대연대 추정은 한계를 지닐 수밖에 없다. 다행스럽게도 베이자오묘지에서 출토된 청동기 명문과 문헌 기록이 이러한 기물을 통한 연구를 보완해 준다.

2) 청동기 명문상의 진후와 「진세가」의 진후

앞에서 대부분의 중국학자가 명문에 나타나는 진후들의 이름과 『사기』 「진세가」에 언급된 진후들의 이름이 거의 다르다는 사실에 개의치 않고 이들 각각을 일치시키려 하고 있음을 살펴보았다. 이러한 측면에서 무엇보다 우선적으로 고려할 문제는 「진세가」에 나타난 진의 세계世系에 어느 정도 신빙성이 있는가 하는 점이다. 베이자오묘지 출토 명문에 나타난 진후의 이름들을 일별하기만 해도 『사기』에 제시된 서주시기 진 통치자들 계보의 신빙성에 대해 의심을 지니게 됨이 오히려 자연스러워 보이기 때문이다. 따라서 고고학적으로 발굴된 진후의 이름을 전래의 문헌에 나타나는 이름과 동일시하려는 중국학자들의 노력에 대한 제이 쉬Jay Xu의 신랄한 비판이[105] 충분히 이해되는 측면이 있다.

그렇지만 「진세가」에 제시된 진의 세계를 완전히 무시할 수 있을지에 대해서는 여전히 의문이 남는다. 앞에서 베이자오 진후묘지 출토 청동기를 통해 「진세가」에 언급된 세 명의 진후, 즉 성후와 여후, 헌후를 식별해 낼 수 있다는 견해를 소개한 바 있다. 필자는 또 다른 측면에서, 진과 이를 이어받은 전국시대 위국魏國의 연대기로 추정되는 『죽서기년』에 나타나는 진후의 이름이 「진세가」에 언급된 이름과 다르지 않다는 사실에 주목한다.[106] 『죽서기년』이 기원전 299년 위나라의 애양왕哀襄王이 묘에 묻힌

105 Xu 1996, 197-199.

106 『今本竹書紀年』에는 네 명의 西周시대 晉 통치자[唐叔, 穆侯費生(王), 殤叔, 文侯]의 이름이 나타난다.

때부터 다시 빛을 보게 되는 281년까지 알려지지 않은 채로 남아 있었다는 것은 주지의 사실이다.[107] 이는 사마천이 『사기』를 집필할 때 이 문헌을 참고하지 못했을 가능성을 보여 준다. 따라서 에드워드 쇼네시Edward. L. Shaughnessy가 주장하듯이 『금본죽서기년今本竹書紀年』을 신뢰할 수 있다면,[108] 비록 네 명[唐叔, 穆侯費生(王), 殤叔, 文侯]이기는 하지만 이 문헌과 『사기』에 모두 동일하게 언급된 진 통치자의 이름을 완전히 신빙성이 떨어지는 것으로 단정하기는 어려우리라 생각된다.[109]

이런 측면에서 진후가 두 가지 다른 이름, 즉 진후 묘에서 출토된 '자字'와 「진세가」에 나타나는 '명名'을 가지고 있었다는 추시구이의 가설은 주목을 끈다(주 59 참조). 이는 「진세가」에는 구仇로 명기되어 있지만 『상서尙書』「문후지명文侯之命」에는 평왕에 의해 의화義和로 불린 진 문후의 경우를 통해 뒷받침된다. 문후는 주 평왕의 동천 과정에서 지대한 역할을 담당했다(제5장 참조). 문후의 부친 목후가 조條와의 전쟁 당시에 태어난 문후에게 '구'라는 이름을 지어 준 사실 역시 사서에 언급되어 있다.[110] 따라서 「진세가」에 나타나는 구는 출생 때 아버지에게서 받은 이름(名)이 분명하고, 「문후지명」에 나타나는 의화라는 이름은 장성한 후에 얻은 '자'일

107 Loewe ed. 1993, 43.

108 Shaughnessy 1986, 149-180.

109 물론 司馬遷 자신이 「晉世家」에서 晉의 처음 다섯 세대 통치자(唐叔~厲侯)의 연대를 알 수 없다고 언급했기 때문에(『史記』, 1636), 이 다섯 세대 동안 晉의 世系에 일부 일탈이 있었을 가능성도 배제할 수 없다. 劉緒는 晉侯의 첫 번째 다섯 세대가 周王의 첫 번째 일곱 세대(成王에서 夷王까지 여덟 명의 周王)에 상당하기 때문에, 晉의 초기 世系에 누락이 있었을 가능성을 제기한다(劉緒 1993, 84-85). 吉本道雅는 靖侯 이전 晉 世系의 표현양식(某侯子某某, 是爲某侯)이 다른 「世家」에 나타나는 일반적 형태(某侯卒, 子某某立)와 다른 점을 지적하고, 司馬遷이 「晉世家」의 첫 번째 다섯 세대 晉侯에 관해 서술할 때 다른 「世家」를 집필할 때와는 다른 자료에 의존했을 가능성을 제기하고 있다(吉本道雅 1987, 61).

110 『春秋左傳正義』, 1743(桓公 2); 『史記』, 1637.

가능성이 커 보인다.[111]

추시구이의 가설이 충분히 고려할 가치가 있다고 보면서,[112] 필자는 한 걸음 더 나아가 「진세가」에 수록된 일부 진후의 이름들에서 눈에 띄는 한 가지 특징을 발견한다. 일곱 번째 진후인 이후 '사도司徒'와 아홉 번째 목후 '비왕費王'의 이름에 나타나는 주 왕실과의 관련성이다. 사도는 주 왕실의 군대를 관리하는 중요한 관직이었고,[113] 필弼과 통용되는 비費는 '보필하다'라는 의미로 '비왕'이라는 이름에서도 "왕을 보필했다"는 의미를 유추해 낼 수 있다.[114] 이 두 이름은 태어나자마자 부모로부터 받은 '명'이라기보다는 장성한 후에 지어진 이름인 '자'에 더 가깝지 않을까?

필자는 이 두 이름이 주 왕실에서 사도로 복무했을 이후와 선왕이 주도한 천무千畝와 조條와의 전쟁에서 공을 세운 목후(제4장 참조)의 업적을 기리기 위한 영예로운 이름이었을 가능성을 제기하고 싶다. 「진세가」에 언급된 다른 진후의 이름들에서도 이러한 경향을 읽어 낼 수 있는데, 초기 진후인 무후武侯의 이름 '영족寧族'에서는 "족속을 편안하게 했다"는 의미를, 성후成侯 '복인服人'의 이름에서는 "사람들을 복속시켰다"는 의미를 찾아낼 수 있다. 앞에서 언급된 문후의 이름인 '의화' 역시 평왕의 동천 때 문후의 뛰어난 역할을 반영하는 듯하다. 물론 모든 진후의 이름에서 이러한 양상을 찾을 수 있는 것은 아니다. 그럼에도 불구하고 서주 후기 주와 진의 밀접한 관계를 고려할 때, 이러한 진후의 이름들이 주 왕실로부

---

111 屈萬里 1958, 501-506. 『禮記』「曲禮上」에 20세가 되면 冠과 字를 받는 것으로 기록되어 있다(『禮記正義』, 1241).

112 李學勤 역시 裘錫圭의 견해에 동의한다(1995c, 166).

113 張亞楚, 劉雨 1986, 8.

114 費는 「晉世家」『索引』의 주석에 濆 혹은 弗로 나타나고, 고대 한어에서 弗은 弼과 발음이 유사하다. 또한 輔拂과 輔弼의 경우처럼 고대 문헌에서 拂은 弼과 통용이 가능하므로, 裘錫圭는 費王이라는 이름이 穆侯가 周王을 輔弼한 것에서 유래했을 것으로 추정한다(裘錫圭, 1994, 41). 실제로 『國語』와 『左傳』, 『史記』, 『竹書紀年』 등은 宣王이 주도한 千畝와 條에서의 전쟁에서 晉 穆侯의 결정적인 역할을 기록하고 있다(제4장 참조).

터 하사받은 이름이었을 가능성도 배제할 수 없을 것이다.

따라서 서주 시기에 '명'과 '자' 사이에 명확한 구분이 있었다면, 문후를 제외한 「진세가」에 언급된 진후의 이름들은 장성한 후에 주어졌다고 전해지는 '자'에 가까울 것으로 추정할 수 있고, 베이자오묘지에서 출토된 청동기 명문에 나타나는 이름들은 부모로부터 물려받은 원래 이름인 '명'이었을 가능성이 크다. 대부분의 진후 청동기가 왕에 대한 언급 없이 부친이나 조상들에게 헌납된 사실을 고려할 때, 명문에 부모로부터 물려받은 원래 이름을 사용하는 것이 더 자연스러웠을 것이다. 톈젠원田建文과 셰야오팅謝堯亭 역시 진국 관련 명문들을 검토하여 자범편종子犯編鐘에 언급된 자범을 제외한 모든 이름이 '자'보다는 '명'에 가까울 것으로 추정한 바 있다.[115] 반면에 『사기』나 『죽서기년』과 같은 공식적인 기록에는 시호와 함께 '자'에 가까운 주 왕실로부터 받은 영예로운 이름이 사용되었을 가능성이 크다.

이러한 추론은 물론 진의 경우에만 가능하다. 「진세가」 이외의 「세가」들에 나타나는 서주시대 다른 제후국 통치자들의 이름에서는 진 제후들과는 달리 어떤 의미나 의도가 담겨 있지는 않아 보인다. 이는 「진세가」의 바탕이 되는 자료가 다른 「세가」들의 자료와는 달랐다는 요시모토 미치마사吉本道雅의 추정(각주 108 참조)을 뒷받침하는 한편, 주 왕실과 진의 특수한 관계 역시 암시한다.

그러므로 진후 묘의 연대와 진의 세계에 관한 필자의 논의 역시 진후가 두 가지 다른 이름을 가지고 있었을 것이라는 가정에서 출발한다. 물론 사마천이 진 정후 이전의 연대는 불명확하다고 인정했듯이, 「진세가」에 문제가 있었을 가능성을 완전히 배제할 수는 없지만, 「진세가」에 나타난 진의 기본 세계는 신빙성이 있다고 할 수 있을 것이다.

115 田建文 등 2002, 138. 子犯編鐘 명문에 대해서는 제7장 참조.

이러한 가정하에 베이자오묘지에서 출토된 명문에 나타나는 진후 중 몇 명만 「진세가」에 언급된 진후와 일치시켜도, 다른 묘들의 묘주와 그 연대를 추정할 수 있다. M8의 진후 소蘇를 「진세가」의 여덟 번째 제후인 헌후 적籍/소蘇로 보는 것에는 대체로 이견이 없다.[116] M91과 M92에서 출토된 진후희보반 명문은 「진세가」의 다섯 번째 진후인 여후와 동일 인물로 추정되는 희보의 부친 랄후剌(厲)侯에게 헌납되고 있기 때문에, M91보다 한 세대 이른 M33은 그곳에서 출토된 명문에서는 북마僰馬로 일컫고 있는 여후의 묘일 가능성이 크다. 더욱이 M31에서 출토된 반盤 명문에는 북마의 부친이 성후로 명시되어 있어, M33보다 한 세대 앞선 M6이 성후 복인服人의 묘일 가능성이 있다. 따라서 M6과 M33, M8을 각각 성후와 여후, 헌후의 묘로 확인함으로써, 이를 토대로 다른 진후의 묘들도 앞에서 검토한 상대연대에 의거하여 다음과 같이 「진세가」의 진후들과 연결시킬 수 있다.

M114(晉侯 燮)→M9(武侯 寧族)→M6(成侯 服人)→M33(厲侯 福)→M91(靖侯 宜臼)→M1(釐侯 司徒)→M8(獻侯 籍/蘇)→M64(穆侯 費王)→M93(殤叔)(표 2-2 참조)

필자의 결론은 베이자오묘지의 다섯 번째 보고서와 크게 다르지 않

116 Jay Xu는 M8과 M64의 순서가 뒤바뀌어야 한다고 주장하면서 M8의 晉侯 蘇와 獻侯를 동일시하는 견해에 반대한다. 그렇지만 필자가 파악하기에 Xu의 주장 역시 큰 문제를 안고 있다. M64의 상대연대를 불완전한 짧은 보고서에 근거하여 결정한 성급함 외에도, 晉의 마지막 두 통치자 묘인 M64와 M93에서 각각 출토된 晉叔家父盤과 晉叔家父方壺의 중요성을 간과하고 있다. 晉侯 僰馬와 晉侯 對의 명문이 연속되는 세대의 묘인 M33/M91, 92와 M92/M2에서 각각 출토된 것과 마찬가지로, 晉叔家父의 명문이 M64와 M93에서 동시에 출토된 사실은 이 두 묘 역시 연속되는 세대의 묘임을 입증한다(표 2-2 참조). 北趙墓地에서 M93이 가장 늦은 시기의 晉 통치자의 묘라는 데에는 이견이 없으므로 M8이 M64보다 이른 시기의 묘임이 명백해 보인다.

고,[117] 묘지의 여러 묘에서 추출된 표본들의 방사성탄소 측정연대 역시 이를 뒷받침한다.[118]

그런데 M93에 대한 필자의 해석은 이 묘의 묘주를 문후로 추정한 발굴자들과 다르다. 발굴자들은 M64에서 출토된 반盤 1점과 M93의 방호方壺 2점의 주조자인 진숙 가보의 존재를 그다지 중요하게 생각하지 않는 듯하다. 일정한 묘에서 출토된 모든 청동기, 특히 명문이 주조된 청동기는 그 묘에 묻힌 사람과 어떤 식으로든 관련이 있을 가능성이 크다. 따라서 M93의 묘주를 진숙 가보로 보는 것이 더 자연스럽다면, 진숙 가보가 목후 비왕(방보) 사후에 조카(뒤에 문후)의 제후위를 찬탈한 상숙과 동일 인물일 가능성이 더 커 보인다.[119] 상숙이라는 이름은 짧은 재위기(4년)에서 비롯된 사후의 묘호廟號로 보이는데,[120] 명문에 진후 대신 진숙이라는 칭호를 사용한 것은 서주 초 대종이 아닌 왕실의 형제들을 관숙管叔, 채숙蔡叔, 조숙曹叔, 성숙成叔, 곽숙霍叔, 강숙康叔, 당숙唐叔 등으로 불렀던 것과 유사한 경우일 것이다.

따라서 가보(상숙)가 제후위를 찬탈하여 스스로 진의 통치자가 되었다 하더라도 진후의 칭호는 주 왕실에서 주어지지 않는 한 사용할 수 없었을 것으로 추정된다. 리쉐친은 또한 M93의 배우자 묘인 M102의 초라한 모습에 주목하면서, M102의 묘주는 상숙의 부인으로 문후가 상숙을 죽이고 재위를 회복한 후 묘주가 통치자 배우자로서의 지위를 상실한 다음에

---

117 北京大學考古學系 등 1995, 36-38.

118 Lu 등 2001, 58-59. 연구자들은 北趙墓地의 人骨과 馬骨, 木炭 표본 17점을 채취하여 얻은 각각의 C14 연대를 토대로 구경 측정한calibrated 세 가지 연대 모델을 제시한다. 세 모델 모두 큰 편차가 없으므로 필자는 표 2-2에서 첫 번째 모델의 연대를 이용한다.

119 李學勤 1995c, 168; 黃錫全 2002, 234-235; 吉琨璋 2006a, 27-30.

120 『說文』에 殤은 젊어서, 특히 20세 이전에 죽은 것을 의미하는 것으로 나타나 있다(『說文解字注』, 161). 『逸周書』「諡法」에서도 殤은 일찍 죽어 성인이 되지 못함을 의미한다(『逸周書』, 6.22b). 後漢의 다섯 번째 황제 역시 재위 첫해에 사망하여 殤帝라는 廟號를 받았다고 한다.

M102가 만들어졌을 것으로 추정한다. '진숙 가보=상숙'을 입증하는 또 다른 근거는 M93에서 채취한 목탄과 말뼈의 방사성탄소 측정 연대가 각각 기원전 795~기원전 772년과 기원전 795~기원전 774년에 이르러 상숙의 재위년(784~781 B.C.)에 부합하고, 기원전 746년에 사망한 것으로 전해지는 문후의 연대와는 맞지 않는다는 점이다.[121]

그럼에도 불구하고 베이징대학 고고학자들이 M93의 묘주로 문후를 고수하는 것은 제후위를 찬탈했지만 조카에 의해 살해된 상숙이 과연 통치자의 묘역에 묻힐 수 있었을까 하는 점 때문이다.[122] 이에 대해서는 두 가지 반박이 가능할 것 같다. 첫째, 발굴에 참여한 류쉬劉緒와 쉬톈진徐天進이 언급한 바 있듯이, 베이자오 진후묘지에서는 M93 이외에도 묘주가 진후의 반열에 오르지 못한 것으로 보이는 중형 묘 M112가 묘지의 정중앙에서 발굴되었다. 현지 고고학자인 지쿤장은 이 묘에서 출토된 정鼎에 "숙작보정叔作寶鼎"이라는 명문이 있어, 이를 진후의 아우묘로 추정했지만(각주 18 참조), 류쉬와 쉬톈진은 제후위에 오르기 전에 사망한 태자였을 가능성을 제시한 바 있다.[123] 어떤 주장을 따르던 M112는 진후의 반열에 오른 자만이 이 묘역에 묻힐 수 있었을 것이라는 주장을 반증하는 사례로, M93이 반드시 진 문후의 묘일 필요성은 없음을 보여 준다.

둘째, 양서촌묘지의 발굴 역시 상숙 설을 뒷받침한다. 그 묘지의 발굴 전까지는 베이자오묘지의 마지막 통치자 묘인 M93을 서주시기 진의 마지막 통치자인 문후의 묘로 추정할 만한 개연성이 있었을 수 있다. 그렇지만 양서촌묘지에서 발굴된 M1/M2는 현재까지 발견된 진의 통치자묘들 중 규모가 가장 크고, 조성 연대 역시 서주와 춘추 교체기로 보는 데 이견

121 Lu 등 2001, 61.
122 李伯謙 2002, 21.
123 劉緒 등 2002, 46.

이 없다. 평왕의 동천 당시 진 문후의 역할(제5장 참조)이나 춘추시대가 25년을 경과한 이후의 사망 연대 등을 고려할 때, 그가 새로운 묘역에서 가장 큰 규모의 묘에 안장되었음이 오히려 자연스러워 보인다.[124] 물론 양서촌묘지 발굴 이후에도 베이자오묘지의 M64와 M93 출토 유물의 연대 차이나 M93과 양서촌묘지의 M1 사이의 연속성 문제 등에 대한 의문이 제기되었지만,[125] 이러한 주장을 뒤집기는 어려울 것으로 보인다.

마지막으로 필자는 M114 출토 숙측방정과 그 묘주에 대해 리보첸 등이 주장하는 바와 같이 숙측을 숙우와 동일시할 수 있다고 하더라도, 이 묘의 묘주를 당숙 우로 파악하는 데는 문제가 있다고 생각한다. 앞에서 M114/M113 합장묘에서 출토된 청동기들이 서주 초기의 늦은 시기나 중기의 이른 시기까지 연대 추정됨을 언급한 바 있다. M114와 M113에서 각각 출토된 이름이 명시되지 않은 진후가 주조한 것으로 나타나는 조준과 온정의 명문 역시 이 연대를 뒷받침한다. 『사기』「진세가」에 따르면 진의 시조 당숙의 아들인 섭에 이르러서야 처음으로 진의 통치자가 진후로 명명되었다고 한다.[126] 따라서 두 청동기 명문에 나타나는 진후를 M114의 묘주로 간주할 수 있다면, 이는 아직 진후로 명명되지 않았을 당숙 우보다는 섭으로 파악하는 것이 합리적이다. 더욱이 이 두 명문에 나타난 진후는 다른 늦은 시기의 베이자오묘지 출토 진후들과 달리 이름이 명시되어 있지 않아, 역시 「진세가」에서도 다른 제후들과 달리 묘호 없이 진후라고만 명명된 섭의 경우와 일맥상통한다.

지금까지 청동기 명문상에 나타나는 진후들과 「진세가」에 나타나는 진

124 '吉琨璋 2006b'도 직접적인 증거는 없지만, (1) 묘장의 규모, (2) 엄청난 제사 규모(M93은 제사갱 14기, M1은 227기), (3) 대형 거마갱, (4) M64-M93-M1(羊舌)로 이어지는 中字形과 積石 구조 등 묘 形制의 연속성, (5) 묘의 규모가 문후의 업적에 부합함 등을 근거로 들고 있다.

125 馬冰 2007.

126 『史記』, 1636.

후들을 연결하여 베이자오묘지 진후묘들의 묘주를 추정해 보았다. 아직 베이자오묘지나 양서촌묘지에 대한 정식 보고서가 제출되지 않은 상황에서 이러한 시도가 시론의 성격을 지닐 수밖에 없다는 점을 밝혀 두고 싶다.[127]

6. 베이자오 진후묘지에 나타난 진 문화의 성격

1985년 산시성 허우마에서 개최된 진문화연구좌담회晉文化硏究座談會에서 '진晉 문화'라는 신조어가 나온 이래 진 연구자들은 진의 기원, 영역, 시대구분 등과 같은 기본적인 문제들을 논의해 왔다. 쑤빙치蘇秉琦는 산시성 진 지역의 신석기시대 문화를 세 지역, 즉 서남부, 중남부, 동남부로 나누고 진이 동주시대뿐만 아니라 기원전 3000년까지 소급되는 타오쓰陶寺문화 시대부터 하나의 고고학적 하부문화로 설정될 수 있다고 주장했다.[128] 그러나 류쉬는 진이 개국하기 전 산시성 서남부에 타오쓰, 동샤펑東下馮, 얼리강二里崗 문화와 같은 다른 문화들이 존재했기 때문에, 쑤빙치의 소급이 타당하지 않다고 비판한다. 이러한 세 문화와 뒤이은 서주시대 톈마-취촌 유적지 문화 사이에 어떠한 연결고리를 찾기 어려운 것도 사실이다. 따라서 류쉬는 '진 문화'의 범위는 문헌에 언급된 대로 진이 존재한

127 특히 팔켄하우젠은 이러한 시도에 아주 회의적이다. 「晉世家」에 나타난 계보의 불확실성뿐만 아니라 진후묘지 출토 청동기의 하한을 기원전 700년경까지로 볼 수도 있다고 추정하기 때문이다. 따라서 그는 이 묘지가 기원전 679년 曲沃 小宗이 정권을 찬탈하기 전까지 사용되었을 가능성도 배제하지 않고 있다(팔켄하우젠 2011, 132-143). 그러나 商末周初 청동기의 식별이 어렵듯이, 서주 말에서 춘추 초의 청동기 역시 명확히 구분하기 어렵다는 사실을 고려해야 할 것이다. 더욱이 춘추시대 晉侯墓地로 추정되는 羊舌村묘지의 발견 역시 팔켄하우젠의 주장을 반증한다.

128 蘇秉琦 1986, 52-54. 王克林 역시 晉 文化를 네 단계[先晉(陶寺), 早晉(東下馮), 中晉(西周, 春秋), 後晉(戰國)]로 나누면서 蘇秉琦의 견해를 지지하는 듯하다(王克林 1989, 3).

그림 2-22.
M63 출토 인족청동기(좌: 높이 9.3cm, 길이 19.2cm;
우: 높이 23.1cm, 구경 9.1cm)(진국박물관)

시기인 서주에서 전국시대까지와 일치시켜야 한다고 주장한다.[129] 이러한 이해를 바탕으로 류쉬는 2007년 그 시기 산시성 서남부의 고고학 유적을 총망라하여 『진문화晉文化』라는 책을 출간했다.

필자는 쑤빙치의 견해에 대한 류쉬의 비판에 동의하지만, 류쉬와는 달리 톈마-취촌 유적지, 특히 베이자오묘지의 물질문화에 '진 문화'라는 용어를 적용하는 데에는 신중을 기해야 한다고 생각한다. 류쉬를 포함한 많은 중국학자 역시 베이자오 진후묘지 출토 유물들을 통해 서주시대 진의 상류층 문화가 샨시성 주의 중심지의 문화와 다르지 않다는 점을 인정하고 있기 때문이다.[130]

물론 톈마-취촌 유적지, 특히 베이자오묘지에서 눈에 띄는 몇 가지 독특한 특징을 발견할 수 없는 것은 아니다. 우선 샨시성에서 출토된 서주시대 도기 력(陶鬲)이 일반적으로 다리 부분의 가랑이가 연결된 연당력聯襠

129 劉緒 1993, 85-86.
130 田建文 1996, 131-132; 吉琨璋 1996, 262-264.

그림 2-23.
M114 출토 조준(높이 39cm, 길이 30.5cm)(진국박물관)

鬲과 분리된 분당력分襠鬲 두 종류로 나뉘는 반면, 톈마-취촌 유적지에서 출토된 력은 대부분이 연당력이다.[131] 리차오위안은 베이자오묘지에서 나타나는 특색 있는 청동기로 M114, M113, M8에서 출토된 동물 모양 준(豬尊, 鳥尊, 兎尊)(그림 2-6과 2-23 참조)과 M63에서 출토된 나신인裸身人 다리를 지닌 기물들(입조인족통형기立鳥人足筒形器와 인족방합人足方盒)(그림 2-22) 등을 들고 있다. 그는 또한 서주 후기 청동기의 일반적인 수기 조합이 반盤/화盉에서 반盤/이匜로 변화한 것과는 달리, 베이자오 후기 묘들에서는 같은 세대의 합장묘에서도 반/화, 반/이 조합이 동시에 나타나는 것을 주

131 李伯謙 1985, 31.

그림 2-24.
어백묘 출토 조준(높이 23cm, 길이 30cm)(바오지 청동기박물원)

목하고 있다. 후기 묘들에서 다양하게 나타나는 명기 역시 베이자오묘지의 특징으로 거론하고 있다.[132]

그렇지만 이러한 특징들이 진의 문화를 샨시성 중심지 문화와 구분하는 충분한 근거가 될 수 있을지는 의문이다. 앞에서 언급했듯이 톈마-취촌과 샨시성 펑시豊西 지역에서 유행하던 도기 력의 출토 양상이 다름에도 불구하고, 톈마-취촌에서 출토된 력과 분盆, 두豆, 준尊과 같은 질그릇들은 펑시 지역의 것들과 거의 차이가 없다.[133] 더욱이 허우마의 상마묘지에서 출토된 제I기(서주 후기)의 도기 력 양식 역시 펑시 지역과 아주 흡사하다.[134]

M114에서 출토된 새 모양 준(鳥尊)(그림 2-23)의 양식은 춘추 후기로 추정되는 타이위안太原의 진 조경묘趙卿墓 M251에서 출토된 조준[135]에도 그

132 李朝遠 2002, 28-33.
133 北京大學歷史係考古專業山西實習組 등 1992, 223; 田建文 1996, 131.
134 山西省考古研究所 1994a, 173.
135 山西省考古研究所 등 1996, 52-56.

그림 2-25.
샨시성 푸펑 출토 월인수문방정(높이 17.7cm)
(바오지 청동기박물원)

대로 남아 있어, 진 청동기의 특색으로 볼 수도 있을 것이다. 하지만 상商 후기에 남방 지역에서 나타나기 시작하는 사실적인 동물 모티프가 서주 초기의 청동기 제작자들에 영향을 미쳤을 가능성도 배제할 수 없을 것이다.[136] 샨시성 바오지寶鷄의 루좌좡茹家莊 제1호 어백묘強伯墓(M1 乙)에서도 베이자오묘지에서 출토된 동물 모양 준과 유사한 조준(그림 2-24), 상준象尊 등이 출토되었다. 발굴자들은 이 묘의 연대를 목왕 시기로 추정하고 있다.[137] 따라서 이러한 사실적인 동물 모양 준 역시 진만의 독특한 문화로 인정하기는 어렵다.

춘추 초중기 진의 유적지로 추정되는 원시聞喜 상궈촌上郭村에서도 M63에서 출토된 나신인이 받치고 있는 통형기筒形器와 방합方盒과 유사한 기

136 Rawson 1990, 38–41.
137 盧連成, 胡智生 1988, 293–296, 407–412.

그림 2-26.
산둥성 취푸 노국고성 출토노사도중제반(높이 10.3cm, 너비 38.6cm)
(취푸시문물관리위원회)

물들이 출토된 바 있다.[138] 그렇지만 이 역시 이미 서주시대에 다른 지역에서 나타나기 시작하는 특수 형태의 방정方鼎(그림 2-25)과 나신인이 받치고 있는 반盤(그림 2-26) 등에서 유래를 찾을 수 있다.[139]

수기 조합 역시 진만의 독특한 양상으로 간주하기는 어렵다. 베이자오 묘지뿐만 아니라 서주 후기로 추정되는 허난성 싼먼샤三門峽의 상춘링上村嶺 괵국虢國 묘와 핑딩산平頂山 응국應國 묘에서도 반/화 조합이 주류를 이루거나[140] 반/이, 반/화 조합이 동시에 출현하고 있기 때문이다.[141]

명기와 관련하여 로슨도 자신이 오래전 청동기의 모양을 본뜬 '복제 청동기replica bronzes'라고 칭한 명기와 함께 다량의 구식 옥기가 M63과 M93에서 사용된 것에 주목한 바 있다. 로슨은 이를 "샨시성의 (중심지의) 전통이 마지막으로 재현된" 것으로 파악했다.[142] 주 왕실의 중심지에서는

138 朱華 1994, 101-103; 山西省考古研究所 1994b, 145-146.

139 汪濤 2002, 388-391. Jay Xu 역시 M63에서 출토된 筒形器를 周의 중심지에서는 알려지지 않은 독특한 기물로 주목한다. 그러나 Jay Xu 스스로 언급하듯이 이러한 특수성 역시 "무엇보다 周의 표준을 충실히 고수하는 한에서의 사소한 색다름에 불과하다고 간주해야" 할 것이다(Xu 1994, 218).

140 河南省文物研究所 등 1992a, 109; 河南省文物考古研究所 등 1995, 8.

141 河南省文物研究所 등 1988, 33; 河南省文物研究所 등 1992b, 95.

142 Rawson 1999, 443-446. Falkenhausen은 明器의 사용 목적이 "이미 폐기된 초기의

이미 사라져 버린 풍습이 산시성에서 계속 유지되었음을 주장하여, 서주 후기 진의 매장 습속이 중심지와는 달랐을 가능성을 제기한 것이다.

앞에서 필자 역시 M91과 M8, M64에서의 시대착오적 주기의 사용과, 이 묘들의 뒤이은 묘들인 M62와 M63, M93, M102에서의 명기로의 대체를 주목한 바 있어, 이러한 유물들을 통해 진 문화의 보수성을 읽어 낼 수 있다는 로슨의 주장을 부정하지는 않는다. 그러나 샨시성에서 아직까지 대표성을 띨 만한 서주 후기 귀족들(왕실 포함)의 묘가 거의 발굴되지 않고 있는 점을 감안하면, 베이자오묘지의 몇몇 양상을 가지고 진 문화나 매장 습속의 독특성을 주장하는 것은 성급한 감이 있다.

오히려 샨시성의 일부 상류층 묘에서 출토된 단편적인 자료들은 명기가 샨시성 주의 중심지에서도 매장 목적으로 이용되었을 가능성을 보여 준다. 루롄청과 후즈성胡智生이 제시한 바와 같이, 창자촌 M1과 상캉上康의 M57[143]에서 출토된 일부 명기는 서주 후기 샨시성에서도 명기의 사용이 드문 일은 아니었을 가능성을 암시한다. 또한 허난성의 서주 후기 괵국과 응국 묘에서 출토된 명기들 역시 서주 후기 지배층 묘에서 명기의 사용이 상당히 보편화되어 있었을지도 모른다는 추론에 이르게 한다.[144] 다양한 구식 옥기의 사용과 관련하여, M63과 M93에서 출토된 옥기의 모양이 상말商末 주초周初의 것들과 유사하다고는 해도 옥기의 표면에 새겨진 문양은 서주시대 샨시성 중심지의 것들과 유사하다는 견해도 있다.[145] 괵국과 응국의 서주 후기 묘지에서도 구식 옥기의 매장 풍습을 공유하고 있었

제사 풍습에 대한 기억을 상징화"하는 데 있다고 주장한다(Falkenhausen 1999, 474).

143 이 연구에서 이 묘는 제V기, 즉 宣王~幽王 시기로 포함된다(盧連成 등 1988, 524).

144 晉에서 이러한 明器 매장 풍습은 春秋 초기까지 계속되었다. 山西省 聞喜의 上郭村에서 발굴된 두 묘 M373과 75M1에서는 각각 明器임이 명확한 簋, 壺, 甗 1점씩과 鼎, 簋, 方彝, 盤, 盉 1점씩이 출토되었다(朱華 1994, 105-106; 山西省考古研究所 1994b, 135-137). 上郭村묘지는 春秋 초 晉의 통치권을 찬탈한 曲沃 小宗의 묘지다(제6장 참조).

145 Xu 1994, 222.

다는 사실은 서주 후기 중원지역 상류층 문화의 균일성을 뒷받침한다.

한편 베이자오묘지에서 나타난 시대착오적인 주기의 사용과 관련하여 장자포張家坡의 정(형)숙묘지井(邢)叔墓地 M163에서 출토된 3점의 주기(尊, 爵, 卣의 뚜껑)는 주목할 가치가 있다. 발굴자들은 이 묘를 의왕이나 효왕 시대로 추정하므로[146] 진후묘들의 경우와 마찬가지로 이 역시 서주 후기 주기의 급격한 소멸이라는 일반적인 청동기 조합의 경향과 분명 상충된다.

그렇지만 베이자오묘지의 M8에서 출토된 작爵(그림 2-17 참조)과 같이 정(형)숙묘지의 M163에서 발굴된 3점의 주기 역시 서주 초기부터 전래된 기물들임에 틀림없어 보인다.[147] 산시성에서 현재까지 발굴된 묘지 중 규모가 베이자오묘지와 필적하는 것은 완전히 도굴된 저우공먀오묘지를 제외하면 정(형)숙묘지가 거의 유일하다. 앞으로 더 발굴되기를 기다려야 하겠지만, 정(형)숙묘지의 M163에서 출토된 주기 3점은 서주 후기에 주기의 제작이 금지되어 있었다고 해도, 상류층 귀족들이 전래된 주기를 매장 목적으로 계속 사용했을 가능성을 배제할 수 없게 한다. 이러한 시대착오적 주기들이 서주 후기 산시성의 교장갱에도 간직되어 있었다는 사실은[148] 주기가 제한적이나마 서주 후기까지 상류층의 제사에는 계속 사용되었음을 암시한다. 따라서 베이자오묘지에서 나타나는 주기의 사용 역시 진 문화의 특성으로 단정하기는 어렵다.[149]

146 中國社會科學院考古硏究所豊西發掘隊 1986, 22-27. 이 묘지의 다른 묘들은 모두 도굴되었다.

147 위 보고서, 24.

148 陝西省 扶風 莊白의 교장갱에서 출토된 微伯 시대 청동기들에는 西周 후기부터 새롭게 나타나기 시작하는 변화가 뚜렷이 반영되어 있다. 하지만 이들 청동기 조합에 3점의 爵이 포함되어 있다(Rawson 1999, 377, 435).

149 酒器가 西周 후기까지도 제한적으로나마 제사에 이용되었다면, 당시 눈에 띄게 나타나는 酒器의 소멸이 반드시 이른바 '의례혁명'이나 '개혁'에서 비롯되지는 않았을 가능성도 조심스럽게 제기될 수 있다. 이는 오히려 『尙書』 「酒誥」 편에 기록된 바와 같은 국가의 禁酒 정책이나(郭寶鈞 1981, 62) 기술적인 변화에서 기인하는 것인지도 모른다.

마지막으로 베이자오묘지에서 북방문화의 요소를 얼마나 찾을 수 있는지도 검토할 필요가 있다. 초기 묘인 M113에서 출토된 쌍이관과 삼족옹은 여러 학자가 인정하듯이 각각 서북부 문화와 북방문화의 흔적이 뚜렷해 보인다(그림 2-27).[150] M13에 부장된 사슴 머리(立鹿杖首)와 멧돼지(野猪) 모양의 띠장식(帶飾) 역시 북방문화의 특색을 보여 준다. 베이자오묘지에서 출토된 일부 나신인(특히 M1 출토 수盨에 나타나는)에서 북방 민족의 형상을 찾기도 한다.[151]

그림 2-27.
M113 출토 쌍이관(높이 14.5cm, 구경 10.7cm)
(진국박물관)

그렇지만 이들을 제외하면 베이자오묘지에서 눈에 띄는 북방식 기물을 찾기는 어렵다. 물론 샨시성 저우위안周原이나 종주宗周 지역 등지의 쌍이관과 삼족옹, 대구준大口尊을 부장한 묘들이 베이자오묘지에서와 마찬가지로 여성묘이기 때문에, 이러한 기물들을 통해 주와 제후국의 남성 귀족들과 북방 여성들의 혼인 관계를 추정하기도 한다.[152] 그러나 이 역시 진만의 특징으로 간주하기는 어렵다. 더욱이 이러한 기물들의 실용성보다 상징성에 주목한 팔켄하우젠과 마찬가지로,[153] 로슨은 주의 귀족들이 이러한 북방식 요소를 자신들의 의례에 포함시켜 먼 지역을 장악하려는 야망

150 商彤流 2002, 371-373; 張童心 2002, 377-378; 陳芳妹 2002, 159-164; 팔켄하우젠 2011, 281-282; Rawson 2013. 14-16. 三足瓮은 M92에서도 1점 출토되었다.

151 汪濤 2002, 390.

152 陳芳妹 2002, 157-196; Khayutina 2016, 13-18.

153 팔켄하우젠 2011, 282.

을 강조한 것이 아닐까 추정한다.[154] 따라서 M113에서 나온 쌍이관과 삼족옹을 토대로 서주시대 진과 융적 사이의 밀접한 관계를 추정하는 상통류商彤流와 장통신張童心의 주장은 지나쳐 보인다. 진 문화에 대한 쉬저윈Choyun Hsu, 許倬雲의 "융적과 화하 문화의 병치에서 유래된 이질적 문화"[155]라는 가정과는 달리, 톈마-취촌 지역에서 발굴된 진후묘지나 인근 귀족묘지에서 출토된 자료들에서 샨시성 주의 중심지 문화 외에 다른 문화의 영향은 미미하게 나타날 뿐이다.[156]

그러므로 산시성 베이자오묘지에 나타난 문화 양상에서 서주시대의 '진 문화'라고 명명할 수 있을 정도의 독특성을 찾기는 어렵다. 오히려 이러한 진의 상류층 문화를 주 문화의 일부로 파악하는 것이 더 적절해 보인다.[157] 이는 동주시대 웨이하渭河 유역의 진국秦國 묘들에서 나타나는 이방적 요소를 분석하여, 중국 학자들이 통상적으로 사용하는 '진秦 문화'라는 개념의 문제점을 제기한 팔켄하우젠의 지적과도 일맥상통한다. 당시 진秦 지역의 문화 역시 주 문화권의 하부 유형으로 봐야 한다는 것이다.[158]

154 Rawson 2013, 71.

155 Hsu and Linduff 1988, 193.

156 晉侯묘지와 인근의 橫水묘지, 陝西省 韓城의 梁帶村묘지에서 출토된 시신을 감싼 옥기와 구슬 등의 연원을 서북방에서 찾고 진이 이의 도입을 주도한 것으로 보기도 한다(Rawson 2013, 22-67). 그러나 서주 중후기 이후 여러 지역에서 두드러지는 표준화 현상은 주 왕실이 원료의 획득과 제조를 주도했음을 추정케 한다(Hommel & Sax 2014, 1224-1226).

157 '山西省考古研究所 1994'에서도 "엄격히 말해 西周시기의 소위 '晉文化'라는 용어는 적절치 않고"(142) "진정한 의미의 '晉文化'는 春秋 후기 侯馬 청동제작소에서 출토된 陶範이나 太原 金勝村의 M251에서 출토된 청동기에서 비롯된다."(152)고 보고 있다.

158 팔켄하우젠 2011, 284-318.

7. 소결

베이자오 진후묘지의 발굴은 20세기 말 중국 고고학계의 중요한 발굴 중 하나로 손꼽힌다. 이를 통해 베일에 가려져 있던 서주시대 진국 상류층 물질문화의 일단을 파악할 수 있었다. 이 장에서 필자는 베이자오묘지를 둘러싼 몇 가지 기본적인 문제를 검토해 보았다. 우선 묘지의 연대와 관련하여 각각의 묘에서 출토된 청동예기의 진화과정과 그 조합의 변천(특히 주기와 명기)을 토대로 묘지의 상한선이 서주 초기, 하한선이 서주 말기임을 확인할 수 있었다. 논란이 되고 있는 베이자오묘지 출토 명문상의 진후들의 이름과 「진세가」에 수록된 이름들의 차이에 관해, 「진세가」의 신빙성을 의심하기보다는 추시구이의 가설을 바탕으로 진후들이 '명'과 '자' 두 가지 다른 이름을 가지고 있었음을 추론해 보았다. 이를 토대로 베이자오묘지의 첫 번째 진후묘인 M114의 묘주를 진후 섭으로, 마지막 묘인 M93의 묘주를 상숙으로 추정할 수 있었다.

나아가 베이자오 진후묘지에서 나타나는 진의 상류층 물질문화가 샨시성 주의 주류문화와 거의 다르지 않았음을 밝혀 낼 수 있었다. 이렇듯 주문화의 일부로 파악되는 베이자오묘지의 문화 양상은, 제4장에서 살펴볼 진후소편종 명문에 나타나는 바와 같이 서주 후기 주의 최측근 세력으로 성장한 진의 발전 과정과도 일맥상통한다. 따라서 진의 성장을 북방 융적 세력과의 관계 속에서 파악한 기존의 견해는 재고되어야 할 것이다.

베이자오 진후묘지는 M114/M113에 대한 발굴이 완료된 2001년 초반에서야 제대로 그 윤곽을 드러내게 되었다. 주 왕실의 묘지가 아직까지 발견되지 않고 있는 상황에서 베이자오묘지에서 드러난 문화 양상은 서주시대 물질문화의 계통적인 연구에 중요한 자료를 제공한다. 그럼에도 불구하고 주 왕실의 유적을 토대로 한 샨시성 서주시대 물질문화에 대한 명확한 체계가 설정되지 않은 상황에서 이 장의 논지 역시 일정한 한계를 지닐 수밖에 없음을 밝혀 둔다.

다음 장에서 살펴볼 진국 유적지 인근의 헝수이橫水와 다허커우大河口에서 최근 발굴된 서주시대 다른 정치체의 묘지 양상과의 비교를 통해 진의 성격이 더욱 명확해지리라 기대한다.[159]

159 이 장은 「北趙 晉侯墓地의 연대와 성격 試論」, 『中國史硏究』 22 (2003), 1-43쪽을 대폭 수정 보완한 것이다.

제 3 장

서주시대 진국 주변의 정치체들

1. 서론

2006년 보고된 산시성山西省 서남부 장현絳縣 헝수이橫水와 2011년 보고된 이청현翼城縣 다허커우大河口의 서주시대 두 정치체 묘지의 발굴은 인근 톈마天馬-취촌曲村의 진국묘지晉國墓地와 함께 서주시대 제후국을 비롯한 지역 정치체의 발전에 대한 귀중한 정보를 제공해 준다(그림 서-1 참조). 헝수이와 다허커우 묘지에서는 각각 전래문헌에는 전혀 언급되지 않은 붕倗과 패霸라는 씨명氏名 혹은 정치체명이 담긴 청동기 명문들이 출토되었다. 따라서 중국 학계에서는 이들을 각각 통상 붕국(읍)과 패국(읍)이라고 칭한다.[1] 이 두 묘지의 고고학적 양상을 토대로 이들의 연원 및 인

1 갑골문의 作邑 기사처럼 상주시대의 국가가 무수한 邑의 집적이라는 邑制國家說을 따르면

근 제후국인 진晉과의 상대적 위상 문제에 초점을 맞춘 다양한 논의가 제기되고 있다.

이 장에서는 관련 연구들을 비판적으로 살펴보면서, 이러한 논란을 해결할 실마리를 찾기 위한 하나의 대안으로, 패의 수장인 패백霸伯의 묘로 추정되는 다허커우 M1과 M1017에 부장된 청동예기의 파격을 인근의 진과 붕을 비롯한 서주시대 초중기 귀족묘에 반영된 의례규범 속에서 맥락화하려고 한다. 이를 통해 당시 상장의례喪葬儀禮의 몇 가지 중요한 양상을 살펴보는 한편, 붕국과 패국 및 진국의 성격을 보다 명확히 규정할 수 있을 것이다.

톈마-취촌 진국 유지遺址가 발굴되면서 서주시대 진에 대한 관심이 고조되던 2006년, 그곳에서 남쪽으로 직선거리로 약 31km 떨어진 장현 헝수이에서 주목할 만한 서주~춘추시대 묘지가 발굴되었음이 보고되었다.[2] 발굴자들은 2004년 말 대형 묘인 M1과 M2의 발굴을 시작으로, 2005년에는 동서 약 150m, 남북 약 200m 규모의 묘지에서 약 300기의 묘를 확인하고, 2006년까지 조사가 진행된 약 8,500m^{2}의 범위 내에서 191기의 묘와 21기의 거마갱을 발굴했다(그림 3-1). 일부 묘가 도굴되었지만, 붕백倗伯과 그의 부인 필희畢姬의 묘로 추정되는 묘도墓道를 하나 지닌 서주 중기 후단의 대형 묘 2기(M2와 M1)에서는 명문이 주조된 다수의 청동기와 함께 다양한 부장품이 출토되었다(그림 3-2). 헝수이묘지의 여러 묘에서 출토된 청동기들에는 붕백뿐만 아니라 붕공倗公, 붕맹倗孟, 붕숙倗叔, 붕희

倗과 霸 역시 邑 단위로 보는 게 맞을 것이다. 다른 한편으로 이들이 독자성을 띤 정치체라는 점을 감안한 듯, 중국 학계에서는 國이라는 호칭을 쓰기도 한다. 여기서는 이론의 소지가 있지만 정치체적 성격을 반영하는 國이라는 용어를 주로 사용할 것이다. 이 용어는 물론 인류학이나 정치학의 state, 즉 국가와는 다른 개념임을 밝혀 둔다.

2 山西省考古研究所 등 2006a, 16-21; 山西省考古研究所 등 2006b, 4-18; 宋建忠 등 2007, 75-95. '金正烈 2012a, 4-9'도 묘지의 양상을 소개하고 있다.

그림 3-1. 헝수이묘지 발굴 전경

그림 3-2.

붕백(M2)(좌)과 부인(M1)(우)의 묘

붕백묘에서는 鼎 3점, 簋, 甗, 尊, 卣, 爵, 觶, 盤, 盉 각 1점과 甬鐘 5점 등 총 16점의 청동기가 출토되었다. 畢姬로 추정되는 부인묘에서는 鼎 5점과 簋 5점, 甗, 鬲, 盂 각 1점, 盤, 盉, 壺 각 2점, 觶 1점, 甬鐘 5점 등 25점의 청동기가 출토되었다.

倗姬의 명문도 담겨 있어,[3] 이 묘지를 붕씨倗氏 일족의 묘지로 보는 데 이견이 없다.

M1에서 출토된 붕백칭궤倗伯偁簋 명문에는 붕백과 서주 중기 왕기王畿 지역의 유력자인 익공益公의 친밀한 관계가 명시되어 있다. 헝수이묘지의 초기와 후기 발굴을 주도한 고고학자들에 따르면, 2008년까지 계속된 전체 면적 3만m^2에 달하는 발굴을 통해 서주 묘장 총 1,299기가 정리되었다고 한다.[4] 아직 정식 발굴보고서가 나오지 않고 있지만, M1과 M2 이외의 다른 일부 대형 묘도 붕국의 상장의례에 대해 중요한 정보를 제공한다.[5]

톈마-취촌과 헝수이 묘지에서 드러난 고고학적 양상과 출토된 청동기 명문의 비교 분석을 토대로 서주시대 붕과 진의 관계 및 두 정치체의 성격에 대한 논의가 진행되었음은 물론이다. 이 와중에 2011년 다허커우묘지의 고고학 성과가 간보簡報 형태로 보고되었다.[6] 다허커우는 톈마-취촌에서는 동쪽으로 직선거리 약 21km, 헝수이에서는 동북쪽으로 약 42km 떨어져 있다. 2009년부터 발굴이 시작된 다허커우묘지는 4만m^2에 이르는 유적지로, 서주시대 묘장만 1,500기 이상이 존재한 것으로 추정되는데, 현재까지 579기의 묘장과 24기의 거마갱이 발굴되었다(그림 3-3). 묘지의 연대는 서주 전기에서 춘추 교체기까지에 이른다. 상당히 방대한 발굴에 비해 보고서는 세 묘(M1, M1017, M2002)의 상황만 구체적으로 전할 정도로 소략하지만 내용은 압도적이다.

특히 서주 중기 전단 패백의 묘로 추정되는 묘도가 없는 대형 묘 M1의

3 謝堯亭 2012a, 375-376.

4 초기의 발굴을 주도한 吉琨璋은 1,271기가 정리되었다고 하는데(吉琨璋 2012, 387), 후기의 발굴에 참여한 李建生은 총 1,299기가 발굴되었다고 한다(李建生 2012, 393).

5 山西省 서남부의 서주시대 墓葬들을 정량적으로 분석한 謝堯亭의 박사학위 논문에는 2004년 橫水에서 발굴된 M1과 M2를 비롯하여 2005년 발굴된 묘들까지 총 204기가 포함되어 있다(謝堯亭 2010, 86-130).

6 山西省考古研究所大河口墓地聯合考古隊 2011, 9-18; 金正烈 2012a, 9-12.

그림 3-3. 다허커우묘지 조망

묘실 이층대二層臺 네 벽에는 서주의 묘로는 상당히 이례적으로 벽감壁龕 11기가 설치되어 있었고(그림 3-4),[7] 내부에 칠목기漆木器와 원시자기原始瓷器, 도기 등이 비치되어 있었다. 이 묘의 곽실 내부에서는 방대한 수량의 청동예악기—정鼎 24점(方鼎 2점)과 궤簋 9점, 력鬲 7점, 치觶 8점, 작爵 6점, 유卣 4점, 준尊 2점, 언甗과 반盤, 화盉, 고觚, 뢰罍, 단이관單耳罐, 두斗 각각 1점씩, 악기인 종鐘과 뇨鐃, 조鑃(diao, 방울의 일종) 각각 1세트씩 총 8점—가 출토되었다(그림 3-5). 이들 기물은 기본적으로 주周의 중심지 양식을 따르고 있지만, 현재까지 발견된 서주의 묘장에서 이렇게 많은 수량(특

7 壁龕은 신석기시대 裵李崗文化 이래로 산발적으로 발견되고 있는데, 內蒙古의 大甸子를 비롯한 夏家店下層文化에서 비교적 성행한 것으로 보인다. 安陽 殷墟와 洛陽 北窯 등에서도 상과 서주시대의 壁龕이 설비된 묘들이 발견되었지만 비율이 그다지 높지 않다. 殷墟의 경우 1958~1961년과 1969~1977년 사이에 발굴된 1,243기의 墓葬 중 19기에, 北窯는 전체 348 墓葬 중 5기에만 壁龕이 설치되어 있었다(畢經緯 2013, 28). 최근 陝西省 寶鷄 石鼓山에서 발굴된 서주 초기의 고급 귀족묘인 M3의 二層臺에서도 壁龕 6기가 발견되었고, 그중 5기에 鼎과 簋, 卣 각각 6점씩을 비롯한 총 31점에 달하는 청동기가 放置되어 있었다(石鼓山考古隊 2013, 5-12). 이 묘의 경우 槨室이 아닌 壁龕에 청동예기가 부장된 점에서 주목받고 있다. 畢經緯는 壁龕을 특정 족속의 표식으로 보기도 하지만, 다양한 해석의 가능성을 열어두어야 할 것이다.

히 정鼎)의 청동기가 부장된 사례는 거의 없다. 많은 중국학자가 믿고 있는 것처럼 당시 청동예기의 상장 규범인 이른바 용정제用鼎制가 존재했다면,[8] M1에서 출토된 많은 청동예악기는 확실히 주의 격식을 파괴한 것이다. 이 묘지의 발굴을 주도한 셰야오팅謝堯亭은 M1의 신비로움을 강조하면서 다음과 같이 언급한 바 있다.

그림 3-4.
패백묘 M1의 발굴 전경
곽실(하)에 부장된 청동기와 이층대(중), 벽감(상)이 두드러진다.

> 특별히 주의할 가치가 있는 것은 모두 24점이 발견된 청동 정으로, 이는 실제로 사람들로 하여금 어떤 불가사의를 느끼게 한다. 다허커우 일대의 지형과 지모地貌 역시 도읍을 세울 정도로 이상적으로 보이지 않아, 이 지역 전체를 채운다고 해도 기껏해야 일개 소국小國의 중심지에 불과할 뿐인데, 이렇듯 돌연히 모습을 드러낸 많은 청동기, 특히 이렇게 많이 발견된 청동 정에 경탄을 금할 수 없다. 우리는 서주 초중기 묘주의 신분과 지위를 확정하는 데 정의 개수가 결코 결정적인 의의를 지니지 않는다는 것을 알고 있지만, 수량이 그렇게 많은 것은 아주 의외로 느끼기에 충분하다.[9]

---

8 兪偉超, 高明 1978a; 兪偉超, 高明 1978b; 兪偉超, 高明 1979; 宋建 1983, 72-79; 王世民 1986, 163; 宋建 2002, 152-154; 曹瑋 2004c, 131-140; 謝堯亭 2011, 42.

9 謝堯亭 2012b, 28.

식기

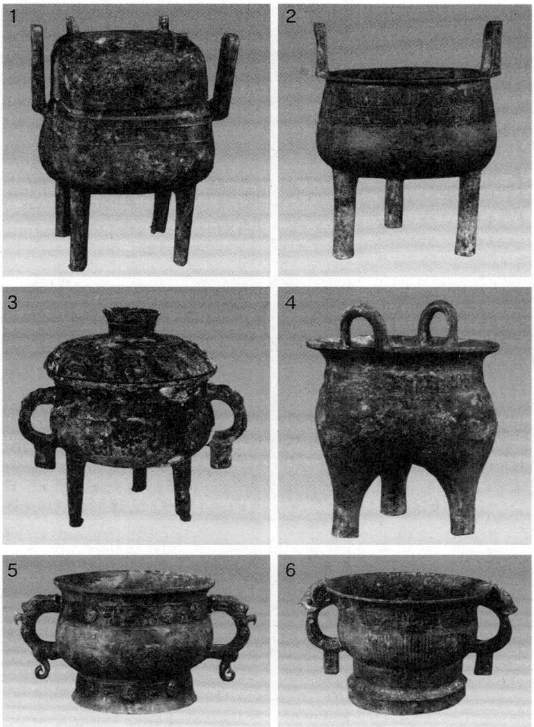

주기

그림 3-5.
패백묘 M1 출토 청동기

식기

1. 방정[높이 26.5cm, 폭 12.5cm; "伯作寶尊彝"(백이 보배로운 제사용 기물을 만든다.) 명문]
2. 정(높이 26.5cm, 구경 21.8cm)
3. 궤[높이 22cm, 구경 17.8cm; 뚜껑과 기물 바닥에 "芮公舍霸馬兩玉金用鑄簋"(예공이 패(백)에게 말 두 마리와 옥, 청동을 주었다. 이에 궤를 주조한다.) 명문]
4. 력(높이 17.3cm, 구경 13.7cm)
5. 궤(높이 18.5cm, 구경 23.5cm)
6. 궤(높이 14.3cm, 구경 20.2cm)

주기

1. 준(높이 31.7cm, 구경 25.3cm)
2. 뢰(높이 38.5cm, 구경 16.5cm)
3. 치(높이 19.8cm, 폭 8.7cm)
4. 작(높이 19.8cm)
5. 유[높이 31cm, 구경 17.5cm; 이 기물 내부에 주기 한 세트 7점이 들어 있었음; "燕侯旨作姑妹寶尊彝"(연후 지가 고매를 위한 보배로운 제사용 기물을 만든다.) 명문]
6. 단이관(높이 8.5cm, 구경 5.6cm)

그림 3-6. 패백묘 M1017의 곽실 청동기 발굴 상황

M1보다 늦은 서주 중기의 후단으로 추정되는 또 다른 패백의 묘인 M1017에서도 정 13점(小方鼎 5점)과 궤 6점, 작 7점, 두豆 4점, 고와 준, 유 각 3점씩을 비롯한 많은 청동기가 발견되었다(그림 3-6). M1과 비교하여 수량은 적지만 정교함은 그 못지않으며, M1과 마찬가지로 이들 기물 역시 서주 중심지 청동예기의 표준 수량과 조합에 배치된다. 이 묘에서 출토된 청동기 중 50자의 명문을 지닌 패백궤霸伯簋에는 패백과 서주 중기 왕기의 유력자인 정(형)숙井(邢)叔의 밀접한 관계가 명시되어 있고, 116자의 상우尙盂(혹은 패백우霸伯盂) 명문에는 주왕周王의 사신이 패국을 방문했을 때의 빙례聘禮가 비교적 상세히 기술되어 있다.[10] 또한 관 덮개 위에서 발견된 해패海貝 약 2만 매도 그때까지 서주 묘장에서 이렇게 많은 해패가 발견된 적이 없다는 점에서 눈길을 끈다. 이 묘와 관련하여 한 가지 흥미

10 金正烈 2012a, 41-44; 宋眞 2015, 227-229.

로운 사실은 곽실 내의 관 뚜껑을 열기 어려워, 드러난 청동기들만 정리한 후에 묘실을 통째로 포장하여 실험실로 보냈다는 점이다.[11] 앞으로 과학적인 조사를 통해 어떤 면모가 드러날지 기대된다.

청동기를 비롯한 다허커우의 유물들이 보고된 이래 서주시대 연구자들은 인근의 진국 및 붕국 관련 자료들과 함께 이들 세 정치체의 성격을 어떻게 규정할 것인가에 대해 다양한 논의를 내놓고 있다. 이러한 연구들은 대체로 세 지역의 상장喪葬 습속이나 청동기 명문 및 전래문헌을 토대로 주와는 이질적인 붕과 패의 연원(귀속) 문제나 이들과 진의 관계에 집중하고 있는 듯하다. 필자는 패백묘 청동기의 파격성에 대한 이해가 이러한 문제들에 대한 다른 차원의 실마리를 제시해 줄 것으로 기대하면서 먼저 기존의 논의들을 정리해 보고자 한다.

2. 붕국과 패국의 연원과 위상을 둘러싼 논쟁

헝수이와 다허커우 묘지의 고고학 성과를 둘러싼 논의는 크게 두 가지 측면에서 전개되어 왔다. 첫째, 붕과 패의 연원 문제로, 북방의 융적戎狄이나 이전 상商과의 관련성에 관한 논의들이 제기되었다. 둘째, 붕과 패의 정치적 위상 문제로, 인근 진국에 종속되어 있었는지 혹은 독자성을 지니고 있었는지 여부가 논쟁의 주요 대상이었다. 첫 번째 문제를 위해서는 두 묘지의 장속葬俗을 주를 대표하는 진국묘지와 비교하는 방법이 활용되었고, 두 번째 문제와 관련해서는 세 묘지 전체의 고고학적 맥락이나 출토유물 비교와 함께, 전래문헌과 청동기 명문의 기록이 중시되었다.

---

11 謝堯亭 2012b, 72-75.

먼저 붕과 패의 연원 문제와 관련하여 셰야오팅이 정리한[12] 세 묘지의 장속 비교표(표 3-1)를 살펴보자.

표 3-1에서 도기나 청동기의 조합을 통해 볼 때 세 묘지의 차이는 거의 없어, 헝수이와 다허커우 지역에 위치한 붕과 패는 서주 개국 이후 수십 년에서 백 년 정도를 경과하면서 물질문화 측면에서는 주에 거의 동화된 것으로 보인다. 다허커우 묘지의 발굴을 주도한 셰야오팅은 헝수이와 다허커우의 경우 두향頭向과 요갱腰坑 등 공통점이 비교적 많고 차이는 적어 이들이 "동일한 인군人群의 다른 분지分支"일 것으로 확신하는 반면에, 이

표 3-1　　텐마-취촌과 헝수이, 다허커우 서주묘지 장속 비교

구분	天馬-曲村墓地	橫水墓地	大河口墓地
두향頭向	북향, 동향 위주	서향 위주	서향 위주
묘도	진후와 부인 묘 18기	붕백과 부인 묘 외 1기, 총 3기	전무
장식葬式	앙신장仰身葬(눕혀묻기) 위주, 부신장俯身葬(엎어묻기) 무	앙신장 위주, 부신장 조금	앙신장 위주, 부신장 무
요갱腰坑	극소량	대량	대량
순인殉人	극소량	대량	무
순생殉牲(특히 순구殉狗)	소량	대량	비교적 대량
거마갱 위치	묘 동측, 동서향	묘 동측, 남북향	묘 동측, 동서향
주동柱洞(기둥구멍)과 사동斜洞(경사진 기둥구멍)	무	모두 비교적 많음.	묘 1기에 사동만
주요 도기 조합	鬲, 鬲罐, 鬲盆豆罐, 鬲豆, 鬲盆罐	鬲, 鬲罐	鬲, 鬲罐, 罐, 鬲盆罐
주요 청동예기 조합	취촌묘지: 鼎簋, 鼎簋甗(鬲); 진후묘지: 鼎簋甗壺盤匜(盉)	鼎, 鼎簋, 鼎簋甗盤盉	鼎, 鼎簋, 鼎簋甗盤盉

12 謝堯亭 2012a, 375.

두 묘지와 톈마-취촌 진국묘지 사이에는 두향뿐만 아니라 다른 매장 습속에서도 뚜렷한 차이가 드러나 확실히 다른 족속일 것으로 보고 있다.

이러한 측면에서 세야오팅을 비롯한 대부분의 중국학자는 붕과 패를 상대商代 이래 산시성 일대에 거주한 융적의 후예로 파악하려는 경향이 강하다. 이러한 추론의 바탕에는 『좌전左傳』이나 『국어國語』 등과 같은 전래문헌에 춘추시대 진의 인근에서 할거한 것으로 나타나는 다양한 융적 부족에 대한 인식이 깔려 있는 듯하다. 더욱이 서주 초 성왕成王과 주공周公의 봉건에 대해 언급한 『좌전』 "정공定公 4년"의 기록에는, 노공魯公과 위衛 강숙康叔에게 각각 은민육족殷民六族과 은민칠족殷民七族을 나누어 준(分) 것처럼, 진의 시조 당숙唐叔에게도 "회성구종懷姓九宗"을 나누어 주었다고 전한다.[13]

제1장에서 왕궈웨이王國維가 이 회성懷姓을 춘추시대 산시성 서남부에 거주한 여러 적狄 부족의 성姓인 외隗와 일치시키고, 이들의 연원을 상 후기 이래의 갑골문과 금문에 나타나는 산시성 서북부의 귀방鬼方에서 찾은 이래,[14] 중국학자들은 별 이견 없이 이 설을 수용하고 있음을 언급한 바 있다. 따라서 전세傳世 청동기인 붕중정倗仲鼎(集成 2462)의 "붕중이 (필畢에 시집가는 딸) 필외를 위해 (혼인 지참용으로) 잉정을 만들었다(倗仲作畢媿媵鼎)."는 명문을 통해 붕 역시 괴媿/외隗 성이었을 것으로 보고, 붕과 패가 적의 한 갈래일 것으로 추정하는 것이다. 이에 대해 제1장의 첫머리에서 필자는 중국 학계에 만연한 문자상의 통가通假를 활용하여 손쉽게 족속을 일치시키는 견해의 문제점에 대해 언급한 바 있다.

어쨌든 산시성 서남부의 정치체인 붕, 패와 북방 융적 사이의 연관성에 대한 집착은, 톈마-취촌의 진국묘지 출토 자료에서 북방과의 친밀성을 찾

13 楊伯峻, 1981, 1536-1539.

14 王國維 1959, 590.

는 시도처럼,[15] 헝수이와 다허커우 묘지에서 출토된 유물들에서도 북방식 요소를 찾으려는 노력으로 이어진다. 최근 이 두 묘지 출토 자료를 정리한 김정열은 다허커우 M1 출토 청동 단이관과 헝수이 M1과 M2003에서 출토된 도제陶製 삼족옹三足甕이 북방의 주카이커우朱開口문화 등에서 주로 출토되는 점에 주목한다.[16] 리젠성李建生은 이러한 북방식 유물을 토대로 붕과 패가 갑골문에 상의 적으로 등장하는 샨시성陝西省 북부와 산시성 서북부에 할거한 공방舌方이나 토방土方의 후예일 가능성까지 제기하고 있다.[17]

그러나 이들 묘지에서 출토된 북방식 기물은 수량이 많지 않다. 특히 삼족옹의 경우 베이자오 진후묘지에서 M113과 M92 등에서만 이례적으로 출토되는 것과 마찬가지로, 취촌묘지曲村墓地에서도 출토된 전체 도기의 0.72퍼센트 정도이고,[18] 다허커우나 헝수이에서도 1퍼센트 미만에 불과할 뿐이다.[19] 따라서 진국묘지에서 출토된 일부 북방식 요소를 토대로 서주시대 진과 북방 사이에 통혼 관계와 같은 제한적인 교류 이상의 관계를 맺고 있다고 주장하기 어렵듯이,[20] 헝수이와 다허커우에서 출토된 이러한 단편적인 유물만으로 붕이나 패의 연원을 북방의 융적으로 단정하는 것 역시 조심스럽다.

이러한 측면에서 헝수이와 다허커우에서 서주 이전 상 문화의 요소를 읽어 내려는 시도는 오히려 자연스러워 보인다. 즉 서향 위주의 두향과 요갱, 부신장俯身葬(헝수이), 순인殉人(헝수이), 순구殉狗 등의 매장습속을 상의 유습

15 商彤流 2002, 371-373; 張童心 2002, 377-378.
16 金正烈 2012a, 22-25.
17 李建生 2012, 396-397, 402.
18 陳芳妹 2002, 160.
19 李建生 2012, 396. 필자 역시 2012년 7월 12일 侯馬工作站에 소장된 橫水墓地 출토 陶器들을 열람했는데, 대부분이 西周의 전형적인 鬲이었다.
20 陳芳妹 2002, 159-164.

遺習으로 파악하는 데 대부분의 학자가 동의하고 있다.[21] 여기에 두 묘지에서 출토된 다수의 청동기 명문에 나타나는 일간명日干名과 다허커우의 청동예기 조합에서 이미 주기酒器가 사라지기 시작한 서주 중기의 후단까지도[22] 다수의 주기(특히 M1017의 작爵 7점과 준尊, 유卣, 고觚 각각 3점)가 주요 부분을 차지하고 있는 점 등에서도, 상의 습속을 고수한 흔적을 발견할 수 있다. 다허커우 M1에서 발견된 편뇨編鐃 3점 역시 상 후기 대형 묘에 나타나는 일반적인 현상인데, 서주의 묘에서 편뇨가 발견된 사례는 거의 없다.[23]

그러므로 표 3-1에 제시된 순장殉葬과 부신장의 유무뿐만 아니라 뒤에서 언급할 부장 청동예기의 조합상의 차이 등을 고려할 때, 붕과 패를 동일한 무리로 단정한 셰야오팅의 추론이 지나친 감은 있지만, 이들을 극상克商 이전 상에 동화된 산시성 서남부의 토착세력들의 후예로 파악하는 견해는 재고할 가치가 있어 보인다. 이러한 인식은 상 후기 갑골문에서 상과 친소관계를 반복해 온 산시성 서남부의 많은 소규모 정치체를 확인한 천멍자陳夢家 등의 연구를 통해 뒷받침된다.[24] 필자 역시 제1장에서 상의 마지막 두 왕 제을帝乙과 제신帝辛 시기(제V기) 갑골문을 토대로, 상 멸망 직전까지도 펀하汾河 중하류에 보甫와 부缶, 월戉, 망望, 미微, 지沚, 곽霍, 양昜 등과 같은 친상 정치체들이 주류를 이루고 있었음을 논증한 바 있다.

따라서 필자는 산시성 서북부는 말할 것도 없고 서남부 펀하 유역의 상대 정치체들까지 모두 융적 계통으로 단순화해 버리는 중국학계의 대체적인 인식을 동주東周시대의 관점이 시대착오적으로 투영된 결과로 본다.[25] 오히려 이들을 상에 동화된 토착 정치체들로 보는 관점은, 펀하 중류의 링

21 吉琨璋 2012, 388; 謝堯亭 2012a, 377-388; 韓巍 2012, 372-375; 田偉 2012, 11.

22 심재훈 2012a, 54-55.

23 張明東 2005, 132-136.

24 陳夢家 1956, 269-300; 張亞初 1983a, 395-403; 林小安 1986, 227-268; 夏含夷 1986, 129-143; 馬保春 2007, 76-109; 孫亞冰, 林歡 2010, 259-363.

25 沈載勳 2006a, 4-7.

스현靈石縣 징제촌旌介村 상묘商墓와 다허커우에서 북쪽으로 30여km 지점의 푸산현浮山縣 차오베이묘지橋北墓地의 면모를 통해 고고학적으로 확인할 수 있다. 여기에 2018년 공개된 원시현聞喜縣 주우터우酒務頭 상대 귀족 묘지도 추가할 수 있을 것이다.

특히 차오베이묘지의 경우 극상 이후 서주시대에는 유지의 규모와 면모가 아주 초라해져서 눈길을 끈다. 이는 이 지역의 친상 세력이 겪은 큰 변천을 암시하는데, 이러한 측면에서 한웨이韓巍의 주장은 주목할 만하다. 그는 헝수이와 다허커우 묘지의 상한연대를 베이자오 진후묘지에서 연대가 가장 빠른 제2대 진후晉侯 섭燮과 부인 묘인 M114/M113과 유사하다고 본다. 따라서 당숙 우虞가 원래 당唐(혹은 양易)에 분봉되었다가 제2대 섭의 시기에 톈마-취촌 지역의 진晉으로 천사遷徙했듯이, 붕과 패 역시 원래 당 인근에 있다가 비슷한 시기에 진 인근으로 이주했을 것으로 추정한다.[26] 다른 중국학자들도 대체로 헝수이와 다허커우 유지의 조성 연대에 대해서는 비슷한 의견이다.

한웨이의 이러한 관점은 헝수이와 다허커우 묘지를 둘러싼 두 번째 논점인 진과 붕, 패의 정치적 위상 문제와 밀접하게 관련되어 있다. 현재 이 문제와 관련하여 주류를 이루는 견해는, 붕과 패를 『좌전』 "정공 4년"에 숙우叔虞에게 나누어 준 것으로 언급된 "회성구종"으로 파악하는 것이다. 한웨이의 주장에 따르면, 붕과 패는 회성구종의 일부로 숙우가 당에 분봉될 때 하사되었다가, 섭보燮父가 진으로 이주할 때 함께 그 인근으로 옮겼다는 결론에 이른다. 이러한 인식의 기저에는 진의 도읍 인근에 위치한 헝수이와 다허커우 지역이 진의 채읍采邑[27]이나 부용附庸,[28] 즉 그 영역의 일

26 韓巍 2012, 378.
27 張天恩 2011, 7-8; 田偉 2012, 6-11.
28 吉琨璋 2012, 388.

부로, 붕과 패가 진의 경대부卿大夫 같은 신속臣屬이라는 전제가 깔려 있다. 헝수이와 다허커우 묘지의 규모와 함께 거기에 속한 묘들의 등급이 진후의 묘에 못 미친다는 고고학적 증거 역시 이를 뒷받침하고 있다.[29]

그렇지만 이러한 이해는 묘도가 하나 딸린 헝수이묘지의 M1과 M2, M1011이 진후묘들에 버금가는 대형 묘라는 사실이나 진후묘들을 훨씬 능가하는 다허커우묘지의 M1과 M1017에 부장된 청동예기의 파격과는 상충된다. 더욱이 다허커우에서 출토된 상우와 패백궤 등의 명문에 나타나는 패백과 주왕 및 정(형)숙 같은 왕기의 유력자들과의 직접적인 유대나 다른 명문들에서 나타나는 연燕이나 예芮 같은 희성姬姓 제후국들과의 친밀한 관계 역시 패국의 독자성을 뒷받침한다.[30]

붕의 경우도 M1 출토 붕백칭궤 명문에 나타나는 붕백과 왕기의 유력자 익공의 긴밀한 관계를 앞에서 언급한 바 있다. 더욱이 헝수이묘지에서 출토되어 정식 보고를 기다리고 있는 청동기들 중에는 왕실과의 통혼 및 예백芮伯이나 노후魯侯, 채후蔡侯, 태보太保와의 관계를 전해 주는 명문들이 주조된 것도 있다고 한다.[31]

더욱이 앞 장에서 언급한 베이자오 진후묘지 M91 출토 백희보궤伯喜父簋 명문의 "붕모倗母"뿐만 아니라 취촌묘지의 여성묘 M6197에서도 패백의 이름이 주조된 궤가 출토된 사실은[32] 이 두 정치체의 여성이 진의 제후나 귀족과 혼인한 흔적일 가능성이 크다. 따라서 회성구종설을 주장하는

29 上海博物館에서 소장 중인 穆王 시기 眉鼎 명문에서 眉은 橫水로 추정되는 倗까지 적을 추격하라는(追于倗) 晉侯의 명을 받고 있는데, 이 역시 倗이 晉의 보호 대상이었음을 보여 주는 것으로 이해된다.

30 金正烈 2012a, 32-46; 黃錦前 2012, 396-413.

31 M2022에서 출토된 青銅卣에 "對揚王休"의 명문이 담겨 있다. M2158에서는 王姊와 묘주 倗伯의 통혼을 암시하는 명문을 담은 盤과 盉 이외에도 魯侯鼎과 芮伯作倗姬簋, 太保鬲 등이 발견되었다(謝堯亭 2012a, 377-378, 383의 각주 58).

32 北京大學考古學係商周組 등 2000, 405-407.

지쿤장吉琨璋과 한웨이 역시 붕과 패가 어느 정도 독자성을 지니고 있었음을 부인하지 않듯이, 두 묘지의 발굴에 직접 참여한 셰야오팅과 리젠성은 이들을 왕의 직접 통제를 받은 독립적인 이성異姓 봉국封國으로 파악한다.[33] 김정열 역시 이들을 독립적 정치체로 인정하지만, 이성제후라기보다는 주방周邦과는 구분되는 전국에 산재한 방邦으로 볼 것을 제안한다.[34]

특히 셰야오팅은 회성구종설에 대해 주목할 만한 반론을 제기하고 있다. 즉 『좌전』 "정공 4년"의 "회성구종"에 대해 두예杜預는 숙우가 최초로 분봉을 받은 지역인 "당唐의 여민餘民"으로 주해하고 있어,[35] 숙우의 지배를 받았던 이들이 섭보가 진으로 이주할 때 톈마-취촌 지역으로 함께 편입되었을 것으로 보는 것이다. 나아가 『좌전』 "은공隱公 6년"에 기원전 717년 진의 대종인 익翼(톈마天馬-취촌曲村 지역)과 소종인 곡옥曲沃(원시聞喜 지역)의 권력투쟁 당시, "익의 구종오정九宗五正인 경보頃父의 아들 가보嘉父가 수隨에서 진후晉侯를 맞이했다."는 기록이 있다. 여기서 구종과 오정을 앞의 "정공 4년"에 숙우가 분봉될 때 하사받았다고 전하는 "회성구종"과 "직관오정職官五正"으로 볼 수 있으므로,[36] 이들이 춘추 초까지도 익, 즉 톈마-취촌 지역에 근거를 두고 있었다는 증거가 된다는 것이다. 더욱이 셰야오팅은 취촌묘지 묘들의 두향을 청동기의 부장 및 요갱과 순구 유무 여부 등과 비교 검토하여, 356기에 이르는 북향의 묘주들을 주인周人으로, 242기의 동향의 묘주들을 당인唐人, 즉 회성구종으로, 34기의 서향을 상 유민의 것으로 구분하고 있다.[37]

필자는 전국시대의 관점이 투영되었을 『좌전』 "정공 4년"의 기록이나

33 謝堯亭 2012a, 376-380; 李建生 2012, 392-394.

34 金正烈 2012, 46.

35 楊伯峻 1981, 1529.

36 楊伯峻 1981, 49. 楊伯峻은 懷姓九宗과 職官五正을 商 이래의 관직으로 보지만, 嘉父의 태생(出自)과도 연관시키고 있다.

37 謝堯亭 2009, 342-367.

두향을 통한 족속의 구분 등에 신중을 기해야 한다는 입장이지만, 세야오팅의 반박은 나름대로의 논리를 갖춘 것으로 보인다. 그럼에도 불구하고 헝수이나 다허커우 유적이 규모나 전체 묘장의 개수에서 진국 유지와는 비교하기 어려울 정도여서, 인구수나 전반적인 국력에서 현격한 차이가 있었음이 분명하다. 현재까지 조사된 묘장의 수만 가지고 보면, 헝수이(1,300기)와 다허커우(1,500기) 묘지의 규모는 묘지 전체를 통틀어 총 1,387기의 묘가 발굴된 인근 허우마시侯馬市 서남쪽에 위치한 상마묘지上馬墓地의 수준이다.[38] 제2장에서 언급했듯이, 로타 본 팔켄하우젠Lothar von Falkenhausen은 서주 후기에서 춘추 후기까지 조성된 진에 부속된 씨족공동체 묘지인 상마의 인구를 진 도읍 인구와 비교하여, 그 규모가 최소 여섯 배에서 최대 열 배 이상 차이가 있었을 것으로 추정한 바 있다.[39] 더욱이 이들 세 묘지는 진의 초기 강역으로 『사기』 「진세가晉世家」에 운위된 서주 초 진의 영역 "방백리方百里"[40] 이내에 포함될 수 있을 정도로 톈마-취촌에서 가까운 거리에 위치한다.[41]

여기서 다시 진과 붕 및 패의 상대적 위상에 대한 딜레마에 빠지게 되고, 지금까지 살펴본 여러 견해는 각각 나름대로의 장단점을 지니고 있어, 이 문제를 더욱 어렵게 만든다. 따라서 다른 차원의 접근이 요망되는데, 두 주장의 핵심 관건인 헝수이와 다허커우의 상장의례, 특히 다허커우 청동예기의 파격에 대한 이해가 중요한 열쇠를 제공할 수 있을 것이다. 회성구종

38 山西省考古硏究所 1994a.

39 팔켄하우젠 2011, 193-194, 특히 각주 10.

40 『史記』, 1635. 여기서의 方百里는 엄밀히 말하면 唐에 분봉된 시점을 기준으로 한 것이지만, 晉의 초기 강역에 대한 司馬遷의 인식으로 이해해도 큰 문제는 없을 것이다.

41 金正烈은 晉이 唐에 있다가 燮父의 시기에 天馬-曲村 지역으로 이주했기 때문에 가까운 거리는 문제가 되지 않는다고 보지만(金正烈 2012a, 48), 橫水와 大河口 모두 상한연대가 天馬-曲村의 晉國 유지보다 빠르지 않다는 것이 중국학자들의 공통적인 견해이다. 倗과 霸 역시 燮父가 晉으로 이주한 때와 비슷한 시기에 각각 橫水와 大河口 지역으로 이주했을 가능성이 커 보인다.

설과 같이 진에의 예속을 강조하는 연구들은 그 파격에 대한 논리적 설명이 부족하고, 이성 봉국과 같은 독립 정치체설을 주장하는 견해 역시 파격을 강조하기만 할 뿐, 이를 서주 전체 혹은 최소한 산시성 서남부 정치체들 사이의 상장의례 규범 속에서 맥락화시키지 못하고 있기 때문이다.

따라서 톈마-취촌묘지와 헝수이, 다허커우 묘지에서 발굴된 대형과 중형 묘장들에 나타나는 주요 상장喪葬 양상들을 사회등급의 측면에서 비교 검토함으로써, 이 문제에 대한 다른 차원의 실마리를 찾을 수 있으리라 기대한다.[42]

3. 세 묘지의 상장의례: 다허커우 파격의 양면성

대부분의 연구자는 고고학적으로 발굴된 묘장 자료들이 묘주나 그 후손

42 여기서 중점적으로 다루지 않았지만, 倗과 霸와 관련된 연구들 중 또 다른 주요한 흐름은 이들을 전래문헌이나 출토문헌들에 나타나는 정치체 이름과 일치시키려는 시도이다. 倗과 관련해서는 전래문헌상의 鄘이나 馮과 일치시키고 있지만(李學勤 2005a; 李零 2006), 倗과 鄘, 馮을 한 지역으로 보기는 어렵다는 견해도 제시되어 있다(張永山 2009, 228-236). 霸에 대해서는 馮時가 전래문헌에 伯과 霸가 통용된 사례들 열거하며 霸를 柏으로 보고 있고(馮時 2012, 358-365), 黃錦前과 張新俊은 霸가 金文에 나타나는 格의 異體字일 가능성을 제기한 바 있다(黃錦前, 張新俊 2011). 西周 金文에 字形의 차이가 크지만 音이 비슷한 두 글자를 國族의 명칭으로 사용한 경우가 거의 나타나지 않기 때문에 이러한 시도를 비판하기도 한다(韓巍 2012, 376). 그러나 大河口 출토 명문들의 霸字를 면밀히 검토한 謝堯亭은 黃錦前의 주장을 더욱 확장하며 이들을 세 가지 유형, 즉 A(雨=東/革+月), B(雨+東+各), C(格)로 나누어, 霸(A)와 格(C)이 通假되는 사례들을 제시하고 있다. 따라서 그는 倗生簋(集成 4262) 명문의 格伯이나 格伯作晉姬簋(集成 3952)의 格伯도 모두 霸伯일 가능성과 함께, 晉侯銅人 명문에서 淮夷에 침략을 당하여 晉侯의 도움을 받은 格도 霸로 볼 것을 제안한다(謝堯亭 2012c, 419-421). 謝堯亭이 제시한 근거들이 비교적 명확하기 때문에 金文에 나타나는 霸=格의 주장은 재고의 가치가 있어 보인다. 그러나 倗生簋 명문에 나타나는 格伯과 倗生의 토지를 둘러싼 분쟁을 과연 王畿 지역이 아닌 山西省 서남부 橫水와 大河口 지역에서 일어난 사건으로 볼 수 있을지는 의문이어서(沈載勳 2008c, 408-409), 이 문제를 제대로 구명하기 위해서는 별도의 연구가 있어야 할 것이다.

들의 사회적 지위를 반영한다는 데 동의하고 있다.[43] 그럼에도 불구하고 적지 않은 묘장 자료들이 남아 있는 상주시대에 과연 얼마나 일관된 상장 의례 규범이 존재했을지에 대해서는 다양한 의견이 제시되고 있다. 예컨대, 부장된 청동 정의 개수에 따라 묘장의 사회등급을 결정하는 이른바 주대의 용정제만 해도 많은 학자가 서주 초 이래로 어느 정도의 예제가 완비된 것으로 보는 반면(각주 8 참조), 또 다른 학자들은 동일한 모양의(크기는 다를 수 있는) 열정列鼎(혹은 열궤列簋) 세트가 출현하기 시작하는 목왕穆王 시기, 즉 서주 중기나 그 이후를 용정 의례규범이 확립되는 시기로 보기도 한다.[44] 물론 후자의 견해를 취하는 학자들이 서주 초기 이래 묘에 부장된 청동 정이나 궤의 개수가 묘주의 신분과 무관하다고 보는 것은 아니다. 그럼에도 린윈林澐이 적절하게 지적했듯이,[45] 용정을 언급한 삼례三禮(『주례』와 『예기』, 『의례』) 기록의 단편성과 무일관성, 그리고 다른 고고학 자료의 불완전성 등으로 인해 주대 용정제도를 체계화하려는 어떤 시도도 추측과 가설의 성격을 벗어나기 어려운 측면이 있다.

이에 산시성의 진계晉系 묘장을 정리한 쑹링핑宋玲平은 주대 묘장의 등급을 연구하는 데 고려해야 할 객관적 조건으로 다음 몇 가지를 제시하고 있다. 첫째, 린윈이 지적한 대로 현재 이용 가능한 자료로 주대 용정제도의 전모를 밝히기는 불가능하다. 둘째, 청동 정의 용도 역시 의견이 분분하여 객관적인 표준을 정하기 어렵다. 셋째, 열정의 수량이 묘장 등급을 판정하는 준거로 활용되고 있는데, 열정이 출현하기 이전의 개별 청동 정의 수량도 판정의 기준이 될 수 있을 것이다. 넷째, 용정으로 인한 판단이 불명확할 수 있으므로, 그 외에 묘의 형태나 규모, 관곽제도棺槨制度, 용옥

43 팔켄하우젠 2011, 123-126.

44 鄒衡, 徐自强 1981, 207-209; Rawson 1985-1987, 290-291; 王飛 1986, 29-33; 曹瑋 1998, 443-455; 杜迺松 2003, 276-282, 447-449; 팔켄하우젠 2011, 93-96.

45 林澐 1998, 192-206.

用玉과 용규用圭 제도, 순차殉車, 순인殉人, 순생殉牲 제도 등도 종합적으로 고려해야 할 것이다.[46]

상주의 묘장제도를 총괄적으로 비교 분석한 장밍동張明東 역시 용정제의 불완전성을 인식하며, 이제까지 사회등급을 판단하는 데 막연히 활용되던 여러 요소 중에서 묘도의 존재 여부를 비롯한 묘장의 형태와 묘실의 규모를 이론의 소지가 가장 적은 표식으로 보기도 한다.[47] 부장품의 내용이나 장속의 화려함이 묘의 크기에 대체로 비례한다는 것은 상식이고, 묘의 크기를 통해 권위를 과시하거나 묘에 기념비로서의 역할을 부여한 것도 동서고금을 막론한 보편적인 현상일 것이다.[48]

그럼에도 불구하고 서주 묘장의 등급을 확정하는 분류 표준 자체가 불명확한 상황에서, 과연 서주 중후기 열정제가 성립하기 이전에 신분에 따른 일관된 상장 규범이 존재했을지에 대한 의문이 제기될 수도 있다. 이 장에서는 일단 기존에 제시된 묘장 등급 표식들을 토대로, 다허커우 M1, M1017과 비슷한 시기에 반경 50km 이내에서 조성된 진국묘지와 헝수이의 붕국묘지의 대형과 중형 묘장 자료를 최대한 모아 세 정치체의 상장의례를 비교 분석해 보고자 한다.

중형 이상 묘의 기준 역시 불명확하여 이론의 소지가 있지만, 청동 정을 2점 이상 부장한 묘들을 주요 분석 대상에 포함시킬 것이다. 분석의 지표는 쑹링핑과 장밍동이 제시한 것들 중에서 묘의 형태와 묘실 규모, 관곽의 수량(중관重棺 여부), 순차와 거마갱의 유무, 부장된 청동기의 수량과 종류 등에 초점을 맞추려고 한다. 순인이나 순생은 신분의 표식이라기보다는 족속 고유의 장속으로 파악되고, 옥기 역시 중요한 표식이기는 하나 기준

46 宋玲平 2007, 10.

47 張明東 2005, 38-43; 張明東 2010, 36-37.

48 쯔데 히로시 2011.

을 정하기 어려워, 분석 대상에서 제외할 것이다. 대신 서주 상급 묘의 특권으로 보이는 부부 이혈異穴 합장을 포함시킬 수 있을 것이다.[49]

이를 통해 산시성 서남부의 인접한 세 정치체의 묘장 자료에 서주 중후기 열정제가 출현하기 이전에도 묘장 등급을 확정할 수 있는 일관된 지표가 있는지 재검토하는 한편, 이러한 지표들과 청동예기의 수량이 어떤 상관관계에 있는지도 살펴볼 것이다. 나아가 검토 결과를 같은 시기의 다른 유적지들에서 나타나는 보편적 양상과 대조함으로써, 다허커우 M1과 M1017에서 드러난 청동예기의 파격을 서주 초중기의 전반적인 상장의례 규범 속에서 살펴볼 수 있을 것이다.

이 장에서 특히 주목할 다허커우 M1과 M1017은 각각 서주 전기와 중기 사이 또는 중기의 전단(소왕昭王~목왕穆王)과 중기의 중후단(공왕共王~효왕孝王)으로 편년되고 있다. 다허커우의 보고서에 포함된 또 다른 귀족묘인 M2002는 부장 청동 정 2점의 복부가 이미 옆으로 퍼져(垂腹) M1보다 늦은 서주 중기의 것으로 보이고, 여성의 묘인 M2 역시 서주 후기에는 거의 나타나지 않는 화와 함께 중기 이후부터 출현하는 용종甬鐘 1점이 부장되어 있는 것으로 보아, M2002와 비슷한 시기로 추정된다.[50] M2에서 출토된 언의 명문[정월 초길 패백이 보귀한 언을 만들었다. 영원히 사용될 것이다.(唯正月初吉, 霸伯作寶甗, 其永用)]에는 그 기물이 패백에 의해 주조되었음이 언급되어 있는데, 따라서 그 묘가 패백의 부인묘일 가능성도 있다. 청동 정을 각각 3점과 1점씩 부장한 M1034와 M1033은 보고서에 연대를 추정할 수 있는 실마리는 제시되어 있지 않지만, 다허커우의 표본이 적은 관계로 분석 대상에 포함시켰다.[51]

49 팔켄하우젠 2011, 178.

50 韓巍 2012, 371-372.

51 大河口의 자료는 '山西省考古研究所大河口墓地聯合考古隊 2011, 9-18' 참조.

베이자오 진후묘지를 살펴보면, 다허커우 M1과 비슷한 시기의 묘로 묘지에서 연대가 가장 빠른 서주 초중기(소왕~목왕)로 편년되는 M114와 M113의 진후와 부인 묘, 그다음 세대인 M9와 M13의 부부 합장묘를 들 수 있을 것이다. 아쉽게도 M114는 이미 도굴되어 배우자묘인 M113의 사례를 통해 그 면모를 추론할 수 있을 뿐이다. M9와 M13은 도굴되지 않았지만 정확한 보고가 남아 있지 않아 개략적 상황만을 파악할 수 있다. 또한 진후묘지에서 다허커우 M1017과 비슷한 서주 중기의 후단에 해당하는 묘들도 모두 도굴되어 형태와 일부 묘실 규모만 확인할 수 있을 뿐이다. 따라서 열정이 출현하기 시작하는 서주 후기의 이른 단계에 속하는 M91/M92도 비교의 대상에 포함시킬 것이다.[52]

진의 귀족들이 매장된 취촌묘지曲村墓地의 자료는 발굴보고서[53]를 활용한 쑹링핑의 연구에 비교적 잘 정리되어 있는데,[54] 이를 보고서와 대조하여 전체 3기 중 제I기~제II기(서주 중기)에 속하는 중형묘 8기(M6081, M6210, M6195/M6197, M6069, M6231[55]/M6080, M6214)를 표본으로 확정할 수 있었다. 이들은 대체로 발굴이 잘되어 비교적 정확한 정보를 제공해 준다.

헝수이묘지의 경우 M1/M2에 대한 간략한 보고서와 셰야오팅의 박사학위 논문에 제시된 정보에 주로 의존할 것이다.[56] 셰야오팅은 자신이 분석한 204기의 묘장을 세 시기로 분기하는데, 연대가 비교적 명확한 것들 중 제I기에 속하는 것이 53기, 제II기는 67기, 제III기는 38기라고 한다. 청동기를 부장한 묘 중 제I기에 속하는 것이 7기인데, 모두 청동 정 1점만

---

52 宋玲平 2007, 66-67의 附表1a와 80의 附表6 참조.

53 '北京大學考古學係商周組 등 (鄒衡 主編) 2000, 335-445'에 鼎 3점 이상을 수장한 묘장들을 따로 분류해서 정리하고 있다.

54 '宋玲平 2007, 69-70'의 附表2a와 81의 附表8 참조.

55 宋玲平은 M6231을 서주 후기로 분류했지만(宋玲平 2007, 71), 이는 M6080과 합장묘로 서주 중기의 묘로 보는 것이 타당해 보인다.

56 山西省考古研究所 등 2006b, 4-18; 謝堯亭 2010, 86-130.

을 부장하고 있어, 등급이 비교적 높아 보이는 묘장은 주로 제II기와 제III기에 속한다.[57] 허우마공작참侯馬工作站에 보관 중인 헝수이묘지 출토 문물을 참관한 한웨이 역시 비슷한 인상을 전하고 있다. 즉, 청동기를 부장한 묘들 중 서주 초기에 속하는 것은 별로 없고 수량도 많지 않은데, 이들 중 연대가 가장 빠른 것도 서주 초기의 후단에 속해, 베이자오 진후묘지에서 연대가 가장 빠른 M114/M113과 대략 비슷하다. 청동기를 부장한 묘의 연대는 대부분 서주 중기의 목왕에서 공왕, 의왕懿王 시기에 집중되어, 후기에 속하는 것도 거의 눈에 띄지 않았다고 한다.[58] 따라서 필자 역시 주로 서주 중기까지에 해당하는 청동 정 2점 이상을 부장한 묘 9기(M2158, M2165, M1, M2, M1006, M1011, M2022, M2113, M2056)를 분석 대상으로 삼을 것이다. 헝수이묘지의 경우 M1과 M2에 대해서는 비교적 상세한 보고서가 나와 있으나, 셰야오팅의 박사학위 논문에 언급한 다른 묘들에 대한 정보는 상당히 소략함을 미리 언급해 둔다.

제2장에서 언급한 바와 같이 진국묘지의 경우 베이자오北趙의 통치자(진후와 부인) 묘지와 취촌曲村의 귀족, 평민들의 묘가 분리되어, 통치자(붕백과 패백)와 귀족, 평민이 함께 매장된 헝수이와 다허커우 묘지와는 뚜렷이 구분된다. 따라서 이 두 묘지에서 가족묘의 성격을 지적하기도 하는데,[59] 현재까지 발견된 서주 묘지들 중 고위급의 묘역이 별도로 조성된 사례는 진후묘지 이외에 2004년 발굴된 주공의 가족묘 혹은 서주 왕릉으로 추정되는 저우공먀오묘지周公廟墓地가 거의 유일하다.[60] 다른 제후국의 묘지인 류리허琉璃河의 연국묘지燕國墓地나 신촌辛村의 위국묘지衛國墓地는 장자포張家坡의 정(형)씨井(邢)氏 가족묘지와 마찬가지로, 통치자와 귀족,

57 謝堯亭 2010, 106.
58 韓巍 2012, 370.
59 謝堯亭 2012a, 374-375.
60 周公廟墓地와 관련된 여러 논의에 대해서는 '沈載勳 2005b, 1-27' 참조.

평민이 한 묘역에 포함되어 있다. 따라서 장밍동은 독립적인 왕후릉묘王侯陵墓를 오히려 직계대종이 조성한 특수한 묘역으로 파악하면서, 상주묘지의 특성을 『주례周禮』「춘관春官」에 언급된 공묘公墓와 방묘邦墓의 구분보다는 가족묘에서 찾기도 한다.[61] 이는 제후국이나 지역 정치체, 왕기의 유력 귀족 등과 같은 서주의 개별 정치 집단이 거의 동일 혈족을 기본 단위로 구성된 점을 반영하는 것으로, 헝수이와 다허커우 묘지에 가족묘의 성격이 나타나는 것은 그 묘지만의 특성이라기보다 당시 묘지의 보편적 양상으로 보아야 할 것이다.

표 3-2에 분석 대상이 된 묘장들의 주요 지표를 정리했다. 앞에서 언급한 묘실 면적 및 관곽의 수, 묘도와 순차, 거마갱의 유무 등의 지표와 함께 부장 청동예악기青銅禮樂器의 명세를 추가했다. 이 표의 특징은 묘의 등급을 결정하는 데 가장 이론의 소지가 적은 지표로 여겨지는 묘실의 면적 순으로 톈마-취촌, 헝수이, 다허커우의 주요 묘들을 나열한 점이다. 이를 토대로 묘의 크기와 부장된 청동예기 수량의 상관관계를 쉽게 확인할 수 있을 것이다. 표 3-2 좌측 묘호에 제시된 북北은 베이자오 진후묘지, 횡橫은 헝수이묘지, 대大는 다허커우묘지, 곡曲은 취촌의 진 귀족묘지를 이른다. 도盜는 발굴 전 도굴된 묘이다.

표 3-2에 정리된 여러 지표를 검토하기 전에, 2000년대 중반까지 발굴된 서주의 묘장 자료 대부분을 비교 분석하여 이들을 5등급으로 나눈 장밍동의 분류(표 3-3)를 살펴볼 필요가 있다.[62]

이를 염두에 두고 장밍동의 연구에는 반영되지 않은 헝수이와 다허커우 묘지의 사례들을 표 3-2에 제시된 대로 진과 비교 검토해 보자. 우선 표 3-2에서 강조된 다허커우 M1과 M1017의 묘실 면적은, M1017의 경우

61 張明東 2005, 53.
62 張明東 2010, 39-40.

(여성 묘)	墓口/墓底					鼎	盒	壺	鈁	[illegible]	[illegible]	豆	[illegible]	[illegible]	爵	[illegible]	[illegible]	[illegible]	卣	觶	[illegible]	方彝	[illegible]	[illegible]	[illegible]	[illegible]	[illegible]	[illegible]	[illegible]	[illegible]	[illegible]	[illegible]	[illegible]	[illegible]	[illegible]	
北M114盜	23.7/37.4	1	1/1	4	유	2	1									1		2	1	1									1							9?
北M91	21.8/35	1	1/2	2	유	7	5	2	1				1	1	2			1	1					2					1		1	7				32
北M92*	25.3/29	1	1/2	무	(유)[64]	2				2														2					1	1						8
北M33盜	24.8/24.8	1	불명	5	유	2	1		1										1					1												6?
北M9	22.7[65]/?	1	1/1	7	유	8	6											1		1	1									1		4				22?
北M6盜	?/?	1	1/1	무	유																															
橫M2158	19/?	무	불명	(유)[66]	유[67]	8	2	1	1							1		4	1	1				2					1	2						24
橫M1*	?/23.7	1	1/2	(유)	(유)	5	5	1	1				1							1				2					2	2		5				25
橫M2	16.2/23.4	1	1/2	(유)	유	3	1		1						1	1		1	1										1	1		5				16
大M1017	**17/?**	**무**	**불명**	**무**	**유**	**13**	**6**	**1**	**1**	**2**	**2**	**4**	**1**		**7**	**3**		**3**	**3**	**2**	**1**			**1**				**1**	**1**	**1**		**3**			**2**	**58**
橫M1011	9~17/?	1	불명	무	유	3	2		1						2	1		1	1					1								7				19
北M113*	13.4/21.84	1	1/1	무	(유)	8	6		1						2	1		1	1	3				1		1	1		1	1						28
北M13*	?/?	1	1/1	무	(유)	5	4		1	1										1				1					1							14
大M1	**13.7/17.4**	**무**	**1/1**	**무**	**유**	**24**	**9**	**7**	**1**						**6**	**1**		**2**	**4**	**8**					**1**	**1**		**1**	**1**	**1**		**3**	**3**	**2**		**75**
北M32盜*	13/16.5	1	1/1	무	(유)																															
北M7盜*	?/?	1	1/1	무	(유)																															
曲M6081	12.7/14.15	무	1/1	무	무	4	2		1						1			1	1	1									1							12
曲M6231	11.3/13.4	무	1/1	무	유	2	2	2	1						1			1	1	1				1												12
大M2*	**8.7/14.6**	**무**	**1/2**	**무**	**불명[68]**	**3**	**1**		**1**		**1**																		**1**	**1**		**1**				**9**
曲M6195	10.6/12	무	1/1	무	유	3	2	1	1																											7
曲M6210	10.6/9.8	무	1/1	무	유	3	2	1	1						1			1	1	1																11
橫M2165	9~17/?	무	불명	(유)	유	4	8	3																					1	1						17
橫M1006	9~17/?	무	불명	(유)	유	3	4		1						2	1		1	1	1		1	1	1								1				18
橫M2022	9~17/?	무	불명	(유)	유	3	1		1						1	1		1	1	1			1	1								1				13
曲M6080*	8.6/10.4	무	1/1	무	(유)	2	2	1																												5
大M2002	**4.6/10.8**	**무**	**1/1**	**무**	**불명**	**3**	**3**	**2**	**1**																				**1**	**1**						**11**
曲M6197*	7.1/7.3	무	1/1	무	(유)	2	2	2																												6
曲M6214*	7.3/7.1	무	1/1	무	무	2	2	1	1									1	1	1																9
橫M2113	7~8/?	무	불명	무	불명	2	2																													4
橫M2056	7~8/?	무	불명	무	불명	2	1																													3
曲M6069*	6.4/?	무	1/1	무	무	3	1	1	1										1	1																8
大M1034	**4.83/5.9**	**무**	**1/1**	**무**	**불명**	**3**	**2**																													**5**
大M1033*	**4.64/5.4**	**무**	**1/1**	**무**	**불명**	**1**	**1**																													**2**
大M1	**13.7/17.4**	**무**	**1/1**	**무**	**유**	**24**	**9**	**7**	**1**						**6**	**1**		**2**	**4**	**8**					**1**	**1**		**1**	**1**	**1**		**3**	**3**	**2**		**75**
長子口 M1	59.7/45.36	2	1/2	무	불명	22	3	2	2						8	8	2	5	6	5	3		3	2	2			4	1	1			6			85

표 3-3 장밍동의 서주시대 묘 등급 분류

등급	특징	사례
1	4 묘도 대묘	周公廟묘지[69]
2	2~1 묘도 대묘; 묘실 면적 20~100m^2; 중관; 청동예악기 조합; 순차; 거마갱	제후묘: 辛村 衛侯墓, 北趙 晉侯墓 등
3	無 묘도; 묘실 면적 10~50m^2; 3鼎 2簋의 식기, 주기, 수기 조합	왕실 대신과 제후국 경대부: 扶風 莊李의 M9, 曲村의 M6081
4	無 묘도; 묘실 면적 4~10m^2; 鼎과 簋 위주 조합(소수의 3정 2궤, 대체로 그 이하)	중소 귀족
5	無 묘도; 묘실 면적 4m^2 이하; 청동예기 수량 미미; 도기 위주	하급 귀족이나 평민

묘 바닥 면적이 제공되지 않아 정확히 파악하기 어렵지만, 대체로 헝수이의 대형 묘인 橫M2158이나 橫M1/橫M2보다 약간 작거나 비슷해 보인다. 장밍동이 2등급으로 분류한 진후 묘들(표 3-2의 北M114, 北M91, 北M33, 北M9

63 墓室의 면적에 따른 순위는 대체로 墓口와 墓底 면적의 평균치를 토대로 한 것이지만, 정보가 불완전한 경우 필자의 판단에 따른 것이다. 묘실 면적을 정확하게 판단하기 위해 묘실의 깊이도 고려해야 하지만, 발굴보고서에 이에 대한 정보가 빠져 있는 경우가 많아, 일단 여기서는 제외했다.

64 M114/M113 合葬墓와 마찬가지로 모든 晉侯/婦人墓 동편에 車馬坑이 하나씩 조성되어 있었다. (유) 표시는 모두 부인 묘이다.

65 劉緖 2007, 175.

66 橫水墓地에서 鼎 3점 이상을 부장한 남성묘 5기와 5점 이상을 부장한 여성묘에 殉車가 매장되어 있었다고 하므로(謝堯亭 2010, 121), 이 표의 분석 대상이 된 3鼎 이상을 부장한 거의 모든 묘에 殉車가 있었다고 보아 무방할 듯하다.

67 橫水墓地에서는 21기의 車馬坑이 발견된 것으로 알려졌지만, 명확히 보고되지는 않고 있다. 그러나 謝堯亭은 8組 부부 합장묘에 모두 車馬坑이 있었고, 심지어 1鼎 묘와 陶器만을 부장한 묘 1기에도 車馬坑이 설치된 경우도 있어, 橫水墓地의 3鼎 이상의 남성묘에 대체로 車馬坑이 설치되어 있었을 것으로 보았다(謝堯亭 2010, 123).

68 大河口墓地에서도 車馬坑 24기가 발굴되어, 상당수 대중형 묘의 동쪽에 車馬坑이 설치되어 있었다고 하지만(山西省考古研究所大河口墓地聯合考古隊 2011, 10), 그 보고가 명확하지 않다.

69 周公廟墓地에 대해서는 이론의 소지를 인정하면서도, 墓道가 4개 달린 10기의 묘 때문에 1등급으로 분류한 듯하다.

등)에 비해서는 확실히 규모가 작고,[70] 그보다 한 등급 낮은[71] 진후와 이혈 합장된 부인묘들(표 3-2의 北M113, 北M32, 北M7 등)에 필적하는 것으로 보인다. 나아가 장밍동이 3등급에 포함시킨 취촌의 진국 귀족묘들(표 3-2의 曲M6081, 曲M6231, 曲M6210 등)보다는 크다. 따라서 묘실 면적만 가지고 보면, 다허커우의 M1과 M1017은 장밍동의 2등급과 3등급 어디에도 포함시키기 어렵고 오히려 그 중간에 위치하는 경향을 보인다.

헝수이의 경우 가장 큰 묘로 보이는 M2158에는 묘도가 없지만, 붕백의 묘인 M2와 M1011, 부인묘인 M1에는 묘도가 하나씩 설치되어 있다. 대부분의 학자가 묘도의 존재 여부를 상주 묘장의 등급 판정에 중요한 요소로 인정하고 있기 때문에,[72] 橫M1과 橫M2, 橫M1011은 묘실의 규모가 조금 작지만 장밍동의 분류에서 2등급에 포함해도 될 듯하다. 더욱이 이들은 대체로 중관重棺이나 거마갱뿐만 아니라 청동예악기 세트를 완비한 점에서도 2등급의 기준을 충족시킨다. 이들 묘의 대부분이 부부 합장묘라는 사실 역시 진후묘지와 유사하다. 헝수이묘지에서 이들보다 등급이 낮아 보이는 橫M2165[73]와 橫M1106, 橫M2022도 묘실의 규모(9~17m^2)나 청동예기의 조합(식기, 주기, 수기)에서 曲M6081, 曲M6231, 曲M6210처럼 장밍동의 3등급 요건에 대체로 부합하는 것으로 보인다. 마찬가지로 橫M2113과 橫M2056 역시 묘실 규모와 부장 청동예기의 측면에서 曲M6197과 曲

---

70 晉侯墓地에서 M91보다 연대가 늦은 晉侯墓인 M1(27.8/32.4m^2)과 M8(25.2/37.2m^2), M64(36.3/34m^2), M93(32.1/34.6m^2)의 묘실 규모 역시 다허커우 大M1, 大M1017과 비교할 수 없을 정도로 크다.

71 張明東은 부인묘 역시 2등급으로 분류했지만, 晉侯墓地의 다양한 양상을 비교 분석한 다른 연구들은 모두 晉侯와 부인 묘의 등급 차이를 인정하고 있다(宋建 2002, 154; 曹瑋 2004c, 136-138; 謝堯亭 2008, 15; 팔켄하우젠 2011, 179).

72 중국학자들은 말할 것도 없고 구미의 학자들 역시 최소한 춘추시대까지 墓道가 높은 특권의 상징이었을 것으로 보고 있다(팔켄하우젠 2011, 171).

73 橫M2165에서는 鼎 4점과 簋 8점이 출토되어 張明東의 3등급을 넘어서는 경향이 있지만, 酒器가 한 점도 부장되어 있지 않다.

M6214와 같이, 장밍동이 제시한 4등급에 무난하게 포함된다.

따라서 헝수이묘지의 묘장 등급은 진국묘지에서처럼 장밍동이 서주의 여러 사례를 토대로 도출한 분류 체계에 잘 맞아떨어지는 경향이 있다. 물론 청동 정 8점과 함께 비교적 많은 청동기를 부장한 묘도 없는 대형 묘 橫M2158의 분류,[74] 세부 청동기의 수량이나 조합 등에서의 차이 등과 같은 문제는 있다. 더욱이 붕백(橫M2와 橫M1011)과 부인(橫M1) 묘에서 나타나는 묘실 규모나 청동기의 수량과 같은 주요 지표들이 대체로 진후묘들을 넘어서지 못한다는 점도 눈길을 끈다. 그럼에도 불구하고 묘실의 크기와 청동기의 수량이 대체로 비례하고, 曲M6081, 曲M6195, 曲M6080에서와 같이 橫M1, 橫M1011, 橫M1006 등에 부장된 청동 정이나 궤에서 서주 중기부터 출현하는 열정제의 초보적 형태가 나타나는[75] 등 등급 표준상의 차이보다는 유사점이 더 두드러진다.

이를 통해 인근에 위치한 진과 붕의 두 정치체가 서주 초중기에 이러한 지표들을 공유했을 가능성, 즉 두 지역을 관통한 상장의례 규범이 존재했을 가능성이 있음을 알 수 있다. 물론 그것이 일부 학자가 주장하듯 서주 후기에 청동예기 표준 조합(열정제列鼎制)의 확립과 함께 실행된 의례개혁 같은 국가적 차원의 규정[76]까지는 아니더라도, 최소한 그 지역에서는 사회적 규범으로 존재했을 개연성이 높다고 보는 것이다.

그렇지만 다허커우의 두 대형 묘의 경우 묘실의 면적뿐만 아니라 다른 측면에서도 진후나 붕백의 묘와는 상당한 차이를 보인다. 무엇보다 大M1과 大M1017에는 상주商周 묘장 등급의 중요한 지표인 묘도가 결여되어

---

74 橫M2158에 대한 정식 보고서가 아직 나오지 않은 상태에서, 이에 대한 어떤 속단도 어려운 상황이다.

75 宋玲平 2007, 69; 李建生 2012, 393-394.

76 팔켄하우젠 2011, 88-96, 109.

있다. 나아가 大M1017의 경우 중관重棺 여부를 확인할 수 없으나,[77] 大M1은 1관이다. 또한 두 묘 모두에 순차가 매장되어 있지 않을뿐더러 부부 합장의 흔적도 나타나지 않아, 진후묘나 헝수이의 붕백묘와 달리 장밍동의 2등급을 충족시키기 어려운 조건임이 분명해 보인다. 이 두 묘의 자료가 묘도의 존재 여부를 중시한 장밍동의 연구에 반영되었다면, 두 묘는 3등급으로 분류되었을 가능성이 크다. 그럼에도 불구하고 두 묘에 부장된 청동예악기의 수량은 2등급을 훨씬 능가한다.

여기서 한 가지 중요한 사실은 大M1과 大M1017을 제외한 다허커우의 다른 묘들은 취촌이나 헝수이의 3등급 이하 묘들과 크게 다르지 않다는 점이다. 표 3-2에 제시된 大M2와 大M2002의 경우 묘실의 규모나 청동예기의 조합에서 장밍동의 3등급 기준을 대체로 충족시키고, 大M1034와 大M1033 역시 규모나 청동기 조합이 4등급에 부합하는 것으로 보인다. 특히 두 대형 묘인 大M1과 大M1017에서 열정제의 흔적이 거의 나타나지 않는 것과는 달리, 大M2002의 3정 3궤, 大M1034의 3정 2궤 조합에서 열정제의 양상이 나타나는 등, 헝수이와 다허커우에서 서주 중기 공왕 시기 이래 열정제의 형성을 주목한 바 있는 발굴자 리젠성의 주장[78]과 상통한다.

따라서 다허커우의 자료가 제대로 공개되지 않아 조심스럽기는 하지만, 패국 역시 인근의 진 및 붕과 다른 별개의 상장의례 규범을 따르고 있었다고 보기는 어렵다. 그렇다면 각각 24점과 13점의 청동 정을 부장한 大M1과 大M1017에서 나타나는 청동예악기의 수량과 조합도 그 규범의 틀 속에서 이해해야 하는 것이 아닐까?

大M1과 비견될 수 있는 비슷한 시기의 진후묘인 北M114는 도굴이 되

77 다만 大M2의 경우 重棺을 채용하고 있다. 이 묘는 霸伯의 부인 묘일 가능성이 있는데, 大M1017과의 관련성 여부를 확인할 수 없으나, 혹시 관련이 있다면 현재 실험실에서 작업을 기다리고 있는 大M1017의 槨室 안에도 重棺이 구비되어 있었을 가능성이 크다.

78 李建生 2012, 393-394.

었지만, 그 배우자묘인 北M113이 8정 6궤를 부장하고 있었다는 사실을 통해 北M114도 최소한 8정 이상이 부장되어 있었을 것임을 알 수 있다. 이어지는 다른 진후묘들이 대체로 7정 6궤나 5정 4궤를 부장했기 때문에, 진후묘지의 시조 격인 M114에 다른 진후들보다 많은 수량의 청동예기가 매장되었을 가능성이 크다. 그럼에도 불구하고 전체 수량이 大M1이나 大M1017에는 턱없이 못 미친다.

현재까지 확인된 서주의 묘들 중 부장된 청동예악기의 측면에서 大M1에 버금가는 묘는, 1997년 발굴된 허난성河南省 루이현鹿邑縣 다칭공大淸宮의 장자구長子口라는 인물의 명문이 주조된 청동기가 출토된 묘(M1)가 거의 유일하다.[79] 송宋의 시조로 알려진 미자微子 계啓의 묘로도 추정되는, 이 서주 초기의 묘도가 2개 달린 대형 묘(그림 3-7)에는 청동예악기만 총 85점이 부장되어 있어(표 3-2의 맨 아래쪽 大M1과의 비교 참조), 大M1의 75점을 상회한다. 세부 내역을 보면 청동 정의 경우 22점(방정方鼎 9점 포함)으로 大M1의 24점보다 적지만, 상商의 전형적인 조합인 작과 고 각각 8점씩, 역시 상의 전형적인 악기인 편뇨編鐃도 두 세트 6점이나 된다(그림 3-8). 내용뿐만 아니라 수량에서도 이전 상의 중심지인 안양安陽에서나 볼 수 있었던 부장품이 풍부한 묘의 모습을 간직하고 있는 것이다.[80] 장자구묘의 발굴자들은 이 묘에서 출토된 청동기들 중 서주 성왕成王 이후의 기형은 찾을 수 없다고 보는 반면,[81] 의후측궤宜侯夨簋와 거의 유사한 궤나 다른 력, 유 등에서 서주 전기의 중반에까지 이르는 기물의 특성을 추정해 내는 연구자도 있다.[82]

---

79 河南省文物研究所 등 編 2000.

80 Li Feng 2006, 75. 참고로 商王 武丁의 부인으로 알려진 安陽 小屯의 婦好墓는 墓室(墓口) 면적이 $22.4m^2$이지만, 鼎 31점과 甗 10점, 觚 53점, 爵 40점을 비롯한 청동예기 210점을 부장하고 있었다(中國社會科學院考古研究所 編 1980, 7, 31-100).

81 河南省文物研究所 등 編 2000, 208.

82 Li Feng 2006, 76.

大M1보다 연대가 한두 세대 빠를 것으로 추정되지만 그에 버금가는 장자구묘의 풍부한 청동기는 다허커우의 파격을 이해하는 데 중요한 실마리를 제공한다. 무엇보다 서주시대의 묘로는 드물게 나타나는 장자구묘의 청동예악기 후장厚葬이 대부분의 학자가 인정하듯 상의 습속이 지속되는 것이라면, 다허커우의 두 묘 大M1과 大M1017에 나타나는 후장도 같은 맥락으로 봐야 할지 모른다.[83]

현재까지 보고된 장자구묘 및 大M1 다음으로 많은 기물을 부장한 서주묘는 산시성 바오지寶鷄 루자좡茹家莊에서 발굴된 서주 중기의 어백묘強伯墓인 M1 乙로, 정 8점(方鼎 3점)과 궤 5점을 비롯한 청동예악기 총 42점이 부장되어 있었다.[84] 도굴되지 않은 진후묘들 역시 부장된 기물의 총수가 30~35점이어서, 大M1과 장자구묘의 절반에도 못 미친다. 大M1의 사례가 서주 고위급 묘들의 격식에서 얼마나 벗어난 것인지 쉽게 짐작할 수 있다. 더욱이 장자구의 예기 조합에 나타나는 주기酒器의 강조나, 다허커우의 두 묘에서도 읽을 수 있는 장자구보다는 주식周式에 동화되었지만[85] 시대착오적 성격을 띠는(특히 주기가 사라지기 시작한 서주 중후기의 묘인 大M1017에서) 주기의 중시 역시 전통적 상식商式 예제의 고수라는 맥락 이외에는 이해할 방법이 없는 듯하다.

---

83 현재까지 확인된 장자구묘나 大M1에 버금가는 기물을 부장한 서주 묘로 최근 湖北省 隨州의 葉家山 曾侯墓地에서 발굴된 서주 전기~중기로 추정되는 묘도 하나를 지닌 대형 묘인 M111을 들 수 있다. 묘실의 규모가 지금까지 발견된 서주 묘들 중 최대(윗부분 13.08~13.48m×10.10~10.28m, 바닥 8.08~8.22m×5.58~5.96m)인 이 묘에서는 鼎 20점과 簋 12점 등 많은 청동기가 출토된 것으로 알려졌는데, 아직 구체적인 보고서가 나오지 않고 있어, 일단 이 논의에서는 제외시킨다(湖北省文物考古研究所 등 2013, 3-6; 金正烈 2015, 254-255).

84 茹家莊 M1은 墓道가 하나 달린 墓室의 크기가 44.1m^2에 달하는 대형 묘이다(盧連成, 胡智生 1988, 271-309).

85 大M1의 예기 조합에서 나타나는 簋 9점과 鬲 7점 등 食器의 중시와 酒器 중 商의 조합을 대표하는 觚의 수가 현격히 줄어든 점, 大M1017에 周의 전형적 기물인 盨와 豆 등이 부장된 점 등 이러한 표식은 수없이 많다.

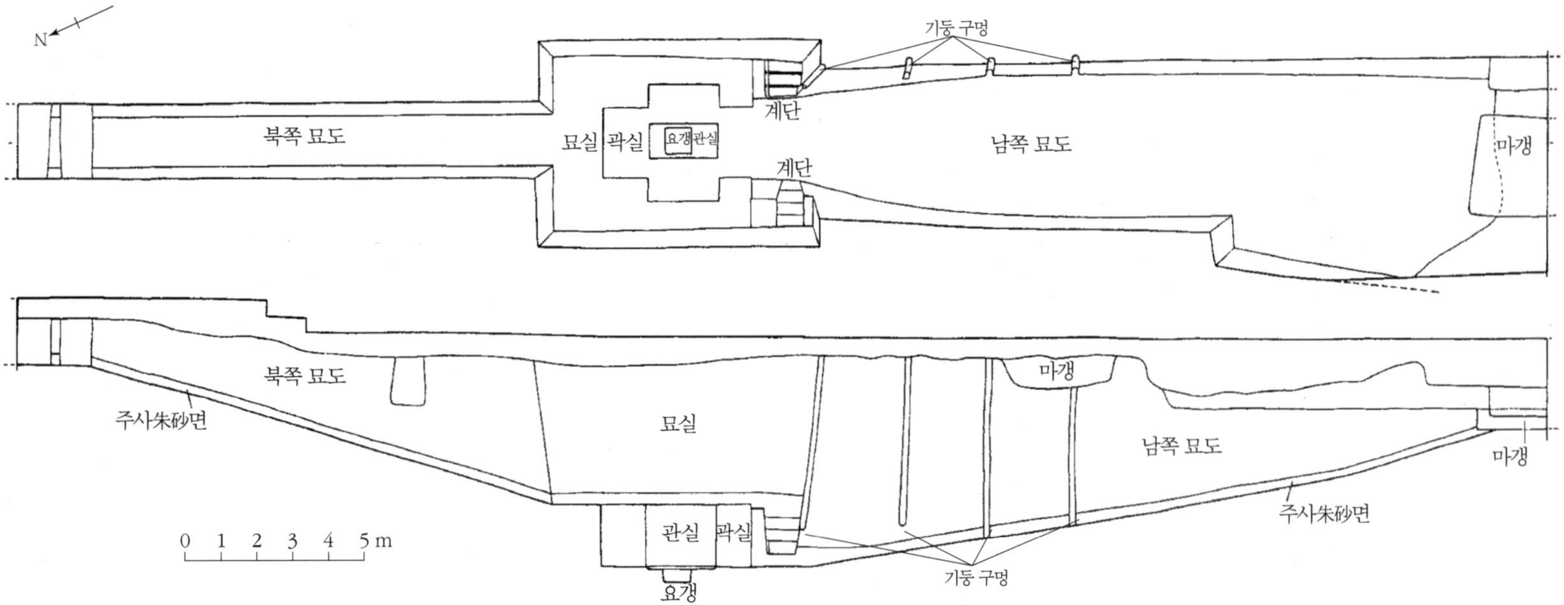

그림 3-7. 장자구묘 평면도(상) 및 해부도(하)

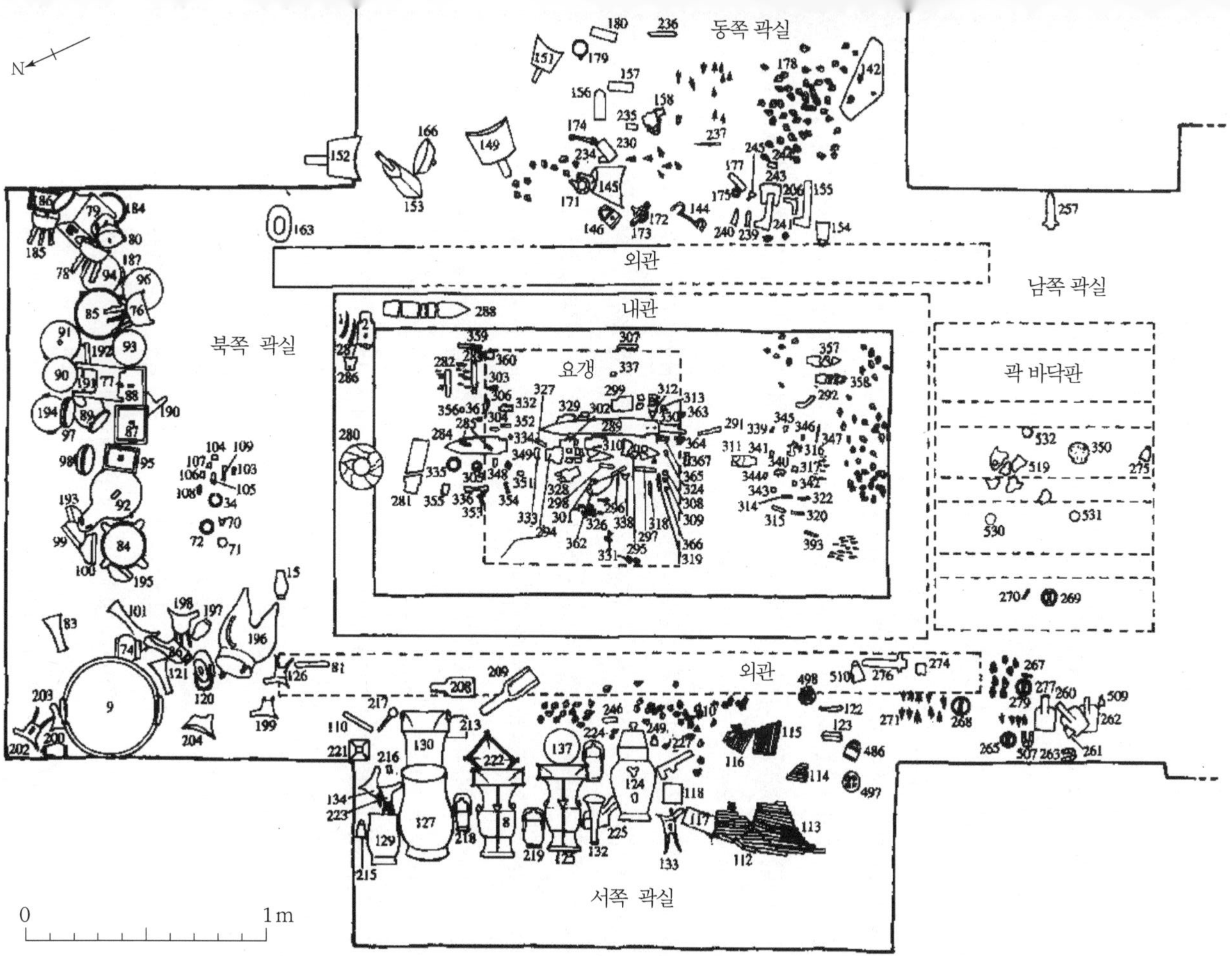

그림 3-8. 장자구묘 부장 기물 출토 정황

다른 한편으로 장자구묘의 다른 지표들—2개의 묘도와 대규모 묘실(59.7/45.36m²), 중곽중관重槨[86]重棺 등—은 다허커우와는 도저히 비교할 수 없을 정도여서, 다허커우 패백묘의 파격을 더욱 돋보이게 하면서도 그 이면에 내포된 한계 역시 보여 준다. 다시 말해, 장자구묘의 규모와 후장이 상주 교체기에 주에 귀의한 상 왕실 최고위 귀족 출신의 위상에 걸맞게 자연스러워 보인다면, 大M1과 大M1017의 후장은 묘의 규모나 형태와 어울리지 않는 심각한 불균형을 이루고 있는 것이다. 이러한 파격은 단순히 강력한 한 지역 정치체 수장들의 의례 참칭僭稱으로 이해할 수도 있을 것이다.

그러나 그 불균형에서 상商에 동화되었던 한 지역 정치체 수장의 후예들이 주周의 천하에 편입되어 몇 세대를 보내면서도 자신들의 유습遺習과 독자성을 지속하고자 했던 열망을 읽어 낼 수는 없는 것일까? 나아가 규모와 후장 사이의 불균형을 그 열망을 이루기 위한 타협의 산물로 볼 여지는 없는 것일까? 패국의 두 수장이나 그 후손들은 혹시 묘의 형태나 규모에서 자신들이 취할 수 있는 것보다 낮은 기준을 채택함으로써, 청동예기 후장의 비례非禮를 상쇄시키려 한 것은 아니었을까? 혹은 묘의 조성 과정에서 쉽게 드러나는 외형에서는 주의 의례 규범을 벗어날 수 없었어도, 그 내부에 설비한 이례적으로 화려한 벽감이나 은닉성이 어느 정도 보장되었을 청동예기의 부장에 있어서는 나름대로의 독자성을 추구한 것은 아니었을까? 물론 그 방대한 청동기의 수급은—최소한 두 묘가 조성된 당대에라도— 패국의 상당한 정치적 · 경제적 역량이 뒷받침되지 않았다면 불가능했을 것이다.

大M1과 大M1017의 고고학 자료에서 나타나는 이러한 괴리와 양면성은, 앞에서 여러 학자가 붕, 패와 진의 상대적 정치적 위상과 관련하여 제

86 長子口묘의 槨은 하나이지만 亞字形으로 사실상 여러 부분으로 구획되어 있다(河南省文物研究所 등 編 2000, 10-11).

시한 '예속성'과 '독자성'이라는 상반된 논의를 모두 포용할 수 있을 것으로 보인다. 최소한 위의 두 패백이나 묘를 조성한 후손의 시기 동안 패국은 청동예기의 부장에서 감히 주의 의례 규범을 위반할 수 있을 정도로 강력한 독자성을 보여 준다. 그러나 다른 한편으로, 두 묘의 형태나 규모에서는 주의 규범을 준수해야 할(혹은 그 규범에서 진의 제후보다 낮은 등급을 택해야 할) 정도로, 진이나 주 왕실의 감시와 관리를 의식해야 하는 이중적 정체성을 유지했을 가능성이 크다.

어떤 측면에서 다허커우의 고고학 자료에서 나타나는 이러한 양면성은, 그 정도에서 차이가 있었겠지만 상주 교체기를 거치며 주의 천하에 편입되어 가던 지역 정치체들의 대체적인 양상일지도 모른다. 헝수이와 다허커우 묘지의 상장의례 차이에서 인접한 두 정치체의 유사하면서도 다른 발전 궤적—상장의례만 놓고 볼 때 주에 대체로 순응하는 붕과 상대적으로 독자성을 꾀한 패—을 읽어 낼 수 있듯이, 당시 산시성 서남부는 말할 것도 없고 주 왕실의 권력 범위에 속한 무수한 정치체가 주에 동화되는 과정 역시 반드시 동일하지는 않았을 것이다.

따라서 붕과 패에 대해 "진의 채읍이나 부용, 회성구종, 주의 이성봉국" 등과 같은 '예속'이나 '독립'의 일방적인 선택을 할 수밖에 없는 전래된 개념으로 이해하려는 중국학자들의 시도는 자칫 소모적 논쟁만 부추길 위험성이 크다. 오히려 자오보숑趙伯雄과 마츠이 요시노리松井嘉德, 김정열 등이 서주 금문을 토대로 제시한 "주방周邦의 천하에 무수히 산재한 만방萬邦 혹은 타방他邦" 개념[87]이 붕과 패의 성격을 이해하는 데 더욱 합리적 선택으로 보인다.

붕과 패는 톈마-취촌 지역에 위치한 주의 봉국 진의 언저리에서 최소한 서주 초중기의 특정 시기 동안만이라도 독자성을 유지한 지역 정치체로,

87 趙伯雄 1990, 13-40; 松井嘉德 2002, 30-31; 金正烈 2009, 1-49.

서주 중기의 괴백궤乖伯簋(集成 4331) 명문에서 괴乖의 수장인 괴백이 자신들을 주방周邦으로부터 타자화하여 지칭한 '타방他邦'과 유사한 경우일 가능성이 크다. 따라서 붕백倗伯과 패백霸伯의 백伯은 가족 서열상 장자長子의 의미와 함께 지역 정치체 수장인 방백邦伯의 의미를 함께 지니는 것으로 봐야 할 것이다.[88]

여기서 이러한 방邦들을 근거리에서 척후斥候하며 관리한 진후晉侯의 역할도 더욱 명확히 규정된다. 대부분의 중국학자가 추산한 진과 붕, 패 사이의 거리는 당시의 도로 상황을 고려하지 않은 직선거리이기 때문에, 오늘날 우리가 생각하는 것보다 훨씬 먼 거리였을 것이 분명하다. 특히 톈마-취촌과 헝수이 사이에는 쯔진산紫金山이 가로막고 있어 오늘날 가장 쉬운 경로로도 70km 이상을 우회해야 한다.[89] 산둥성山東省 서부 지역의 이夷들에 대한 서주 후기 주왕과 진후의 군사원정을 기록한 진후소편종晉侯蘇編鐘 명문에 하루 평균 행군 거리가 10km 정도로 암시되어 있는 것에서 알 수 있듯(제4장 참조),[90] 진과 붕 사이도 서주시대에는 최소한 2~3일 이상 소요되는 거리였을 가능성이 크다. 톈마-취촌과 다허커우 사이 역시 현재의 도로로도 30km 이상이어서, 1~2일은 소요되었을 것이다. 따라서 주의 위임을 받은 봉국 진이 이 정도의 거리에 분포한 붕과 패를 비롯한 인근 지역 정치체들과의 협력을 비롯한 관할 임무를 부여받은 것은, 인구밀도가 아주 낮았을 당시의 상황을 감안할 때 상당히 자연스러운 현상으로 보인다. 주의 다른 봉국들 역시 이렇듯 지역 정치체들이 비교적 밀집된 지역에 분봉되었을 것임은 물론이다.

붕과 패 같은 산시성 서남부의 여러 지역 정치체, 즉 방邦들은 주방周邦의

88 金正烈 2012a, 47-49.

89 고대 이래로 사용되었을 것으로 추정되는 532번 縣道는 紫金山을 관통하는 코스로, 거리는 45km 정도에 불과하지만 지형이 험준하여 교통이 상당히 어려웠을 것이다.

90 沈載勳 2000, 12.

천하에서도 어느 정도 독자성을 유지하다, 결국에는 주방의 일원인 진[91]에 예속되었을 것이다. 패의 경우 다허커우묘지에서 M1이나 M1017과 같은 부장품이 풍부한 묘들이 사라지며 묘지의 쇠퇴가 뚜렷해 보이는 서주 후기[92]를 편입 시기로 볼 수 있을 것이다.

4. 소결

지금까지 산시성 서남부의 헝수이와 다허커우 서주 묘지 발굴과 함께 제기된 여러 문제를 검토해 보았다. 이 두 유적을 영위한 붕과 패의 성격에 대해 주의 봉국인 진과의 상대적 독립성 혹은 예속성이라는 이분법적 시각에 경도된 기존의 연구들과 달리, 이 장에서는 다허커우묘지의 두 대형 묘(M1과 M1017)에 나타나는 상장의례상의 불균형과 파격을 통해 지역 정치체인 패가 지닌 양면적 성격을 강조했다. 나아가 이러한 양면성을 상에 동화되었던 토착 정치체들이 상주 교체기를 거치며 주의 천하에 편입되어 가는 과정의 일단으로 추정했다.

허우마공작참에서 거의 20년 동안 발굴에 참여한 셰야오팅은 이 장에서 다룬 진과 붕, 패의 묘지 이외에 산시성 남부에 꽤 많은 서주 관련 유적들이 존재한다고 한다. 홍둥현洪洞縣 팡두이坊堆 용닝바오永凝堡, 창즈현長子縣 시왕촌西旺村과 징이촌景義村, 원시현聞喜縣 상궈촌上郭村과 관좡촌官莊村, 루이청현芮城縣 청관샹城關鄉 차이촌柴村과 컹터우坑頭, 허우마시侯馬市 상마上馬, 핑루현平陸縣 짜오위안촌棗園村, 푸산현浮山縣 차오베이촌橋北

91 서주의 명문에서 晉이 스스로를 邦으로 칭한 경우는 없고, 춘추시기의 晉姜鼎(集成 2826)과 晉公盆(集成 10342), 國差罎(集成 10361) 명문에서야 '晉邦'으로 自稱하고 있다.

92 謝堯亭 2012a, 378.

村, 린펀시臨汾市 팡두龐杜, 리청현黎城縣 시관촌西關村, 허진시河津市 산왕촌山王村, 지산현稷山縣 싼자오촌三交村, 신장현新絳縣 평구좡馮古莊, 장현絳縣 웨이촌雎村 등의 유적들을 열거하고 있다.[93] 특히 장현 웨이촌은 헝수이 붕국묘지에서 동쪽으로 20km 떨어진 지점으로, 2013년 대형 서주 묘지가 발견되어 전체 380여 기의 묘장 중 대형과 중형 묘가 25기에 이른다고 한다.[94] 이미 조사되어 발굴을 기다리고 있는 100여 곳의 유지까지 감안하면 산시성 남부, 특히 진의 중심지인 톈마-취촌 지역 인근에 서주의 읍들이 상당히 밀집되어 있었음을 알 수 있다.

이러한 상황은 상 후기 갑골문에 산시성 서남부로 위치 비정되는 많은 정치체가 나타나는 사실과도 상통한다. 이러한 정치체들은 상 후기의 강력한 왕인 무정武丁의 공격을 받고 상에 복속되었다가 이후 상을 이반한 흔적도 나타나지만, 상말에는 대체로 상에 동화되어 친상 세력으로 남아 있었다. 링스 징제촌과 푸산 차오베이촌, 원시 주우터우의 상 후기 묘장들에서 드러나는 전형적인 상식商式 청동기와 장속葬俗 역시 이를 뒷받침해준다.

따라서 주 무왕武王의 극상克商 직후에 산시성 서남부에서는 친상반주親商反周 정서가 상당히 강하게 존속했을 가능성이 큰데, 필자는 주공이 친상 세력들 중 하나인 양昜(혹은 당唐)을 멸망시키고 숙우를 그곳에 분봉한 목적도 잔존 친상 세력을 제어하기 위한 것으로 추정한 바 있다. 숙우의 시기를 거치며 그 지역을 어느 정도 장악한 주는 숙우의 아들 섭보(요공궤覭公簋의 양백昜伯)를 오늘날의 톈마-취촌 지역인 진에 후로 봉하며 산시성 서남부의 통치를 더욱 공고화한 것으로 보인다.

이러한 재정비 과정에서 원래 산시성의 친상 토착세력으로 추정되는 붕

---

93 謝堯亭 2010, 1-2; 謝堯亭 2012a, 374, 381의 각주 18.

94 李建生 2014, 특히 각주 27.

과 패도 함께 진의 인근으로 이주시켰을 것으로 보이는데, 이들 중 붕의 경우는 이때 혹은 이미 그 이전부터 주의 천하를 수용하며 친주親周 세력이 되었을 가능성이 있다. 이러한 추론은 앞에서 언급한 헝수이묘지의 고고학적 양상뿐만 아니라, 서주 중기의 이른 시기로 추정되는 붕백묘倗伯墓인 橫M2에서 출토된 숙유肅卣 명문을 통해서도 입증된다. 그 명문은 숙肅이라는 인물이 형兄으로 추정되는 백씨伯氏로부터 노복奴僕 6가家를 수여받는 과정에서 문제가 생겨 주왕周王이 개입한 내용과 함께, 숙이 주왕의 동정東征에 참여했음을 전하고 있다.[95]

붕과 패의 원소재지에 대해, 당唐의 위치에 관한 여러 이견과 마찬가지로, 현재 정확한 실마리를 찾기란 불가능하다. 그럼에도 푸산현 차오베이촌의 상~서주 묘지 발굴을 통해 원래 면모에 대한 어느 정도의 추론은 가능하다. 앞에서 서주 이래 묘지가 급격히 쇠퇴했음을 언급한 바 있는데, 상 후기에 속하는 차오베이촌의 묘 5기의 위용은 그 지역이 당대에는 상당히 번성했음을 알게 해준다. 5기의 묘 모두에 묘도가 하나씩 설치되어 있었고, 가장 큰 규모인 M1은 묘실 면적이 상부 21.8m^2, 바닥 22.6m^{2}에 달한다.[96] 일부 묘의 묘도에 비치된 순차와 거마갱은 묘주의 신분이 상당히 높았음을 보여 주고, 요갱과 순구, 순인 등은 상의 습속에 동화되었음을 입증한다.

그 묘들이 모두 도굴되어 부장 청동예악기의 상황을 알 수 없어 아쉽지만, 위의 특성들은 헝수이와 다허커우 묘지에 고스란히 계승되어 있다. 발굴자들을 비롯한 일부 연구자는 차오베이묘지가 당의 원소재지일 가능성을 제기했지만,[97] 도굴된 묘에서 출토된 청동기에 선先이라는 명문 혹은 족

95 李建生 2012, 402; 董珊 2014, 50-55.

96 橋北考古隊 2006, 351.

97 田建文 2004, 327; 橋北考古隊 2006, 393-394; 馬保春 2007, 129-130.

휘族徽가 새겨져 있어, 갑골문에 지명 혹은 정인貞人으로 등장하는 선先과 관련이 있을 가능성도 배제할 수 없을 것이다.[98]

필자는 붕과 패가 선을 비롯하여 갑골문에 등장하는 산시성 서남부 펀하 유역 정치체들의 후예일 가능성이 크다고 보고 있다. 물론 갑골문에는 붕과 패라는 정치체 이름이 등장하지 않는다. 그러나 진晉이라는 국명이 섭보의 톈마-취촌 이주 시 그 인근의 진수晉水에서 유래되었다고 알려져 있듯이,[99] 붕과 패 역시 당시 헝수이와 다허커우 지역의 지명에서 새롭게 유래했을 수 있기 때문에, 이들의 이름이 갑골문에 나오지 않는다는 사실이 이러한 가능성을 배제하는 근거가 될 수는 없을 것이다.

마지막으로 앞에서 언급한 대로 헝수이와 다허커우 묘지에서 발견된 붕백칭궤, 숙유, 상우, 패백궤 등 청동기 명문에 주왕이나 익공, 정(형)숙 등 왕기의 유력자들뿐만 아니라 봉국들과의 직접적인 관계도 언급된 반면,[100] 인근의 진에 대해서는 일부 혼인 관계의 흔적 이외에 어떤 관계도 명시되어 있지 않은 사실을 주목해야 할 것 같다. 이는 주 왕실의 대행자인 후국侯國으로서 주방周邦의 일원이었던 진의 성격과 무관하지 않을 텐데, 이에 대해서는 다음 장에서 보다 구체적으로 살펴볼 수 있을 것이다.[101]

98 孫亞冰, 林歡 2010, 357-358.

99 『史記正義』에는 『宗國都城記』를 인용하여 "唐叔虞의 子 燮父가 晉水 인근으로 徙居했음"과 함께 『詩譜』를 인용하여 "燮父가 堯墟 남쪽에 있는 晉水로 인해 晉侯로 개칭했음"을 전하고 있다(『史記』, 1636).

100 金正烈 2012a, 32-49에 상술되어 있다.

101 이 장은 「大河口 霸伯墓 출토 西周 청동예악기 파격의 양면성」, 『東洋史學硏究』 125 (2013), 41-82쪽을 수정 보완한 것이다.

제 4 장

군사사 측면에서 바라본 서주시대 진국의 발전

1. 서론

진晉과 같은 서주 제후국(봉국封國) 내부의 발전 상황을 구체적으로 전해주는 전래문헌은 거의 존재하지 않는다. 서주 금문 역시 제후국과 관련하여 전쟁 같은 특수한 상황 이외의 내용은 단편적으로 전할 뿐이다. 따라서 서주시대 제후국들의 발전 양상을 일반화해서 서술하는 데에는 많은 한계가 있을 수밖에 없다.

그럼에도 불구하고 최근 서주 금문을 활용하여 제후국의 내적 상황을 살피고자 하는 연구들이 나오고 있다. 특히 리펑Li Feng, 李峰은 『고대 중국의 관료제와 국가: 서주의 정체政體』에서 장 하나를 할애하여 서주 국가의 한 축인 '지방 봉국과 그 정부'에 대해 다루고 있다.[1] 그 역시 일차적인 자료의 한계를 인정하면서도, 서주 국가를 이루는 중요 부분인 봉국들이 어떻게 구성되었는지, 그 정부는 어떻게 운용되었는지, 중앙 왕실과의 관계는 어떠했는지를 구명하려고 시도하고 있다.

우선 리펑은 저서에서 제후국을 '지방 봉국', 즉 'regional state'라고 명명한 것에 대해, 제후국들이 주왕周王이 행사하는 '통치권sovereignty'을 제외한 '국가'에 요구되는 모든 요건을 갖추고 있기 때문에, 애매한 면이 있지만 'state'의 개념을 쓸 수 있을 것으로 보았다. 서주 전기의 의후측궤宜侯夨簋(集成 4320)와 극뢰克罍(集錄[2] 987) 등 분봉 명문을 통해 각각의 봉국이 정복자인 제후를 중심으로 유이민 집단과 토착민으로 구성된 읍邑들의 집적으로 이루어졌을 것으로 추정했다. 제후들은 자기 영역을 행정적·군사적으로 온전히 관할했지만, 그러한 권위는 왕실로부터 위임받은 것으로 이론적으로 몰수될 수 있다는 전제가 깔려 있었으리라고 보았다.

정부 구조에 대해서는 제후국 명문들을 통해 왕실의 주요 관직인 삼유사三有司에 해당하는 사토司土나 대사공大司工 같은 행정직뿐만 아니라 서기직인 작책作册, 왕가의 업무를 담당한 선부膳夫 같은 직책들이 있었음을 확인했다. 또한 주 왕실에는 나타나지 않는 고위 행정직인 태재太宰와 왕실에서 제후들을 감시하기 위해 파견한 것으로 보이는 감監에도 주목했다. 나아가 춘추시대에도 이러한 관직이 대체로 지속되는 것을 통해 서주의 제후국들이 중앙 정부에서 부여한 정치와 행정 기능을 수행하며 그 구조적 특성을 축소 복제했을 것으로 추정했다. 당연히 주 왕실의 발전에는 못 미쳤겠지만, 봉국 역시 기본적으로 국가의 기능을 구비한 더 작은 정치, 행정 조직이었으리라 보는 것이다.

---

1 Li Feng 2008, 235-270; 중문 번역은 李峰 2010, 231-268.

2 이하 集錄은 모두 『近出殷周金文集錄』을 이른다.

주 왕실과의 관계와 관련해서는 우선 제2장에서 소개한 진후묘지晉侯墓地의 가장 이른 진후晉侯묘인 M114에서 출토된 숙측방정叔夨方鼎(集錄二編 320) 명문의 성주成周 대제전大祭典 참석에 주목한다. 그 기물은 진의 시조인 당숙唐叔 우虞 아니면 제2대 제후인 섭燮으로 추정되는 인물이 왕이 주재하는 의식에 참여한 것을 기념하여 주조한 것이다. 리펑은 저서에서 이와 유사한 서주 초기의 다른 제후국 명문들도 함께 열거하고 있는데, 각각 형후邢侯와 연후燕侯의 사적인 왕실 방문을 전하는 맥방준麥方尊(集成 6015)과 연후지정燕侯旨鼎(集成 2628) 명문은 제후들의 왕실 왕래가 상당했음을 보여 준다. 마지막으로 상당수의 전쟁금문戰爭金文들을 활용하여 주 왕실과 제후국들 사이의 군사적 유대를 강조하고 있다. 나아가 제후국들이 왕과 같이 행정적·군사적 권한을 지녔지만 독립된 왕국이 아닌 왕실에 의무를 지니는 서주 국가의 대행자agent였다고 결론짓는다. 이러한 측면에서 리펑은 서주 국가를 "권력이 위임된 친족 읍제국가delegatory kin-ordered settlement state"로 규정하는 것이다.[3]

리펑의 연구는 당시까지 이용 가능한 제후국 관련 명문들을 최대한 활용한 실증적 접근이라는 점에서 기존의 연구와 차별성을 보인다. 특히 왕의 관직 임명을 기록한 책명금문冊命金文에 나타나는 서주 중기 이후의 관료제적 특성과 읍을 근간으로 한 그 사회의 족적 질서가 결합된 절충적 모델을 제시한 점에서 의의를 찾을 수 있다. 그럼에도 불구하고 제후국이 중앙정부의 축소 복사판이었을 것이라는 그의 결론이 기존 연구와 크게 다르지는 않아 보인다. 오히려 스스로도 자료의 한계로 인한 일반화의 위험성을 경계하며 제후국의 정부 구조에 대한 자신의 연구가 앞으로의 논의를 위한 시론 격임을 인정하고 있다.[4]

3 Li Feng 2008, 294-298.
4 Li Feng 2008, 249.

필자 역시 현재까지 이용 가능한 자료들을 토대로 제후국의 전반적 구조나 발전 상황을 밝히는 데는 상당한 한계가 있다고 생각한다.[5] 따라서 서주시대 진의 발전을 다루어야 하는 이 장에서 그러한 위험을 감수하기보다는 리펑도 주목한 군사적 관계에 초점을 맞추고자 한다. 제후국 관련 청동기 명문들 중 가장 풍부한 내용을 전하는 전쟁금문들이 어느 정도의 실증적 논의를 가능케 해줄 것으로 기대하기 때문이다. 이를 위해서는 우선 서주 왕국의 군사력 구성을 살펴볼 필요가 있다.

2. 서주 군사력 구성과 왕권의 성격

서주 군사사 연구는 대체로 주 왕실의 군대로 알려진 서육사西六師와 은팔사殷八師의 성격에 초점이 맞추어져 왔다.[6] 1960년대 위싱우于省吾(1896~1984)와 양콴楊寬(1914~2005)이 이들의 성격을 둘러싸고 논쟁을 벌여 군사둔전제와 향수제鄉遂制라는 각기 다른 견해를 제시했지만, 대부분의 학자는 서주의 군사력 구성과 관련하여 서육사와 은팔사를 근간으로 하는 압도적 수준의 왕실 상비군의 존재를 의심하지 않고 왕실 중심의 일원화된 체계적 군사체제를 설정해 왔다.[7]

그렇지만 이러한 입론에는 상당히 조직화된 행정이나 관료 체제가 전제되어야만 한다. 서주 관료제의 발전에 회의적인 시각을 가진 시라카와 시즈카白川靜(1910~2006)가 당시의 군대 역시 씨족을 근간으로 했을 것으로

5 리펑의 연구에 대한 비평은 '沈載勳 2011a' 참조.

6 于省吾 1964, 152-155; 于省吾 1965, 131-133; 楊寬 1964, 414-419; 楊寬 1965, 525-528; 葉達雄, 1979, 1-16; 徐喜辰, 1985, 3-12; 陳恩林, 1986, 71-76; 李學勤 1987, 206-210; 王貽梁 1989, 61-76 등.

7 陳恩林, 1991, 51-67; Li Feng 2008, 77-83.

추정하는 이유이기도 하다.[8] 뤼젠창呂建昌 역시 비슷한 맥락에서 많은 학자가 토대로 하는 『주례周禮』에 암시된 서주의 체계적 군사제도는 춘추시대 이후 제후들 간의 경쟁에 따른 군사력 증강의 산물로 동주東周시대 이후의 상황을 반영한 것으로 보고 있다. 나아가 서주 왕실의 상비군 이외에도 제후와 족속의 군대 역시 중요한 역할을 담당했을 것으로 파악한다.[9]

필자는 「금문金文에 나타난 서주西周 군사력 구성과 왕권」이라는 논문에서[10] 서주 국가와 왕권을 이해하는 핵심 열쇠인 군사사軍事史 연구가 신빙성에 논란이 있는 『주례』의 기사를 토대로 한 제도적 측면에 치중해 왔음을 비판한 바 있다. 나아가 대부분의 연구자가 주목하지 않았던 전쟁금문 60여 건을 중심으로 실제 참전자와 세력을 분석하여 서주 군대의 구성성분과 함께 몇 가지 특성을 살펴보았다.

첫째, 전쟁금문에 나타난 실제 참전자 혹은 세력은 대체로 (1) 왕과 왕실의 전문군대, (2) 공公과 백伯, 사師 등 관리를 비롯한 왕기王畿 내 유력자들의 군대, (3) 왕기 바깥 제후들의 군대로 삼분된다. 여기서 주목할 사실은 전체 전쟁금문의 30퍼센트가량을 차지하는 왕이 참전한 전쟁에서 상비군으로 알려진 육사六師와 팔사八師가 언급된 경우는 3건에 불과하다는 점이다. 사씨師氏나 호신虎臣과 같은 전문 군사조직으로 추정되는 군대의 참전도 전체 60여 건 중 5건 정도로 비중이 그다지 높지 않을뿐더러, 왕공王公조차 족장의 이름이 명시된 특정 족속의 군대에 의존했다는 명문이 많이 나타나는 것은 어떤 의미일까? 개인을 부각시키기 위한 기록이라는 금문의 특성을 감안한다고 하더라도, 왕실 전문군대의 참전 빈도가 그토록 낮은 것은 그동안 연구자들이 무비판적으로 수용해 온 압도적인 왕실 상

8 『金文通釋』, 13.63, 726, 734.

9 呂建昌 2001, 91-93.

10 沈載勳 2006a, 1-77.

비군의 존재에 의심을 품게 한다.

둘째, 강력한 상비군 설의 토대인 군사 방면의 전문성에 관한 검토이다. 리펑은 대부분의 중국학자와 마찬가지로 서주 정체政體의 관료제적 성격을 부각시키기 위해 당시 문관과 무관직의 기능적 분화가 일어났으리라고 제시한 바 있다. 특정 개인의 관직 임명 의식을 기록한 많은 책명금문에서 피책명자를 왕께 인도하는 일종의 후견인 격인 우자右者와 피책명자가 유사한 행정단위에 속하는 사례들을 분석한 그의 논증은 무척 흥미롭다.[11] 예컨대 사토나 사공司工이 우자로 등장하는 경우 피책명자에게 내려진 업무는 민간 행정과 관련 있고, 서주 중후기에 유력자로 등장하는 목공穆公과 무공武公, 사마정백司馬井伯이 우자로 나타나는 경우는 대부분 군사 방면의 직책을 하사받고 있어, 문무가 구분된 인사 체계가 존재했으리라고 주장하는 것이다.

그렇지만 리펑이 활용한 책명금문을 면밀하게 검토해 보면 이러한 주장에 대해 재고가 필요함을 알 수 있다. 리펑이 주목한 목공의 경우 군사 방면의 직책 하사에 관여하지만 재궤載簋(集成 4255)에는 왕실의 적전籍田을 관리하는 사토로 임명받은 재載의 우자로 나타난다. 사마정백의 경우도 목공과 마찬가지로 군사 관련 업무와 상관있지만 그가 우자로 등장하는 이정利鼎(集成 2804)과 칠년착조정七年趞曺鼎(集成 2783)에는 각각 내사內史와 재宰의 임명에 관여하고 있다. 사마정백은 영우永盂(集成 10322)와 오사위정五祀衛鼎(集成 2832)에도 토지 사여나 분쟁에 관여한 것으로 나타난다.[12] 따라서 목공과 사마정백이 군사 관련 책명에서 중요한 역할을 담당했음을 인정한다 하더라도 이들이 문관쪽 행정에도 관여한 사실은 서주시대 문무의 기능적 분화가 아직 요원한 일이었음을 알게 해준다. 이는 문관

11 Li Feng 2008, 119-134.

12 沈載勳 2006a, 56-59.

직으로 여겨지는 유사有司나 사史가 직접 전쟁에 참여한 경우가 심심찮게 등장하고,[13] 무관직과 관련 있는 사모師某나 사씨師氏가 군사 업무를 벗어난 다양한 역할을 담당한 것으로 나타나는 점을 통해서도 뒷받침된다. 왕의 책명을 받고 고위 관료로 발탁된 이들은 거의 자신들의 족속 군대를 거느리고 있었을 것이다.

셋째, 서주 군대의 연합적 성격과 그 근간을 이루는 '중층적 사속私屬관계'이다.[14] 현재까지 공간된 서주의 전쟁금문에 나타나는 군사력을 보면 단일한 군대로 이루어진 경우는 아주 드물다. 왕과 함께 참전한 것으로 나타나는 많은 개인 중 일부가 상비군 소속이었을 가능성을 배제할 수 없다고 해도, 대부분은 족읍의 장으로 보는 게 순리적일 것이다. 왕이 제후들과 연합하여 전쟁을 주도하는 경우도 있지만, 왕명을 받은 공公이 자신과 왕실의 군대뿐만 아니라 사속관계에 있는 군사력을 갖추고 있던 족속들을 동원하여 전쟁을 수행했을 가능성이 크다. 특정 지역의 수장인 백伯도 왕실 군대나 자신들의 사속으로 구성된 군대를 이끌었다. 왕명을 받고 원정을 주도한 사모와 같은 왕실 관료 역시 자신의 군대와 왕실 군대, 정벌지

13 史는 寧鼎(集成 2740), 員卣(集成 2731), 五年師旋簋(集成 4216), 史密簋(集錄 489) 등의 명문에서 전쟁에 참여한 것으로 나타나고, 有司도 寧鼎(集成 2740), 戜簋(集成, 4322) 등에 그렇게 나타난다.

14 私屬이라는 표현은 『左傳』에서 차용한 것이다. "宣公 17년(592)" 晉 景公은 齊 頃公의 會盟 참여를 독려하기 위해 郤克을 齊에 사신으로 보냈다. 절름발이인 郤克을 장막 뒤에서 구경하던 頃公의 어머니가 웃음을 터트렸고, 郤克은 이 치욕을 보복하기 위해 귀환 후 景公에게 齊에 대한 공격을 요청했다. 景公이 이를 허락하지 않자 郤克은 자신의 '私屬'으로라도 공격하게 해줄 것을 요청했다. 杜預는 이 私屬에 대해 '家衆'이라고 주석했고, 楊伯峻 역시 가족의 私兵으로 이해하고 있다(楊伯峻 1981, 771-772). 물론 西周 전쟁금문에 나타나는 公 같은 유력자와 그의 명령을 따라 참전한 개인 혹은 족속 사이에 혈연적 관계가 있었는지는 불분명하고, 『左傳』의 '私屬'처럼 (杜預나 楊伯峻의 해석이 옳다는 전제하에) 私有의 개념을 지니고 있었는지도 불명확하다. 그러나 이들을 최소한 사적인 관계로 맺어진 동질집단으로 볼 수 있다면 私屬이라는 표현을 써도 무방하리라 본다. 朱鳳瀚은 필자가 私屬관계의 전형으로 보고 있는 서주 후기의 禹鼎 명문에 나오는 武公과 禹의 관계를 家主(君)와 家臣의 관계로 표현한 바 있다(朱鳳瀚 2004, 348).

부근의 제후들을 비롯한 친주親周 세력의 연합군으로 임무를 수행했다. 필자는 '중층적 사속관계'를 토대로 한 군사력의 연합적 성격이 서주 왕과 국가의 성격을 이해하는 중요한 실마리가 될 수 있을 것으로 본다.

넷째, 일원화된 군사체계의 존재 가능성 여부이다. 앞에서 필자는 서주시대에 압도적 상비군이 존재하지 않았고 문무의 구분 역시 없었음을 강조했는데, 이는 당시 일원화된 군사체계가 존재하지 않았다는 근거로 볼 수도 있다. 그러나 이러한 취약성이 반드시 서주시대 일원화된 군사체계의 존재를 부정하는 근거가 되는 것은 아니다. 대부분의 전쟁금문은 오히려 거의 서주 전 시기에 걸쳐 왕들이 국지적인 분쟁을 제외한 모든 주요 전역戰役의 주도권을 장악하고 있었음을 보여 준다. 왕은 또한 전장戰場의 위치에 따라 군사력 구성을 조정한 것으로 보이는데, 왕기에서 비교적 가까운 험윤玁狁 등 서북쪽의 전역은 주로 유력자나 그 사속으로 구성된 단일 군대를 파견한 것으로 나타난다. 반면에 회이淮夷나 동이東夷에 대한 장기 원정은 여러 족속의 군대나 제후의 군대가 혼성된 연합군을 파견했다. 왕의 상비군이나 전문 군대는 대부분 동방 원정에만 동원되었다. 왕은 특별히 강력한 상비군을 갖추고 있지 못했음에도 불구하고 왕기 내의 여러 유력자와 왕기 밖의 제후들을 중심으로 한 '중층적 사속관계'의 정점에 자리하며 통수統帥로서의 역할을 수행했던 것으로 보인다. 이러한 사속관계의 원활한 유지가 서주의 군사력 운용에서 가장 중요한 부분을 차지했을 것이다. 물론 서주시대 전 시기 동안 일원화된 일관된 군사 구성 체계로 운용되지는 않았을 것이고, 왕의 역량이나 왕국 발전의 추이에 따라 일원화의 정도에도 분명한 차이가 있었을 것이다. 그럼에도 불구하고 전쟁금문에 나타나는 군사력 구성의 양상을 통해 볼 때 서주 후기 선왕宣王 시기까지 느슨하게라도 왕실 중심의 일원화된 군사력 운용은 지속되었던 것으로 보인다.

압도적 상비군이 부재했음에도 왕을 정점으로 한 일원화된 군사적 체계를 유지했을 것이라는 필자의 이러한 절충적 인식은 서주 왕권의 성격을 둘러싼 기존의 논쟁을 해결할 실마리를 제공한다. 이러한 논쟁은 1970년 서주 국가에 대해 '제국(Western Chou Empire)'이라는 용어를 처음으로 사용한 헐리 크릴Herrlee G. Creel(1905~1994)에 의해 촉발되었다. 크릴은 금문을 이용하여 서주 왕을 막강한 힘을 지닌 제국의 통치자, 즉 황제emperor로 파악한 것이다.[15] 이에 대해 데이비드 키틀리David N. Keightley는 크릴의 책에 대한 서평에서 서주 왕이 느슨한 연맹의 "여러 통치자 중 일인자primus inter pares"에 불과했을 것이라고 반박한 바 있다.[16] 키틀리와 함께 서구 고대 중국 연구의 또 다른 한 축을 형성하고 있는 에드워드 쇼네시Edward L. Shanghnessy 역시 주왕이 광범위한 범위를 통치했음을 뒷받침하는 명백한 근거는 존재하지 않는다고 반박하고 있다. 서주사의 일차자료인 청동기 금문은 주 왕실이 단지 도읍 지역이었던 현재의 샨시성陝西省과 허난성河南省 일부 지역에 대한 통제를 확고히 하는 데 적극적이었음을 보여 줄 뿐이라는 것이다. 따라서 대부분의 중국학자와 달리[17] 쇼네시는 서주가 광범위한 지역을 제대로 통치할 만한 효과적인 정부 구조를 발전시키지 못했을 것으로 가정하면서 주왕의 권위 역시 황하 중하류 유역을 넘어서지는 못했을 것으로 파악한다.[18]

첨예해 보이는 이러한 각각의 주장은 모두 장단점이 있고 따라서 중앙집권이 아직 요원했던 서주시대를 이해하는 데 있어 자연스러운 현상일지도 모른다. 서주 후기 금문에까지 지속적으로 명시된 왕의 동이나 회이

15 Creel 1970, x-xi.

16 Keightley 1970, 655-658.

17 특히 楊寬은 西周 왕조가 卿事寮와 太史寮로 분리된 상당히 발달된 형태의 정부구조를 갖추고 있었다고 파악한다(楊寬 1999, 313-371).

18 Shaughnessy 1989, 13-22; Shaughnessy 1999, 311-313, 317-319.

에 대한 장거리 군사원정이나 최근 발견된 서주 중후기의 인궤引簋 명문에 왕이 제나라 군대, 즉 제사齊師를 장악했음이 언급된 점(후술) 등은 키틀리와 쇼네시가 왕실의 역량을 과소평가했음을 보여 준다. 반면에 크릴도 서주의 관료제나 행정 역량이 제국을 이끌어 나갈 정도의 체계를 구비하지는 못했을 것임을 인정하고, 그 국가의 성격을 다룬 자신의 저서 마지막 장 제목을 '서주의 딜레마'라고 정했다.[19] 따라서 리펑이 여러 논의를 검토하며 서주 국가의 이러한 한계를 인정하고 "권력이 위임된 친족 읍제국가"라는 왕과 제후국을 모두 아우르는 일종의 절충적 해석을 제시한 것이다. 서주의 관료제적 성격을 강조하고자 한 리펑이 강력한 상비군의 존재를 상정한 것은 필자의 이해와 상충하는 측면이 있다. 물론 필자 역시 서주 왕실이 제후국이나 다른 지역 정치체들에 비해 상대적으로 훨씬 강한 군사력을 보유하고 있었음을 부인하지는 않는다. 필자가 보기에 상비군의 존재보다 훨씬 두드러지는 서주 군사력의 연합적 성격을 감안할 때, 서주 군사력 구성에 대한 필자의 절충적 해석이 리펑의 주장과 반드시 모순되는 것은 아닌 것 같다. 그러한 군사 연합의 중요한 한 축을 이루는 것이 제후국들의 군대였다.

3. 제후국의 군사력 운용과 진의 특수 지위

1) 서주 전기의 상황과 진의 역할

지금까지 발견된 전쟁금문 가운데 제후국들의 참전을 전하는 서주 전기의 전쟁금문은 그다지 많지 않다. 현재까지 목왕穆王 이전 시기로 추정되는 제후들의 참전을 전하는 명문 3건과 전쟁금문은 아니지만 제후국의 관련

19 Creel 1970, 417-443.

역할을 보여 주는 명문 1건이 남아 있을 뿐이다. 이는 제후국들의 참전 빈도가 낮아서일 수 있지만, 그보다는 청동기와 명문의 주조 역량과 관련 있을 가능성이 크다. 최근 왕기를 벗어난 지역에서 서주시대 청동기들이 제법 발견되어, 봉국이나 지역 정치체들이 청동기를 자체 제작할 수 있는 공방을 가지고 있었음은 거의 확실해 보인다.[20] 그럼에도 불구하고 이들 지역에서 발견된 청동기의 수량은 주 왕실의 중심지인 저우위안周原을 비롯한 샤시성 일대에서 발견된 청동기와는 비교하기 어려울 정도로 적다. 최근 중국 각 지역에서 출토된 명문이 있는 서주 청동기를 계량적으로 분석한 민후기의 연구에 따르면, 중심지인 샤시성이 약 1,031건, 허난성이 약 448건, 그다음으로 산시성山西省이 137건, 산둥성山東省이 134건 순이다.[21] 주 왕실의 중심지였던 샤시성과 허난성을 제외한다면 진이 위치했던 산시성에서 가장 많이 출토되었지만, 샤시성의 13.2퍼센트에 불과함을 알 수 있다.

이를 염두에 두고 우선 강왕康王에서 소왕昭王 시기의 기물로 추정되는, 명공궤明公簋로 더 잘 알려진 노후준魯侯尊(集成 4029) 명문부터 살펴보자(그림 4-1).

> 왕이 명공明公에게 삼족三族을 보내 동쪽 지역을 정벌하라고 명했을 때, 노후魯侯가 이獮에서 공[22]을 세워, 이에 려旅 제사용 기물을 주조하였다.[23]

---

20 松丸道雄 1980, 137-182; Li Feng 2002, 239. 물론 현재까지 봉국들의 청동기 제작을 밝혀 줄 陶范 등을 지닌 청동기 공방 유적은 아직 발굴되지 않고 있다. 그러나 최근 서주 중후기에서 춘추 중기까지의 萊國 遺址로 추정되는 山東省 龍口市 歸城의 城址 발굴 조사를 주도한 리펑은 이 과정에서 陶范 1점을 발견했음을 전한다(개인적 교신 2011년 11월 3일). 歸城 성지의 발굴에 대해서는 '中美聯合歸城考古隊 2011, 30-39' 참조.

21 閔厚基 2016a, 70-71; 閔厚基 2016b, 5, 16; 閔厚基 2016c, 72.

22 다음 注에 제시되듯 명문에는 '𤰔工'으로 나타난다. 郭沫若는 𤰔를 過로 읽어 '過功', 즉 "優越한 戰功"의 의미로 파악하지만(『兩周金文辭大系圖錄考釋』, 11a-11b), 그 의미는 분명하지 않다. 그러나 工을 功으로 파악하는 데에는 이견이 없기 때문에, 魯侯가 이 전역에서 어떤 식으로든 공을 세웠음은 분명해 보인다.

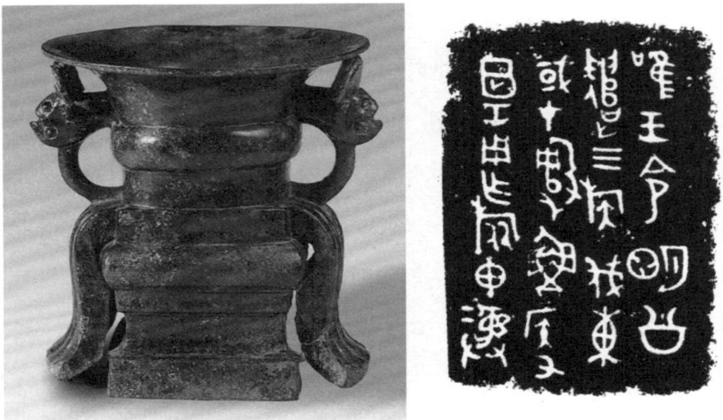

그림 4-1. 노후준(좌: 높이 22.2cm, 구경 20.7cm)과 명문(우)(상하이박물관)

이 명문에 등장하는 두 주체, 즉 명공과 노후를 동일 인물로 보는 견해가 있다.[24] 그러나 비슷한 시기의 영방이令方彝(集成 9901) 명문에서 주공周公의 아들 명공(혹은 명보明保)이 왕기 내의 정부 요직을 맡으라는 왕명을 받은 것을 볼 때,[25] 왕기의 고위 관리였을 명공과 노나라를 다스리던 주공의 또 다른 후예 노후는 별개의 인물임이 분명해 보인다.[26] 따라서 이 명문은 왕명을 받은 중앙의 관리 혹은 유력자인 명공이 주도한 전역에서 노후가 공을 세웠음을 명시한 것으로 보는 것이 합리적이다. 명문에 나타나는 지명 이獮에 대해서는 명확한 견해가 제시되어 있지 않지만, 동방을 정벌하라는 왕명에서 볼 때 산둥성 서부에 위치한 노나라에서 멀지 않은 지역

---

23 唯王令明公遣三族伐東或, 在獮, 魯侯又(有)𡆥工(功), 用作旅彝.

24 『兩周金文辭大系圖錄考釋』, 11a. 『殷周金文集成』에서도 明公簋로 명명하고 있지만, 기물을 제작한 주체는 明公이 주도한 동방의 전역에서 공을 세운 魯侯로 보는 것이 타당해 보인다. 白川靜 역시 명문의 해석상 魯侯簋로 칭하는 것이 타당하지만, 이전부터 明公簋로 잘 알려진 기물이어서 舊稱을 따른다고 명기하고 있다(『金文通釋』, 3.13, 140). 이처럼 이전 연구자들은 도판만 보고 이 기물을 簋로 추정했으나 이 기물을 입수한 上海博物官 측은 실물을 토대로 尊으로 확정했다(『夏商周青銅器研究』 西周篇, 136).

25 王命周公子明保(明公)尹三事, 四方, 受卿事寮 …….

26 『西周銅器斷代』, 24; 『金文通釋』, 3.13, 136-137; 沈載勳 2006a, 31-32.

이었을 가능성이 크다. 노후는 중앙에서 파견된 명공의 군대인 삼족三族과 함께 봉지 인근의 정벌에 참여하여 공을 세웠고 이를 기념하기 위해 노후준을 주조했을 것이다. 서주 전기 명문의 특성인 21자의 짧은 명문 속에서 그 전역의 역학관계를 추론해 내기는 어렵다. 그렇지만 왕과 왕기의 유력자(명공 혹은 그의 군대), 전장 인근의 제후(노후)로 이어지는 지휘 체계는 뒤에서 살펴볼 서주 후기의 전쟁금문들에도 나타난다. 아마 왕의 명을 받고 중앙에서 파견된 명공이 자신의 군대와 함께 노후를 지휘하여 전역을 주도했을 것이다.[27]

1978년 허베이성河北省 위안스현元氏縣 시장촌西張村에서 흥미로운 명문을 담은 기물이 출토되었다. 소왕 시기로 추정되는 서주 묘에서 세트를 이루는 다른 청동기 9점과 함께 발견된 신간궤臣諫簋(集成 4237) 명문에는 형후가 저軝라는 지역에서 융戎으로 불린 적과 벌인 전투가 기록되어 있다. 서주 금문에서 융은 서쪽의 특정 족속을 지칭하는 고유명사이기보다는 적을 통칭하는 보통명사로 보인다.[28] 기물의 제작자인 신간은 형후가 융을 격퇴한 이후 그 지역을 지키라는 명을 형후에게서 받고 있는데, 형후를 위엄 있는 군주의 의미인 황벽皇辟으로 칭하는 것으로 보아 형후의 사속이었던 것으로 보인다(그림 4-2).[29] 이 명문에서 한 가지 흥미로운 사실은 신간에 대한 형후의 명이, 명문 중간의 "종왕從王 …… " 구절을 통해 암시되듯, 주 왕실의 명령 체계 아래 이루어지고 있다는 점이다.[30] 이 전역의 전장인 저의 위치와 관련하여, 리쉐친李學勤은 시장촌 인근을 흐르는 오늘날의 화이수槐水가 『한서漢書』「지리지地理志」의 원씨현元氏縣에 등

27 Li Feng 역시 魯侯尊(明公簋) 명문을 통해 중앙권력과 지방 세력이 변경의 적을 공격하기 위해 협력한 사실에 주목한 바 있다(Li Feng 2006, 313).

28 심재훈 2005a, 14-32.

29 唯戎大出于軝, 邢侯搏戎, 征令臣諫以□□亞旅處于軝, 從王□□. 臣諫曰: "拜手稽首, 臣諫□亡母弟引庸(乃)又長子□. 余弁皇辟侯令肆服, [作]朕皇文考寶尊……".

30 Li Feng 2008, 265.

그림 4-2. 신간궤(좌: 높이 13.1cm, 구경 17.3cm)와 명문(우)(허베이성문물연구소)

장하는 고대의 저수泜水임을 논증하고, 명문의 저軧라는 지명이 저수에서 유래했을 것으로 추정하고 있다.[31] 시장촌은 형국邢國의 도읍으로 추정되는 오늘날의 싱타이邢臺에서 북쪽으로 약 70km 떨어진 지점에 위치하고 있다. 따라서 형후는 왕명을 따라 자신의 봉지에서 멀지 않은 지역에 출몰한 융을 격퇴하고, 자신의 사속인 신간으로 하여금 그 지역을 지키도록 한 것으로 보인다. 중앙에서 파견된 군대에 대한 언급이 없는 점을 제외하면, 신간궤 명문에 나타나는 형후의 참전 역시 주왕에 의해 주도된 점에서 노후궤 명문의 양상과 크게 다르지 않다.

그렇지만 산시성 서남부 취워曲沃-이청翼城 지역에 위치한 진晉의 경우는 다른 모습을 보여 준다. 1991년 상하이박물관上海博物館에서 구입한 목왕 시기의 목정昌鼎 명문은 진후가 목昌이라는 인물에게 진의 도읍에서 남쪽으로 25km 정도 떨어진 장현絳縣 헝수이橫水 지역의 붕倗까지 추격하라고 명하고 있다. 추격 대상을 노획하여 공을 세운 목에게 진후가 하사품을 사여했고, 목은 이를 기념하기 위해 이 기물을 주조했다(그림 4-3).[32] 진

31 李學勤, 唐雲明 1979, 58-59. Li Feng 역시 軧를 西周 묘가 발견된 西張村에서 멀지 않은 지역으로 파악하고 있다(Li Feng 2006, 68).

32 唯七月初吉丙申. 晉侯令昌追于倗, 休有禽. 侯釐昌皐胄,毌,戈,弓,矢束,貝十朋. 兹休用作寶簋, 其子=孫=永用(馬承源 1992, 153-154).

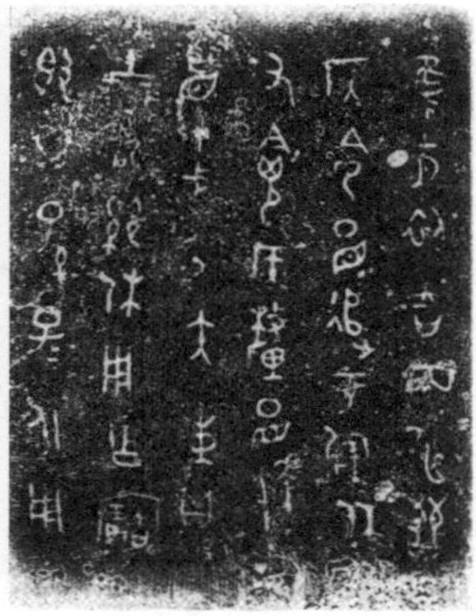

그림 4-3. 목정(좌: 높이 30.8cm, 구경 27.8cm)과 명문(우)(상하이박물관)

후는 신간궤 명문에 언급된 형후와 신간 사이의 관계처럼 자신의 사속인 목에게 명하여 봉지 인근 붕 지역을 방어했거나[33] 그 지역의 소요를 진압한 것으로 보인다. 그런데 이 명문에서 왕이 전혀 등장하지 않음은 주목할 만하다. 필자는 이 명문을 통해 제후들이 봉지 인근의 제한된 지역에서는 독자적으로 전쟁을 수행할 수 있었을 것으로 추정한 바 있다.[34] 현재까지 제후가 왕명과 무관하게 독자적으로 진행한 전역을 기록한 명문이 더 이상 발견되지 않고 있지만, 제후국이 국지적인 전쟁을 독자적으로 수행했을 개연성은 충분해 보인다.

2007년 쑨칭웨이孫慶偉가 발표한 위언𣪘甗(集錄二編 126) 명문은 참전 기사는 아니지만 서주 전기 진의 역할과 관련하여 주목할 가치가 있다.[35] 현재 베이징대학北京大學에 소장되어 있는 이 기물은 2000년 베이자오北趙 진후묘지에서 연대가 가장 이른 진후묘인 M114 발굴 때, 앞서 이루어진 도굴로 인해 이미 피폭被暴된 묘에서 수집된 동기 잔편 수십 편을 토대로

33 金正烈 2012a, 30.

34 沈載勳 2006a, 52-53.

35 孫慶偉 2007, 64-68. 이하 특기하지 않는 한 𣪘甗 명문에 대한 대체적 논의는 이 글에서 인용한 것이다.

복원한 것이다. 기물의 내벽에 명문이 주조되어 있었는데, 현재 식별 가능한 명문은 43자이다. 진후묘지를 다룬 제2장에서 M114의 연대는 대체로 서주 전기 소왕을 전후한 시기로, 묘주는 진의 두 번째 통치자 섭보燮父로 추정한 바 있다. 먼저 복원된 명문을 살펴보자(그림 2-5 참조).

> 12월 왕이 남궁南宮에게 명하여 호방虎方을 공격한 해였다. 정월 기사패旣死霸 경인庚寅일 왕은 종주宗周에 머물렀다. 왕이 …… 위觳에게 (명하여) 번繁에 가서 일을 처리하도록 하였다. 패貝 …… (붕朋)을 하사하였다. 위觳는 왕의 은혜에 대해 찬양하며, 이에 (이 ……) 기물을 만든다. 자자손손 영원히 …… [36]

위 명문은 『죽서기년竹書紀年』 "소왕昭王 19년"에 언급된 남정南征, 즉 초楚에 대한 정벌 기사와 관련이 있는 것으로 보이는데, 소왕 시기의 많은 명문이 이 전역에 대해 기록하고 있다.[37] 특히 왕이 남궁에게 명하여 남방의 호방을 정벌케 한 사실은 중방정中方鼎(集成 2751) 명문에도 언급된 사건으로, 쑨칭웨이와 리쉐친은 이 전역을 소왕 19년의 초나라 정벌 한 해 전에 이루어진 남방 원정의 준비 과정으로 이해하고 있다.[38] 위언의 명문에서 왕이 위觳라는 인물에게 명을 내린 정월이 남궁에게 명을 내린 18년의 정월인지, 아니면 그다음 해인 19년의 정월인지 명확하지 않다.[39] 어쨌든 소왕은 위를 번繁이라는 지역에 파견하여 중요한 임무를 수행하게 했고, 위는 이를 완수했다. 위가 파견된 번이라는 곳은 반궤班簋(集成 4341)와 진강정晉姜鼎(集成 2826), 융생편종戎生編鐘(集錄 27-34), 증백목보曾伯霥簠

36 唯十又二月王命南宮伐虎方之年. [唯]正月既死霸庚寅, 王在宗周. 王□□觳使于緐繁, 賜貝[五]□. [觳]揚對王[休], 用作□□□[彝].子=[孫=]永□□□.

37 昭王의 南征 관련 金文을 토대로 한 군사 활동에 대해서는 '沈載勳 2006a, 12-16' 참조.

38 李學勤 2010a, 108.

39 孫慶偉는 18년으로 보고 있지만, 李學勤은 문헌이나 고문자에 大事紀年이 도치되어 나오는 경우는 없기 때문에 19년이 타당하다고 본다.

(集成 4631), 번양지금검繁湯之金劍(集成 12582) 등의 명문에도 언급된 번탕繁湯 혹은 번양繁陽일 것이다. 당시 화이수淮水 지역으로 이르는 남북 교통의 요지이자 청동의 집산지였던 번양을 오늘날 허난성 남부 신차이현新蔡縣 일대로 위치시키는 데 이견이 없다.[40] 따라서 소왕은 초에 대한 본격적인 정벌 직전에, 번양을 중심으로 한 교통노선을 확보하여 후방의 위협을 미리 방비하려는 목적으로 위를 번에 파견한 것으로 보인다.[41]

쑨칭웨이는 이 명문의 위를 M114의 묘주로 추정되는 진의 제2대 제후 섭보의 자字로 이해할 수 있다고 보아 섭보와 위를 같은 인물로 보고 있으며, 리쉐친은 이를 속단할 수는 없지만 위를 진인晉人으로 파악할 수 있다고 본다.[42] 진후묘지에서 출토된 청동기 명문상의 제후들 이름이 『사기史記』「진세가晉世家」에 명시된 이름들과 다른 것은 주지의 사실이고, 이를 각각 자와 명名으로 보는 견해가 제시되어 있는 만큼,[43] 쑨칭웨이의 추정을 완전히 배제할 수는 없으리라고 본다.

따라서 진후의 묘에서 출토된 명문에 언급된 위를 진과 관련된 인물로 볼 수 있다면, 위언 명문은 비록 전쟁 기사는 아니라 하더라도 서주 소왕 시기 진의 역할과 관련하여 중요한 정보를 제공해 준다. 당시 진의 도읍으로 추정되는 산시성 서남부의 취워-이청 지역에서 번양이 위치했던 허난성 신차이현까지는 오늘날의 최단 거리로도 600km가 넘는 긴 여정이다(그림 5-5 참조). 따라서 이 명문은 진의 제후나 진에 속한 인물이 왕명을 받고 통상 제후국의 활동 반경을 넘어선 보다 광범위한 지역에서 업무를 수행했음을 추론케 한다.

---

40 沈載勳 2004, 26-28.

41 李裕杓 2011, 277-278.

42 李學勤 2010a, 108-111.

43 裘錫圭 1994, 38-39. 필자는 제2장에서 반대로 명문상의 이름이 名이고 「晉世家」 등 전래 문헌의 이름이 字일 가능성을 제시한 바 있다.

지금까지 살펴본 목왕 시기 이전의 제후국 참전을 기록한 명문들은 수량이 많지 않아 이를 토대로 어떤 일반화된 결론을 도출하기에는 위험성이 있다. 그럼에도 불구하고 노와 형의 경우 왕명하에 봉지 인근 지역의 전역에 참전했음을 알 수 있다. 진의 경우는 봉지 인근에서 독자적 군사 활동을 펴는 한편, 왕명을 받고 원거리 업무도 수행하여, 다른 제후국들과는 다른 모습을 보여 준다. 이제 이러한 양상이 서주 후기에는 어떻게 전개되는지 살펴보도록 하자.

2) 서주 후기 제후국들의 참전 양상

서주사를 다룬 대부분의 개설서나 전문 연구서에서는 서주 중후기를 쇠퇴의 시기로 기술하고, 그 원인으로 종법이나 봉건 질서가 약화되면서 왕실과 제후국들 사이의 관계가 소원해진 것에 주목하고 있다.[44] 그럼에도 불구하고 주 왕실은 서주 후기까지도 제후국에 대해 어느 정도의 통제력은 가지고 있었을 것으로 보인다.[45] 필자 역시 앞에서 제후국들까지 편입된 왕실 중심의 일원화된 군사체계가 서주 후기까지 느슨하게라도 유지되었을 가능성을 제시했는데, 근래에 새롭게 발견된 제후국들의 참전을 전하는 서주 후기의 전쟁금문들이 이를 입증해 준다.

이러한 금문들 중 오늘날 산둥성 지역의 제후국을 포함한 지역 정치체들의 참전을 전하는 서주 중후기의 사밀궤史密簋(集錄 489)와 사원궤師寰簋(集成 4313) 두 명문을 우선적으로 살펴볼 필요가 있다.

12월 왕이 사속師俗과 사밀史密에게 명하여 말하였다: "동쪽을 정벌하라."

---

44 楊寬 1999, 839-843; Shaughnessy 1999, 328-332; Li Feng 2006, 91-92, 108-121; 가이즈카 시게키, 이토 미치하루 2011, 208-224.

45 金正烈 2012b, 195-201.

그림 4-4. 사밀궤(좌: 높이 11.65cm, 구경 20.5cm)와 명문(우)(산시성 안캉지구박물관)

남이南夷의 노盧와 호虎가 기이杞夷, 주이舟夷와 연합하여 불경하게 난을 일으켜, 동쪽 지역(東或)을 광범위하게 정벌하였다. 제사齊師와 족도族徒, 수인遂人이 이에 (적장인) 도圖와 관寬, 아亞를 사로잡았다. 사속師俗이 제사齊師와 수인遂人을 좌측에서 이끌고 장필長必을 포위하여 공격하였다. 사밀史密은 우측에서 족인族人과 이백釐(내萊)伯, 북僰, X(屍)를 이끌고 장필長必을 포위 공격하여 100명을 사로잡았다. 천자의 은혜에 찬양하며, 이에 나의 문덕 있는 돌아가신 부친 을백乙伯을 위한 제사용 궤簋를 만든다. 자자손손 영원히 이를 보배롭게 사용할 것이다(그림 4-4).[46]

왕이 다음과 같이 말하였다: "사원師寰이여! 회이淮夷는 오랫동안 우리에게 조공을 바치던 신臣이었다. 지금 감히 그들의 백성들을 (조공을 바치는 데) 나태해지도록 압박하고, 그들을 관리하는 공리公吏들에게 반기를 들어, 우리의 동쪽 지역(東或)을 따르지 않으려 하고 있다. 나는 이제 비로소 너에게 제사齊師와 기㠱, 이釐(내萊), 북僰, X(屍), 좌우호신左右虎臣을 거느리고 회이를 정벌하

46 사밀궤: 唯十又一月, 王令師俗,史密曰, "東征." 敆南夷盧,虎會杞夷,舟夷, 雚不墜, 廣伐東國. 齊師,族徒,遂人乃執圖,寬,亞. 師俗率齊師,遂人, 左周伐長必. 史密右率族人,釐(萊)伯,僰,屍, 周伐長必, 獲百人. 對揚天子休, 用作朕文考乙伯尊彝. 子=孫=其永寶用.

그림 4-5. 사원궤(좌: 높이 27cm, 구경 22.5cm)와 명문(우)(상하이박물관)

길 명한다. 속히 그들 방邦의 야수(족장), 쇠衰와 X(䍃), 령鈴, 달達이라고 부르는 자들을 베어 없애라." 사원師寰은 신중하게 (그 명을) 어그러뜨리지 않고, 밤낮으로 그 임무에 충실하였다. 멋지게 공을 세워, (적들의) 머리를 베고, 결박하고 심문하였다. 두려움 없는 보병과 전차병(車馭)들이 장정들과 여인들, 양과 소를 노획했고, 상서로운 금(청동)을 노획하였다. 이제 나는 그곳을 (다시) 갈 여가가 없다. 이에 나는 나의 아들 엽鼠을 위한 제사용 궤簋를 만든다. 만년 동안 자자손손 영원히 (이를) 보배로이 제사에 사용할 것이다(그림 4-5).[47]

위의 두 명문은 몇 가지 유사성 때문에 학자들의 주목을 받아 왔다. 무엇보다 두 명문 모두 동방의 혼란을 바로잡기 위한 군사원정을 기록한 것으로, 명시된 군사력 구성 체계가 흡사하여 흥미롭다. 사밀궤 명문에서 왕은 사속師俗과 사밀史密이라는 인물에게 명하여 사속은 제사齊師와 수인遂人을, 사밀은 족인族人과 이백釐(내萊)伯, 북僰, X(屄)를 거느리고 남이南夷의 집결지로 추정되는 장필長必을 좌우에서 협공하도록 했다. 사원궤에서

47 사원궤: 王若曰: "師寰壓! 淮夷繇我帛畮臣, 今敢搏厥眾暇, 反厥工吏, 弗速我東𨙻. 今余肇令女率齊師,曩,釐,僰,屄,左右虎臣,征淮夷. 即賀厥邦酋, 曰衰, 曰䍃, 曰鈴, 曰達." 師寰虔不象, 夙夜卹厥將事, 休既有工, 折首執訊無諆徒馭, 毆孚士,女,羊,牛, 孚吉金. 今余弗暇組, 余用乍朕後男鼠尊簋. 其萬年子=孫=永寶用享.

왕은 사원師寰에게 제사齊師와 기㠱, 이釐(내萊), 북僰, X(屌), 좌우호신左右虎臣을 거느리고 회이淮夷를 공격하도록 명하고 있다. 두 명문에서 왕명을 직접 받은 사속 및 사밀과 사원은 왕실의 유력자이자 관리이고, 이들이 거느린 군대 중 수인, 족인(사밀궤)과 좌우호신(사원궤)은 이들이 관할하던 왕기 지역의 군대일 가능성이 크다.[48] 나머지 군대는 사원궤 명문에 기㠱가 추가된 것을 제외하면 완전히 똑같은데, 이들 중 제사와 이(내萊)백, 북, 기는 서주 후기에 산둥성에 위치한 것이 분명하기 때문에,[49] 지역 정치체들의 군대로 보아야 할 것이다. 따라서 사밀궤 명문에서 사밀과 함께 왕명을 받은 사속이 다른 명문에서 왕실에 복무한 고위 인사로 나타나듯(후술), 두 명문의 전역은 왕명을 받은 중앙의 유력자들이 제齊를 비롯한 산둥성 지역 정치체들의 군대를 이끌고 참전한 것임을 알 수 있다.

한편 두 명문에는 차이점도 존재하는데, 주의 동쪽 지역을 혼란에 빠뜨린 공격 대상이 각각 남이南夷와 회이淮夷로 다르게 나타날 뿐만 아니라, 명문의 연대에 대해서도 학자들 사이에 이견이 있다. 리쉐친은 두 명문 내용의 유사성을 토대로 동일 대상에 대한 근접한 시기의 전역으로 파악했다. 즉, 사밀궤 명문에서 난을 일으킨 주체인 남이의 노盧와 호虎의 위치를 오늘날 안후이성安徽省 화이수 남쪽의 루강廬江 일대로 추정하면서, 남이와 회이를 동일한 지역을 지칭하는 다른 표현으로 보는 것이다. 리쉐친은 또한 사밀궤의 연대에 대해 명문의 사속을 의왕懿王과 효왕孝王 시기의 기물인 오사위정五祀衛鼎(集成 2832)과 영우永盂(集成 10322), 사진정師振鼎(集成 2817) 명문 등에 왕실의 주요 관리로 등장하는 사속이나 백속보伯俗父와 동일한 인물로 보아, 효왕 시기의 기물로 추정한다. 따라서 비슷한 전역을 기록한 사원궤의 연대 역시 다음 왕인 이왕夷王의 초기보다 늦지 않을 것

48 沈載勳 2006a, 47-49.

49 沈載勳 2008c, 405-407.

으로 보는 것이다.[50]

그런데 서주 중후기의 경유競卣(集成 5425)와 호종㝬鐘(集成 265), 무기궤無㠱簋(集成 4225) 명문에 세 차례만 등장하는 남이의 위치를 특정하기란 어렵다. 쉬중수徐中舒(1898~1991)는 금문의 남이나 회이가 남회이南淮夷의 약칭일 것이라고 추정했지만,[51] 장마오룽張懋鎔은 남이를 강한江漢 지역의 만이蠻夷로 추정하고 비슷한 양상을 전하는 사밀궤와 사원궤 명문의 적이 오히려 남이와 회이로 구분되어 나타남에 주목하며 이들을 각각 다른 지역의 족속으로 파악한다.[52] 최근 발견된 응후시공궤應侯視工簋 뚜껑(蓋) 명문에는 회이가 회남이淮南夷 혹은 남이로도 지칭되어 있고(후술), 동일한 전역을 기록한 응후시공정應侯視工鼎(集錄 323) 명문에도 같은 공격 대상을 남이로 지칭한 것을 보면, 쉬중수의 주장이 일리가 있어 보인다.

이러한 측면에서 사밀궤와 사원궤 명문의 남이와 회이에 대한 전역을 동일한 대상에 대한 공격으로 파악하는 리쉐친의 견해가 타당해 보일 수도 있다. 그러나 이러한 추정은 두 가지 측면에서 문제가 있다. 첫째, 사밀궤 명문에 공격 대상으로 명시된 남이의 집결지 장필에 대해, 리쉐친을 비롯한 중국 학자들은 『좌전左傳』 "정공定公 4년"에 성왕成王이 노공魯公에게 사여한 은민육족殷民六族 중 하나로 명시된 장작長勺으로 추정하고 그 위치를 오늘날 산둥성 일대로 비정하고 있다.[53] 사밀궤에 명시된 전쟁이 남이의 동방 침략에서 비롯되었기 때문에, 이러한 추정이 개연성이 있어 보인다. 하지만 사원궤의 전역은 조공을 바치지 않는 등의 불경不敬에서 비롯된 회이 본거지에 대한 원정이기 때문에 두 명문의 전역을 동일한 지역 혹은 대상으로 보기에는 무리가 따른다.

50 李學勤 1997, 170-177.

51 徐中舒 1959, 61.

52 張懋鎔 2002, 168.

53 王徽 1991, 101-102; 李仲操 1992, 100-101; 李學勤 1997, 175.

둘째, 두 명문의 공격 대상을 동일시한 리쉐친의 주장은 사원궤를 이른 시기(이왕夷王)의 것으로 연대 추정한 것에 근거한 것으로 보이지만, 이 역시 새로운 증거를 통해 반박이 가능하다. 사밀궤가 발견되기 전까지 사원궤를 서주 후기 선왕 시기의 기물로 파악하는 데 별 이견이 없었음은 주지의 사실이다.[54] 사원과 동일한 인물로 보이는 원寰에 대한 책명금문을 담고 있는 원정寰鼎(集成 2819)과 원반寰盤(集成 10172)을 대체로 후기의 기물로 보았기 때문이다. 시라카와 시즈카 같은 일부 학자가 두 기물을 이왕 시기의 것으로 추정하기도 했지만,[55] 이러한 견해는 2003년 샨시성 메이현眉縣 양자촌楊家村에서 선왕 시기의 것이 분명한 사십이년과 사십삼년 구정逑鼎(集錄二編 328~339)이 발견되면서 더 이상 설 자리를 잃게 되었다. 두 구정 명문에는 사역史減이라는 인물이 책명을 기록하는 작책作册으로 등장하는데, 원정과 원반 명문에도 역시 작책으로 사역이라는 동일 인물이 등장하는 것으로 보아, 이들의 연대 역시 두 구정과 마찬가지로 선왕 시기로 봐야 하기 때문이다. 따라서 원이라는 동일한 인물이 주조한 것으로 보이는 사원궤 역시 선왕 시기의 기물로 파악하는 것이 합리적이다.[56]

그러므로 사밀궤와 사원궤 명문에 언급된 동방의 지역 정치체들이 참여한 전쟁은 각각 효왕과 선왕 시기에 발생했으며, 그 공격 대상 역시 각각 남이와 회이로 명시된 다른 전역으로 보는 것이 타당해 보인다. 물론 두 전역에서 산둥성 지역의 정치체들이 중요한 역할을 수행한 점에서 각각의 전

54 『兩周金文辭大系圖錄考釋』, 146b; 『商周青銅器銘文選』 三, 307; Shaughnessy 1991, 179; 『夏商周青銅器研究』 西周編 下, 466.

55 『金文通釋』, 29.178, 613.

56 전형적인 서주 후기의 三足簋인 師寰簋의 기형은 頌簋(集成 4334)와 아주 흡사한데(王世民 등 1999, 90), 頌이라는 인물이 주조한 동일한 명문을 담고 있는 頌鼎과 頌簋의 연대 역시 宣王 시기로 파악하는 견해가 주류를 이룬다(『商周青銅器銘文選』 三, 302; Shaughnessy 1991, 285; 夏商周斷代工程專家組 2000, 34). 필자는 이전에 쓴 글에서 師寰簋의 연대를 史密簋와 유사하게 봐야 한다는 견해를 제시한 바 있는데(沈載勳 2006a, 49), 더 확실한 증거가 나왔으므로 이를 수정한다.

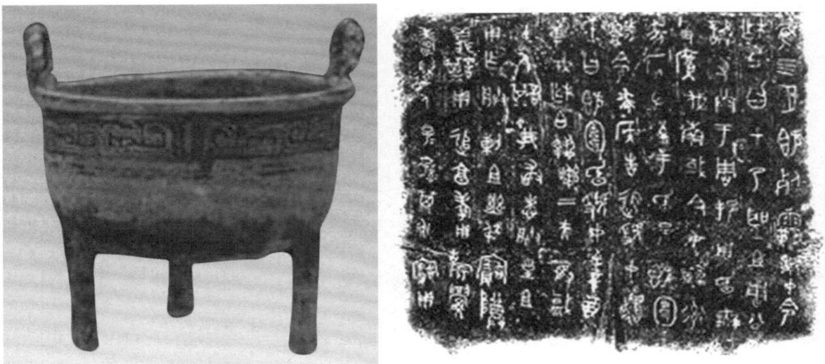

그림 4-6. 작백정(좌: 높이 32cm)과 명문(우)(국가박물관)

장은 모두 산둥성에서 그다지 멀지 않았을 것이다. 이 두 명문을 통해 효왕에서 선왕 시기에 걸쳐 중앙과 지방을 아우르는 군사력 동원 체계가 상당히 유기적으로 작동되었음을 알 수 있는데, "왕→중앙의 유력자(사속師俗, 사밀史密, 사원師寰) 혹은 그들의 군대→제후국을 비롯한 지역 정치체[제齊, 기㠱, 이釐(내萊), 북㮇, 屖]의 군대"라는 지휘 체계를 설정할 수 있을 것이다.

위의 두 명문과 유사한 지휘 체계는 2006년 보고된 작백정柞伯鼎(集錄二編 327)에도 나타난다(그림 4-6). 서주 후기 여왕厲王 시기의 기물로 추정되는 이 명문에는, 작백柞伯이라는 인물이 왕기의 유력자인 괵중虢仲의 명을 받아 채후蔡侯를 이끌고 회이의 일파로 추정되는 혼읍昏邑을 포위하여 공격하고 있다. 혼昏이 남쪽 지역을 광범위하게 정벌했기 때문이다.[57] 채蔡는 중원에서 화이수 유역으로 이르는 길목인 오늘날 허난성 상차이上蔡 지역으로 위치가 비정된다. 선왕 시기의 구보수개駒父盨蓋(集成 4464) 명문에 구보駒父라는 인물이 왕의 사신으로 남쪽 제후들을 경유하여 회이 지역의 대소방大小邦들에게 왕명을 전달한 기록이 있는데, 이때 임무를 완수

57 唯四月旣死霸, 虢仲命柞伯曰, "在乃聖祖周公, 繇又共于周邦. 用昏無及廣伐南或, 今汝其率蔡侯左至于昏邑." 旣圍. 命蔡侯告徵虢仲 ……(朱鳳瀚 2006, 67-73). 기물 소개와 명문 전체의 해석은 '沈載勳 2013b, 225-231' 참조.

하고 돌아온 지점이 남쪽 제후국들 중 하나인 채로 명시되어 있다.[58] 채가 서주 후기 회이 이방異邦들과의 관계에서 전진 기지 역할을 담당했음을 알 수 있다. 작백정 명문에는 또한 채후가 왕실의 유력자인 괵중의 사속으로 추정되는 작백의 지휘를 받고 있는 것으로 나오는데, 사밀궤나 사원궤 명문에서와 유사한 지휘 체계를 살펴볼 수 있다.[59] 채후와 마찬가지로 제나라를 비롯한 산둥성의 친주 정치체들 역시 왕실의 명령 체계를 따라 자기 근거지 인근의 전역에서 종속적인 역할을 수행했던 것이다.

사밀궤와 사원궤 명문에서 특히 눈에 띄는 것은 제사의 존재로, 두 명문에서 제의 군대로 추정되는 제사가 중앙에서 파견된 관리의 지휘 체계를 따르고 있다. 이와 관련하여 최근 제나라의 도읍 산둥성 임치臨淄(쯔보시淄博市)에서 서북쪽으로 50km 떨어진 가오칭현高青縣 천좡陳莊에서 발굴된 서주 성지城址[60] 내의 M35에서 출토된 인궤引簋 2점의 명문에서도 제사가 언급되고 있어 주목을 끈다(그림 4-7). M35는 묘도墓道를 하나 지닌 서주 중후기의 갑자형甲字形 대묘로, 수량은 정확히 보고되지 않았지만 인궤 이외에 다른 청동기들도 부장되어 있었다. 현재까지 기물 바닥과 뚜껑의 명문만 공개된 인궤는 절곡문竊曲紋과 봉조문鳳鳥紋이 장식된 전형적인 서주 중후기의 방좌궤方座簋로 알려져 있는데, 이는 M35의 연대에 부합한다. 인궤 명문에는 다음과 같은 흥미로운 사실이 기록되어 있다.[61]

> 정월 임신일에 왕이 공왕共王의 종묘에 도달하였다. 왕이 다음과 같이 말하였다: "인引이여, 나는 이미 너에게 너의 조부를 이어받아 제사齊師를 관리하

58 唯王十又八年正月, 南仲邦父命駒父即南者侯, 率高父見南淮夷. 厥取厥服堇夷俗, 彖不敢不敬畏王命逆見我, 厥獻厥服. 我乃至于淮, 小大邦亡敢不□具逆王命. 四月, 還至于蔡, 作旅盨. 駒父其萬年, 永用多休.

59 沈載勳 2013b, 228-237.

60 山東省文物考古硏究所 2010, 27-34; 山東省文物考古硏究所 2011, 3-21.

61 이하 명문에 대한 기술은 '심재훈 2011b, 12-15' 참조.

그림 4-7. 인궤 명문

> 라고 명하였다. 나는 너에게 거듭 명하여 너에게 붉은색 활 하나와 붉은색 화살 100개, 말 네 마리를 하사한다. (내가) 너에게 내린 명을 받들어 전쟁에서 패하지 말라." 인이 합장하고 머리를 조아려 왕의 은혜에 찬양하며, X(隧)에서 (병력을) 모아 추격하여 병기를 노획하였다. (인은) 이에 유공幽公의 보배로운 궤를 만드니, 자자손손 보배롭게 (이를) 사용할 것이다.[62]

위 명문은 서주 중기의 왕인 공왕共王의 종묘에서 거행된 인引이라는 인물에 대한 책명을 기록하고 있다. M35의 묘주로 추정되는 인은 서주 중후기의 한 왕으로부터 조부를 이어 제사를 관할하라는 명을 받고 있다. 이어서 상당히 높은 등급의 예물을 하사받으며[63] 거듭 왕으로부터 전쟁에서 패

62 唯正月壬申, 王格于共大室. 王若曰, "引, 余旣命汝, 更乃祖䰞嗣齊師. 余唯申命汝, 賜汝弓一, 彤矢百, 馬四匹. 敬乃御毋敗績." 引手拜稽手, 對揚王休, 同隧追, 俘兵. 用作幽公寶簋, 子=孫=寶用.

63 李學勤은 引이 하사받은 품목이 『尙書』「文侯之命」과 『左傳』 "僖公 28년"에 각각 周 平王과 襄王이 晉의 文侯와 文公에게 하사한 품목과 유사하다고 보아, 引의 신분이 제후에 필적했을 것으로 추정한다(李學勤 2011a, 119).

하지 말라는 명을 받고는 성공적인 군사 활동을 완수한다. 따라서 이 명문의 제사와 군사의 연관성에는 의문의 여지가 없지만, 그 정확한 성격에 대해 '제나라의 군대'로 보는 견해와 서주 금문에 등장하는 '군사기지'인 모사某師(지명+師)로 파악하는 견해로 나뉘어 있다. 천좡 성지의 성격에 대해서도 박고설薄姑說(제나라의 도읍 박고薄姑라는 주장)과 봉읍설封邑說, 군사성보설軍事城堡說이 제기되어 있다. 필자는 이 성지에서 드러나는 일부 군사적 양상(성의 밀폐성, 해자, 말을 기른 흔적 등)을 통해 군사성보설, 즉 군사기지로 제사의 성격을 규정한 웨이청민魏成敏 등의 주장을 수용한 바 있지만,[64] 명확한 결론은 내려지지 않은 상태이다.

그럼에도 불구하고 위 명문에서 무엇보다 중요한 사실은 왕이 왕기 내의 인물로 추정되는 인에게[65] 제나라의 영내(혹은 인근)에 위치한—제나라 군대든, 왕실 혹은 제나라의 군사기지든— 제사의 관할을 명하고 있다는 점이다. 이 책명을 어떻게 이해하는가에 따라 기존의 서주 후기 왕권에 대한 인식에 큰 변화를 가져올 수도 있는데, 이를 둘러싼 해석은 편차가 상당히 크다. 리쉐친은 『사기』「주본기周本紀」에서 이왕이 제나라 애공哀公에게 팽烹 형벌을 내린 것은 당시 왕실과 제나라 사이의 갈등 때문에 왕이 제의 내정에 간섭할 수밖에 없는 상황이 초래된 것으로, 이를 특이한 현상으로 이해한다.[66] 서주 중후기의 왕권이 봉국들의 군대를 장악할 만큼 강력하지 않았음을 전제하는 듯하다. 반면에 주펑한朱鳳瀚과 리보첸李伯謙 등은 이를 서주 왕이 중후기 이후까지도 봉국들의 군사 수뇌 임명권을 지

64 魏成敏 2010, 110, 114. 陳莊 城址의 성격에 관한 여러 논의는 '심재훈 2011b, 16-20' 참조.

65 현재까지 제후국 내의 册命을 전하는 명문은 발견되지 않고 있다. 또한 인궤 명문의 册命 어구인 "更乃祖䊷嗣齊師"의 '䊷'에 대해 '兼' 혹은 '並'의 의미로 보는 학자들도 있기 때문에, 이를 따르면 引이 齊師의 관할과 함께 왕기 내의 다른 직책도 맡고 있었던 것으로 추론할 수 있다.

66 李學勤 2011a, 120.

녔음을 보여 주는 증거로 간주한다.[67] 서주 중후기 왕실이 쇠퇴의 길을 걷고 있었음에도 불구하고 봉국들에 대해 상당한 영향력을 유지했다고 보는 것이다.

인궤 명문이 현재까지 제후국의 군사행정에 대한 왕실의 주도권을 구체적으로 전하는 유일한 사례이기 때문에, 어떤 일반화도 조심스러울 수밖에 없다. 그럼에도 불구하고 최소한 이 명문의 내용이 앞에서 살펴본 전쟁 금문들의 양상-제후국들의 군대가 서주 후기까지도 왕실의 명령 체계에 종속되어 있었다는-과 부합하는 측면이 있음을 부인하기는 어려울 것이다. 서주 왕실의 제후국 군대 통솔권은 양측의 관계가 소원해졌을 것으로 추정되는 후기까지도 상당히 강하게 지속되었음이 분명해 보인다. 최근 발견되어 『수양길금首陽吉金』에 수록된 응후시공궤 뚜껑의 명문은 제후의 참전이 왕실에서 파견된 인사의 지휘 없이 왕의 직접적인 명령하에서도 수행되었음을 보여 주는데, 이는 서주 후기에도 왕을 중심으로 한 일원화된 군사체계가 존재했음을 뜻한다(그림 4-8).

> 정월 초길 정해일에 왕이 다음과 같이 말하였다: "응후應侯 시공視工이여! 회남이淮南夷의 X(屰)가 감히 그 무리의 선량함을 핍박하고, 군대를 일으켜, 남국南國을 광범위하게 정벌하고 있도다." 왕이 응후에게 명하여 회남이의 屰를 정벌하도록 하였다. (응후가) 남이를 성공적으로 섬멸할 수 있었다. 우리는 (많은) 과戈를 노획했고, 나는 감히 (왕명을) 멈추지 못하였다. 나는 이에 나의 위대한 고모님 희姬를 위한 제사용 궤를 만든다. 고모님은 이로써 장수와 영원한 생명을 부여받을 것이다. 자자손손 영원히 이를 보배롭게 제사에 사용할 것이다.[68]

67 李學勤 등 2011, 24, 26.

68 唯正月初吉丁亥, 王若曰: "應侯視工, [illegible], 淮南夷屰敢薄厥眾魯, 敢加興作戎, 廣伐南國." 王命應侯征伐淮南夷屰. 休克翦伐南夷. 我孚(俘)戈, 余弗敢沮. 余用作朕王姑單姬尊簋. 姑氏用賜眉壽永命. 子=孫=永寶用享(『首陽吉金』, 114).

그림 4-8. 응후시공궤(좌: 높이 23.1cm, 구경 19.2cm)와 뚜껑의 명문(우)(수양재)

여왕 시기로 추정되는 서주 후기의 전형적인 삼족궤三足簋인 응후시공궤 뚜껑의 명문은, 회이 ¥의 남쪽 지역에 대한 침략에 대응하여 응후應侯가 왕명을 받아 이를 정벌한 것을 기록하고 있다. 응국은 오늘날 허난성 핑딩산시平頂山市 서북쪽 쉐좡향薛莊鄕 일대에 위치한 것으로 고고학적으로 입증된 바 있다. 회이의 일지一支로 추정되는 ¥의 정확한 위치는 파악이 어렵지만, 허난성 남쪽이나 안후이성 서부의 화이수 인근으로 볼 수 있다면, 이 명문의 응후 역시 작백정의 채후와 마찬가지로 서주 후기 남방 공격의 선봉에 섰음을 알 수 있다.[69]

그러므로 산둥성의 제와 허난성 중남부의 응應 및 채 등의 제후국들이 왕실의 명령 체계하에서 군사적 역할을 수행했음을 서주 중후기의 전쟁금문들을 통해 확인할 수 있다. 이들은 주로 자기 봉지 인근 지역에서 발생한 이족異族들의 도발을 진압하고, 때로는 그들의 근거지까지 공략하는 첨병 역할을 수행했는데, 이는 왕명에 의한 것으로 보인다. 이러한 양상은, 서주 전기의 노후준과 신간궤에 언급된 노후와 형후가 중앙의 명령 체계

69 應侯視工簋 뚜껑 명문과 그 전쟁의 양상에 대해서는 '沈載勳 2012b, 11-16' 참조.

에 따라 자기 인근 지역의 전역에 참여한 양상과 유사하여, 서주 전 시기를 통해 제후들의 군사적 역할이 크게 변화하지 않았음을 보여 준다. 그렇다면 전기에 다른 제후국들과 달리 자기 봉지의 인근을 넘어 전국적인 역할을 수행한 듯한 진의 경우는 후기에는 어떤 모습을 보일까?

3) 서주 후기 진의 군사적 역할

제3장에서 서주 중기 진 인근에 있던 패국霸國 통치자묘에서 출토된 엄청난 수량의 청동예악기를 통해 어느 정도 독자성을 유지한 것으로 보이는 한 지역 정치체의 양면성에 대해 살펴보았다. 더욱이 헝수이橫水와 다허커우大河口 묘지에서 발견된 붕백칭궤倗伯偁簋, 숙유肅卣, 상우尚盂, 패백궤霸伯簋 등의 명문은 그 지역 정치체 수장인 붕백倗伯과 패백霸伯이 주왕이나 익공益公, 정(형)숙井(邢)叔 등 왕기의 유력자들뿐만 아니라 다른 봉국들과도 활발하게 교류했음을 보여 준다.[70] 한 가지 흥미로운 사실은 이러한 교류의 양상에서 당시 산시성 서남부의 주도 세력인 진의 역할이 전혀 드러나지 않는다는 점이다. 진후묘지에서 발견된 청동기 명문들에도 헝수이나 다허커우와는 달리 대부분이 "진후 모모가 주조했다(晉侯某作……)"는 단순한 사실만 명기되어 있을 뿐이다. 이는 제후국으로서 진의 역할과 무관하다고 보기 어렵고 진의 위상과 역할을 과소평가하는 근거로 삼을 수도 있을 것이다.

그렇지만 1996년 공간된 진후소편종晉侯蘇編鐘(集錄 35~50) 명문은 서주 후기 진이 뚜렷한 군사적 역할을 지니고 있었을 뿐만 아니라 왕실과의 관계 역시 친밀했음을 보여 준다. 이 기물은 명문이 담고 있는 내용만큼이나 발견 과정도 극적이다.

1992년 6월 베이징대학 고고학과와 산시성고고연구소山西省考古研究所

70 金正烈 2012a, 32-49.

발굴팀의 톈마天馬-취촌曲村 유적지 내 베이자오北趙 진후묘지의 M1과 M2에 대한 제1차 발굴[71]이 끝나고 얼마 안 되어 또 다른 대형 묘인 M8이 도굴되었다. 이때 탈취된 기물들(대부분이 청동기)이 곧바로 홍콩과 대만, 일본에서 눈에 띄기 시작했다. 이에 공동팀은 서둘러서 10월 중순부터 제2차 발굴에 착수했는데, 이때 M8을 포함한 대형 묘들이 추가로 발굴되었다. 한편 상하이박물관上海博物館은 이즈음 홍콩의 한 골동품상에서 도굴된 것으로 보이는 자루가 달린 용종甬鐘 14점을 구입했다(그림 4-9). 이 용종들에는 300자가 넘는 명문이 이어서 새겨져 있었는데, 그 명문에는 진후 소穌(이하 蘇)가 이름이 명시되어 있지 않은 서주 왕과 함께 왕 33년에 동쪽 지역을 원정한 내용이 담겨 있다. 공동팀의 제2차 발굴은 1993년 1월 완료되었고, 이때 M8에서 다른 기물들과 함께 소형 용종 2점이 출토되었다(그림 4-10).[72] 이 2개의 종에 나타난 명문은 상하이박물관에서 구입한 14점의 명문과 맞아떨어질 뿐만 아니라 주조cast되지 않고 청동기 위에 새겨진carved 방식까지 똑같았다.[73] 따라서 M8에서 출토된 2점의 용종은 상하이박물관에서 획득한 14점과 한 세트를 이루는 편종編鐘의 일부로 밝혀졌고, 이를 통해 상하이박물관의 용종들 역시 베이자오 진후묘지의 M8에 부장되었던 것으로 입증되었다.[74] M8에서 출토된 다른 명문들에도 진후 소蘇가 언급되어 있고, 『세본世本』의 세계世系에 진의 여덟 번째 제후인 헌후獻侯의 이름이 소蘇로 나타나기 때문에, 진후 소를 헌후와 동일시하면서 M8의 묘주를 헌후로 보는 데 이견이 없다.

---

71 北京大學考古系 등 1993, 11-30.

72 北京大學考古學系 등 1994, 20-22.

73 M8에서 출토된 두 甬鐘에는 각각 "年無疆, 子=孫="(년 동안 무한하게 자자손손)과 "永寶玆鐘"(영원히 이 종을 소중히 보존할 것이다)의 명문이 새겨져 있다(北京大學考古學系 등 1994, 20). 일반적으로 청동기 金文의 맨 끝에 나타나는 이 판에 박힌 구절을 통해 이 두 甬鐘이 전체 16점 編鐘의 맨 마지막 두 번째(15번과 16번)에 위치한 것이었음을 알 수 있다.

74 朱啓新 1994. M8에서는 晉侯蘇鼎 역시 출토되었다.

그림 4-9. 상하이박물관 소장 진후소종(1번 종 높이 49cm)

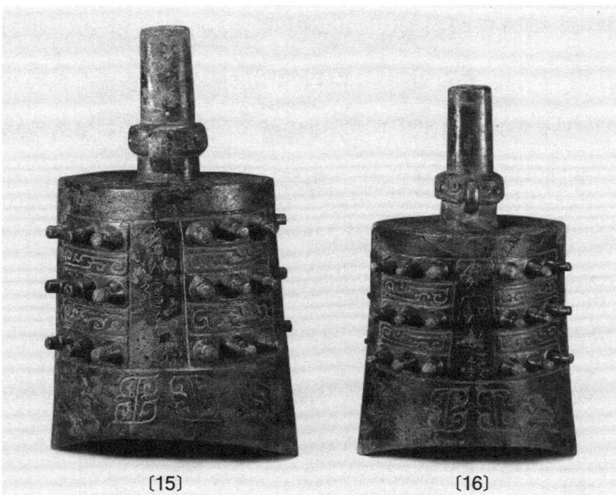

그림 4-10. M8 출토 진후소종(16번 종 높이 22.3cm)(산시박물원)

이 16점의 편종 한 세트는 20세기 마지막 10년 동안 이루어진 중국 고고학계의 중요한 발견 중 하나로 손꼽힌다. 이 편종에 새겨진 장편의 명문은 현존하는 사서에는 전해지지 않는 서주 후기의 군사 활동과 역법曆法, 연대기, 주 왕실과 진의 관계 등 다방면에 걸쳐 귀중한 자료를 제공해 준다. 이 명문은 또한 『사기』 기술의 정확성에 대한 의문을 제기하여 사료학史料學 측면에서도 중요한 의의를 지닌다. 더욱이 명문에 등장하는 서주의 왕(여왕 혹은 선왕)을 확인하는 작업은 아직까지도 명확한 결론이 내려지지 않고 있다.[75]

진후소편종에는 355자의 명문이 새겨져 있는데, 반복되는 같은 글자를 의미하는 =로 표시된 아홉 자의 중문重文과 두 글자가 결합된 합문合文 일곱 자가 포함되어 있다. 명문은 다음과 같다(대괄호 안의 숫자는 종의 일련번호).

[1]왕 33년에 왕은 친히 동쪽 지역과 남쪽 지역을 연이어 시찰하였다. 정월 기생패既生覇[76]의 무오戊午일(55)[77]에 왕은 종주宗周(샨시성陝西省 시안西安)를 떠났다. 2월 기망既望의 임인壬寅일(39)[78]에 왕은 성주成周(허난성河南省 뤄양洛

75 朱啓新 1994; 鄒衡 1994, 29-32, 34; 裘錫圭 1994 35-41; 李學勤 1995c; 李學勤 1996b; 王占奎 1996a; 王占奎 1996b; 王恩田 1996; 馬承源 1996, 1-17; 王世民 등 1997, 54-66; 劉啓益 1997; 李伯謙 1997; 孫華 1997, 27-36; 夏商周斷代工程專家組 2000, 22-24; Nivison and Shaughnessy 2000, 29-48.

76 既生覇와 既望, 既死覇, 뒤에 나오는 初吉은 한 달 사이 달의 모양(月相)을 토대로 한 특정 기간을 이르는 표현이다. 논란의 여지가 있지만, 初吉은 달이 처음 나타나는 기간으로 1~7/8일, 달이 커지는 보름까지의 既生覇는 8/9~15일, 보름 이후의 일정 기간인 既望은 16~22/23일, 달이 작아져 없어지는 그믐까지인 既死覇는 23/24~29/30일로 보는 견해가 유력하다. 오늘날의 일주일 개념과 유사한 측면이 있다. 方死覇는 달이 없어진 시점으로 그믐일 가능성이 크다.

77 戊午일(55)은 60간지상 55번째 날이다. 위의 正月 既生覇 戊午일(55)에서 2월 既望 壬寅일(39)까지는 60-55+39가 되니 44일이다.

78 壬寅(39일)이 명문에서 바로 앞에 나오는 癸卯(40일)보다 하루 앞서기 때문에 馬承源은 이 두 날짜가 명문을 새긴 장인의 실수로 뒤바뀌었을 것으로 믿고 있다(馬承源 1996, 14). 西周 청동기 명문에서 이러한 예는 종종 찾아볼 수 있다. 馬承源의 생각을 하나의 가능성으

陽)에 당도하였다. 2월 [2]기사패既死覇의 계묘癸卯일(40)에 왕은 계속 동쪽으로 이동하였다. 3월 방사패方死覇에 왕은 환䒮에 이르러 군사를 사열하였다. 왕이 진후 소에게 친히 명하였다: "그대의 군사를 이끌고 좌측으로 灢(미상)를 건너고 북쪽으로 X를 건너 숙이宿(夙)夷를 공격하라." 진[3]후 소는 120명의 목을 베고 23명의 포로를 사로잡았다. 왕이 훈(운)성𩁹(鄆)城에 이르렀다. 왕이 친히 멀리서 (상대방의) 군대를 살펴보았다. 왕이 진후 소의 진영에 이르러 마차에서 내려 남쪽을 향해 서서 [4]진후 소에게 친히 명하였다: "서북쪽 모퉁이에서부터 훈성을 쳐서 벌하라." 진후는 자신의 아려亞旅와 소자小子, 창부대(戈人)를 거느리고 진격해 내려가 [5](성으로) 들어가 100명의 목을 베고 11명을 사로잡았다. 왕이 [6]도열淖列에 이르자 도열의 이夷들이 도망갔다. 왕이 진후 소에게 명하였다: [7]"대실大室의 소신小臣과 [8]마차대를 거느리고 좇아가서 [9]도열의 이夷들을 사로잡고 몰아내라." 진후는 110명의 목을 베고 20명을 사로잡았고, 대실의 소신과 마차대는 150명의 목을 베고 60명을 사로잡았다. 왕은 이때 머리를 돌려 성주로 돌아왔다. (왕실의) 공족公族이 사[10]궁師宮을 정돈하였다. 6월 초길初吉, 무인戊寅일(15) 새벽 왕은 대실로 들어가서 자리하고 선부膳夫를 불러 말하였다: "진후 소를 데려오라." (진후 소가) 문으로 들어와 궁정의 가운데 자리하였다. 왕이 친히 망아지 네 마리를 하사하였다. (진후) 소가 머리를 조아리며 깊이 절하고 망아지들을 받아 [11]밖으로 나왔다가 다시 되돌아가 머리를 조아리고 깊이 절하였다. 정해丁亥일(24) 새벽 왕은 읍벌궁邑伐宮에서 정사를 돌보고 있었다. 경인庚寅일(27) 새벽 왕은 대실로 들어갔다. 사공司工 양보揚父가 진후의 오른편에 (보증인으로) 함께 들어왔다. 왕은 친히 진후 소에게 검은색 기장으로 만든 술 한 통과 [12]활 하나와 화살 100개, 말 네 마리를 사여하였다. (진후) 소는 감히 천자의 크게 빛나고 아름다운 은혜를 찬양하고자 이에 으뜸으로 화음이 잘

로 인정하면서 張培瑜와 裘錫圭는 앞의 癸卯가 辛卯(28일)나 癸巳(30일)를 잘못 새긴 것일 수도 있다고 추정하고 있다(王世民 등 1997, 62, 65). 위의 번역에서는 馬承源의 주장을 수용하여 두 간지를 바꾸었다.

맞는 석종錫鐘을 만든다. 이로써 전세前世에 [13]문덕을 지닌 조상들을 모셔 가까이 할 수 있을 것이다. 그 전세의 문덕을 지닌 조상들은 위로는 엄격하고 아래로는 존경받으며 풍부하고 [14]넘치게 많은 복을 나에게 내릴 것이다. 소는 만[15]년 동안 무한하게 자자손손 [16]영원히 이 종을 소중히 보존하게 할 것이다.[79]

진후소편종 명문은 주왕의 동방 원정 전체 과정을 아주 생생하게 묘사하면서 서주 후기 군사사에 관한 구체적인 자료를 제공해 준다. 비록 서주 후기의 우정禹鼎(集成 2833), 다우정多友鼎(集成 2835)과 같은 일부 명문들이 회이나 험윤과 주周 사이의 전쟁을 기록하고 있지만,[80] 그 어떤 명문도 진후소편종에 버금가는 세부적인 정보를 제공해 주지는 못한다.

명문에는 왕이 종주(시안)에서 성주(뤄양)까지 이동하는 데 44일[1월의 무오일(55)에서 2월의 임인일(39)]이 소요되었던 것으로 나타난다. 고대 이래 존속했을 오늘날의 시안에서 뤄양까지 이르는 경로의 주행 거리가 대략 430km인 것을 감안하면, 당시의 왕의 군대가 하루에 10km 정도 행군했다는 사실을 알 수 있다.[81] 왕은 성주에서 하루를 머무른 다음[82] 동쪽으로

79 [1]唯王卅又三年, 王親遹省東或南或, 正月既生霸, 戊午, 王步自宗周. 二月既望, 癸卯, 王入各成周. 二[2]既死霸, 壬寅王僨往東. 三月方死霸, 王至于蒀, 分行. 王親令晉侯蘇: 率乃師左洀虁北洀[ ], 伐夙(宿)夷. 晉[3]侯蘇折首百又卄, 執訊卄又三夫. 王至于匔城, 王親遠省師, 王至晉侯蘇師, 王降自車, 立南嚮, [4]親令晉侯蘇: 自西北隅敦伐匔城. 晉侯率厥亞旅小子戈人先陷[5]入, 折首百執訊十又一夫. 王至[6]淖=列=夷出奔. 王令晉侯蘇: [7]率大室小臣[8]車僕從, [9]捕逐之. 晉侯折首百又一十, 執訊卄夫; 大室小臣車僕折首百又五十, 執訊六十夫. 王唯返, 歸在成周. 公族整師[10]宮. 六月初吉, 戊寅, 旦, 王各大室, 卽位, 王膳夫曰: 召晉侯蘇. 入門立中廷. 王親錫駒四匹. 蘇拜稽首, 受駒以[11]出, 返入, 拜稽首. 丁亥, 旦, 王御于邑伐宮. 庚寅, 旦, 王各大室. 司工揚父入右晉侯蘇. 王親賚晉侯蘇秬一卣, [12]弓矢百, 馬四匹. 蘇敢揚天子丕顯魯休, 用作元龢錫鐘, 用昭各前=[13]文=人=其嚴在上, 翼在下, 敳=[14]彙=, 降余多福, 蘇其萬[15]年無疆, 子=孫=[16]永寶玆鐘.

80 西周시대의 군사 관련 청동기 명문에 대해서는 '商周青銅器銘文選集編輯組 1982, 10-49' 참조. 多友鼎에 대해서는 'Shaughnessy 1983-1985, 55-69' 참조.

81 西周 昭王代의 청동기로 알려진 令彝(集成 9910) 명문에는 周公의 아들 明保가 8월 丁亥(24일)에 宗周를 떠나 10월 癸未(21일)에 成周에 도착한 것으로 나타나 있어, 같은 거리를

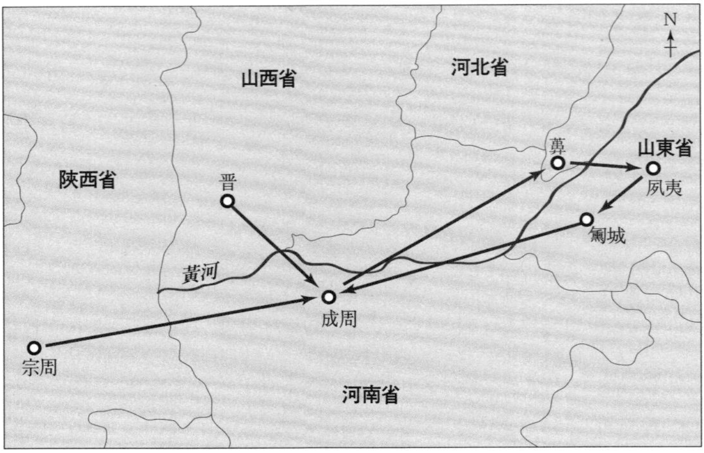

그림 4-11. 진후소편종 명문의 행군 추정도

진군하여 약 35일[2월 기사패의 첫날인 23일 혹은 24일에서 3월 그믐(방사패方死霸)까지] 만에 자신의 마지막 군사기지였을 환薫에 도착했다. 왕은 거기서 군대를 사열하고 진후에게 명령을 내렸다. 환의 위치에 대해 이견이 있지만, 마청위안을 비롯한 대부분 학자의 추정처럼 숙이宿(夙)夷가 오늘날 산둥성 서부의 둥핑현東平縣에 위치했고,[83] 왕의 행군이 위에 언급된 것과 같은 속도를 유지했다면, 환 역시 뤄양에서 동쪽으로 약 350km 떨어진 산둥성 서부의 어느 지점이었을 것이다. 뤄양에서 허난성과 산둥성의 경계까지는 약 300km에 이른다(그림 4-11).

56일 동안 여행했음을 알 수 있다(『兩周金文辭大系考釋』, 5-6. 令彝 명문과 그 연대에 관해서는 'Shaughnessy 1991, 193-216' 참조). 晋侯蘇編鐘 명문이 동쪽의 反周 세력을 공격해야 하는 급한 상황을 암시하는 것을 감안하면 12일의 차이는 이해될 수 있을 것이다. 서양 고대 군사사에서는 대체로 기원전 1500년경의 이집트나 그보다 늦은 시기의 로마 군대가 하루 평균 25km 정도 이동 가능했다고 보고 있지만(Gertoux 2015, 109), 군대의 규모나 원정 거리, 지형, 도로 상태 등에 영향을 받을 수밖에 없기 때문에 중국과의 단순 비교는 어려울 수 있다.

82 물론 첫 번째와 두 번째 간지가 바뀌었다는 馬承源의 가정을 따를 경우에 이와 부합된다.

83 馬承源 1996, 14.

진후 소에게 숙이를 공격하라고 명하는 왕의 작전 계획은 행군 경로까지 지시할 정도로 상당히 구체적이다. 왕은 숙이를 격퇴한 진후를 좇아서 훈성𩞁城 외곽 지역에 설치한 자신의 기지에 당도했다. 이 군사 원정의 경로 및 훈𤋳과 운鄆의 음운학적 유사성에 근거하여 훈성을 오늘날의 윈청鄆城 동쪽으로 파악한 마청위안의 견해[84]를 대부분의 학자가 수용하고 있다. 뤄양에서 윈청까지의 거리는 약 410km에 이른다. 훈성을 접수한 후 왕은 오늘날 윈청에서 멀지 않았을 도열淖列에서 마지막 군사 작전을 승리로 이끌었다. 명문에 왕과 진후 소가 5월 말까지 성주로 귀환한 것으로 나타나고, 이들이 마지막 행선지에서 성주까지 돌아오는 데 다시 40일 정도 걸렸을 것을 감안하면, 명문에 묘사된 전체 전투기간은 4월 초부터 20일 정도였음을 알 수 있다.

왕의 명령에 따라서 진후 소는 자신의 군대인 아려亞旅와 소자小子, 과인戈人(창부대)을 거느리고 훈성을 성공적으로 공략했다. 왕은 또한 진후에게 도망가는 도열의 이夷들을 추적할 것을 명했다. 이때 진후는 자신의 군대와 함께 대실大室의 소신小臣과 마차대인 차복車僕을 이끌고 있다. 명문의 다음 문장에 진후의 공적과 대실의 소신과 차복의 공적이 분리되어 언급되어 있기 때문에 이 두 군대는 주 왕실 소속으로 보아야 할 것이다. 진후와 왕의 군대가 전체 전역戰役에서 올린 전과는 목을 벤(折首) 경우가 480명, 사로잡은 경우가 114명으로 총 594명이다.

동방 원정을 마친 후 5월 말에 왕은 성주로 귀환했고, 6월 첫째 날에 사궁師宮에서 진후를 불러 망아지 네 마리를 하사했다. 왕은 열이틀 후 경인庚寅일에 읍벌궁邑伐宮에서 진후 소에게 다시 주요 하사품(술, 활, 화살, 말)을 수여했다. 서주 금문에 왕이 두 차례에 걸쳐 전공을 치하하는 경우는 거의 나타나지 않는다. 진후 소는 왕의 은혜를 찬양하고자 이 편종을 만들

84 위와 같음.

었다고 한다.

진후소편종 명문은 주왕이 종주를 출발해 동방의 소요를 진압한 후 성주로 귀환하여 진후 소에게 전공을 치하하는 상을 하사하기까지의 5개월 반 정도의 기간을 비교적 상세히 묘사하고 있다. 여기에 왕이 성주에서 종주로 되돌아가는 데 걸렸을 45일을 추가하면, 당시 주 왕실이 오늘날 산둥성 서부에서의 전쟁을 완수하는 데 7개월 정도가 소요되었음을 알 수 있다.

이 명문에는 군사 원정의 구체적인 여정과 날짜까지 명시되어 있어, 당시의 역법을 이해하는 것뿐만 아니라 달력을 재구성하는 데에도 큰 도움을 준다.[85] 따라서 명문의 날짜들을 천문학자들이 재구성한 『중국선진사역표中國先秦史曆表』[86]에 대입시켜 기원전 846년(여왕 33년)과 기원전 809년(선왕 33년)을 원정이 이루어진 유력한 해로 추정하지만, 아직 명확한 결론에는 이르지 못하고 있다. 리쉐친이 주도한 하상주단대공정에서는 여왕설을 채택했지만, 오랫동안 서주 기년을 천착한 미국 학자 데이비드 니비슨David S. Nivison(1923~2014)과 쇼네시는 선왕설을 고수했다.[87] 필자는 불완전한 역표나 명문의 날짜들만으로는 이 논쟁을 끝내기 어렵다고 보고, 『국어國語』와 『죽서기년』, 『사기』에 모두 언급된 선왕 32년의 노魯나라 원정 기록에 주목한 바 있다. 노나라의 수도였던 취푸曲阜는 진후소편종 명문의 전장보다 동쪽에 위치한다. 선왕이 재위 32년에 노를 정벌했다는 이들 문헌의 기록이 믿을 만하다면, 7개월 이상이 소요되는 전쟁을 2년 연속 감행할 수 있었을까라는 상식적인 의문에 이른다. 실제로 당시 2년 연속 동방을 원정한 기록을 찾기 어려울뿐더러 『죽서기년』에는 선왕이 재위 33년 주도한 다른 원정이 언급되어 있기도 하다. 따라서 필자는 여

85 진후소편종 명문의 달력 재구성은 '沈載勳 2000, 14-17' 참조.

86 張培瑜 1997.

87 夏商周斷代工程專家組 2000, 22-24; Nivison and Shaughnessy 2000, 29-48. 이들 주장의 논거와 그에 대한 비판에 대해서는 '심재훈 2008b, 66, 69-70, 87-89' 참조.

왕 33년설이 더 타당하다고 본다.[88]

산둥성 서부의 이夷들을 제압하기 위한 전역에 참전하기 위해 진후 소의 군대는 근거지인 산시성 서남부의 톈마-취촌 지역에서 성주, 즉 오늘날의 뤄양 지역으로 이동하여 왕의 군대와 합류했을 것이다. 당시 성주까지 가기 위해서는 남동쪽으로 위안취垣曲와 지위안濟源을 거치거나(A경로),[89] 남쪽으로 싼먼샤를 거쳐야(B경로) 했을 것이다. 따라서 산둥성의 둥핑현까지만 해도 오늘날의 최단거리로 A경로는 약 630km, B경로는 약 700km에 달한다. 진후 소는 앞에서 살펴본 전쟁금문들의 제후들이 주로 인근 지역의 전역에 참전한 것과는 달리, 자신의 지역을 훨씬 벗어난 원거리 군사원정에 동원되었음이 틀림없다. 이는 위언 명문에 언급된 위라는 인물의 전국적 역할과 비슷하다.

진후소편종 명문에서 진의 군사적 역할과 관련하여 특히 주목을 끄는 것은 진후가 자신의 군대(아려, 소자, 과인)뿐만 아니라 왕의 명을 받고 왕의 군대(대실의 소신과 차복)까지 통솔하고 있는 점이다. 이는 명문의 후반부에 진후의 전과가 왕의 군대로 추정되는 대실의 소신 및 차복의 것과 분리되어 명시된 사실을 통해 확인할 수 있다. 이러한 양상은 사밀궤와 사원궤, 작백정 명문에서 왕명을 받고 각각의 전역을 주도한 왕실에서 파견된 관리 혹은 유력자들(괵중, 사속, 사밀, 사원)의 역할을 상기시킨다. 진의 군사적 역할이 중앙에서 파견된 인사들의 지휘 체계 아래 있었던 다른 제후들과는 달랐을 가능성을 암시하는 것이다.

이러한 진의 이례적인 군사적 역할은 역시 베이자오 진후묘지에서 도굴

88 진후소편종 명문의 연대에 대해서는 '沈載勳 2000, 17-28' 참조.

89 洛陽에서 汾河 유역의 晉 도읍 天馬-曲村 지역에 이르기까지 고대 이래로 中條山을 관통하는 이른바 軹道(오늘날 濟源 인근의 軹縣에서 시작)를 활용했을 것으로 추정하지만(Li Feng 2006, 83-84), 中條山뿐만 아니라 涑水 등 험준한 지형을 통과해야 하는 이 경로가 서주시대에 일반적으로 사용되었을지에 대해서는 신중히 판단해야 할 것이다.

그림 4-12.
진후동인(좌)과 명문(우)

되어 2002년 공개된 진후동인晉侯銅人(集錄二編 968) 명문을 통해서도 뒷받침된다(그림 4-12).

> 5월 회이淮夷가 격格을 공격하였다. 진후晉侯는 융戎을 섬멸하고 그 군주 시사冢師를 사로잡았다. (진)후侯는 이에 왕을 찬양한다.[90]

홍콩의 한 수장가가 소장 중인 이 기물은 높이 17.2cm, 무게 0.83kg의 꿇어앉은 나신 청동인상으로, 두 손이 등 쪽으로 포박된 모습을 취하고 있다. 이 기물의 정면인 목에서 흉부를 거쳐 무릎 부분까지 새겨진 21자의

90 五月, 淮夷伐格. 晉侯搏戎, 獲厥君師, 侯揚王于兹.

명문은 회이가 격格이라는 지역을 공격한 것에 대응하여 진후가 적(융戎)을 섬멸하고 그 군주를 사로잡았음을 기록하고 있다. 이 기물을 최초로 소개한 쑤팡수蘇芳淑, Jenny So와 리링李零은 이 기물이 사로잡은 회이 국군國君의 형상일 가능성을 제기한 바 있다.[91] 회이와의 전쟁이 대부분 서주 후기 여왕과 선왕 시기에 일어났으므로, 이 기물의 연대 역시 서주 후기로 보는 데 이견이 없다. 그런데 쑤팡수와 리링은 명문을 통해 격의 위치를 확인할 수 없다고 보는 반면, 리쉐친은 격이 진에서 가까웠을 것으로 추정하며, 전국시대의 '격씨格氏' 도문陶文이 출토된 허난성 정저우鄭州 인근의 싱양滎陽 북쪽 장러우촌張樓村 일대를 주목한 바 있다.[92] 제3장의 각주 42에 언급되어 있듯이, 최근 일부 연구자들은 패霸와 격格의 통가 가능성에 주목하여, 진후동인의 격을 진의 인근인 다허커우의 패국으로 보기도 한다.

그러나 서주 전쟁금문에 언급된 회이와의 전장이 허난성 중부 이북으로 나타나는 경우는 없기 때문에,[93] 회이의 침략을 받은 격도 화이수와 가까운 주의 남방, 즉 허난성 중남부로 보는 것이 순리적일 듯하다. 진의 근거지인 산시성 서남부의 톈마-취촌에서 허난성 중부까지의 거리는 오늘날의 최단경로로도 400km 이상이다. 설사 리쉐친의 추정을 따른다고 해도, 톈마-취촌 지역에서 싱양에 이르기까지는 앞의 A경로가 약 300km, B경로는 370km에 달하는 짧지 않은 여정이다. 이 정도의 거리를 진의 인근으로 보기는 어려운데, 노魯와 형邢, 제齊, 채蔡, 응應 등 다른 제후국들이 대체로 자신들 인근 지역에 대해서만 대응한 것과는 달리 진후는 왕의 명령에 따라 원거리의 전역까지 수행했다는 명백한 증거로 볼 수 있다.

91 蘇芳淑, 李零 2002, 411-413.

92 李學勤 2005b, 120-121.

93 穆王 시기의 기물로 추정되는 㦽方鼎II(集成 2824)와 㦽簋(集成 4322) 명문에 淮戎의 침략과 이에 대한 공격이 기록되어 있는데, 裘錫圭는 簋 명문에 淮夷의 침략지로 나타나는 棫林에 대해 오늘날 河南省 중부의 葉縣으로 비정하고 있다(裘錫圭 1983, 5-6).

지금까지 살펴본 진후소편종과 진후동인 두 명문은 진이 다른 제후국들과는 달리 전방위적 역할을 담당했음을 암시한다. 그러나 전쟁금문의 표본 자체가 그다지 많지 않아, 이를 토대로 일반화된 결론을 도출하기는 어렵다. 다음에서 전래문헌에 나타난 주 왕실과 진의 관계를 통해 서주 후기 진이 주 왕실의 측근 세력으로 성장해 가는 모습을 살펴볼 수 있을 것이다.

4. 서주 후기 왕실 측근 세력으로서 진의 발전

1) 주 왕실과 산시성 서남부

『금본죽서기년今本竹書紀年』에 따르면, 서주의 제3대 왕인 강왕康王 9년 "당唐이 진晉으로 이주하여 궁宮을 지었는데 화려하여, 왕이 사람을 보내 이를 꾸짖었다."[94]고 한다. 이 기록은 진의 제2대 제후인 섭보가 진으로 이봉移封된 직후의 상황을 전하는 것으로 보인다. 이를 토대로 진이 서주 전기에 이미 화려한 궁을 지을 정도로 상당한 경제적 역량을 갖추었을 것으로 추정하기도 하는데,[95] 이는 서주 전기 진의 발전 상황을 간접적으로나마 살필 수 있는 거의 유일한 기록이다.

전래문헌 역시 서주 후기까지도 진에 관한 유의미한 기록이 별로 남아 있지 않은데, 단편적인 자료들을 토대로 재구성된 산시성 서남부 다른 제후국들의 존재를 통해 진의 발전 상황을 간접적으로 유추할 수 있다. 고동고顧棟高(1679~1759)가 재구성한 '춘추 열국 작성과 존멸표春秋列國爵姓及存滅表'를 토대로[96] 필자는 서주시대부터 춘추시대 초까지 산시성에 위치

94 九年, 唐遷于晉, 作宮而美, 王使人讓之(『竹書紀年』 下, 3b).

95 洪安全 1972, 26.

96 『春秋大事表』, 中華書局, 563-608.

표 4-1 서주~춘추 초 산시성의 제후국

국명	성	위치	멸망
楊	姬	洪洞	晉에 의해 멸망, 연대 미상
魏	姬	芮城	晉에 의해 기원전 661년 멸망
荀	姬	新絳	晉에 의해 武公 시기 멸망[97]
郇	姬	臨晉	晉에 의해 멸망, 연대 미상
賈	姬	襄汾[98]	晉에 의해 武公 시기 멸망[99]
虞	姬	平陸	晉에 의해 기원전 655년 멸망
耿	姬	河津	晉에 의해 기원전 661년 멸망
霍	姬	霍州	晉에 의해 기원전 661년 멸망
黎	미상	黎城	狄에 의해 기원전 594년 멸망, 晉이 복구

했던 진 이외의 9개 제후국의 존재를 확인할 수 있었다(표 4-1).

표 4-1에 나타난 제후국들은 거의 춘추 전기에 진에 의해 멸망당했는데, 서주시대 이래로 산시성에 많은 희성姬姓 제후국이 존재했음을 알 수 있다. 근래 산시성의 고고학 성과 또한 이를 뒷받침하는데, 훙둥洪洞의 융닝바오永凝堡와 루이청芮城의 청차이촌城柴村 발굴을 통해 드러난 두 지역의 청동기를 비롯한 물질문화는, 양楊과 위魏 역시 진의 경우와 마찬가지로 산시성 주周의 중심지 문화의 강한 영향 아래에 있었음을 보여 준다.[100] 제6장에서 서술할 곡옥曲沃 소종小宗의 근거지였던 원시聞喜 상궈촌上郭村에서 출토된 서주 후기의 전형적 청동기인 순후이荀侯匜와 가자이賈子匜는 진이 순荀과 가賈를 멸망시킨 뒤 얻은 전리품이었을 가능성이 크다.[101]

97 陳槃 1969, 228.

98 顧棟高는 賈를 陝西省 蒲城에 위치시켰지만, 賈가 晉에 멸망당했기 때문에 程勃韌의 견해를 따른 것이다(『春秋左氏傳地名圖考』, 120).

99 陳槃 1969, 229.

100 戴尊德, 劉岱瑜 1994, 143-144; 山西省考古研究所 1989, 906-909.

101 李學勤 1984, 63; 朱華 1994, 105.

나아가 1979년 루청潞城 루허촌潞河村에서 발견된 우후정호虞侯正壺는 서주 후기 오늘날의 산시성에 우국虞國이 존재했음을 입증한다.[102] 현재까지 확인된 산시성 서남부의 수많은 서주시대 유적[103] 역시 당시 이러한 제후국들이 존재했음을 의미한다. 이들의 위치가 유일하게 비희성이었을 것으로 추정되는 여黎를 제외하고는 모두 펀하汾河 유역으로 추정되는 점도 흥미롭다(그림 4-13).

이러한 제후국들의 분봉시점에 관한 기록은 거의 찾을 수 없다. 그러나 1999년 베이징 바오리예술박물관保利藝術博物館의 개장과 함께 공개된 융생편종戎生編鐘(集錄 27~34) 명문은, 춘추 초 활약한 융생戎生의 선조인 헌공憲公이 목왕穆王 시기에 왕기의 바깥지역(玆外土)으로 명시된 산시성 서남부에 분봉되었음을 전한다.[104] 또한 2003년 산시성 메이현眉縣 양자촌楊家村에서 발견된 사십이년구정四十二年逑鼎(集錄二編 328~329) 명문에 나타나는 선왕이 펀하 유역의 "양楊에 장보長父를 후侯하도록 한(余建長父侯于楊)" 분봉 기사도 다른 제후국들이 서주 후기까지 이 지역에 존재했을 가능성을 암시한다. 서주의 왕들이 산시성 서남부에 양을 비롯한 희성 제후국을 집중적으로 세운 사실은, 이 지역이 선주先周시대 산시성 저우위안에 정착하기 전까지 주족周族의 근거지였을 것이라는 가설을 상기시킨다.[105] 나아가 이러한 동성同姓 제후국들의 분봉을 통해 주 왕실이 고대에 산시성과 교통이 용이했던 이 지역[106]을 동방의 제후국들과는 달리 직접 통치의 대상으로 여겼을 가능성을 짐작케 해준다.[107]

---

102 張姬舜 編 1995, 62, 명문은 130.

103 謝堯亭 2010, 1-2; 謝堯亭 2012a, 374, 381의 각주 18.

104 沈載勳 2004, 6.

105 錢穆 1982a, 28-42; Shaughnessy 1989, 3-13 등.

106 山西省 서남부는 고대에 黃河를 경유하는 汾河와 渭河 사이의 수로가 잘 발달되어 교통이 용이했다고 한다(田世英 1981, 33; 李廣潔 1985, 48; Li Feng 2006, 83).

107 심재훈 2005c, 269-722; Li Feng 2006, 87.

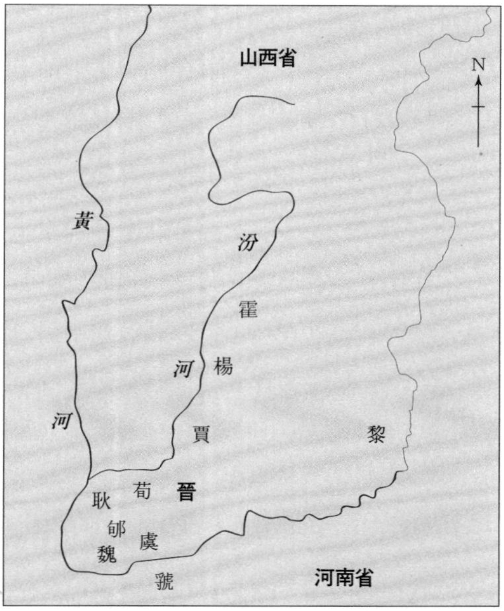

그림 4-13. 서주시대 산시성의 제후국들

진후소편종과 진후동인 명문에 명시된 진후의 광범위한 군사적 역할이나 주 왕실과의 친밀성은 이러한 측면에서 이해될 수도 있을 것이다. 이러한 진의 확대된 역할을 왕기 인근의 다른 제후국들에도 적용할 수 있을지 모르지만, 현재까지 진 이외의 자료를 찾기는 어렵다.

2) 서주 후기 주와 진의 관계

춘추시대 최강대국으로 성장한 진은 서주시대부터 인근의 다른 제후국이나 정치체들을 압도할 정도로 성장했을 가능성이 크다. 물론 주 왕실과 흡사하면서도 그 규범을 벗어나지 않은 통치자묘의 정제됨과 주왕과 진후의 밀접한 관계를 명시한 진후소편종 명문은 제후국인 진이 주 왕실에 충실히 복종하고 있었음을 명확히 보여 준다. 명문을 보면 진후 소는 마치 왕기의 관료처럼 왕의 군대(대실의 소신과 차복)를 이끌고 있기도 하다. 다른 한편으로 왕 역시 진후 소의 진중陣中을 친히 방문하고 있을 뿐만 아니라, 전쟁에서 승리를 거둔 후 진후 소에게 아주 이례적으로 두 번이나 상을 하사하고 있다. 당시 진이 주왕의 명령 체계 아래 있었음에도 불구하고, 명문은 또한 서주 후기까지 진이 상당한 세력으로 성장해 있었음을 보여 주고 있는 것이다. 이러한 추론은 전래문헌을 통해서도 입증되어 당시 진의 발전을 새로운 시각으로 접근할 수 있는 중요한 실마리를 제공한다.

『사기』「주본기」에는 제7대 의왕 시기부터 주 왕실이 쇠퇴하여 풍자시가 나오기 시작했다고 전하고, 『한서』「흉노전匈奴傳」에도 비슷한 기록이 있다.[108] 『예기禮記』「교특생郊特牲」의 조근례朝覲禮에 관한 설명에서는 천자가 당堂 아래에서 제후를 만나는 것은 예에 어긋나는 일인데, 제9대 이왕 시기부터 이러한 일이 시작되었다고 전한다. 정현鄭玄(127~200)은 이에 대해 "당시 (왕실이) 미약하여 감히 제후들로부터 스스로를 높일 수 없었다."고 해석한 바 있다.[109] 따라서 대부분의 연구자는 서주 중기의 후반부인 의왕과 효왕, 이왕의 통치기 동안 이미 주 왕실의 권위가 상당히 쇠락하고 있었을 것이라고 주장한다.

위의 세 왕 통치기는 혼란스러웠던 여왕 시기와 바로 이어지는데, 이때 빈번했던 남회이南淮夷와의 전쟁은, 승리를 기념하기 위해 패배는 기록하지 않았을 금문의 속성을 고려할 때,[110] 주 왕실 세력의 약화를 더욱 가속화했을 것이다. 14년간의 공화共和 공위기空位期를 초래했던 여왕의 체彘(오늘날 산시성의 제슈현介休縣 인근으로 추정)로의 망명은 왕의 권위와 관련하여 또 하나의 중요한 전환점이 되었다. 이 사건은 서주 후기 왕의 모순적 위치를 대변해 주는데, 우선 왕의 권위가 귀족이나 봉건 제후들에게 도전

108 『史記』, 140; 『漢書』, 3744.

109 『禮記正義』, 1447.

110 Shaughnessy 1991, 176.

받을 정도로 약화되었음을 반영한다. 반면에 왕실의 권위가 아무리 불안정하더라도 왕위 그 자체에 대한 도전은 불가능했다는 점 역시 보여 준다. 서주 후기에도 주 왕실에서 제후국 군대를 통솔했다는 점이 왕실의 쇠락과 모순된 현상으로 보일 수도 있을 것이다. 그러나 부정적인 측면은 감춰질 수밖에 없는 금문의 성격을 고려해야 한다. 뿐만 아니라 제후국들이 참전한 대부분의 전역이 그들 인근 지역인 것을 고려하면, 왕실과 공동의 이해관계가 반영된 것일 수도 있어, 군사적 유대를 반드시 주 왕실의 쇠퇴와 모순된 것으로 단정하기는 힘들다. 오히려 이러한 애매한 상황 때문에 여왕의 뒤를 이른 선왕 때에 융戎이나 험윤과 같은 변방 세력들이 일으킨 전쟁을 빈번하게 겪어야 했고, 왕실의 권위를 회복하려는 선왕의 노력에도 불구하고[111] 제후국들은 더 이상 주왕의 명령을 무조건적으로 따르지는 않았을 것이다.

진후소편종 명문은 이러한 역사적 맥락에서 검토해야 한다. 현재의 산둥성 서부에 위치하고 있던 숙이를 위시한 동방의 세력들이 왕실의 약화에 편승하여 일으킨 소요에 직면한 여왕 혹은 선왕은 진 헌후로 추정되는 소와 연합하여 장기간의 군사원정을 감행해야 했다. 그 전장의 인근에 위치한 제齊나 노魯 같은 동방의 제후들이 동참에 소극적이었을 전역에서 진후 소는 왕의 지휘하에 주도적인 역할을 수행했다. 이는 당시의 진이 동방의 제후국들과는 달리 주 왕실과 친밀한 관계를 유지하고 있었음을 암시한다.

이와 마찬가지로 진 헌후의 아들인 목후穆侯가 주도한 조條 정벌과 천무千畝에 대한 군사원정 역시 서주 후기 주와 진의 밀접한 관계를 입증시켜 준다. 선왕과 연합하여 싸운 이 두 전쟁은 『좌전』과 『국어』, 『죽서기년』, 『사기』, 『후한서後漢書』 등에 조금씩 다르게 기록되어 전해진다. 이 기록

111 宣王 32년의 魯에 대한 공격이 좋은 사례가 될 것이다.

들을 세밀히 검토해 보자.

먼저 『좌전』 "환공桓公 2년"은 목후의 군사원정에 대해 다음과 같이 기록하고 있다.

> 처음에 목후穆侯의 부인 강씨姜氏가 조條에 대한 원정 당시에 태자를 낳아 이름을 구仇라고 정하였다. 그의 아우는 천무千畝와의 전쟁 때 태어나서 성사成師라는 이름을 붙였다.[112]

사마천은 같은 이야기를 『사기』 「진세가」에서 약간 더 구체적으로 기록하고 있다.

> 목후 4년에 제齊의 강씨를 맞이하여 부인으로 삼았다. 7년에 조條를 정벌하던 중에 태자를 낳았다. 10년 천무千畝를 벌할 때 공를 세웠고, 이때 소자(少)를 낳자 이름을 성사成師라고 지었다.[113]

『죽서기년』은 약간 다른 각도에서 언급하고 있다.

> (선왕) 38년, 왕의 군대와 진 목후가 조융條戎과 분융奔戎을 공격했는데, 왕의 군대가 패주敗走하였다. (선왕) 39년, 왕의 군대가 강융姜戎을 공격하여 천무千畝에서 전투가 있었는데 왕의 군대가 패주하였다.[114]

『국어』 「주어周語상上」과 『사기』 「주본기」 역시 천무와의 전투가 선왕

---

112 『春秋左傳正義』, 1713.
113 『史記』, 1637.
114 『竹書紀年』, 2.10下.

39년에 일어났던 것으로 기록하고 있다.[115] 『죽서기년』에 조와 천무와의 두 전쟁이 2년 사이에 연달아 일어난 것으로 기재되어 있지만, 『후한서』 「서강전西羌傳」은 조와의 전쟁을 선왕 36년에 일어난 것으로 기록하고 있다.[116] 이는 조와의 전쟁을 목후 7년으로, 천무에 대한 원정을 목후 10년으로 각각 기록한 「진세가」에서의 간격과 일치한다. 따라서 진 목후가 왕과 연합하여 선왕 36년에 조와의 전쟁에, 선왕 39년에 천무와의 전쟁에 참여한 것으로 보아도 별 무리는 없을 것이다.[117]

이 두 전쟁을 통해 진후소편종에 언급된 동방원정의 경우에서와 마찬가지로 진이 서주 후기에 주 왕실을 지지하는 측근 세력이었음을 알 수 있다. 조와 천무는 전통적으로 오늘날의 산시성에 위치했던 것으로 알려져 있다.[118] 위에 언급된 『국어』와 「주본기」, 『죽서기년』 등에는 왕이 이 원정을 주도하고 있는 것으로 나타나 당시 진과 인접한 산시성에서 일어난 전쟁에서조차 진후보다는 주왕이 여전히 주도권을 행사하고 있었음을 보여 준다.

그렇지만 두 전쟁에서 왕의 군대가 패해서 도주했다고 하는 『죽서기년』의 부정적인 기록은 당시 주 왕실 세력의 약화를 확인시켜 준다는 점에서 주목할 만하다.[119] 반면에 「진세가」에서는 두 번째 전쟁인 천무와의 전쟁에서 진 목후가 공을 세워 그때 태어난 아들의 이름을 군사적 승리를 의미하는 '성사成師'라고 지었다고 기록하고 있다. 따라서 천무에 대한 주와

115 『國語』, 1.22; 『史記』, 144.

116 『後漢書』, 2871-2872. 「西羌傳」은 상당 부분이 원래의 『竹書紀年』을 토대로 한 듯한데, 이에 朱有曾과 王國維는 『古本竹書紀年』을 재구성하면서 條와의 전쟁에 대해 「西羌傳」의 연대를 따르고 있다(方詩銘, 王修齡 1981, 57-58 참조).

117 裘錫圭 1994, 37-38.

118 『左傳』 "桓公 2년"의 주석에서 杜預는 條와 千畝를 각각 晉의 영역(晉地)과 介休縣으로 파악하고 있다(『春秋左傳正義』, 1743). 楊伯峻은 條를 安邑鎭에서 북쪽으로 30km 정도 떨어진 鳴條岡으로 위치시킨다(楊伯峻 1981, 92).

119 「周本紀」 역시 왕의 군대가 千畝와의 전쟁에서 크게 패했음을 기록하고 있다.

진의 공동 정벌에서는 진의 군대가 오히려 주도적인 역할을 담당했음을 알 수 있다.[120] 『죽서기년』은 천무와의 전쟁에 뒤이은 두 전쟁을 통해 주의 약화와 진의 성장을 보여 주는 또 다른 예를 제공한다. 선왕 40년 진이 분습汾濕에서 북융北戎을 격퇴한 반면, 선왕 41년에 왕의 군대는 신申에서 패하고 있다.[121]

아래의 『죽서기년』과 『사기』「조세가」에 기록된 주 왕실 주요 관료들의 진으로의 망명 사례는 또 다른 측면에서 당시 진이 강력한 세력으로 부상하고 있었음을 보여 준다.

> 선왕 43년 왕이 대부大夫 두백杜伯을 죽였다. 그의 아들 습숙隰叔이 진晉으로 망명하였다.[122]

> 조보造父로부터 6세대 후에 공중公仲이라고 불렸던 엄보奄父에 이른다. (엄보)는 선왕宣王이 융戎을 정벌할 때 왕의 마차를 몰았다. 천무千畝에서의 전투 때에 엄보가 선왕을 구출해 주었다. 엄보는 숙대叔帶를 낳았다. 숙대 때에 주의 유왕幽王이 무도에 빠지자 주를 떠나 진晉으로 가서 진 문후文侯를 섬김으로써 진국晉國에서 처음으로 조씨趙氏 가계家系를 세우게 되었다.[123]

『묵자墨子』「명귀明鬼」편 역시 현재는 전하지 않는 『주지춘추周之春秋』를 인용하여 두백杜伯의 죽음과 관련된 사건을 언급하고 있다. 『묵자』에 따르면 두백은 죄도 없이 선왕에게 살해되었다. 그는 죽은 지 3년 만에 귀신이 되어 진홍색 활과 화살을 메고 나타나 제후들과 사냥을 하고 있던 왕

---

120 錢穆 1982b, 158.

121 四十年 …… 晉人敗北戎于汾隰. 四十一年, 王師敗于申(『竹書紀年』, 2.10a).

122 『竹書紀年』, 2.10b.

123 『史記』, 1780.

을 쏘아 죽였다고 한다.[124] 학자들은 이 이야기를 선왕의 죽음이나 주왕 권위의 약화와 관련하여 주목하고 있지만,[125] 이는 당시 진의 중요성을 보여 주는 것이기도 하다. 1899년 두백을 위해 주조된 5점의 서주 후기 청동기가 시안西安의 대안탑大雁塔 근처에서 발견되었는데, 이는 두백이 당시 주 왕실의 고위 관료였음을 암시한다.[126] 『죽서기년』이 전하는 두백의 아들이 진으로 망명했다는 사실을 통해 선왕 재위기 말에는 진이 주왕으로부터의 피난처가 될 정도로 성장했음을 알 수 있다. 두 번째 인용문에 언급된 숙대叔帶의 부친 엄보奄父 역시 전투 때 선왕의 마부라는 중책을 맡을 정도로 주 왕실과 밀접한 관계였는데,[127] 숙대는 유왕의 무도함에 실망하여 주를 떠나 진 문후를 주군으로 삼았다. 숙대 일가의 진으로의 이탈 또한 진이 서주 말기에 이미 주 왕실에 맞설 만한 상당한 세력을 형성하고 있었음을 시사한다.

5. 소결

산시성 서남부 톈마-취촌 지역의 서주시대 진후묘지의 발굴을 통해 드러난 청동예기의 부장 상황은, 진의 통치자들이 주 왕실의 상류층 문화와 규범을 충실히 준수하고 있었음을 보여 준다.[128] 진과 북방 이민족인 융적

124 『墨子』, 8.2a-8.2b.

125 李西興 1993, 966-976; Shaughnessy 1999, 348.

126 吳鎭峰 1993, 817.

127 『史記』「趙世家」에는 叔帶의 조상인 造父 역시 穆王의 마부로 유명했던 것으로 기록되어 있다. 당시 마부는 통치자의 최측근이 맡는 것이 상례였다. 예를 들면, 晉의 패업을 이룬 기원전 632년의 城濮戰에서 荀林父는 晉 文公의 마부로 복무했고 후에 晉의 유력자로 부상했다[『春秋左傳正義』, 1823(僖公 28)].

128 팔켄하우젠 2011, 168-170.

사이의 밀접한 관계를 강조했던 이전의 인식과 달리, 서주시대 진 문화의 독자성을 발견하기란 매우 어렵다. 특히 진의 인근 패국 통치자 묘에서 확인된 청동예악기 부장의 파격은 주의 규범을 철저히 고수한 진의 모습을 더욱 돋보이게 한다. 패국이나 붕국이 일면 독자적으로 보일 정도로 주 왕실이나 그 유력자들과 활발하게 교류한 흔적이 두드러진다고 해도, 유적지의 규모 면에서 볼 때 국력이 진에 한참 미치지 못했을 것임이 분명해 보이기 때문이다.[129] 이들과 왕실이나 다른 봉국들과의 직접적 교류에 진의 역할이 전혀 나타나지 않은 것은, 역할의 부재보다는 리펑이 규정한 대로 산시성 서남부에서 왕실의 대행자라는 당연시된 진의 제한적 역할과 관계가 있을지도 모른다. 서주시대 전 시기를 통해 진은 왕실을 중심으로 한 주방周邦의 일원으로 자신들의 역할에 충실했던 것으로 보인다.

서주시대 진을 비롯한 제후국의 내재적 발전을 검토할 수 있는 자료는 극히 부족하다. 이 장에서는 제후국 진이 발전한 한 단면이나마 살펴보기 위해 전쟁금문을 매개로 일종의 우회적 방법을 취했다. 서주 국가는 초보적 관료제를 도입했으나 족적 사회를 근간으로 했기 때문에, 군사적 전문성을 토대로 한 체계적인 상비군 시스템을 구축하는 데에는 분명 한계가 있었다. 왕기 내의 다양한 족 사이의 '중층적 사속관계'를 활용한 공公이나 백伯 등 여러 유력자의 군사력과 마찬가지로 제후국들의 군대 역시 서주 왕국 군사력 구성의 중요한 일부였다.

서주 전 시기를 통틀어 제후국들의 군대는 왕명을 받은 중앙 유력자 혹은 관리의 지휘하에 봉지 인근의 전역에 주로 참전했던 것으로 보인다. 그렇지만 진의 경우에는 다른 양상도 감지된다. 소왕 시기의 위언 명문은 진의 위라는 인물이 자신의 봉지에서 600km 이상 떨어진 오늘날 허난성 남

129 앞에서 살펴본 昌鼎 명문에 橫水의 倗國이 晉侯의 보호를 받았음이 언급되어 있는 것도 같은 양상으로 보아야 할 것이다.

부에 파견되어 초楚에 대한 남방 원정 준비 작업에 동참했음을 보여 준다. 후기의 진후소편종 명문 또한 진의 제후인 소가 왕과 함께 산둥성의 이夷들에 대한 정벌에 참전했음을 전한다. 이 명문에 언급된 진후의 장거리 원정뿐만 아니라 진후가 왕실의 군대를 직접 지휘하는 양상은 진이 여느 제후국들과는 달리 중앙의 유력자나 관리와 유사한 역할을 담당했음을 암시한다. 더욱이 서주 후기 왕실의 쇠퇴로 인한 동방 제후국들의 이반 가능성에도 불구하고 진은 왕실 측근 세력으로 발전해 가는 양상이 나타난다. 이러한 추론은 전래문헌을 통해서도 뒷받침되는데, 선왕은 진의 북쪽으로 추정되는 산시성 일대에서의 전역에서조차 진 목후를 이끌고 전쟁을 주도하고 있다. 선왕이 패한 그 전역에서 목후가 대신 승리를 거두었고, 급기야 서주 말의 혼란기에 진은 왕실을 배반한 자들의 망명처가 될 정도로 강한 세력으로 성장한 것으로 보인다.[130]

130 이 장은 다음의 논문들을 토대로 재구성한 것이다. 「晉侯蘇編鐘 銘文과 西周 後期 晉國의 發展」, 『中國史硏究』 10 (2000), 1-48; 「金文에 나타난 西周 군사력 구성과 왕권」, 『中國史硏究』 41 (2006), 1-77; 「西周史의 새로운 발견: 山東省 高青縣 陳莊 西周 城址와 引簋 명문」, 『史學志』 43 (2011), 5-30; 「應侯 視工 청동기들의 연대 및 명문의 連讀 문제」, 『中國古中世史硏究』 28 (2012), 1-37; 「柞伯鼎과 西周 후기 전쟁금문에 나타난 왕과 제후의 군사적 유대」, 『中國古中世史硏究』 29 (2013), 221-263.

제5장

주 왕실의 동천과 진 문후

1. 서론

서주 후기 동방과 북방의 적들에 대한 군사원정에서 주 왕실을 도와 중요한 역할을 수행한 진국은 주 왕실의 권위가 쇠퇴하는 상황에서 산시성山西省 서남부의 주도 세력으로 성장했다. 그러나 헌후獻侯에 이어 주 왕실의 동방 원정에서 큰 역할을 한 목후穆侯가 죽은 뒤 진국은 군위 계승을 둘러싼 투쟁에 휘말리는데, 목후의 아우인 상숙殤叔이 자립하여 군위를 찬탈했다. 서주 후기 제후국들의 군위 계승을 둘러싼 싸움이 유행처럼 만연했는데,[1] 이는 더 이상 주 왕실에서 제후국들의 통치권 계승을 주도하기

1 夷王 시기(865~858 B.C.)에 齊 胡公이 도읍을 營丘에서 薄姑로 옮기자 아우인 山이 胡公을

어려워졌다는 의미로 주 왕실의 쇠퇴를 보여 준다. 어쨌든 진국에서는 상숙에게 찬탈당하고 4년 후 목후의 장자인 구仇가 상숙을 살해하고 재위를 회복했다. 후에 문후文侯라는 시호로 알려진 그는 부친과 조부 이상으로 주 왕실의 동천기東遷期[2]를 사실상 주도한 것으로 보인다.

그렇지만 동천기에 대한 전래문헌들의 기록은 소략할 뿐만 아니라 서로 어긋나는 부분도 있어, 진 문후의 역할을 살피는 데 상당한 한계가 있다. 예컨대, 사마천은 문후의 역할에 대해 전혀 언급하지 않은 반면, 『죽서기년竹書紀年』의 편찬자들은 평왕平王의 동천 당시 문후의 두드러진 역할에 주목했다. 이렇듯 동천 과정에 대한 전래문헌 기록들이 서로 다르기 때문에, 이 시기 중원의 정치에서 문후가 어떤 역할을 했는지에 대한 이해가 엇갈렸다. 따라서 많은 학자가 그 과정뿐만 아니라 기원전 771년 서주의 멸망에 뒤이은 기원전 770년의 동천 연대에 대해서도 의문을 품어 왔다.[3]

최근 칭화대학清華大學에서 정리 중인 전국戰國시대 죽간竹簡 문헌인 『칭화대학장전국죽서清華大學藏戰國竹書』(이하 칭화간)의 제2권(2011)으로 세상에 모습을 드러낸 사서史書 『계년繫年』은 이 문제를 더욱 복잡하게 하면서도 귀중한 실마리를 제공하고 있다. 이 장에서는 우선 『계년』의 등장

살해하고 自立하여 獻公이 되었다. 이로부터 수십 년 후인 기원전 816년 또다시 胡公과 獻公의 후손들 사이에 군위를 둘러싼 권력투쟁이 있었고, 齊人들은 獻公의 손자인 文公을 세웠다(『史記』, 1482). 기원전 858년 宋 湣公 사후 그의 아우인 煬公이 군위를 탈취했지만, 湣公의 아들인 厲公에게 죽임을 당했다(『史記』, 1621). 厲王(857/853~842/828 B.C) 시기에 楚의 군주인 熊摯紅이 사망하자 그의 아우 熊延이 태자를 살해하고 통치자로 등극했다(『史記』, 1693). 기원전 825년 曹 戴伯이 그의 형 幽伯을 살해했다(李孟存, 常金倉 1988, 15). 기원전 812년 衛 武公이 자신의 형 共伯을 살해하고 군위를 찬탈했다(『史記』, 1591).

2 동천기라는 용어는 '吉本道雅 1987; 吉本道雅 1990; 吉本道雅 2005'에서 차용한 것이다. 동천을 기원전 770년에 일어난 일회성 사건이 아닌 일련의 과정으로 보는 吉本는, 사료의 암흑기인 서주 멸망(771 B.C.)부터 『春秋』의 始點(722 B.C.) 이전까지, 즉 기원전 770~기원전 723을 동천기로 지칭하고 있다.

3 童書業 1946, 13-14; 王玉哲 1986, 49-52; 宋新潮 1989, 75-79; 吉本道雅 1990a, 33-55; 晁福林 1991, 8-23; 王雷生 1997, 62-66; Li Feng 2006, 193-278 등.

으로 촉발된 동천기를 둘러싼 새로운 논의에 대해 알아볼 것이다. 나아가 문후의 사적을 본격적으로 살필 수 있는 『상서尙書』「문후지명文侯之命」편과 진강정晉姜鼎 및 융생편종戎生編鐘 명문 분석을 통해 춘추 초 주 왕실의 보호자로 중원 정치의 전면에 등장한 진국의 발전을 검토할 것이다.

2. 동천을 둘러싼 출토문헌과 전래문헌의 이중주

『계년』은 칭화간 전체 약 2,500매 중 138매의 죽간으로 이루어져 있다. 이 문헌은 서주 초에서 전국시대 중기까지의 단대사를 대체로 초나라의 관점에서 23단락(장)으로 나누어 서술하고 있다. 원래 편제篇題는 없었으나 본문 여러 곳에 기년紀年이 명시되어 있고 문자의 체례體例나 내용 역시 『죽서기년』과 유사하여, 정리자들이 『계년』으로 명명한 것이다. 본문에 등장하는 군주의 명호名號 가운데 가장 마지막은 제23장에 언급된 초楚의 도왕悼王(401~381 B.C.)이므로, 정리자들은 이 문헌이 후계자인 숙왕肅王(380~370 B.C.) 혹은 선왕宣王(369~340 B.C.)의 재위기에 초나라에서 제작되었을 것으로 추정하고 있다.[4] 칭화간 잔편을 시료로 활용한 방사성 탄소 측정 연대(305±30 B.C.) 역시 대체로 이와 부합한다.[5]

『계년』의 문헌적 성격에 대해, 전국시대 위국魏國의 편년체 연대기인 『죽서기년』과의 유사성을 강조하는 칭화대학의 정리자들과 달리, 초나라 위주이면서도 다른 나라 역사도 객관적으로 시말에 따라 기술한 기사본말체적 특성에 주목하는 학자들도 있다.[6] 천웨이陳偉는 단지 사건만 연대순

4 『淸華大學藏戰國竹簡(貳)』, 135.

5 趙平安 2011, 33.

6 廖名春 2012; 許兆昌, 齊丹丹 2012.

으로 나열한 『죽서기년』과 달리 인물들의 이야기까지 담은 『계년』을 오히려 『좌전左傳』이나 『국어國語』에 가까운 문헌으로 파악한다. 나아가 천웨이는 초나라 위왕威王(339~335 B.C.)의 후견인인 탁초鐸椒가 왕이 『춘추春秋』를 다 읽기 어려워 그 성패成敗만 40장으로 간추려 올렸다는 『탁씨미鐸氏微』와[7] 유사한 양식으로 추정하며, 『계년』이 『좌전』 같은 방대한 문헌을 줄이고 개조해서 사서를 편찬하던 전국시대 중후기 초 지역 풍습의 산물일 것으로 보고 있다.[8] 유리 파인즈Yuri Pines는 『계년』을 기존에 알려지지 않은 새로운 장르로 파악하며 교훈적 · 이데올로기적 특성이 배제된 "간추린 정보성 사서a brief informative history"로 규정하기도 한다.[9]

『계년』의 내용은 『죽서기년』이나 『좌전』, 『국어』 등에 언급된 것과 대체로 유사하지만, 기존의 전래문헌에 전혀 언급되지 않은 부분들도 상당하다. 그중에서도 제2장에 서술된 주 왕실 동천 부분이 전래문헌의 기술과 많은 차이가 있어 쟁점으로 부각되고 있다. 더욱이 동천 문제는 기존 전래문헌들 사이에서도 일치되지 않는 부분이 있어 이해를 한층 어렵게 하는데, 『계년』의 동천 관련 부분을 살펴보기 전에 일단 『사기史記』와 『죽서기년』으로 대표되는 전래문헌에 나타나는 동천 관련 기록들의 모순부터 정리할 필요가 있다.

1) 서주 멸망과 동천에 대한 의문

현재 우리의 중국 고대사 인식에 지대한 영향을 끼친 사마천은 『사기』「주본기周本紀」에서 서주의 멸망과 동천에 대해 다음과 같이 서술하고 있다.

---

7 『史記』, 510

8 陳偉 2013, 47-48.

9 Pines 2014, 323. 최근 국내에서도 『繫年』에 대한 해제와 연구사가 정리된 바 있다(金錫珍 2016, 91-107). '이승률 2013'은 楚簡에 관심 가지는 이들의 필독서이다.

유왕幽王 2년(778 B.C.) 서주의 세 하천에서 모두 지진이 발생하였다. 백양보伯陽甫가 말하기를 "주周는 장차 멸망할 것이다 …… (중략 ①)." 이해에 세 하천이 말랐고, 기산岐山이 붕괴하였다. 3년 유왕은 포사褒姒를 총애하였다. 포사가 백복伯服을 낳자 유왕은 태자를 폐하려고 하였다. 원래 태자의 모친은 신후申侯의 여식으로 왕후가 되었는데, 뒤에 유왕이 포사를 얻고 그녀를 사랑하게 되자, 신후申后와 태자 의구宜臼(평왕平王)를 함께 폐하여, 포사를 왕후로, 백복을 태자로 삼으려 하였다. 주의 태사太史 백양伯陽이 역사 기록을 읽고 "주는 망할 것이다."라고 하였다 …… (중략 ②). 포사는 잘 웃지 않아, 유왕은 갖은 방법으로 그녀를 웃게 하려 하였으나, 그래도 웃지 않았다. 유왕은 봉수와 큰 북을 만들어 적군이 다다르면 봉화를 올렸다. (어느 날) 제후가 모두 이르렀으나 적군이 없자 포사가 드디어 크게 웃었다. 유왕이 기뻐하며 여러 차례 봉화를 올렸고, 그 후 신뢰를 잃어 제후들이 점점 더 오지 않게 되었다. 유왕이 괵虢석보石父를 경卿으로 삼아 정사를 맡기자 국인國人들이 모두 이를 원망하였다. 석보는 간사하고 아첨을 잘하는 사람으로 이익을 탐했는데, 왕이 그를 중용하였기 때문이다. 더욱이 왕이 신후申后를 폐하고 태자까지 내쳤으니, 신후申侯가 노하여 증繒나라 및 서이西夷인 견융犬戎과 함께 유왕을 공격하였다. 유왕은 봉화를 올려 군사를 소집하였으나 군사는 오지 않았다. (그들은) 마침내 여산驪山 아래에서 유왕을 살해하고, 포사를 사로잡았으며, 주의 재물을 모두 노략질해 갔다. 이때 제후들이 곧 신후申侯에게로 가서 함께 유왕의 원래 태자였던 의구를 옹립하니, 그가 평왕平王으로, 주의 제사를 받들었다. 평왕은 즉위하자 융戎의 노략질을 피해 낙읍雒邑으로 동천하였다.[10]

사마천이 서술한 서주 멸망과 동천의 과정은, 이미 많은 학자가 주목했듯이, 대체로 전국시대의 저작으로 알려진 『국어』를 비롯한 기존의 전래

10 『史記』, 145-149.

문헌을 토대로 한 것이다. 서주 멸망에 관한 사마천의 인식은 위의 '(중략 ①)'까지 포함하여 『국어』 「주어周語상上」의 관련 부분을 그대로 인용한 자연재해로 시작된다.[11] 이어서 유왕의 정비인 신申나라 출신 신후申后의 내력과 함께, 서주 멸망 원인으로 포사와 괵虢나라의 석보石父라는 인물이 등장한다. 사마천은 「정어鄭語」의 포사 관련 설화를 인용하며[12] 위의 '(중략 ②)'에서 악녀가 된 포사의 내력을 설명하는 한편, 전국시대 말기에 편찬된 『여씨춘추呂氏春秋』 「신행론愼行論」의 구절을 토대로[13] 이솝 우화의 '양치기 소년' 이야기를 떠올리게 하는 포사 설화를 각색해 낸다. 서주 멸망과 관련하여 포사를 악의 근원으로 설정하여, 한 왕조를 멸망에 이르게 하는 해악적 여성상을 창출해 내는 것이다.[14] 여기에 또 다른 주역으로 간신 괵 석보의 역할도 강조하는데, 『국어』 「진어晉語1」에는 왕이 괵 석보와 연합하여 태자 의구宜臼를 축출한 것으로 언급되어 있다.[15] "유왕, 포사, 괵 석보"의 반대편에는 태자 의구의 외가인 신을 필두로 그와 연합한 증繒과 서융으로도 알려진 견융犬戎이 있다. 자신의 외손자를 태자 자리에서 몰아낸 유왕에게 분노한 신후申侯는 이들과 함께 유왕을 오늘날 시안西安 동쪽의 여산驪山 아래에서 살해하고, 이에 제후들이 신에서 의구를 평왕으로 옹립한다. 신후 연합군의 유왕 살해 역시 「정어」와 「진어1」에 모두 언급되어 있다. 사마천의 서술은 신에서의 옹립 후 피폐해진 종주를 떠나 낙읍, 즉 성주로 천도한 평왕의 동천을 아주 짧게 언급하며 막을 내린다.

「주본기」에 명시된 서주 멸망과 동천에 관한 인식은 사마천이 악의 근원으로 묘사한 포사 관련 이야기를 빼면 다음과 같이 몇 단계로 간략하게

11 『國語』, 26-27.

12 『國語』, 519.

13 『呂氏春秋』, 289.

14 Li Feng 2006, 200-201. 『呂氏春秋』의 관련 구절에는 幽王이 거듭해서 쳤다는 북 이외에 漢代 이후에야 등장하는 烽火 이야기는 빠져 있다.

15 『國語』, 255.

정리할 수 있다.

(1) 유왕의 포사 총애로 인한 백복의 태자 피택(신후申后 소생 태자 의구의 폐위)
(2) 유왕과 괵 석보의 농단
(3) 외손자 의구의 폐위에 분노한 신후申侯, 증 및 견융과 연합하여 유왕 살해
(4) 제후들의 신에서의 평왕 옹립
(5) 융의 노략질로 인한 평왕의 낙읍(성주)으로의 동천

사마천은 「주본기」에서 유왕의 피살과 그에 뒤이은 동천의 연대를 구체적으로 언급하지 않고 있지만, 「십이제후연표十二諸侯年表」에서 이 두 사건을 각각 기원전 771년과 기원전 770년(평왕 원년)으로 확정함으로써, "동천=기원전 770년"의 틀을 제시하고 있다.[16] 그는 또한 「진본기秦本紀」와 「위세가衛世家」에서 동천 시 평왕을 보좌한 진秦 양공襄公(777~766 B.C.)과 위衛 무공武公(812~758 B.C.)의 역할에 주목하고 있다.[17] 그렇지만 사마천의 저작을 비롯하여 앞서 언급한 『죽서기년』과 『좌전』뿐만 아니라 『계년』에도 동천 시 지대한 공을 세운 것으로 나타나는 진의 문후에 대해서는 그의 재위 10년에 일어난 유왕의 피살과 관련한 역할 이외에는 전혀 언급하지 않고 있다.

『사기』와 함께 동천에 관한 현재의 인식 틀을 형성한 또 다른 축인 『죽서기년』에는 『사기』와는 다른 내용도 담겨 있다. 『죽서기년』은 281년 허난성河南省 급군汲郡의 전국시대 위나라 양애왕襄哀王(318~296 B.C.) 무덤

16 『史記』, 532.
17 『史記』, 179, 1591.

에서 다양한 죽간 문헌들과 함께 발견되었다. 발견 후 10여 년에 걸쳐 순욱荀勗(?~289)과 화교和嶠(?~?)의 정리본과 위항衛恒(?~291)과 속석束晳(?~300 이후)의 수정본, 즉 두 가지 다른 저본으로 세상에 모습을 드러낸 이른바 원본 『죽서기년』은 송대宋代에 이르는 동안 상당 부분 유실된 것으로 보인다. 현존하는 최고본最古本은 명대明代 범흠范欽(1508~1585)의 천일각天一閣 소장본, 즉 현대 학자들이 『금본죽서기년』으로 지칭하는 저본이다. 이는 청대淸代 이래로 전대흔錢大昕, 주우증朱右曾, 왕궈웨이王國維 등에 의해 후대인의 위작으로 의심받아 왔다. 따라서 중세 이래의 문헌들 가운데 『죽서(급총汲冢)기년』에서 인용된 부분들을 토대로 주우증과 왕궈웨이 등이 재구성한 이른바 『고본죽서기년古本竹書紀年』이 오히려 가치를 인정받아 왔다. 그러나 서주의 기년 문제에 관심을 가지고 『죽서기년』의 신빙성을 천착한 데이비드 니비슨David Nivison이나 에드워드 쇼네시Edward L. Shanghessy 같은 서양 학자들은, 일부 일탈의 가능성을 인정하면서도, 『금본죽서기년』이 대체로 원본과 유사할 것으로 추정하고 있다.[18] 우선 『금본죽서기년』의 서주 멸망과 동천 부분부터 살펴보자.

(유왕) 3년, 왕이 포사를 총애하였다.

5년, 왕세자 의구宜臼가 신申으로 도피하였다.

8년, 왕이 정백鄭伯 다보多父(桓公)에게 사도司徒의 명을 내렸다. 왕이 백복伯服이라는 포사의 아들을 태자로 삼았다.

9년, 신후申侯가 서융西戎과 증鄫에 사신을 보냈다.

10년 춘春, 왕과 제후들이 태실太室에서 회맹會盟을 가졌다. 추秋 9월, 복숭

18 Loewe 1993, 39-47; Shaughnessy 2006, 185-256; Nivison 2009, 3-11. 『금본』과 『고본』의 幽王 기년을 비교 분석한 Li Feng 역시, 최소한 유왕 기년에 관한 한 오랜 인용과 재인용의 과정에서 훼손되었을 가능성이 큰 『고본』보다는 『금본』이 원본에 더 가까울 것으로 보고 있다(Li Feng 2006, 347-354).

아와 살구가 열매를 맺었다. 왕의 군대가 신申을 공격하였다.

11년 춘, 정월正月, 해에 후광이 깃들었다(日暈). 신인申人과 증인鄫人 및 견융犬戎이 종주宗周로 진입하여 왕과 정鄭 환공桓公을 시해하였다. 견융은 왕자 백복을 살해하고 포사를 사로잡아 돌아갔다. 신후와 노후魯侯, 허남許男, 정자鄭子가 신申에서 의구를 옹립하였다. 괵공虢公 한翰이 왕자 여신余臣을 휴攜에서 옹립하였다.

(평왕) 원년 신미辛未일에 왕은 동쪽의 낙읍洛邑으로 이주하였고, 문후文侯에게 명을 내렸다. 진후晉侯는 위후衛侯와 정백鄭伯, 진백秦伯과 회합하여 그들의 군대로 왕을 좇아 성주成周로 들어갔다.

21년, 진 문후가 휴에서 왕자 여신을 살해하였다.[19]

위의 구절들은 앞에서 살펴본 「주본기」에서의 5단계 전개과정 중 "(2) 유왕과 괵 석보의 농단" 부분을 제외하고는 모두 포괄하면서도 훨씬 더 구체적일 뿐만 아니라, 밑줄 친 부분과 같이 「주본기」에는 없는 중요한 내용들이 추가되어 있다. 무엇보다 포사 설화에 치중한 사마천이 서주 멸망의 도화선으로 신을 중심으로 한 연합군의 유왕 공격만 서술한 반면, 『금본죽서기년』에는 그 공격 이전에 유왕의 포사 총애에 뒤이은 태자 의구의 신으로의 망명(유왕 5년), 백복의 태자 옹립(유왕 8년), 신후의 서융 및 증鄫(繒)과의 연합전선 구축(유왕 9년), 태실에서의 회맹을 통한 왕의 제후들 단속에 뒤이은 불길한 자연현상과 왕의 신에 대한 공격(유왕 10년)과 같은 굵직한 사건들이 기록되어 있다. 유왕 11년 신을 중심으로 한 연합군의 주의 본거지 종주 공격이 수년 동안 계속된 긴장과 반목에 따른 왕의 선제공격에 대한 반격이었음을 암시하는 것이다.[20] 「주본기」에 신에서 태자 의

19 『竹書紀年』, 2.11a-12b.

20 Li Feng 2006, 218-219.

구를 옹립한 것으로 나타나는 특정되지 않은 제후들도 『금본죽서기년』에는 신후申侯와 노후魯侯, 허남許男, 정자鄭子 등으로 구체적으로 명시되어 있다(유왕 11년).[21]

『사기』와 비교하여 『금본죽서기년』에서 가장 두드러지는 새로운 내용은 평왕이 옹립될 때 괵공虢公 한翰에 의해 휴攜에서 옹립된 또 다른 왕자 여신余臣에 관한 기록이다. 여신을 세운 인물이 「주본기」에서 유왕과 포사의 편에 섰던 괵 석보와 같은 괵나라 출신이라는 점이 공교롭다. 괵은 당시 친유왕, 반평왕의 선봉에 섰을 가능성이 크다. 평왕 원년인 기원전 770년을 동천의 연대로 설정한 것과, 그 과정에서 위衛와 진秦 군주의 역할을 명시한 것은 두 문헌이 일치하지만, 『금본죽서기년』에서는 「주본기」와 달리 정백鄭伯과 특히 평왕으로부터 명을 받은 진 문후의 주도적인 역할이 강조되어 있다(평왕 원년). 정백의 경우는 유왕과 함께 살해된 정 환공桓公(806~777 B.C.)의 아들 무공武公(770~744 B.C.)으로 보는 것이 타당한데, 각주 21에서 언급한 정자와 마찬가지로 한 해 전 부친을 사망하게 만든 평왕이 동천하는 데 그가 동참한 것 역시 부자연스러워 보인다. 동천 당시 진 문후의 빼어난 역할은 『금본죽서기년』에 구체적으로 명시되어 있는데, 특히 평왕 21년(기원전 750년) 휴의 또 다른 왕 여신을 살해한 것이 절정인 듯하다. 『금본죽서기년』은 『사기』와 달리 유왕 사후 21년 동안 두 명의 왕이 존재했던 것으로 보고 있다.

『금본죽서기년』의 신빙성을 의심하는 연구자들이 더욱 신뢰하는 『고본죽서기년』에도 대체로 유사한 내용이 담겨 있다. 왕궈웨이의 『고본죽서기년집교古本竹書紀年輯校』를 수정 보완한 판샹융范祥雍의 『고본죽서기년

---

21 이들 중 鄭子를 鄭의 왕자 혹은 鄭 출신의 고위 인물로 볼 수 있다면, 鄭 桓公이 같은 해에 유왕과 함께 살해된 것으로 나타나기 때문에 사리에 맞지 않아 보인다. 鄭과 金文의 자체가 비슷한 曾(鄫)이 잘못 전사되었을 가능성을 배제할 수 없을 것이다.

집교정보古本竹書紀年輯校訂補』에 재구성된 관련 부분은 다음과 같다.

> (진 문후) 7년, 유왕이 포사의 아들 백복을 태자로 옹립하였다. 평왕이 서신西申으로 도피하였다.
>
> 9년, 유왕 10년, 9월, 복숭아와 살구가 열매를 맺었다.
>
> 10년, 백반伯盤과 유왕이 모두 희戲에서 사망하였다. 이에 앞서서(先是), 신후申侯와 노후魯侯 및 허許 문공文公이 신申에서 평왕을 옹립하였다. 유왕이 사망한 이후, 괵공虢公 한翰이 또 휴攜에서 왕자 여신余臣을 옹립하였다. 주周에 두 왕이 병립하였다.
>
> 21년, 휴왕攜王이 진 문공文公(侯)에 의해 살해되었다.[22]

진 문후 7년 백복의 태자 옹립을 제외한 나머지 부분은 아래에서 살펴볼 『좌전』 "소공昭公 26년"의 구절에 대한 공영달孔穎達(574~648)의 주석(疏)에서 급총서기汲冢書紀를 인용한 부분으로 추정되는 구절들만 간추린 것이다. 『고본죽서기년』의 관련 기록도 밑줄 친 부분처럼 「주본기」에는 없는 『금본죽서기년』과 비슷한 내용이 주류를 이루고, 『금본죽서기년』에서 암시된 대로 두 왕이 병립하고 있었음을 명시하지만, 중요한 차이점도 존재한다. 무엇보다 『금본죽서기년』의 연대가 유왕과 평왕을 기준으로 한 것과 달리, 『고본죽서기년』은 진 문후를 기준으로 배열되어 있다. 따라서 다른 연대는 대체로 일치하지만, 평왕이 신으로 도피한 연대와 진 문후의 여신(『고본죽서기년』에서는 휴왕攜王) 살해 연대는 다르다. 특히 진 무후의 여신 살해 연대는 『금본죽서기년』에서는 평왕 21년=기원전 750년이고 『고본죽서기년』에서는 진 문후 21년=기원전 760년으로 상당한 차이가 있다. 또한 의구(평왕)가 망명한 지역을 『고본죽서기년』은 신申이 아닌

22 范祥雍 1962, 34-35.

서신西申으로, 백복도 백반伯盤으로 기술하고 있으며, 평왕을 옹립한 제후와 관련해서는 『금본죽서기년』에는 언급되어 있는 정자鄭子가 빠져 있다. 마지막으로 『고본죽서기년』은 『사기』 및 『금본죽서기년』과 달리, 평왕의 옹립 시점을 유왕과 백반이 사망하기 전으로 암시하고 있는데, 이 부분에 상당한 의미를 부여하는 연구자들이 있다(각주 72 참조). 그러나 그 근거가 되는 "선시先是"라는 표현은 『죽서기년』의 원문이 아닌 주석가가 추가한 부분일 가능성이 크므로,[23] 그대로 받아들이기 어렵다.

이러한 주요한 차이점에도 불구하고, 『금본죽서기년』과 『고본죽서기년』에서 일치하는 부분과 『고본죽서기년』에는 빠졌지만 『금본죽서기년』과 「주본기」 등에 모두 나타나는 내용에 어느 정도 신빙성을 부여할 수 있다면, 『죽서기년』에 언급된 서주 멸망과 동천의 과정 역시 다음의 몇 단계로 재구성될 수 있다.

(1) 유왕의 포사 총애(기원전 779년)

(2) 태자 의구의 신(서신)으로의 도피(『금본죽서기년』 기원전 777년; 『고본죽서기년』 기원전 773년)

(3) 유왕의 백복(반) 태자 옹립(『금본죽서기년』 기원전 774년; 『고본죽서기년』 기원전 773년)

(4) 신의 견융, 증과의 연합 구축(기원전 773년)

(5) 유왕의 신 공격(기원전 772년)[24]

(6) 신, 증, 견융의 종주에 대한 반격과 유왕, 백복 살해; 신후, 노후, 허남

23 Li Feng 2006, 220-221; 陳偉 2013, 47. 『죽서기년』의 같은 부분을 그대로 인용한 『通鑒外紀』 卷3에는 "先是"라는 구절이 빠져 있고, 특히 先秦 전적뿐만 아니라 『죽서기년』의 다른 逸文에도 "先是"라는 용례는 거의 나타나지 않는다.

24 『금본죽서기년』에만 나타나지만, 『國語』 「鄭語」에도 幽王의 申에 대한 공격 시 繒 및 犬戎이 申을 도와 이를 격퇴하리라는 史伯의 언설이 담겨 있다(『國語』, 519).

(문공)이 신에서 평왕 옹립; 괵공 한이 휴에서 왕자 여신 옹립(기원전 771년)

(7) 평왕 동천: 진 문후와 정백鄭伯(무공武公),[25] 위백衛伯(무공武公), 진백秦伯(양공襄公)의 보좌(기원전 770년)

(8) 진 문후의 휴왕(여신) 살해(『금본죽서기년』 기원전 750년; 『고본죽서기년』 기원전 760년)

위와 같이 『사기』와 『금본죽서기년』, 『고본죽서기년』을 절충하여 재구성된 서주 멸망과 동천의 과정은 「주본기」보다 훨씬 정치하지만, 그럼에도 불구하고 여전히 몇 가지 중요한 의문을 해소하지는 못한다.

첫째, 도피한 태자 의구를 옹립했다는 신과 견융 및 관련 정치체들의 위치 문제이다. 최술崔述(1740~1816)은 전통적 인식에 따라 신의 위치를 오늘날 허난성 남부의 난양南陽 지역으로 파악하여,[26] 샨시성陝西省 서쪽에 위치했음이 확실한 견융과의 연합이 불합리함을 최초로 제기했고,[27] 이는 여러 학자의 지지를 받은 바 있다.[28] 그렇지만 『고본죽서기년』에는 태자 의구(평왕)가 도피했다는 신이 서신으로 명시되어 있다. 이러한 측면에서 리펑은 『산해경山海經』 「서산경西山經」에 언급된 신산申山과 신수申水에 주목하며 난양 지역의 이른바 남신南申(후술) 이외에 간쑤성甘肅省 동부 핑량平凉 지역의 징수涇水 상류에 서신이 위치했다고 주장한다. 더욱이 시안 인근과 징수 상류의 링타이靈臺에서 각각 발견된 여계강호呂季姜壺(集成 9610)와 여강궤呂姜簋(集成 3348)를 토대로 여呂 역시 서주시대에 서신의

25 晉 文侯와 鄭伯의 동천에서의 역할 역시 『금본죽서기년』에만 나타나지만, 『國語』 「周語中」과 『左傳』 "隱公 6년"에 "주 왕실의 동천 당시 晉과 鄭에 의존했음"을 기록하고 있다(『國語』, 45; 『春秋左傳正義』, 1713).

26 陳槃 1969, 152.

27 『崔東壁遺書』, 246-247.

28 蒙文通 1958, 21; 錢穆 1982b, 127; 王玉哲 1986, 49; 宋新潮 1989, 75-76.

인근에 위치했음을 발견한다. 『국어』「정어」에 신과 함께 유왕의 공격을 막은 것으로 언급된 여도 신과 마찬가지로 난양 지역 이외에 샨시성 서북부에도 근거지가 있었음을 논증하며 최술의 주장을 반박하는 것이다.[29] 그런데 의구가 망명한 지역을 서신으로 인정한다고 하더라도, 『금본죽서기년』과 『고본죽서기년』 모두에 신에서의 평왕 옹립에 동참한 제후들로 난양 지역에서 가까운 노魯(오늘날 산둥성山東省 취푸曲阜)나 허許(오늘날 허난성河南省 쉬창許昌)[30]만 언급되어 있어,[31] 샨시성 서북부 설과 여전히 상충된다.[32] 또한 이러한 제후국들이 평왕 옹립에 동참한 정황 역시 불분명한 상태이다.

둘째, 사마천이 전혀 언급하지 않은 또 다른 왕자 여신, 즉 휴왕의 존재와 동천 시 진 문후의 역할을 어떻게 이해해야 할지 문제이다. 휴왕에 대해서는 『고본죽서기년』의 토대가 된 공영달 주석의 대상이었던 『좌전』 "소공 26년" 구절에 다음과 같이 언급되어 있다.

> 유왕에 이르러 하늘이 주周에 자비를 베풀지 않았다. 왕은 혼이 빠져 자신의 보위를 상실하였다. 휴왕攜王이 천명을 참칭하였지만 제후들이 그를 제거하고 왕의 후계자를 세웠다. 이로써 겹욕郟鄏(洛陽)으로 천도하였다.[33]

『사기』에는 『좌전』이 여러 차례 인용되어 있기 때문에[34] 사마천이 위의

29 Li Feng 2006, 221-231.

30 陳槃 1969, 145.

31 幽王과의 전역에 참전한 것으로 전하는 呂와 繒(鄫) 역시 南陽 인근에 위치한 것으로 보는 견해가 유력하다(陳槃 1969, 303, 430),

32 吉本道雅 1990a, 40-43; 吉本道雅 2013, 12.

33 『春秋左傳正義』, 2114. 기원전 516년 정변에 실패한 王子 朝가 敬王(519~476 B.C.) 편에 섰던 제후들을 향해 한 언설의 일부이다.

34 金德建 1963, 106-111.

기록을 모르고 있었다고 보기는 어렵다. 그럼에도 서주의 멸망과 동천에 관한 한 『국어』의 기록에 거의 전적으로 의존한 그가 『국어』에 전혀 등장하지 않는 여신(휴왕)의 존재 여부에 확신을 가지지 못해 두 왕의 병립 국면을 의도적으로 기술하지 않았을지도 모른다. 이러한 측면에서 『좌전』과 『죽서기년』에 언급된 휴왕의 존재 자체를 부인하기는 어렵겠지만, 위의 구절이 반드시 두 왕이 병립한 국면을 뒷받침해 주는 것은 아니어서 주목을 끈다. 즉, 휴왕의 옹립 자체를 천명의 참칭으로 보고, 그가 제거된 이후에야 태자 의구가 평왕으로 옹립되었음을 암시하는 것이다.[35] 따라서 휴왕을 누락한 「주본기」에 문제가 있을 뿐만 아니라 『죽서기년』의 두 왕 병립도 여전히 문제로 남게 된다. 더욱이 휴가 과연 어디인지, 이를 정말 지명으로 볼 수 있을지, 왕자 여신은 누구의 아들인지, 『죽서기년』의 휴왕 살해 시점은 평왕 21년(기원전 750년)인지 혹은 문후 21년(기원전 760년)인지, 사마천은 왜 진 문후의 역할에 대해 침묵을 지켰는지 등도 아직 모호한 채로 남아 있다.

마지막으로 『사기』와 『죽서기년』 모두 770년으로 확정한 동천의 과정과 연대 문제이다. 지금까지 살펴본 『사기』와 『죽서기년』에 제시된 서주 멸망과 동천의 도식을 따른다 하더라도, 신申과 견융, 증鄫(繒), 여呂, 노魯, 허許 등의 도움으로 신 혹은 서신에서 추대된 평왕이 그 이듬해 전혀 다른 제후국들인 진晉과 진秦, 위衛, 정鄭 등의 호위를 받아 성주로 동천하는 과정의 모순에 대해서는 요시모토 미치마사吉本道雅와 차오푸린晁福林, 왕레이성王雷生 등이 이미 지적했다(각주 3 참조). 필자 역시 앞에서 유왕 편에서서 죽임을 당한 정 환공의 아들 무공이 부친 사망 후 1년도 채 되지 않아 그 원인을 제공한 평왕의 동천에 합류했다는 『금본죽서기년』의 불합리성에 주목한 바 있다. 『사기』 「정세가」는 이런 모순 때문인지 무공의 역할

35 王暉 2013, 79.

을 전혀 언급하지 않지만, 『국어』와 『좌전』 모두에 "동천 당시 주 왕실이 진晉과 정鄭에 의존했다."고 명시되어 있기 때문에(각주 25 참조), 평왕의 동천에서 정의 역할을 부인하기도 어렵다. 정의 이러한 반전이 상당한 시간을 필요로 했을 정치적 상황 변화 없이 가능했을까?

이러한 측면에서 평왕 동천 연대와 관련해 전통시대 이래로 육순陸淳(?~806), 심괄沈括(1031~1095) 등이 노魯 혜공惠公(768~723 B.C.) 3년설(기원전 766년)에 주목했고, 양옥승梁玉繩(18세기)도 『사기지의史記志疑』에서 평왕이 신에서 옹립된 후 난이 진정된 이후에야 낙읍으로 천도했을 것으로 보아, 「십이제후연표」의 동천 연대인 "평왕 원년元年"은 전사되는 과정에서 발생한 오년五年의 오류일 것으로 추정한 바 있다.[36] 위에서 인용한 『좌전』의 기록 역시 서주 멸망과 동천의 과정을 "유왕의 왕위 상실(살해)→휴왕의 찬탈→제후들의 휴왕 제거 후 평왕 옹립→동천"과 같이 단계적으로 인식한 듯이 보인다. 따라서 동천이 휴왕이 제거된 이후에야 이루어진 것으로 보는 학자들이 기원전 760년(晁福林)이나 기원전 747년(王雷生), 기원전 738년(吉本道雅) 등의 수정설을 심심치 않게 제기한 것이다. 이러한 설들은 물론 그대로 수용하기는 조심스럽지만, 최소한 동천을 단일한 사건이 아닌 하나의 긴 과정으로 보았다는 점에서는 중요한 시사점을 남긴다.

서주 멸망과 동천을 둘러싼 미스터리는 당연히 고대인들이 남긴 기록의 소략함과 전승과정에서의 훼손에서 기인한 것이다. 다행스럽게도 『사기』나 『죽서기년』보다 이른 혹은 비슷한 시기에 작성되었으면서도 거의 훼손되지 않은 『계년』과 같은 사서의 발견이 이러한 미스터리의 해소에 도움을 주고 있다. 그러나 다른 한편으로 새로운 자료의 출현은 새로운 미스터리 생성이라는 숙제도 함께 남기고 있다. 이제 『계년』에 서술된 서주 멸망과 동천에 대해 살펴보자.

36 『史記志疑』, 309; 王紅亮 2012, 105.

2) 『계년』의 동천: 미스터리 해소

모두 23장으로 구성된 『계년』의 제1장에서 제4장까지는 주 왕실의 쇠락과 제후국들의 흥기에 초점을 맞추어 서주 역사를 개술하고 있으며, 나머지 제5장에서 제23장까지는 춘추시대에서 전국시대의 역사를 진과 초의 쟁패를 중심으로 비교적 상세히 서술하고 있다. 아래에 원문과 함께 제시할 서주 멸망과 동천에 관한 부분은 제2장의 전반부 3분의 2에 해당한다[【】의 번호는 죽간의 편호(그림 5-1)].

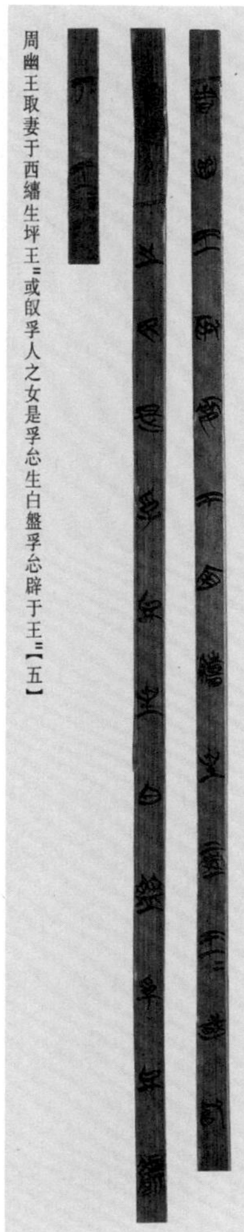

그림 5-1.
『계년』 5호간

周幽王取妻于西𦅫(申), 生坪(平)王=(王. 王)或叡〈取〉孚(褒)人之女, 是孚(褒)忈(姒), 生白(伯)盤. 孚(褒)忈(姒)辟(嬖)于王=(王. 王)【五】與白(伯)盤达(逐)坪=王=(平王, 平王)走西𦅫(申). 幽王起𠂤(師), 回(圍)坪(平)王于西𦅫=(申, 申)人弗敗(畀), 曾(繒)人乃降西戎, 以【六】攻幽=王=(幽王, 幽王)及白(伯)盤乃滅, 周乃亡. 邦君者(諸)正乃立幽王之弟舍(余)臣于虢(虢), 是巂(攜)惠王.【七】立廿=(二十)又一年, 晉文侯𢦏(仇)乃殺惠王于虢(虢). 周亡王九年, 邦君者(諸)侯女(焉)訇(始)不朝于周,【八】晉文侯乃逆坪(平)王于少鄂, 立之于京𠂤(師). 三年, 乃東遷(徙), 止于成周. 晉人女(焉)訇(始)啓【九】于京𠂤(師), 奠(鄭)武公亦政(正)東方之者(諸)侯.

주 유왕은 서신西申에서 아내를 맞아 평왕을 낳았다. 왕은 포인褒人의 여성도 아내로 맞이하니, 그가 포사로, 백반伯盤을 낳았다. 포사가 왕의 총애를 받아 왕【五】과 백반이 평왕을 몰아내자, 평왕은 서신으로 갔다. 유왕이 군사를 일으켜 서신에서 평왕을 포위하였으나, 신인申人들은 (그를) 넘기지 않았다. 증인曾人들이 이에 서융을 끌어들여【六】유왕을 공격하니 유왕과 백반이 이내 죽임을 당하고, 주는 이에 멸망하였다. 방군邦君과 제정諸正이 이에 유왕의 아우 여신余臣을 괵虢에서 옹립하니, 그가 휴혜왕攜惠王이다.【七】등극 21년, 진 문후 구仇가 이에 괵에서 혜왕惠王을 살해하였다. 주周에 왕이 없어진 지 9년, 방군과 제후諸侯들이 이때 비로소 주에 조근하지 않자,【八】진 문후가 이에 평왕을 소악少鄂에서 맞이하여, 경사京師에서 옹립하였다. 3년, 동쪽으로 이주하여 성주成周에 정착하였다. 진인晉人들이 이때 비로소【九】경사京師로 진출하기 시작하였고, 정 무공 역시 동방의 제후들을 다스렸다.[37]

『계년』의 서주 멸망과 동천 부분 역시 「주본기」나 『죽서기년』과 마찬가지로 분량이 많지는 않지만, 밑줄 친 부분처럼 중요한 새로운 내용을 담고 있다. 일단 주요 전개 과정을 단계별로 정리하면 다음과 같다.

(1) 유왕이 서신西申에서 맞이한 부인과의 사이에서 평왕 낳음.
(2) 유왕의 포사 총애와 평왕 축출
(3) 평왕의 서신으로의 도피
(4) 유왕의 서신 공격
(5) 신과 증, 서융의 반격에 따른 유왕과 백반 사망; 주 멸망
(6) 방군邦君, 제정諸正이 괵에서 유왕의 아우 여신을 휴혜왕攜惠王으로 옹립
(7) (휴혜왕) 등극 21년, 진 문후 구가 괵에서 휴혜왕 살해

37 위의 석독과 번역은 정리자의 역주(『清華大學藏戰國竹簡(貳)』, 139-140)에 의존하여 일부 수정을 가한 것이다.

(8) "주망왕구년周亡王九年" 방군과 제후들이 조근하지 않자 진 문후가 소악少鄂에서 평왕을 맞이하여 경사京師에서 옹립

(9) 3년 후 성주로 동천

(10) 진과 정의 세력 확장

위의 (1)에서 (7)까지는 「주본기」나 『죽서기년』의 내용에서 크게 벗어나지 않으면서, 앞에서 언급한 동천의 몇 가지 미스터리를 해소해 준다. 첫째, 평왕의 외가이자 도피처인 신申에 대해 『고본죽서기년』과 마찬가지로 서신西申으로 명시하고 있어, 신의 위치를 둘러싼 최술 이래의 논쟁을 상당 부분 해소한다. 이는 1981년 허난성 난양 인근의 서주 후기 묘에서 발견된 중칭보궤仲偁父簋(集成 4189) 명문에 중칭보라는 인물이 "남신백南申伯의 태재太宰"로 언급되어 있는 사실과도 부합한다.[38] 『시경詩經』 "숭고崧高"에 선왕宣王에 의해 오늘날 난양 인근의 사謝에 봉해졌다는 신백申伯[39]이 남신과 관련 있을 것으로 보이는데, 어쨌든 『계년』은 『고본죽서기년』과 마찬가지로 평왕의 최초 도피처가 확실히 샨시성 서북부의 서신이었음을 입증해 준다. 이럼에도 불구하고 『죽서기년』에 언급된 신에서의 평왕 옹립에 동방의 노魯와 허許의 군주가 개입한 상황은 여전히 부자연스러운데, 『계년』에는 소악少鄂이라는 새로운 지명이 등장하며 이와는 상당히 다른 내용이 기술되어 있다(후술).

둘째, 「주본기」나 『금본죽서기년』에 백복伯服으로 지칭된 포사의 아들은 『계년』에는 『고본죽서기년』과 마찬가지로 백반伯盤으로 나타나, 앞에서 인용한 『좌전』 "소공 26년"의 구절에 대한 공영달의 소疏에 속석을 인용하여 "백복은 고문古文(『급총기년汲冢紀年』)에는 백반으로 되어 있다."라

38 崔慶明 1984, 15.

39 『毛詩正義』, 565.

고 한 설명과 부합한다.[40]

셋째, 『죽서기년』에 나타나는 왕자 여신의 존재를 확인해 줄 뿐만 아니라, 그가 유왕의 아우인 사실도 더해 주어 휴왕에 대한 의문을 해소시켜 준다. 『금본죽서기년』과 『고본죽서기년』 모두에 여신을 옹립한 주체가 괵공 한으로 명시된 것과 마찬가지로, 휴왕이 괵에서 옹립되었음도 확인해 주어, 「주본기」의 괵 석보 이야기와 함께, 당시 괵이 반평왕 세력에서 주도적 역할을 했음을 뒷받침해 준다. 더욱이 휴왕을 휴혜왕攜惠王으로 지칭해, 그가 혜왕惠王이라는 긍정적 의미의 시호를 지니고 있었을 가능성을 암시한다.[41] 휴에 대해서는 괵 지역의 지명으로 보아 대부분의 학자가 서주 말에서 춘추 초의 괵국 묘지가 발굴된 허난성 싼먼샤三門峽 일대를 주목한다.[42] 방군邦君과 함께 휴왕을 옹립한 제정諸正에 대해 정리자는 '정正'을 '장長'의 의미로 보아 제후로 파악한다. 휴왕의 옹립에 괵공 한뿐만 아니라 여러 세력의 우두머리들이 동참했음을 알게 해준다.

넷째, 진 문후의 휴혜왕 살해 역시 21년이라는 점에서는 『금본죽서기년』이나 『고본죽서기년』과 같다. 그러나 그 21년이 휴혜왕 옹립에 바로 뒤이은 "립立 21년"이기 때문에, 이를 휴혜왕 21년으로 보는 데 이견이 없다. 『죽서기년』과 마찬가지로 『계년』 역시 유왕과 백반 살해 직후 괵에서 휴혜왕이 옹립된 것으로 서술되어 있기 때문이다. 따라서 휴예왕 옹립을 기원전 771년으로, 휴혜왕 원년을 이듬해인 770년으로 보는 데도 무리가 없다. 그렇다면 『계년』에서의 휴혜왕 살해 시점은 기원전 750년으로, 왕궈웨이가 주장한 『고본죽서기년』에서의 기준인 문후 21년(기원전

40 『春秋左傳正義』, 2114.

41 朱鳳瀚 2012.

42 劉國忠은 攜가 고대에 貳의 의미를 지니고 있었으므로 余臣을 적통이 아님을 암시하는 貶稱으로 이해하기도 한다(劉國忠 2011). 그러나 『죽서기년』에 攜가 지명으로 등장하듯, 위의 『계년』에서도 휴혜왕 옹립 기사에 뒤이은 그의 살해 부분에서는 '휴'를 빼고 '혜왕'으로만 칭하기 때문에, 휴는 지명일 가능성이 크다.

760년)보다는 『금본죽서기년』의 기준인 평왕 21년으로 보는 것이 더 적절함을 알게 해준다.[43] 물론 『계년』의 휴혜왕 21년, 즉 기원전 750년이 평왕 21년에 부합하는지는 여전히 문제로 남는다.

위의 (8)과 (9)에 나타나는 평왕 옹립과 동천 문제는 「주본기」나 『죽서기년』의 관련 부분과 판이하게 달라 다음 절에서 본격적으로 다루겠지만, 이 부분 역시 앞에서 살펴본 두 가지 중요한 미스터리에 대한 실마리를 제공해 준다. 우선 (9)에 제시된 평왕 옹립 3년 후 동천이라는 『계년』의 새로운 내용은, 최소한 동천을 유왕이 사망하고 서주가 멸망한 이듬해인 기원전 770년으로 확정한 「주본기」와 『죽서기년』의 연대에 문제의 소지가 있음을 암시한다. 오히려 동천을 단일 사건이 아닌 장기간의 과정으로 해석한 일부 학자의 주장이 재고의 여지가 있음을 보여 주는 것이다.

마지막으로 「주본기」와 달리 『금본죽서기년』과 『고본죽서기년』 모두에 명시된 평왕과 휴왕의 병립 문제 역시 (8)의 "주망왕구년周亡王九年"에 대한 해석 여하에 따라, 『죽서기년』의 기록이 완전히 부정될 수도 있다. 다시 말해 필자가 위에서 제시한 해석처럼 이를 휴혜왕 사후의 무왕無王 9년으로 볼 수 있다면, 그 9년 이후에야 평왕이 옹립되었다고 서술되어 있기 때문에, 두 왕이 병립한 시기가 있었기보다는 오히려 궐위 시대가 존재했다는 얘기가 된다. 그러나 이러한 『계년』의 서술은 기존 전래문헌의 서술을 송두리째 뒤집어엎는 큰 도전이기 때문에 이에 대한 다양한 해석이 제기되어 있다.

3) 동천기 역사 다시 쓰기: 소악과 "주망왕구년"

『죽서기년』에는 동천의 과정이 "유왕 살해(기원전 771년)→신에서의 평왕 옹립 및 휴에서의 여신(휴왕) 옹립(기원전 771년)→평왕 동천(기원전 770

43 李學勤 2011b, 71.

년)→진 문후의 휴왕 살해(기원전 760년 혹은 기원전 750년)"의 단계로 비교적 단순하게 서술되어 있다. 『계년』의 경우 유왕 살해 이후 괵에서의 휴혜왕 옹립과 휴혜왕 등극 21년 만에 진 문후에 의한 살해 부분은 『죽서기년』과 대조가 가능하다. 그러나 이어지는 "주망왕구년周亡王九年" 방군과 제후들이 조근하지 않자 진 문후가 소악少鄂에서 평왕을 맞이하여 경사京師에서 옹립했고 3년이 지난 후에 동쪽으로 이주하여 성주에 정착했다는 부분은 이전에는 전혀 알려지지 않은 내용이다. 이어지는 진의 경사 진출은 『죽서기년』에서처럼 평왕의 성주로의 동천에 진 문후가 큰 역할을 담당했음을 암시하지만, 역시 전래문헌에는 없는 내용이다.

『계년』 연구에서 가장 큰 논란이 되고 있는 "주망왕구년"에 대해 검토하기 전에 이견이 있는 두 지명, 소악과 경사부터 살펴볼 필요가 있다. 일단 평왕이 성주에 정착한 다음에 진이 진출하기 시작했다는 두 번째 경사를 성주로 보는 데는 이견이 없다. 뒤에서 살펴볼 진강정晉姜鼎과 융생편종戎生編鐘 명문에도 같은 의미의 경사가 언급되어 당시 진 문후가 주도적 역할을 했음을 입증한다. 한편 정리자들은 평왕 옹립 전 진 문후가 그를 맞이했다는 소악에 대해, 『좌전』 "은공隱公 6년"에 진과 관련된 지명으로 언급된 오늘날 산시성 샹닝현鄉寧縣 남쪽의 악鄂으로 추정한다. 이 악은 진국이 내란 중이던 기원전 717년 진의 귀족들이 수隨라는 곳에 피신 중이던 진후晉侯를 맞아들인 곳으로, 진인晉人들은 이 진후를 악후鄂侯로 불렀다고 한다.[44] 나아가 문후가 평왕을 옹립한 곳인 첫 번째 경사에 대해서는 당연히 종주를 지칭하는 것으로 보고 있다.[45] 서신으로 도피한 평왕(의구)이 (소)악으로 이주한 상황이 불분명하지만, 어쨌든 평왕은 진의 지역에 거하다 종주에서 옹립된 후 3년을 지내고 성주로 동천했다고 보는 것이다.

---

44 楊伯峻 1981, 49. 杜預는 이 鄂을 晉의 別邑으로 보았다.

45 『清華大學藏戰國竹簡(貳)』, 139.

그러나 악으로 추정되는 진 지역의 샹닝현과 종주가 위치했던 시안 사이는 상당히 떨어져 있기 때문에, 당시 진의 지역에도 경사가 있었을 것으로 보기도 한다. 춘추시대 진의 청동기인 진공분(전)晉公盆(盦)(集成 10342)과 진강정晉姜鼎(集成 2826) 명문에 등장하는 경사가 이러한 주장의 핵심 논거이다.[46] 두 명문의 경사에 대해서는 오래전부터 논쟁이 있었지만, 진강정 명문에 대한 연구들은 이들을 각각 종주(풍호豊鎬)와 성주(낙읍洛邑)로 보는 것이 합리적임을 논증하고 있다.[47] 한편 『시경』이나 『좌전』 등 선진 전래문헌에 나타나는 경사는 모두 주의 도읍인 종주나 성주만을 지칭한다는 데 이견이 없다.[48] 만약 둥산董珊의 주장처럼 평왕이 옹립되었다는 『계년』의 경사를 산시성 서남부로 비정한다면, 이는 3년 후 성주로의 이전을 "동사東徙"로 표현한 구절과도 상충된다.[49] 당시 진의 도읍 익翼으로 비정되는 오늘날 산시성 서남부 취워曲沃-이청翼城 인근에서 뤄양洛陽으로의 이주는 동사보다는 남사南徙라는 인식이 강했을 것이다. 이는 진 문공文公이 기원전 635년 왕자王子 대帶의 난을 진압한 대가로 양왕襄王으로부터 오늘날 뤄양 동북쪽의 신샹新鄉 일대로 추정되는 양번陽樊과 온溫, 원原, 찬모欑茅의 전田을 하사받은 것을 "진의 남양南陽 진출"로 표현한 『좌전』 "희공僖公 26년"의 기록과도 일맥상통한다.[50]

따라서 정리자들의 주장처럼 평왕이 옹립된 경사는 종주로 보는 것이

46 董珊 2011. 晉公盆에는 晉의 시조인 唐公(唐叔)이 武王의 명을 받고 京師에 거주(宅)한 것으로 명시되어 있지만, 앞뒤의 명문들이 불분명하여 그 맥락을 정확히 파악하기 어렵다. 진 문후의 부인으로 알려진 晉姜이 주조한 晉姜鼎 명문에도 문후의 위엄에 힘입은 晉姜이 京師에 잘 도달하여 萬民을 다스렸음을 전한다.

47 陳連慶 1986, 189-201; 沈載勳 2004, 10-15, 특히 각주 36.

48 서주의 상황을 전하는 「大雅」 "公劉"에 나타나는 '京師之野'와 "民勞"의 '惠此京師'는 모두 陝西省의 宗周를 지칭하는 반면에(屈萬里 1980, 350), 춘추시대의 상황을 전하는 『左傳』에 여섯 차례 등장하는 京師는 모두 成周(洛邑)를 지칭한다(陳連慶 1986, 197).

49 吉本道雅 2013, 16.

50 楊伯峻 1981, 433.

타당해 보인다. 그렇다면 소악 역시 반드시 산시성으로 한정할 필요는 없을지도 모른다.[51] 필자는 오히려 요시모토를 제외한 연구자들이 거의 주목하지 않았던 난양 인근의 악鄂일 가능성을 배제할 수 없다고 본다.[52] 우선 산시성 샹닝현에 악이 위치했다는 설은 일실된 당대唐代의 지리서인 『괄지지括地志』(638년)에서야 최초로 나타나는데, 후대의 지리서인 『원화군현지元和郡縣志』(813년)와 『태평환우기太平寰宇記』(10세기 후반)는 이를 전혀 따르지 않고 있다. 이보다 훨씬 이른 시기인 『한서漢書』「지리지地理志」에 언급된 악鄂은 모두 후베이성湖北省 쑤이저우隨州나 우한武漢 일대 및 허난성 난양으로 위치 비정된다.[53] 이는 고고학적으로도 입증되는데, 최근 쑤이저우의 양쯔산羊子山 유적 출토 청동기들을 통해 악鄂(噩)이 서주 중기까지 인근 예자산葉家山 유적의 증국曾國과 함께 왕실의 남방 공략에서 중요한 기지 역할을 담당했음을 알 수 있다.[54] 그런데 서주 후기의 우정禹鼎(集成 2833) 명문에 악후噩侯 어방馭方이 주변의 많은 족속을 이끌고 주에 반란을 일으켜 우禹가 주도한 왕실로부터 강한 공격을 받은 것으로 나타나는데, 이때 쑤이저우 인근의 악이 큰 피해를 입고 근거지를 이동한 것으로 보인다. 쑤이저우 인근에서 서주 후기 이후의 악 관련 청동기가 거의 발견되지 않는 것과 달리, 2013년 난양 샤샹푸촌夏饗鋪村에서 출토된 다수의 악후와 그 부인 악강噩姜이 주조한 청동기들은[55] 서주 후기 악의 이

51 물론 鄂이라는 동일한 지명이 山西省에서 확인되는 점 이외에도, 서주 후기 晉의 주도적인 군사적 역할을 통한 왕실과의 각별한 관계나 같은 시기 國人의 폭동으로 인해 厲王이 도피한 彘가 鄉寧과 멀지 않은 汾河 일대라는 점 역시 山西省설을 완전히 배제할 수 없게 한다.

52 이 문제에 대해서는 'Shim 2017, 74-85'에서 상술하고 있다.

53 『漢書』, 1564, 1567.

54 李學勤 2010b, 41-42.

55 河南省南陽市文物考古研究所 2013. 南陽의 鄂國墓地의 발굴에 대해서는 아직 정식 보고서가 나오지 않고 있지만, 이들 중 鄂侯가 딸을 위해 주조한 媵器인 壺는 뚜껑 옆부분에 "噩侯作孟姬媵壺"라는 명문을 담고 있어 주목을 끈다. 서주 후기의 噩侯簋(集成 3929) 명문에 噩侯가 王姞이라는 딸을 위해 그 기물을 주조한 것으로 명시되어 있기 때문에, 이전까

주지가 『한서』「지리지」 남양군南陽郡 산하의 서악현西鄂縣이었을 가능성을 뒷받침해 준다.[56]

앞에서 서신西申으로 도피한 평왕이 난양 인근의 노魯와 허許 등의 도움으로 신申에서 옹립되었다는 『죽서기년』 기록의 불가해성에 대해 언급한 바 있다. 그런데 『고본죽서기년』은 평왕이 도피한 지역과 평왕이 신과 노, 허 등의 도움으로 옹립된 지역을 각각 '서신'과 '신'으로 다르게 명시하고 있다. 『시경』 "숭고"에 언급된 바와 같이 난양의 신(중칭보정仲偁父鼎의 남신南申)은 서주 후기에 남방 사수라는 중요한 역할을 담당했고, 원래 서신에서 유래한 이 남신南申이 서신과 지속적으로 친밀한 관계를 유지했을 것임은 자명하다.[57] 남신과 악이 인접한 지역에 위치한 사실을 통해 볼 때, 요시모토가 추론한 대로,[58] 일단 서신으로 도피했던 평왕이 유왕의 공격, 유왕과 백반의 피살, 휴혜왕 옹립이라는 혼란스런 상황에서, 안전한 난양의 신으로 옮겨 가 거기서 추대되었을 가능성은 없는 것일까?(그림 5-2)

이러한 추론은 평왕이 (남)신에서 노와 허 등 인근 세력들의 도움으로 옹립되었다가(『죽서기년』), 진 문후에 의해 경사에서 다시 옹립될 때까지 같은 지역의 악에서 계속 머물렀다는(『계년』), 두 문헌을 아우르는 절충적인 해석을 가능케 한다. 서주 후기에 주 왕실과 친소관계를 되풀이한 악의 독자성[59] 역시 평왕을 수용하기 좋은 조건이었을 것이다. 물론 서신에서 남신으로의 이주에 대한 직접적인 근거를 찾기는 어렵다. 그러나 『좌전』에

지 噩은 당연히 姞姓의 나라로 인식되어 왔다. 그렇지만 그보다 연대가 확실히 늦은 서주 말~춘추 초로 추정되는 난양의 청동기에는 姬姓으로 나타나는 것이다. 이 문제에 대해서는 앞으로 다양한 논의가 제기되겠지만, 어쨌든 춘추 초 난양 지역의 噩(鄂)이 晉과 같은 姬姓이라는 사실 역시 난양의 鄂이 晉의 鄂侯와도 관련 있는 지역일 가능성을 한층 더해 준다.

56 『漢書』, 1564.

57 徐少華 2005, 67.

58 吉本道雅 1990a, 40.

59 沈載勳 2007, 291-292.

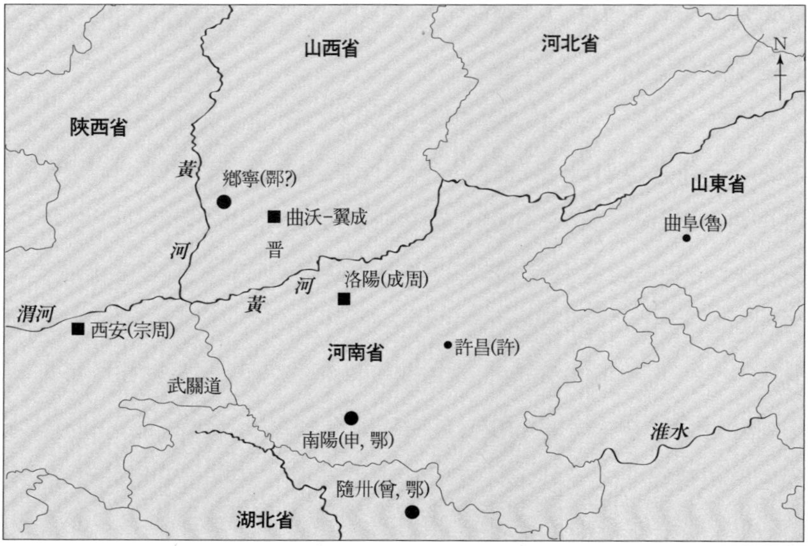

그림 5-2. 소악 관련 위치도

는 평왕의 동천을 전하는 두 가지 다른 이야기가 등장한다. 즉, 앞에서 언급한 동천 당시 진晉과 정鄭에 의존했다는 것이 그 하나이다. 또 "양공襄公 10년"(563 B.C.), 왕실 귀족들 사이의 정쟁의 와중에 하금瑕禽이라는 인물이 옛날 평왕이 동천할 때 자신들의 칠성七姓이 왕을 따르면서 왕이 제사에 사용할 수 있도록 제물祭物을 공급한 덕에 왕으로부터 대대로 그 직을 잃지 않으리라는 맹약을 받았음을 상기시키는 것이 다른 하나이다.[60] 이전에는 두 사례 모두 당연히 유왕 살해 직후인 기원전 770년의 동천 과정에서 일어난 일로 인식되었지만, 『계년』이 암시하는 동천의 긴 과정을 수용한다면, 반드시 그렇게만 볼 이유도 없다.[61] 진과 정에 의존한 전자의 동

60 楊伯峻 1981, 983.

61 吉本는 『左傳』에 세 차례 등장하는 '東遷'이라는 용어가 반드시 洛邑(成周)으로의 이주만을 한정적으로 의미하기보다는 關中 지역에서 中原 지역으로의 이주를 광범위하게 포괄하는 것으로 추정한 바 있다(吉本道雅 1990a, 37).

천이 『계년』에 언급된 대로 휴혜왕 살해 이후 종주에서 성주로의 안정적인 동천이라면, 후자에 나타나는 귀족들에게 제물을 공급받아야 할 정도의 곤궁한 상황은 『죽서기년』에 언급된 (남)신에서의 옹립을 위한 서(서신)에서 동(남신)으로의 갑작스런 동천을 암시하는 것은 아닐까? 서주 후기에 관중關中과 강한江漢 지역을 이어 주는 교통로, 즉 무관도武關道를 따라 난양 분지의 악에서 종주까지 직접 연결되는 경로가 있었다는 쉬샤오화徐少華의 주장[62] 역시 이러한 이주 가능성을 뒷받침한다.[63]

이와 관련하여 『시경』 「국풍國風」의 "양지수揚之水"에는 신申과 보甫(여呂), 허許를 방어(戍)하기 위해 부인을 떠나 온 남편들이 집으로 돌아가기를 갈망하는 노래가 담겨 있다. 『모시서毛詩序』는 이를 평왕이 백성을 돌보지 않고 멀리 외가(母家)에서 둔수屯戍하고 있음을 주인周人들이 원망하며 풍자한 시로 보고 있다.[64] 반면 취완리屈萬里(1907~1979)는 이를 신과 여呂 등 난양의 정치체들이 초楚의 압박을 받기 시작한 환왕桓王(720~697 B.C.)과 장왕莊王(697~682 B.C.) 시기의 시로 보는 푸쓰녠傅斯年(1896~1950)의 설을 따르지만,[65] "양지수"를 비롯한 왕풍王風의 시들을 대체로 평왕과 연계시킨 한대漢代의 해석을 따를 수 있다면, 이 역시 평왕과 난양 지역의 밀접한 관계를 보여 주는 중요한 흔적인지도 모른다.

따라서 필자는 소악少鄂에 관한 한 난양설이 여러 조건에 상대적으로 잘 부합한다고 보지만, 어느 주장도 단정하기는 어렵고, 이러한 위치 문제에 대한 논의 역시 마지막으로 살펴볼 "주망왕구년"에 대한 해석과 무관할

62 徐少華 1994, 26.

63 申과 呂, 繒(鄫) 등이 陝西省 서북부와 南陽 지역 모두에 領地를 가지고 있었을 가능성 역시 이와 관련이 있을 것이다. 이는 서주 후기 陝西省 중심지의 虢과 鄭 등이 河南省의 황하 유역에도 근거지를 확보하고 있었던 상황과 유사하다(Li Feng 2006, 204-210; 심재훈 2008b, 39-42).

64 『毛詩正義』, 63.

65 屈萬里 1980, 102.

수는 없다. "주망왕구년"에 대해서는 대체로 세 가지 견해가 제시되어 있다. 첫째, 리쉐친으로 대표되는 칭화대학 정리자들은 "주에 왕이 없어진 지 9년"을 유왕이 사망한 이후의 9년, 즉 기원전 762년으로 본다. 둘째, 앞에서 제시한 필자의 번역처럼 이를 휴혜왕 사망 후 9년인 기원전 741년으로 보는 견해이다.[66] 마지막으로 "망왕亡王"을 "망국지군亡國之君"으로 이해하여, 주를 멸망케 한 유왕으로 보아, 유왕 9년, 즉 기원전 773년으로 파악하기도 한다.[67] 평왕이 경사에서 옹립되고 3년 후에 성주로 동천했다고 서술한 점을 감안하면, 세 견해의 동천 연대는 각각 기원전 759년과 기원전 738년, 기원전 770년에 해당한다.

이러한 세 주장은 모두 큰 약점을 안고 있다. 무엇보다 "유왕 사후 9년설"을 제기한 리쉐친을 비롯한 정리자들이나 "유왕 9년 설"을 주장한 왕홍량王紅亮까지도 『계년』 자체의 문맥만 가지고 보면, 두 번째 해석이 가장 자연스럽다는 데 이의를 제기하지 않을 것이다. 『계년』은 "유왕의 사망으로 인한 (서)주의 멸망→휴혜왕의 등극 및 살해→평왕 옹립과 동천"을 하나의 계기적 사건으로 서술하고 있다. 『계년』의 서술 체계상 일부 이야기들이 연대와 상관없이 뒤섞이는 경우도 있지만, 결국 이들은 모두 사건 중심으로 배열되어 있기 때문에,[68] 서주의 멸망과 동천을 하나의 연결된 사건으로 서술한 위의 인용문의 일부, 즉 "주망왕구년"과 그에 이어지는 구절을 리쉐친이나 왕홍량처럼 전체 문맥과 동떨어진 삽입서사로 간주하기는 어렵다. 이러한 측면에서 "주망왕구년" 바로 앞 구절에서 휴혜왕 살해를 언급했기 때문에, 이어지는 "망왕亡王"의 계기를 제공한 왕을 휴혜왕으로 보는 것이 『계년』 저자의 의도에 부합하는 해석이다. 더욱이 유

66 復旦大學出土文獻與古文字中心讀書會[陳劍] 2011; 華東師範大學中文系戰國簡讀書小組 2011; 劉國忠 2011; 王暉 2013; 吉本道雅 2013 등.

67 王紅亮 2012.

68 陳民鎭 2012, 50.

왕 사망 후 바로 옹립된 휴혜왕에 대해 '혜惠'라는 긍정적인 시호를 쓰며 여러 세력의 우두머리들(방군과 제정)에 의해 추대된 것으로 언급한 점은 휴혜왕에게 유왕을 뒤이었다는 정통성을 부여했음을 보여 준다.[69] 첫 번째와 세 번째 설의 필연적인 전제가 될 수밖에 없는 『죽서기년』에서의 두 왕의 병립이 『계년』의 저자에게는 고려 대상일 필요가 없었던 것이다.

그럼에도 불구하고 리쉐친이나 왕훙량이 굳이 "망왕"의 주체를 유왕으로 고수하는 이유는 「십이제후연표」 등을 통해 정립된 진 문후의 재위년(780~746 B.C.)을 감안했기 때문이다. 다시 말해, 휴혜왕이 사망한 시점이 그의 재위 21년인 기원전 750년이기 때문에, "주망왕구년"을 휴혜왕 사망 이후 9년으로 본다면, 문후가 평왕을 옹립한 연대가 기원전 741년이 되어 재위 연대를 벗어나 버리는 결과가 벌어지는 것이다.

납득할 만한 여지가 있는 해석이지만, 이들은 결국 2천 년 이상 권위를 인정받아 온 「십이제후연표」로 대표되는 전래문헌상의 연대 틀에 집착함으로써, 『계년』을 기술한 저자의 의도를 경시하는 것으로 보인다. 사마천의 『사기』 집필보다 250여 년 앞서 『계년』이 작성된 시기에 『춘추』 같은 "단국單國 편년기"들과 『계년』과 같이 종합성을 지닌 "제국諸國 편년기"들이 다수 존재했을 것으로 추정한다면,[70] 당시 「십이제후연표」의 토대를 제공한 것과는 다른 자료들이 존재했을 개연성은 충분하다. 그럼에도 불구하고, 기존에 각인된 단일한 역사상에 대한 부담이 첫 번째[71]와 세 번째[72]

69 朱鳳瀚 2012.

70 夏含夷 2011.

71 李學勤을 비롯한 정리자들의 "유왕 사후 9년 설"(기원전 762년)은 뒤에서 언급될 연대기상의 혼란을 최소화하는 탁견이지만, 『계년』의 저자가 바로 앞 문장에서 등극을 설명한 攜惠王이라는 새로운 왕의 존재를 부정해 버리는 큰 모순을 야기한다. 따라서 정리자의 일원인 劉國忠(2011)도 이를 따르지 않고 있다.

72 王紅亮의 견해는 동천 연대가 『사기』나 『죽서기년』에서 제시한 기원전 770년과 맞아떨어지는 흥미로운 해석이지만, 결국 幽王이 아직 건재하던 그의 재위 9년인 기원전 773년에 平王이 옹립되었다는 불합리한 상황을 도출한다. 그는 앞에서도 주목한 『고본죽서기년』에

의 해석을 내놓게 한 것으로 보인다.

이렇듯 중국학자들의 전래문헌에 대한 집착은 출토문헌을 해석하는 데 한계로 작용하지만, 『계년』의 동천 해석을 둘러싼 논의는 다른 한편으로 전래문헌의 권위를 부정하기가 얼마나 어려운 일인지도 보여 준다. "주망왕구년"에 관한 한 두 번째 해석이 가장 무난함에도 불구하고, 그로 인해 설정된 평왕의 옹립 연대 기원전 741년과 동천 연대 기원전 738년은, 진 문후의 재위 연대와 맞지 않음은 말할 것도 없고, 『사기』와 『죽서기년』 모두에 평왕의 동천을 호위한 것으로 언급된 진秦 양공襄公, 위衛 무공武公(812~758 B.C.), 정鄭 무공武公(770~744 B.C.)의 재위 연대와도 상충되기 때문이다. 「십이제후연표」에 제시된 춘추 초 제후들의 연대기를 상당 부분 뒤집어엎어야 할지도 모르는 엄청난 결과에 당혹스럽지 않은 연구자는 없을 것이다.

따라서 "휴왕 사후 9년설"을 주장하는 학자들 사이에서도 받아들이는 정도에는 상당한 차이가 있다. 『계년』의 신빙성을 인정하는 왕후이王暉는 기존에 알려진 춘추 초 제후들의 계보나 주왕周王들의 재위 연대까지도 큰 조정이 필요하다고 주장하며, 기원전 770~기원전 750년은 휴혜왕의 세계世系 기년으로, 기원전 749~기원전 741년은 무왕無王, 즉 궐위기로, 기원전 740~기원전 720년을 평왕의 세계 기년으로 설정할 것을 제안한다.[73] 반면에 류궈중劉國忠과 요시모토는 전래문헌상의 연대와의 모순을 강조하며 『계년』의 신빙성에 대한 판단을 유보하고 있다.[74]

필자 역시 유보적이지만, 「십이제후연표」 자체에 내재된 상당한 문제들

언급된 "先是"라는 표현에 의거하여, 기원전 771년 幽王과 伯盤이 살해되기 이전인 기원전 773년에 평왕이 이미 신에서 옹립되었고, 같은 해 진 문후에 의해 경사에서 다시 옹립된 것으로 추정한다(王紅亮 2012, 106). 그러나 "先是"라는 표현의 문제점은 말할 것도 없고, 평왕의 옹립 과정 역시 설득력이 떨어져 학자들의 지지를 받지 못하고 있다.

73 王暉 2013, 81.

74 劉國忠 2011; 吉本道雅 2013, 16.

때문에,[75] 『계년』의 동천 연대인 기원전 738년[76]을 비롯한 새롭게 알려진 내용들이 충분히 재고의 가치가 있다고 생각한다. 물론 대부분의 전래문헌이 역사적 산물이듯이, 『계년』이라는 자료 역시 기원전 4세기경 초국楚國 지식인들의 역사인식을 담고 있다. 따라서 기존 전래문헌을 통해 알려진 내용과 다른 부분들을 완전히 신뢰하거나 부인하기는 어려울 것이다.[77] 이에 『사기』, 『죽서기년』 등의 전래문헌들과 『계년』이라는 출토문헌을 절충하여 동천기의 역사를 다음과 같이 필자 나름대로 재구성해 본다.

태자 의구宜臼는 유왕幽王이 포사를 총애하면서 폐위되자 외가인 샨시성陝西省 서북부의 서신西申으로 도피하였다. 신과 견융의 연합군과 주 왕실 사이의 전쟁으로 인해 유왕이 피살되는 혼란스러운 상황에서, 의구는 안전한 난양南陽의 남신南申으로 도피하여 노魯와 허許 등 인근 지역 세력들의 도움으로 왕으로 옹립되었다. 그리고 언제부터인지는 알 수 없지만 그 이후 같은 지역의 악鄂에 머물렀다. 「주본기」와 『죽서기년』 모두에 기원전 771년으로 명시된 이 옹립은, 반평왕反平王의 선봉에 선 괵虢의 휴혜왕攜惠王 옹립에 대응하는 신을 중심으로 하

75 이 문제에 대해서는 '심재훈 2014, 284-291'에서 '「十二諸侯年表」에 대한 도전?'이라는 제목으로 상술한 바 있다.

76 기원전 738년을 뒷받침하는 다른 증거들도 있다. 『左傳』 "僖公 22년"에는 周의 大夫 辛有라는 인물이 오늘날 河南省 嵩縣과 伊川縣의 경계로 추정되는 伊川을 지나다 머리를 풀어헤치고 제사를 지내는 사람을 발견하고 東遷 이후 100년도 되지 않아 그 지역이 戎의 지역으로 변한 것을 한탄하고 있다(楊伯峻 1981, 393-394). 僖公 22년은 기원전 638년이므로, 거기서 100년을 더한 기원전 738년쯤이 동천의 수정연대로 제시되기도 한다(吉本道雅 1990a, 37; 劉國忠 2011). 나아가 『금본죽서기년』에서 상당한 분량을 할애하여 비교적 풍부한 내용을 전하는 平王 시기의 기사들 중 왕과 관련된 내용은 단지 2회에 불과한데, 그것들도 각각 평왕 재위의 후반기인 36년(기원전 735년)의 "王人들이 申을 지켰다."와 42년(기원전 729년)의 "魯의 惠公이 宰讓을 보내 郊廟의 禮를 요청하자 왕이 史角을 魯로 보내 타일러서 그만두게 했다."는 기록이다. 평왕이 『계년』의 서술처럼 기원전 738년 동천이 완료된 이후에야 제대로 왕의 역할을 수행했음을 암시하는 대목일 수 있다.

77 실제로 최근 국내에서도 『繫年』 제3장에 언급된 이른바 '秦國 東來說'에 대해 긍정하는 연구(李裕杓 2016)와 부정하는 연구(김병준 2016)가 모두 제출되었다.

는 친평왕 세력의 거사로 볼 수 있을 것이다. 그렇지만 『계년』에 여러 세력의 우두머리들(방군邦君과 제정諸正)이 괵의 휴혜왕 옹립에 동참한 것으로 명시된 것을 감안하면, 신에서의 평왕 옹립이 다수의 지지를 받지는 못하였을 수 있다. 어쨌든 이때의 정국政局은 신을 중심으로 한 평왕파와 괵을 중심으로 한 휴혜왕파가 주도하였고, 『사기』에 진晉 문후文侯의 역할이 전혀 언급되지 않은 점은 진을 비롯한 동방의 제후들이 이때까지는 중립을 지키면서 사태를 관망한 때문일지도 모른다. 이 와중에 서주 후기 이래 왕실과 밀접한 관계를 유지하며 군사적 역할을 주도해 온 진의 군주 문후가 친평왕 세력으로 부상하기 시작하였다. 한편 『좌전』 "은공隱公 원년"과 『사기』 「정세가鄭世家」에 기원전 760년 정鄭 무공武公이 신申에서 부인을 맞이한 것으로 나타나,[78] 이들 사이의 화해 국면이 암시되듯이, 정 역시 이 무렵에는 평왕파에 합류하였을 것이다. 새롭게 정비된 진과 정 중심의 평왕파와 괵 중심의 휴혜왕파가 상쟁하던 와중에 진 문후가 기원전 750년 휴혜왕을 살해함으로써, 진이 정국의 주도권을 쥐게 되었다. 서방의 진秦도 「진본기秦本紀」에 문공文公 16년(기원전 750년), 『금본죽서기년』에 평왕 18년(기원전 753년)으로 명시된 시점, 즉 기원전 750년 무렵, 기산岐山 지역에서 융戎을 몰아내고 주의 이전 중심지를 회복하기 시작하였다. 평왕이 경사京師(종주宗周)에서 옹립될 수 있는 여건이 마련되고 있었던 것이다. 휴혜왕이 살해되었음에도 평왕의 존재가 미약하여 방군과 제후들이 조근하지 않자, 진과 정, 진秦 등이 9년 동안의 준비 과정을 거친 후 난양의 소악少鄂에 머무르던 평왕을 기원전 741년 종주로 모셔 옹립하였다. 사실상 이는 평왕에 대한 재추대였으나, 휴혜왕에게 정통을 부여한 『계년』의 저자(들)는 이를 평왕의 공식적인 등극 시점으로 본 듯하다. 종주에서 옹립된 평왕은 3년 후 기원전 738년 아직 불안한 종주 지역을 피해 진과 정 같은 후견 세력과 가까운 성주成周로 동천하였다.

78 『春秋左傳正義』, 1715; 『史記』, 1759.

진은 유왕 사후 주 왕실이 혼란에 빠졌을 때 문후가 평왕의 실질적인 후견인으로 동천을 주도하며 춘추 초에 전국적인 세력으로 부상한 것으로 보인다. 이는 앞에서 인용한 『계년』 제2장의 마지막 부분에 진인晉人들이 평왕의 동천 이후 경사京師, 즉 오늘날의 뤄양 지역으로 진출했다고 언급된 점을 통해서도 알 수 있다. 당시 문후의 지대한 역할과 진의 중원 진출은 다음 두 절에서 살펴볼 다른 자료들을 통해서도 입증된다.

3. 전래문헌상의 진 문후

춘추시대의 시점始點으로 알려진 기원전 770년에서 노魯나라의 연대기인 『춘추春秋』의 시점인 기원전 722년 사이는 역사 기록의 암흑기이다. 사마천은 평왕 재위기(770~720 .B.C.) 51년에 대해 다음과 같이 간략하게 서술하고 있을 뿐이다.

> 평왕 시기에 주 왕실이 쇠미해져서 제후들 중 강자가 약자를 병합하였다. 제齊와 초楚, 진秦, 진晉이 비로소 강해져서, 정사가 방백方伯들을 통해 이루어졌다. 49년(기원전 722년) 노魯 은공隱公이 즉위하였다. 51년(기원전 720년) 평왕이 붕어하였다.[79]

위 기록과 관련하여 『국어』 「정어鄭語」의 마지막 부분에 진 문후를 비롯한 당시 제후국들의 흥기가 좀 더 상세히 언급되어 있어 주목할 필요가 있다.

79 『史記』, 149.

평왕 (재위기) 말에 이르러 진秦과 진晉, 제齊, 초楚가 더욱 흥기하였다. 진秦의 경공景(장莊)[80]公과 양공襄公이 이때 주周의 고토故土를 차지했고, 진晉의 문후文侯가 이때 천자를 안정시켰으며, 제의 장공莊公과 희공僖公이 이때 소백小伯이 되었고, 초의 분모蚡冒가 이때 복濮으로 진출하기 시작하였다.[81]

『사기』와 『국어』 모두 평왕 재위기에 새롭게 부상한 나라로 진秦과 진晉, 제, 초를 주목해서 눈길을 끈다. 앞 절에서 언급한 서주 멸망의 경우처럼, 사마천은 서주에서 동주로의 변천기에 대한 「주본기」의 서술도 『국어』에 의존한 것으로 보인다. 그러나 사마천의 이 제후국들에 대한 서술은 『국어』만큼 구체적이지 않다. 진秦 양공을 제외한 나머지 제후들의 『국어』에 명시된 업적들—진 문후의 천자 안정과 제 장공과 희공의 소백 등극, 초 분모의 복으로의 확장—에 대해 「주본기」뿐만 아니라 각각의 「세가」에서도 전혀 언급하지 않고 있다. 「진본기秦本紀」에 유일하게 나타나는 양공의 역할에 대해서도 『국어』가 주의 고토를 차지한(取周土) 양공의 주도적 역할을 강조한 것과는 달리, 평왕이 동천 시 자신을 호위한 양공의 공을 치하하여 기산岐山 서쪽의 땅을 하사한 것으로[82] 서술하여 평왕의 주도적 역할을 부각시키고 있다. 제후국들보다는 왕실을 우선으로 했기 때문인지, 아래에 인용할 「진세가」의 문후 시기에 대한 기술도 아주 간략하다.

(상숙殤叔) 4년 목후穆侯의 태자 구仇가 자신의 무리를 이끌고 상숙을 습격하여 (진의 통치자로) 등극하였다. 그가 문후이다. 문후 10년 주 유왕幽王이 무

80 韋昭의 注에서 지적하고 있듯이 景公은 襄公의 부친인 莊公의 오류가 분명해 보인다(『國語』, 525).

81 『國語』, 524.

82 『史記』, 179.

도하여 견융이 유왕을 살해했고, 주는 동쪽으로 이주하였다. 진秦 양공이 처음으로 제후의 반열에 올랐다. 35년 문후 구가 죽고 아들 소후백昭侯伯이 등극하였다.[83]

문후의 군위 회복과 사망 이외에 문후의 사적과 관련된 어떤 내용도 언급하지 않고 있다. 특히 앞 절에서 살펴본 『죽서기년』이나 『계년』에 기술된 문후의 휴혜왕 살해와 동천 과정에서의 주도적 역할에 대해 언급조차 하지 않은 것은 의아할 정도이다. 사마천이 상당히 의존한 『국어』 「정어」에 진 문후의 천자 안정 이야기가 분명 언급되어 있기에, 의도적으로 누락한 것이 아닐까 하는 생각이 들기도 한다. 진의 역사에 관한 한 진의 후예인 위국魏國의 공식적인 연대기 『죽서기년』보다 사마천의 「진세가」가 더 객관적일 거라는 수전 웰드Susan weld의 주장[84]이 최소한 문후의 사적에는 적용되기 어려울 것으로 보인다.

필자는 『상서尙書』 「문후지명文侯之命」에 대한 사마천의 이해가 진 문후에 대한 이러한 인식과 밀접하게 연관되어 있을 것으로 본다. '금문' 『상서』에 포함된 「문후지명」은 모공정毛公鼎(集成 2841) 같은 서주 후기의 책명금문과 아주 유사하여 신빙성을 인정받아 왔다.[85] 일단 그 내용을 살펴보자.

> 왕께서 이렇게 말씀하셨다: "부父 의화義和여! 크게 빛나는 문(왕)과 무(왕)는 자신들의 덕을 신중하게 밝힐 수 있어서 눈부시게 상천上天에 오르셨고, 하토下土에서 광범위하게 명성을 얻으셨습니다. 이에 상제께서 문왕에게 자신의 명을 내리셨고, 이전의 관리들 역시 그들의 군주를 보좌하여 훌륭하게 복무할 수

83 『史記』, 1637-1638.
84 Weld 1990, 132.
85 Loewe 1993, 380.

있었습니다. 크고 작은 계획에 따르지 않는 이가 없었으니, 제 선조들이 보좌에서 편안하였습니다. 오! 불쌍한 나 소자여, (왕위) 계승에 있어서 하늘天에 큰 실책을 범하였네. 하민下民들의 재원과 복을 소진하여, 우리 국가國家가 크게 침탈당하였도다. 이에 국가의 사무를 처리하는 관원들 중에 나이 지긋하여 자신들의 복무에 뛰어난 자가 아무도 없었다네. 나는 이에 어쩔 도리가 없어 이르노니 조부들과 아버지들(父)이여 나를 긍휼히 살펴 주소서. 오! 당신들이 (나를 위해) 공업을 쌓는다면, 나 한 사람(予一人)은 영원히 보좌에서 평안할 것입니다. 부 의화여! 당신은 당신의 빛나는 조상(唐叔?)을 능히 계승할 수 있습니다. 당신은 비로소 문(왕)무(왕)를 본받아 이에 당신의 군주와 함께 (그 업무를) 계속하며, 문채나는 조상(前文人)께 효를 바칩니다. 당신은 여러 차례 나를 어려움에서 지켜 주셨으니, 나는 당신 같은 사람을 찬미합니다."

왕께서 말씀하시기를: "부 의화여! 당신은 이제 복귀하여 당신의 백성을 다스리고 당신의 나라(邦)를 안정시키길 바랍니다. 이에 나는 당신께 붉은 기장으로 만든 술 한 병과 붉은 활 하나와 붉은 화살 백 개, 검은 활 하나와 검은 화살 백 개, 말 네 마리를 하사합니다. 부父여, 돌아가십시오! 먼 곳의 백성들에게 부드럽고, 가까운 이들에게 유능하소서. 소민小民들에게 은혜를 베풀어 위안을 주고, 헛되이 편함을 취하지 마소서. 당신의 도읍을 긍휼히 살피셔서, 당신의 밝은 덕을 이루소서."[86]

이름이 명시되지 않은 왕이 의화라는 인물을 부父로 칭하며 내린 명이

86 王若曰: "父義和! 丕顯文,武, 克愼明德, 昭升于上, 敷聞在下. 惟時上帝集厥命于文王, 亦惟先正克左右昭事厥辟. 越小大謀猷罔不率從, 肆先祖懷在位. 嗚呼! 閔予小子, 嗣造天丕愆. 殄資澤于下民, 侵戎我國家純. 即我御事, 罔或耆壽俊在厥服. 予則罔克, 曰惟祖惟父, 其伊恤朕躬. 嗚呼! 有績, 予一人永綏在位. 父義和! 汝克紹乃顯祖, 汝肇刑文,武, 用會紹乃辟, 追孝于前文人. 汝多修扞我于艱, 若汝, 予嘉." 王曰: "父義和! 其歸視爾師, 寧爾邦. 用賚爾秬鬯一卣,彤弓一, 彤矢百,盧弓一,盧矢百,馬四匹. 父往哉! 柔遠能邇, 惠康小民, 無荒寧. 簡恤爾都, 用成爾顯德." (『尙書正義』, 253-254). 여러 학자의 견해를 토대로 한 필자의 번역이다.

다. 문왕과 무왕의 업적을 찬미한 도입부가 서주 후기 책명금문의 양식과 유사하고, 전문인前文人 등의 일부 용어뿐만 아니라 후반부의 하사품 역시 서주 금문의 상투적인 형식이다. 원래 청동기 명문에 주조된 내용이 후대에 변형된 형태로 『상서』의 한 편으로 포함되었을 가능성이 있다.[87] 일부 책명금문의 양식이 엿보이지만, 왕위를 계승하는 데 어려움이 있었던 왕을 의화라는 인물이 구해 주어 왕이 이를 치하한 내용이 주를 이룬다. 후반부에 의화에게 방邦으로 복귀하라는 명이 있는 것으로 보아 의화를 자신의 나라를 지닌 제후로 보는 것이 합리적이지만, 누구로 볼지에 대해서는 이견이 있다.[88]

우선 전통적으로 공자가 『상서』 100편을 선정하면서 각 편에 대한 설명으로 덧붙인 것으로 추정되어 온 『서서書序』[89]에서는 이 편에 대해 "평왕이 진 문후에게 거창秬鬯과 규찬圭瓚을 하사하며 「문후지명」을 지었다." 고 명시되어 있다.[90] 위 인용문의 왕을 평왕으로, 의화를 진 문후로 본 것이다. 그렇지만 사마천은 「진세가」에서 전혀 다른 견해를 제시했다. 「문후지명」을 양왕襄王이 기원전 632년 초와 쟁패한 성복전城濮戰에서 승리한 뒤 패자(후백侯伯)가 된 진 문공文公에게 내린 명으로 보았다.[91] 따라서 왕의 문공에 대한 하사품 증여 의례에 뒤이어 「문후지명」의 일부를 그대로 인용하고 있다.[92] 유향劉向(77~6 B.C.) 역시 『신서新序』 「선모善謀」에서

---

87 『詩經』 「大雅」 "江漢" 편의 후반부가 청동기 금문의 양식을 그대로 차용하고 있고, 그 바로 앞에 수록된 "韓奕" 편 역시 청동기 금문의 양식을 상당히 보존하고 있다(沈載勳 2007, 252-259, 284-287).

88 이어지는 「문후지명」의 연대를 둘러싼 논쟁에 대해서는 '屈萬里 1958, 499-500' 참조.

89 Loewe 1993, 376.

90 『尙書正義』, 253.

91 襄王이 重耳 文公을 제후들의 伯으로 인정한 이 책명의례는 『左傳』에 상술되어 있다〔『春秋左傳正義』, 1825(僖公 28)〕. 제7장에서 이에 대해 상술할 것이다.

92 『史記』, 1666-1667.

사마천의 인식을 따르고 있다.[93] 사마천이 어떤 연유에서 『서서』의 설명을 수용하지 않았는지 알 수 없지만, 그의 인식이 진 문후의 업적에 침묵을 지킨 것과 무관하지 않을 것으로 보인다.

「문후지명」에 대한 사마천의 인식과 달리 후한대 이래로 정현鄭玄과 왕숙王肅(195~256) 등은 『서서』의 설명을 따랐고,[94] 당대唐代의 사마정司馬貞은 『사기색은史記索隱』에서 사마천의 「문후지명」에 대한 오해를 비판하기도 했다.[95] 사마정이 비판의 근거를 제시하지 않은 것과 달리 현대의 『상서』 주석가인 양쥔루楊筠如는 『서서』의 신빙성을 보여 주는 근거들을 제시했다.[96] 그는 우선 『좌전』과 『국어』에 언급된 평왕 동천 시 진 문후의 역할과 평왕의 진 문후에 대한 명命을 인용했다.

> 주周 환공桓公이 왕께 이르기를, "우리 주의 동천 시에 진晉과 정鄭에 의존하였습니다."[97]

> 정 무공武公과 진 문후는 평왕을 가까이서 보좌하며 주 왕실의 고굉股肱(팔과 다리)이 되었습니다.[98]

> 과거에 평왕은 우리의 이전 군주인 문후에게 "정과 함께 주 왕실을 가까이서 보좌하라. 왕명을 포기하지 말라."라고 명하였습니다.[99]

---

93 『新序』, 9.2a.
94 『尙書正義』, 253.
95 『史記』, 1667.
96 楊筠如 1959, 312-313.
97 『春秋左傳正義』, 1731(隱公 6). 『國語』에도 유사한 구절이 있다〔『國語』, 45(「周語中」)〕.
98 『國語』, 350(「晉語4」).
99 『春秋左傳正義』, 1881(宣公 12).

평왕과 진 문후의 밀접한 관계를 입증하는 이러한 증거들과 함께 양쥔루는 또한 『좌전』 "희공 28년"에 언급된 양왕이 기원전 632년 문공에게 명을 내릴 때 "평(왕)의 예를 활용하였다(用平禮也)."는 구절에도 주목했다. 이 구절에 대해 두예杜預는 양왕이 문공에게 (이전에) 평왕이 진 문후에게 한 것과 같은 의례로 대했다고 주해한 바 있다.[100]

양쥔루에 뒤이어 취완리는 사실상 이 논쟁을 종결지었는데, 의화라는 명칭을 구仇라는 명名을 지닌 문후의 자字로 추정하면서, 그 앞의 부父 역시 주왕이 희성 제후들에게 사용한 존칭임을 논증했다. 제2장에서 필자도 진 제후들의 두 가지 이름, 즉 청동기 명문상의 명名과 전래문헌상의 자字에 주목한 바 있다. 취완리는 또한 「문후지명」에 나타나는 왕위 계승의 문제나 외족의 침탈 등이 양왕보다는 평왕 시기에 더 부합할 뿐만 아니라, 두 왕의 명에 나타나는 하사품 명세 역시 차이가 있음을 지적했다. 따라서 취완리는 문후가 휴왕(휴혜왕)을 살해한 직후 평왕이 그 공적을 기리며 「문후지명」을 하사했을 것으로 추정한 바 있다.[101] 앞 절에서 살펴본 『계년』에 휴혜왕 등극 21년에 문후가 휴혜왕을 살해한 것으로 언급되어 있기 때문에, 진 문후 재위 31년으로 추정되는 기원전 750년 이후에 「문후지명」이 작성되었을 것으로 보기도 한다.[102]

그 정확한 연대는 속단할 수 없지만 「문후지명」에 언급된 내용을 평왕과 문후의 사적으로 볼 수 있다면, 그 내용은 상당히 의미심장하다. 필자는 무엇보다 "부 의화여! 당신은 이제 복귀하여 당신의 백성을 다스리고 당신의 나라(邦)를 안정시키길 바랍니다."에 주목한다. 평왕이 처한 여러 어려움에 대해 해결사 역할을 담당한 문후가 왕과 함께 경사京師, 즉 성주

100 『春秋左傳正義』, 1825.

101 屈萬里 1958, 501-511.

102 李學勤 2013, 50.

에 머무르며 정사를 담당하다, 왕이 어느 정도 안정되자 진으로 복귀했음을 암시하기 때문이다. 춘추시대의 서막에 왕실의 보호자로 중원의 정치를 넘어선 진의 역할은 다음 절에서 살펴볼 진강정과 융생편종 명문에 더욱 구체적으로 언급되어 있다.

4. 진강정과 융생편종 명문상의 진

여대림呂大臨(1040~1092)의 『고고도考古圖』에 수록되어 있는 전세기傳世器인 진강정晉姜鼎(集成 2826)은 북송北宋 중기 샨시성의 한청韓城에서 발견된 것으로 알려져 있다. 『고고도』에 나타나는 진강정의 기형은 베이자오北趙 진후묘지의 M93에서 출토된 열정列鼎 5점과 비슷하다(그림 2-14 참조).[103] 진후묘지에서 연대가 가장 늦은 묘인 M93에 대해 필자는 제2장에서 목후穆侯 사후 진의 재위를 찬탈한 상숙殤叔의 묘로 추정한 바 있다. 진강정에는 명문 121자가 주조되어 있었는데, 내용은 다음과 같다(그림 5-3).[104]

> 9월 을해일(12)에 진강晉姜이 이르기를: "나는 나의 시어머니를 이어받아 진나라(晉邦)를 다스리네. 나는 헛되이 편안함을 누리지 않고, 항상 밝은 덕으로 화합하여, 삼가 내 뜻을 펼쳐 왔네. 이에 나의 임금을 가까이서 보좌하며, 그의 눈부신 위엄에 대해 찬양하네. (나는) 공경히 그 위엄을 잃지 않고, 경사京師에 잘 도달하여 나의 백성을 다스렸네. (문후께서) 삼가 소금과 양초糧草 천량千輛을 나에게 남겨 하사하셨네. (나는) 문후文侯의 빛나는 명을 폐하지 않고 관串,

103 『考古圖』, 406; 北京大學考古學系 등 1995, 37.
104 상세한 해석에 대해서는 '沈載勳 2004, 10-12' 참조.

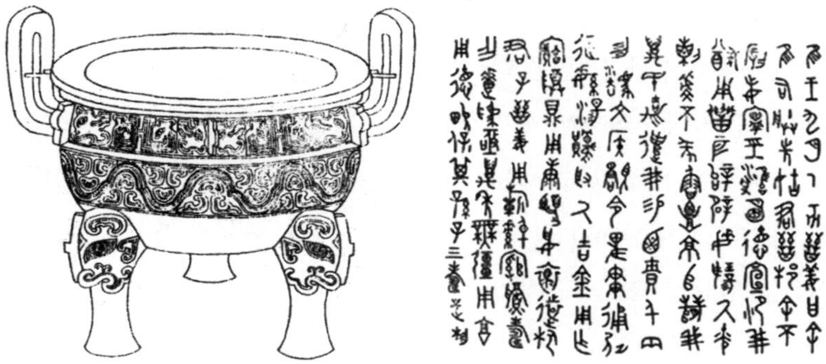

그림 5-3. 진강정(좌)과 명문(우)

통通, 홍弘으로 하여금 번탕원繁湯原을 정벌케 하여 그 견고한 동을 취득하였네. (나는) 이에 귀중한 제사용 솥(정)을 만드니, 원근의 군자들이 부드럽게 안락하고 두루 편안해질 것이네. 진강은 이에 여유와 장수를 기원하며 (이 정을) 기본으로 하여 (나라의) 준칙으로 삼네. 만년 동안 끝없이 (이 정으로) 제사 지내고 덕을 베푼다면 오랫동안 그 자손들은 보호받고 세 배의 삶을 사는 은혜를 받을 것이다."[105]

『고고도』에서 여대림이 최초로 명문의 진강을 제齊에서 시집온 문후文侯의 부인으로 파악했는데, 이에 대한 이견은 없다. 명문에 진강은 시어머니의 지위를 이어받은 것으로 나타나는데, 『좌전』과 『사기』에 진강의 시어머니인 목후의 부인 역시 제 출신 강씨姜氏로 언급되어 있다.[106] 명문에 진강이 이룩한 업적들이 기록되어 있는데, 이렇게 군주 부인의 역할이 상세히 언급된 금문은 아주 이례적이다. 진강이 진방晉邦을 다스린 시어머

105 唯王九月乙亥, 晉姜曰: 余唯嗣朕先姑, 君晉邦. 余不叚妄寧, 經雝明德, 宣邲我猷. 用召匹台辟, 每揚厥光烈. 虔不墜, 魯覃京師, 乂我萬民. 劼遣我賜鹵積千兩. 勿廢文侯顯令, 俾串通弘, 征繁湯原, 取厥吉金. 用作寶尊鼎, 用康柔綏懷遠邇君子. 晉姜用祈綽綰眉壽, 作疐爲亟, 萬年無疆用享用德, 畯保其孫子, 三壽是利.

106 『春秋左傳正義』, 1743(桓公 2); 『史記』, 1637.

니의 자리를 이어받았다는 명문의 기록은 두 여인의 정치적 지위가 상당히 높았음을 암시한다. 물론 헌공獻公 시기에 진의 정치를 주도했던 여희驪姬와 남편 양공襄公(627~621 B.C.) 사후 자신의 아들인 영공靈公(620~607 B.C.)의 등극에 적극 관여한 목영穆嬴의 역할을 고려한다면[107] 춘추시대 진에서 여성의 정치 참여가 결코 이례적인 일이라고 볼 수는 없을 것이다.

어쨌든 진강정 명문의 신빙성을 의심하지 않는 이상 진강이 춘추 초 중요한 역할을 담당했다는 명문의 기록을 믿지 않을 이유는 없다. 명문에는 진강의 두 가지 업적이 언급되어 있는데, 하나는 경사京師에 이르러 백성을 다스린 것이고, 다른 하나는 뒤에서 언급할 융생편종戎生編鐘 명문에서와 마찬가지로 번탕원繁湯原을 정벌하여 동銅을 취득한 것이다. 즉, 진강이 경사에서 군량을 보급받고 진 문후의 명을 지켜 번탕을 정벌했다는 것이다.[108] 위에서 살펴본 「문후지명」에서 문후가 경사에서 평왕을 보좌한 것으로 암시된 내용과 상통한다. 진강정 명문은 이를 뒷받침하듯 진이 주체가 되어 경사의 백성을 다스리고 외정까지 주도했음을 보여 준다.

베이징의 바오리예술박물관에 소장되어 있는 융생편종戎生編鐘(集錄 27~34) 8점에 연속적으로 주조된 명문 154자 역시 진강정과 비슷한 내용을 담고 있다(그림 5-4).[109]

---

107 『春秋左傳正義』, 1845(文公 5).

108 晉姜鼎의 연대에 대해서는 文侯의 재위기와 死後로 파악하는 두 가지 견해가 있다. 명문에 文侯라는 諡號가 언급되어 있기 때문에 당연히 死後로 파악하는 것이 순리인 듯하지만(『金文通釋』, 35.201, 91), 諡法이 春秋 중기 이전에는 실시되지 않았다고 추정하는 郭沫若는 명문의 文侯가 반드시 명문의 연대를 결정짓는 근거는 될 수 없다고 파악한 바 있다(『兩周金文辭大系圖錄考釋』, 229a). 西周시대의 청동기인 利簋(集成 4131)와 長田盉(集成 9455), 五祀衛鼎(集成 2832) 명문에 각각 武王과 穆王, 共王이 生稱된 예가 나타나기 때문에 陳連慶 역시 晉姜鼎이 文侯가 살아 있을 때 주조되었을 것으로 추정한다(陳連慶 1986, 196).

109 상세한 해석은 '沈載勳 2004, 4-9' 참조.

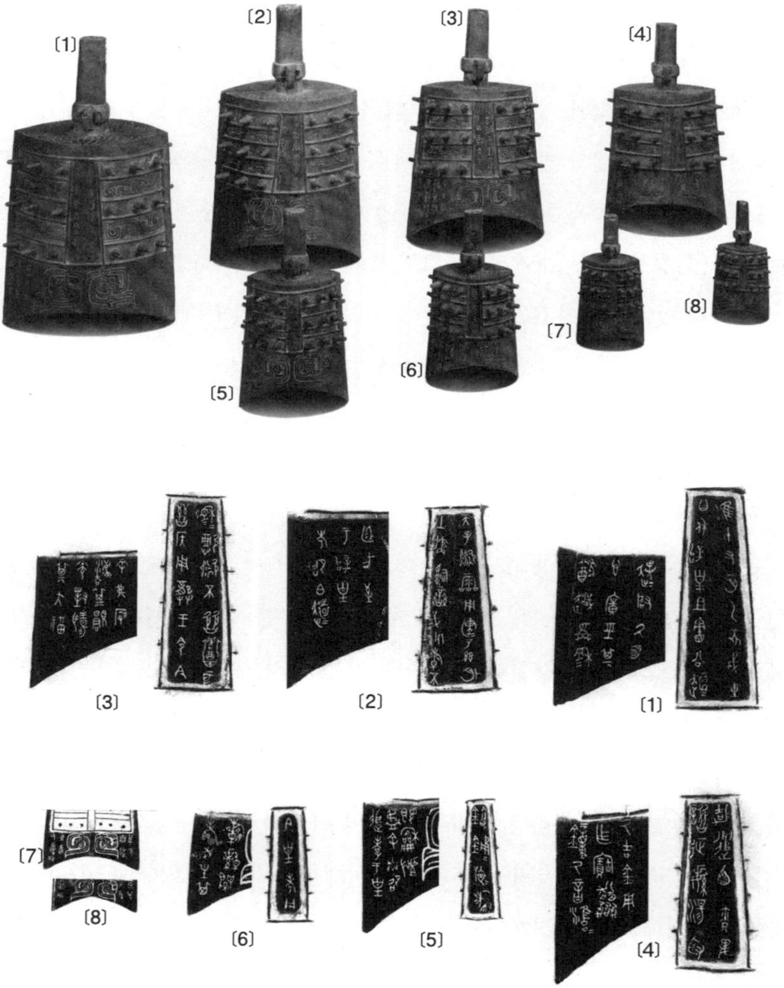

그림 5-4. 융생편종(상: 1번 종 높이 51.7cm, 8번 종 높이 21.4cm)과 명문(하)(바오리예술박물관)

[1]11월 을해일(12)에 융생戎生이 이르기를: “나의 위대한 조상(皇祖) 헌공憲公을 찬미하네. 그 용맹스럽고 공경하는 모습이여! 그 명철한 마음을 계발하여 뜻을 넓게 펼치셨네. 목천자(穆王)께서 남기신 위엄을 받들어 [2]왕기王畿 바깥에 봉함을 받아, 나아가 만융蠻戎을 다스리고, 내조하지 않는 나라들을 바

로잡으셨네. 나의 위대한 부친 소백昭伯에 이르러 그 포근하고 [3]아름다운 모습이여! 훌륭히 ? 어긋나지 않고 진후晉侯를 보좌하여 왕의 명령을 받들었네. 이제 나는 그(소백의) 빛나는 영광을 폐하지 않고 그 큰 복을 찬양하네. [4](소백께서) 삼가 소금과 양초糧草를 남겨 주어 번탕繁湯을 습격하여 정벌케 함으로써 그 견고한 동을 취득하였네. (나는) 이에 소중한 협종을 만드네. 그 소리는 옹옹, [5]창창, 용용, 애애, 숙숙, 모두 조화롭고도 아름답도다. 나는 이에 (신령을) 불러 이르게 하여 [6]위대하신 선조와 부친의 아름다룬 덕을 기리고, 여유와 장수를 기원하네. 융생은 [7]만년 동안 끝없이 백발이 되고 더 늙을 때까지 오랫동안 [8]그 자손들을 보호하며 영원히 (이 종을) 소중하게 사용하게 할 것이다."[110]

융생편종 명문은 융생의 선조인 황조皇祖 헌공의 업적으로 시작된다. 즉 헌공은 목왕穆王에게서 왕기 바깥 지역에 분봉을 받아 만융, 즉 비주非周 세력을 다스리고, 주 왕실에 내조하지 않는 나라들을 복속시켰다. 융생의 부친 소백은 왕의 명령을 받들어 진후를 보좌했는데, 리쉐친은 이때부터 목왕에게서 하사받은 융생 일족의 봉지가 진에 복속되었을 것으로 추정한다.[111] 명문에 언급된 융생과 진후 사이의 밀접한 관계를 감안한다면 헌공이 서주 중기 진의 근거지였던 현재 산시성 서남부의 취워현曲沃縣과 이청현翼城縣 일대에서 멀지 않은 지역에 분봉되었을 것으로 추론할 수 있다.

---

110 保利藝術博物館 1999, 117-128. [1]唯十又一月乙亥, 戎生曰: 休台皇祖憲公, 桓=翼=, 啓厥明心, 廣經其猷, 將稱穆[2]天子沃(?)靈, 用建兹外土, 遹司蠻戎, 用榦不廷方. 至于台皇考昭伯, 趬=[3]穆=, 懿沃(?)不僭, 召匹晉侯, 用龔王令. 今余弗叚廢其顯光, 對揚其大福, [4]劼遣鹵積, 俾譖征繁湯, 取厥吉金, 用作寶協鐘. 厥音雍[5]=,鎗=,鏞=,哀=,肅=, 既龢且淑. 余用昭[各], 追孝于皇[6]祖皇考, 用祈綽綰眉壽. 戎生其[7]萬年無疆, 黃耇又𦤎, 畯[8]保其子孫, 永寶用.

111 李學勤은 戎生에 대해 金文에 "某生"으로 되어 있는 인명은 모두 "某甥"으로 읽을 수 있다는 張亞初의 견해를 따라(張亞初 1983b, 83-89), 戎生 역시 부친이 戎의 여인과 성혼을 통해 얻은 자식으로 추정한다.

진에 신속된 융생은 부친 소백이 남겨 준 군량을 바탕으로 번탕을 성공적으로 정벌하고 동을 취득하여 이를 기념하기 위해 편종 한 세트를 주조했다고 한다.

융생편종의 연대에 대해서는 이견이 있다. 우선 기형을 토대로 왕스민王世民이 서주 후기~춘추 초기로 추정한 바 있고,[112] 융생편종을 음악학적으로 분석한 왕즈추王子初도 춘추 초기의 기물로 단정하고 있다.[113] 명문과 관련해서도 이와 비슷하게 보기도 하는데, 대부분의 연구자는 융생편종의 명문이 내용뿐만 아니라 여러 어구까지도 진강정과 상당히 유사하다고 인정한다.[114] 따라서 두 명문에 나타나는 번탕 관련 기록을 동일 사건으로 이해하는 리쉐친은 두 청동기가 같은 해에 주조되었을 것으로 추정한다. 나아가 진강정을 문후를 이은 소후昭侯 시대의 기물로 파악하면서, 진강정은 9월 을해乙亥날에, 융생편종은 11월 을해날에 만들어진 것임을 주목한다. 장페이위張培瑜가 재구성한 선진시대 역표曆表에 소후 재위기 동안 9월과 11월 모두에 을해날이 들어 있는 해는 기원전 740년밖에 없기 때문에[115] 이 해를 두 청동기의 주조 연대로 결론짓는다.[116]

반면에 서주 중후기로 보는 견해도 있는데, 마청위안馬承源은 융생편종 명문의 '공왕龔王'을 서주 중기의 왕인 공왕共王으로 이해하여 공왕의 명을 받은 융생의 돌아가신 부친(皇考) 소백 역시 공왕 시기의 인물로 파악

112 王世民 1999, 128.

113 우선 융생편종에 춘추의 일정 시기부터 樂鐘의 雙音 성능을 높이기 위해 종의 내벽에 설치하기 시작한 音梁이 설치되어 있지 않아 서주의 전통이 남아 있다고 본다. 그러나 일부 종(특히 4~8번)의 內脣 부분에 調音을 위해 파인 홈들이 후대 鈕鐘의 銼磨調音法의 특징을 보여 주기 때문에 춘추 초기의 기물임이 확실하다고 결론짓는다(王子初 1999, 379-383).

114 Gilbert L. Mattos 역시 東周시대부터 周의 영향력이 약화됨에 따라 제후국들이 자신들만이 주로 쓰는 시적인 어구들을 가지고 있었을 것으로 추정한다(Mattos 1997, 120).

115 張培瑜 1997, 535.

116 李學勤 1999, 377.

한다. 나아가 황조皇祖를 그 기물을 만든 사람보다 2대 앞선 조부로 파악하여, 공왕에 한 세대 앞선 목왕에게서 왕기 밖의 지역을 분봉받은 융생의 황조 헌공을 자연스럽게 소백의 부친, 즉 융생의 조부로 인식하는 것이다.[117] 추시구이裘錫圭는 리쉐친과 마찬가지로 '공왕龔王'의 '공'을 받들다의 의미인 '공供', 즉 동사로 보는데, 필자 역시 이를 타당하다고 본다. 그러나 추시구이는 마청위안처럼 황조를 조부로 파악하여, 융생의 부친 소백을 공왕 이후 비교적 짧은 기간 동안 재위한 것으로 알려진 의왕懿王, 효왕孝王, 이왕夷王의 3대 혹은 효왕, 이왕의 2대에 걸쳐 활동한 인물로 추정한다. 기형이나 명문의 서체를 서주 후기의 것으로 보면서 그 제작 연대를 여왕厲王 중기 혹은 후기까지로 좁히고 있는 것이다.[118]

필자는 마청위안과 추시구이의 연대 추정에 중요한 근거가 된 황조皇祖를 조부로 파악하는 금문의 일반적 해석에 문제가 있다고 본다. 그 해석에 집착하여 황조 헌공과 황고皇考 소백, 융생을 이어지는 3대代로 이해할 수밖에 없었고, 따라서 헌공이 서주 중기의 목왕에 의해 분봉되었다는 명문의 내용 때문에 손자 융생의 편종 제작 시기 역시 목왕 시기에서 멀리 벗어날 수 없었던 것이다. 금문金文에 황조/황고는 주로 그 기물의 헌납 대상, 혹은 그 기물을 이용하여 제사 드릴 대상에 대한 존칭으로 빈번히 나타난다. 이러한 존칭은 서주 중기까지는 문조文祖/문고文考의 형태로 나타났으나 중기 이후부터 황조/황고의 용례가 같이 사용되기 시작했다. 그런데 마청위안은 선진先秦 문헌의 황조는 태조太祖를 의미하지만 금문의 황조/문조는 황고/문고의 이전 세대, 즉 돌아가신 부친의 부친을 의미할 뿐이라고 주장한다.[119] 그러나 그의 주장이 서주 금문에 일률적으로 적용될

117 馬承源 1999, 364.

118 裘錫圭 1999, 365-366, 374.

119 『商周靑銅器銘文選』 3, 212(無㠱簋의 註 3).

수 있을지도 의문이거니와[120] 춘추시대의 금문에는 황조가 태조나 선조의 용례로 나타나는 경우가 분명히 존재한다.[121]

따라서 융생편종 명문의 황조 헌공 역시 목왕으로부터 분봉받은 융생의 시조로 이해할 수 있다면, 왕의 명령을 받들어 진후를 보좌한 융생의 부친 소백을 헌공보다 한 세대 이후, 즉 목왕으로부터 멀지 않은 시기의 인물로 볼 이유는 없는 것이다. 오히려 소백이 왕명을 받들어 진후를 보필했다는 내용은, 진후소편종 명문과 전래문헌에 나타나는 서주 후기 진후 소蘇와 목후穆侯의 경우와 같이 주 왕실의 측근 세력으로 성장해 가던 진의 상황과 부합된다. 추시구이가 적절하게 지적했듯이 융생편종과 진강정 명문 둘 다 날짜 표시에 뒤이어 작기자의 이름과 함께 "모모왈某某曰"로 시작되는데, 이러한 형식이 춘추시대에야 나타나기 시작한다는 점과, 융생편종 명문에서 새롭게 나타나는 것으로 주목한 밑부분이 전례 없이 길게 뻗쳐

120 西周시대 명문에도 皇祖가 作器者보다 2대 앞선 조상을 지칭하지 않는 경우가 분명히 존재한다. 최근 陝西省 眉縣 楊家村에서 발견된 宣王 시기의 逑盤 명문에 언급된 逑의 조상 일곱 명 중 부친은 皇考로, 조부는 皇亞祖로, 조부보다 앞선 세대의 나머지 조상은 모두 皇高祖로 존칭되어 있다. 作器者의 2대 앞선 조부를 "亞祖"로 존칭하는 경우는 여러 세대의 조상을 나열할 경우에 나타나는데, 史墻盤(集成 10175)과 瘐鐘(集成 247)에서도 유사한 예를 찾을 수 있다(李學勤 2003, 67). 逑盤 명문에는 또한 이 기물의 헌납 대상인 일곱 명의 조상을 "皇祖考"로 통칭하고 있어, 여기서의 皇祖는 부친(考)을 제외한 여섯 명의 조상 모두를 지칭하는 것임을 알 수 있다. David Sena 역시 西周 金文에 빈번히 나타나는 皇祖는 2대 앞선 祖父만을 지칭하는 것이 아니라 始祖에서부터 2대 앞선 祖父까지 모두에게 적용되는 일반적 존칭임을 주장한 바 있다(Sena 2004, 3-4). 1977년 扶風縣 豹子溝에서 발견된 西周 후기의 南宮乎鐘(集成 140) 명문에는 "先祖 南公과 亞祖 公仲必父의 家"가 언급되어 있고, 명문의 말미에 이 기물이 "皇祖 南公과 亞祖 鐘仲"의 이름으로 주조되었음이 명시되어 있다. 여기서의 亞祖가 확실히 祖父를 의미하는 것이라면, 皇祖로 존칭된 先祖 南公은 作器者 南宮의 始祖일 가능성이 크다.

121 春秋 중후기의 기물로 알려진 晉公盆(集成 10342) 명문에 "我皇祖唐公, 膺受大命, 左右武王"이라는 구절이 있는데, 여기서 "大命을 받고 武王을 보좌한 皇祖 唐公"은 晉의 시조 唐叔을 지칭하는 것임에 이견이 없다. 또 다른 春秋 중기의 기물 秦公簋(集成 4315) 명문에 나오는 "丕顯朕皇祖, 受天命"의 皇祖 역시 天命을 받은 秦의 始祖로 봐야 할 것이다.

올라 간 '명明'과 '외外' 자의 '월月'에 해당하는 부분[122]이 진강정 명문과 흡사한 점 역시 춘추 초기 연대설을 뒷받침한다.

따라서 필자는 융생의 부친 소백을 서주 후기의 인물로, 융생은 춘추 초기의 인물로 보는 것이 합당하다고 믿는다. 물론 두 명문에 나타나는 번탕 전역에만 근거하여 이들을 같은 해에 일어난 사건으로 단정하는 리쉐친의 추론도 성급한 감이 있다. 문후 사후 곡옥曲沃의 소종小宗이 강성해져 진(익翼)의 종실을 위협했고, 진 소후는 기원전 740년에 곡옥 소종과 결탁한 반보潘父라는 인물에 살해당한다. 바로 그해에 진이 번탕을 정벌하고 이를 기념하기 위한 청동기를 주조할 여유가 있었을지 의심스럽기 때문이다. 따라서 연대를 확정하기는 어려워 춘추 초기의 두 전역을 동일 사건으로 단정할 수는 없지만, 융생편종에 언급된 진후가 진강정의 문후일 가능성은 충분하다고 믿는다.[123]

융생편종과 진강정 명문의 역사적 의의는 동천 직후 주 왕실의 보호자라는 진의 역할을 배경에 두고 검토되어야 한다. 주 왕실이 근거지를 잃고 동천한 직후 정국이 성주成周를 중심으로 재편되어 가는 과정에서 혼란스러운 상황이 초래되었을 것임은 어렵지 않게 짐작할 수 있다. 진강정 명문에 나오는 진강이 경사, 즉 성주에 도달하여 만민을 다스렸다는 기록은 이런 측면에서 이해될 수 있을 것이다. 이 사건을 뒤이어 언급된 번탕에서의 전역과 동일 선상에서 이해해야 할지와 경사에서 진강의 역할이 무엇이었는지는 명확하지 않지만, 이를 통해 당시 진과 평왕의 밀접한 관계를 확증할 수는 있다.

두 명문에서 무엇보다 관심을 끄는 것은 청동 획득과 관련된 번탕 정벌일 것이다. 증백목보曾伯霥簠(集成 4631) 명문에 나오는 번탕 역시 청동의

122 裘錫圭 1999, 366.

123 융생편종 명문의 연대에 대해서는 '沈載勳 2004, 15-23'에 상술되어 있다.

획득과 관련이 있고 1974년 뤄양에서 발견된 전국시대 동검에도 "번탕지금繁湯之金"이라는 명문이 새겨져 있기 때문에[124] 번탕을 동주시대의 청동 원료와 관련된 중요한 지역으로 파악하는 데 이견이 없다. 앞 장에서 언급했듯이 서주 중기의 위언敔甗이나 반궤班簋(集成 4341) 명문에도 번繁이 남방 공략의 중요 거점으로 나타난다.

그렇다면 번탕은 어느 지역을 지칭하는 것일까? 『좌전』 "양공襄公 4년"에 기원전 569년 봄 초군楚軍이 진陳의 반란 때문에 번양繁陽에 계속 머물렀다는 기록이 있다.[125] 양陽과 탕湯은 단지 부수가 다를 뿐 지명에서는 서로 차용되었다. 위의 기록에 대한 두예杜預의 주석에 따르면, 초군이 그 전해에 진陳을 공략했으나 진이 계속 모반하여 회군하지 않고 진의 남쪽 번양繁陽에 머물러 있었다고 한다. 진陳은 현재 허난성 화이양淮陽 부근에 위치하고 있었다. 이 번양을 명문의 번탕과 일치시키면서 학자들은 번양 혹은 번탕을 중원과 초 등의 남방 지역을 잇는 중요한 통로이자 화이수淮水의 지류인 루수汝水의 북쪽 기슭, 즉 오늘날의 신차이현新蔡縣 북쪽으로 위치시키고 있다(그림 5-5).[126] 신차이현은 채蔡의 평후平侯(533~522 B.C.)가 원래 봉지였던, 그곳에서 서북쪽으로 80km 지점의 상차이현上蔡縣으로부터 이주한 지역으로 전해진다.[127] 청동기 명문들에 번탕에서 길금吉金을 획득한 것으로 언급되어 있기 때문에 이 지역을 청동의 산지로 이해하기 쉽다. 그러나 신차이현 이북의 번탕 일대에는 거대한 동광이 없었기 때문에, 남쪽이나 동쪽으로 통하는 교통의 요지였던 번탕은 오히려 서주시대 이래로 개발된 후베이湖北의 다야大冶(통루산銅綠山), 장시江西의 뤠이창瑞昌, 안훼이安徽의 동링東陵 등 남방의 동광에서 얻은 구리와 주석이 중원

124 洛陽博物館 1980, 489.
125 『春秋左傳正義』, 1931.
126 屈萬里 1962, 334; 楊伯峻 1981, 931; 譚其驤 1982, 29-30.
127 陳槃 1969, 25.

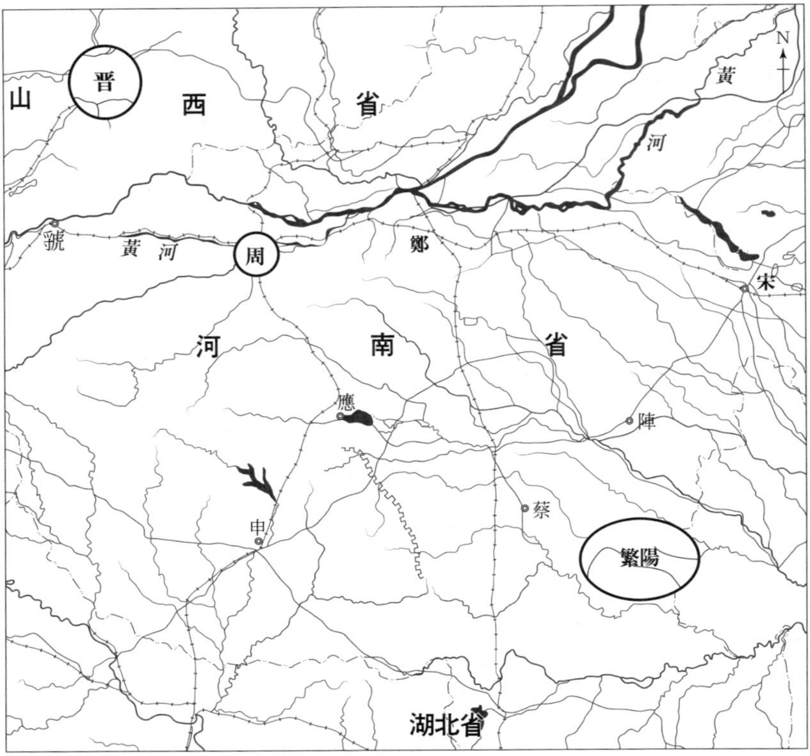

그림 5-5. 번탕 위치도

지방으로 북송되는 집산지였을 가능성이 크다.[128]

여기서 한 가지 흥미로운 사실은 번탕과 가까운 지역에 위치한 채가 앞장에서 살펴본 서주 후기의 작백정柞伯鼎과 구보수개駒父盨蓋(集成 4464) 명문에 회이 공략의 거점으로 나타난다는 점이다. 특히 작백정 명문에는 괵중虢仲과 함께 작백柞伯이라는 왕기의 인물이 회이와의 전역에서 채후蔡侯를 이끌고 있어서 주목을 끈다. 이와 관련하여『후한서後漢書』「남만서남이열전南蠻西南夷列傳」에 기록된 진 문후가 주도했던 남방 정벌도 인용할 가치가 있다.

128 李學勤 1999, 377; 馬承源 1999, 364.

> 평왕의 동천 후에 만蠻이 중원의 나라(上國)들을 침략하여 노략질하였다. 진 문후가 정권을 보좌하여(輔政) 채蔡의 공후共侯를 거느리고 그들을 격파하였다.[129]

이 기록이 믿을 만한 것이라면,[130] 채의 공후는 단지 2년(761~760 B.C.) 재위했으므로, 만에 대한 정벌 역시 이 두 해 사이에 거행되었음이 분명하다. 이 전역을 진강정의 번탕 정벌과 동일시하기도 하지만,[131] 범엽范曄(398~446)이 사용한 만蠻이라는 칭호는 남방의 비주非周 세력을 지칭하는 후대의 용어로, 서주 후기 전쟁금문에 자주 언급된 회이淮夷의 일종일 수도 있다. 서주 후기의 사원궤師寰簋 명문의 회이를 정벌하여 길금吉金을 획득했다는 기사와 구보수개 명문에 언급된 회이를 위무하고 채蔡로 돌아왔다는 기사를 떠올리게 한다. 여기서 한 가지 흥미로운 사실은 서주 후기의 작백정에서 채후를 이끈 장수가 왕실에서 파견된 인물이고, 역시 같은 시기의 사원궤와 구보수개 명문이 전하는 내용 역시 왕명에서 비롯된 것과 달리, 춘추 초의 상황을 전하는 위의 「남만서남이열전」 기록에서 채후를 이끈 주체는 왕이 아닌 진 문후라는 점이다. 위 기록은 융생편종과 진강정 명문에 언급된 번탕 정벌과 동 원료 확보 기사와 마찬가지로, 문후 시대의 진이 왕실을 대신한 남방 공략의 주역이었음을 입증한다.

상주商周시대 주조된 무수한 화려한 청동기는 당시의 청동의례가 국가

129 『後漢書』, 2831.

130 위의 기록을 뒷받침하는 『後漢書』보다 이른 시기의 기록은 존재하지 않는다. 范曄이 『後漢書』를 서술한 시점이 春秋 개시기로부터 1,000년 이상 경과한 후이기 때문에 이 기록의 신빙성에 의심을 제기할 만하다. 그러나 『後漢書』가 상당히 객관적인 역사서로 인정받고 있어(Bielenstein 1954, 40-44), 이 기록을 완전히 조작된 것으로 볼 근거도 없다. 위의 기사에 이어지는 다른 기록들이 모두 『左傳』 같은 先秦 문헌에 의존하고 있기 때문에 文侯의 남방 정벌 역시 지금은 소실되었지만 더 이른 시기의 자료를 토대로 했을 가능성이 있다.

131 吉本道雅 1990a, 43.

와 귀족 사회를 관통하는 중요한 기제였음을 알게 해준다.[132] 청동 원료의 확보를 얼리터우二里頭와 얼리강二里崗 시기, 즉 하夏나 상商 전기에도 국가 형성의 핵심 동인이었을 것으로 보는 주장이 제기되어 있을 정도이니,[133] 서주 국가 역시 청동의 확보에 심혈을 기울였을 것임에 틀림없다. 번 혹은 번탕이라는 지명이 서주와 춘추 시대 청동기 명문에 자주 언급된 사실 역시 이를 입증한다. 진강정과 융생편종 명문의 번탕 정벌 기사는 동천기의 혼란을 거치며 이 지역이 이미 주 왕실의 통제를 벗어나 있었음을 보여 준다. 이때 진 문후가 실질적인 힘을 상실한 주 왕실을 대신하여 이 지역을 성공적으로 공략함으로써 청동 원료를 지속적으로 확보할 수 있었을 것이다. 문후의 이러한 업적은 문헌에 단편적으로 언급된 왕실의 보호자로서의 역할과도 정확히 일치한다.

5. 소결

서주 왕실의 멸망과 그에 뒤이은 춘추 초, 이른바 동천기의 역사는 베일에 싸여 있었을 뿐만 아니라 사료상의 상호 모순도 존재한다. 2011년 모습을 드러낸 『계년』이라는 전국시대 초나라의 역사서는 그 모순을 더해 주면서도 새로운 실마리를 제공하고 있다. 이미 여러 학자가 주 왕실의 동천을 기원전 770년으로 확정한 사마천의 역사 서술에 의문을 제기해 왔듯이, 『계년』은 동천이 일회성 사건이 아닌 일련의 과정이었음을 보여 주고 있다.

포사의 득세로 유왕이 태자 의구를 폐위시키면서 태자는 외가인 오늘

132 팔켄하우젠 2011.

133 Li Liu & Xingcan Chen 2006.

날 샨시성 서북부의 서신으로 도피하게 되었고, 그를 공격한 유왕은 기원전 771년 서신 연합군에 패해 죽임을 당한다. 이듬해인 기원전 770년 중원의 괵나라를 중심으로 유왕의 아우인 여신을 휴혜왕으로 옹립했고, 태자 의구 역시 혼란스런 상황을 피해 오늘날 허난성 난양의 남신에서 평왕으로 즉위한 것으로 보인다. 그러나 춘추시대의 서막에 있었던 두 왕의 병존에 대해서는 사서들마다 관점이 다르고, 기원전 750년 휴혜왕이 사망하기까지 20년의 역사는 거의 공백으로 남아 있다. 이때 평왕 편에 서서 휴혜왕을 살해하고 역사의 전면으로 등장한 인물이 바로 진의 문후다. 그는 여세를 몰아 9년 후인 기원전 741년 난양 근처의 소악에 머무르던 평왕을 종주로 모셔 재추대했고, 그로부터 3년 뒤인 기원전 738년에 성주로의 동천을 주도했다.

문후의 두드러진 역할은 평왕이 문후의 업적을 치하하며 내렸다는 「문후지명」에 명시되어 있고, 진강정과 융생편종 명문도 경사(성주)의 안정과 함께 동 원료 확보를 위한 허난성 남부의 번탕 정벌에서 진이 중요한 역할을 담당했음을 보여 준다. 왕실의 보호자로서의 문후의 주도적 역할은 기원전 761~기원전 760년 채후蔡侯를 이끌고 남쪽의 비주 세력(만蠻)을 정벌한 『후한서』의 기록을 통해서도 입증된다.

그런데 여기서 한 가지 짚고 넘어가야 할 중대한 문제는 『계년』을 통해 제시된 새로운 연대가 기존 「십이제후연표」에 제시된 연대와 상충한다는 점이다. 예컨대 위에서 언급된 기원전 761~기원전 760 사이의 남방 정벌은 『계년』을 따르면 확실히 동천 이전의 사건이 되어야 한다. 더욱이 「십이제후연표」에 따르면 문후는 기원전 746년에 사망한 것으로 되어 있어, 『계년』의 기원전 741년 소악에서의 평왕 영접과 기원전 738년 성주로의 동천을 문후가 주도했다는 기록과도 완전히 모순된다.

이러한 불일치를 해소할 방법이 과연 존재할까? 몇 가지 경우의 수가 있다. 첫째, 「십이제후연표」의 연대를 부정하는 것이다. 둘째, 『계년』에 언급된 이야기의 골격은 수용하면서 그 연대는 따르지 않는 것이다. 셋째, 『계년』의 기록을 신빙성이 떨어지는 것으로 보고 무시하는 것이다.

이 장에서 필자는 이러한 가능성들을 염두에 두고 전래문헌과 출토문헌의 모순을 절충해 보려고 했지만, 그 시도가 성공적이었다고는 말할 수 없다. 그 절충은 다음의 과제로 미루지만, 많은 중국 고대사 전문가가 풀지 못하고 있는 이 난제가 과연 해소될지는 의문이다. 완전한 사료는 존재하지 않는다는, 그래서 역사 서술은 결국 역사가의 담론 만들기라는 포스트모던 역사학의 명제를 실감하게 된다.

이렇듯 정합을 이루지 못하는 문후 관련 사료에도 불구하고, 그 단편들의 조합은 그가 동천기에 평왕의 보호자로 주도적 역할을 담당했음을 인정하지 않을 수 없게 한다. 이는 그의 조부와 부친이 수행했던 왕실 측근 세력으로서의 역할을 더욱 확대한 것이다. 춘추 초 진의 성장은 『금본죽서기년』에 언급된 기원전 757년 한韓에 대한 정복을 통해서도 뒷받침된다.[134] 그렇지만 문후 사후에 발생한 67년 동안의 내전으로 인해 진은 중앙의 정치무대에서 사라지고 만다. 『춘추』의 기록자들이 기원전 658년 진 헌공獻公이 괵虢을 공격했을 때에야 진에 대해 주목하기 시작했을 정도이다.[135] 67년의 내전을 겪으며 더욱 강한 세력으로 거듭난 춘추 전기 진의 발전은 그래서 더욱 흥미롭고 역설적이다.[136]

---

134 『竹書紀年』 下, 12b. 韓의 위치에 대해서는 이견이 있다. 顧棟高가 陝西省 동남부 韓城에 위치시킨 반면(『春秋大事表』, 588), 현대의 학자들은 山西省 서남부 河津 북쪽으로 비정한다(衛文選 1982, 97; 李孟存, 常金倉 1988, 25-26).

135 『春秋左傳正義』, 1791(僖公 1).

136 이 장의 전반부는 「전래문헌의 권위에 대한 새로운 도전: 清華簡 『繫年』의 周 왕실 東遷」, 『歷史學報』 221 (2014), 119-154쪽의 일부를, 후반부는 「戎生編鐘과 晉姜鼎 명문 및 그 역사적 의의」, 『東洋史學研究』 87 (2004), 1-36쪽의 일부를 수정 보완한 것이다.

제 6 장

춘추 초 진국의 새로운 발전:

곡옥 소종과 상궈촌 청동기

1. 서론

서주 멸망과 주周 왕실의 동천으로 초래된 춘추 초기의 혼란스런 상황은 여러 제후국에서 일어난 군위 계승 투쟁으로 특징지을 수 있다. 다양한 형태로 일어난 권력투쟁의 추이는 각 나라의 발전 양상뿐만 아니라 춘추 시대의 정치지형에도 상당한 영향을 미쳤다.

춘추 중기 이래 명실상부한 최강국이 된 진晉은 춘추 초에는 어느 나라보다 극심한 장기간의 혼란을 겪었다. 주 왕실의 동천 과정에서 지대한 역할을 수행했던 문후文侯가 기원전 746년 사망하자 그의 아들 소후昭侯는 기원전 745년 숙부 성사成師(환숙桓叔)를 곡옥曲沃에 봉했다. 그런데 이 분봉은 익翼의 진 종실(대종大宗)과 곡옥의 소종小宗 사이에 67년 동안의 내전을 초래하여 진은 당시 중원의 정치무대에서 사라질 수밖에 없었다. 곡옥 소종은 여러 세대에 걸쳐 익의 진후晉侯들을 살해했으나, 기원전 679년에 이르러서야 세 번째 통치자인 무공武公(679~677 B.C.)이 이왕釐(僖)王(682~677 B.C.)으로부터 진의 새로운 제후로 인정받을 수 있었다. 이 승리 이후 진은 무공의 아들 헌공獻公(677~651 B.C.) 대에 급속히 강력한 세력으로 중원의 정치 무대에 다시 등장할 수 있었고, 급기야 문공文公(636~628 B.C.)이 패업을 이룩했다.

학자들은 67년의 내전기를 진국 역사에서 쇠퇴의 시기로 해석하며 곡옥 소종의 부상과 그 역사적 의의에 대해 그다지 주의를 기울이지 않았다. 이들은 대체로 패권을 향한 진의 발전이 헌공 대에서야 비롯되었다고 보고 있다.[1] 수전 웰드Susan Weld가 적절하게 지적했듯이[2] 진의 내전에 대한 이러한 기존의 해석은 관습적으로 진 종실의 관점을 반영한 듯하다.

다른 한편으로 베이자오北趙 진후묘지晉侯墓地의 발굴을 통해 진국은 이미 서주 후기에 왕실의 주요 측근 세력으로 성장해 왔음이 밝혀졌고, 앞 장에서 살펴본 동천 당시 문후의 지대한 역할 역시 춘추 초 중원의 강국 중 하나로 부상한 진의 면모를 보여 준다. 더욱이 1980년대 곡옥 소종의 근거지로 알려진 원시聞喜 상궈춘묘지上郭村墓地에서 출토된 새로운 청동기의 발전 양상은 야심만만한 곡옥 소종이 주도한 진의 내전기를 다른 각도에서 바라보게 한다. 이 시기 진의 역사를 곡옥 소종의 시각으로 바라본다면 이는 중대한 기회의 시기일 수 있기 때문이다.

서주 시기 진의 발전 양상을 보여 주는 진후묘지의 고고학 성과는 당시

1 童書業 1946, 167-168; 洪安全 1972, 45-48; 李孟存, 常金倉 1988, 20-33.

2 Weld 1990, 134. Weld는 또한 문헌 기록과 달리 당시의 고고학 자료들이 패권을 향한 晉의 부상을 보여 준다고 지적하고 있다. 그러나 관련 고고학 자료에 대해서는 구체적으로 언급하지 않고 있다.

진의 문화가 독특한 지역성을 띠기보다는 샨시성陝西省 주周의 중심지 문화의 강한 영향 아래 있었음을 보여 준다. 특히 많은 중국학자가 당시 진과 북방 융적의 밀접한 관계를 가정한 것과는 달리 서주시대 진의 물질문화에서 두드러진 북방문화의 흔적을 발견하기는 어렵다. 따라서 이러한 진의 상류층 문화에 대해 이른바 '진 문화'라는 용어를 사용하기보다는 오히려 "주 문화의 일부"로 파악하는 것이 더 적절하다.

그렇지만 상궈촌묘지에서 출토된 청동기를 통해 드러난 춘추 초 곡옥 소종의 문화 양상은 장기간의 내전을 승리로 이끈 이들의 야망을 반영하듯 베이자오 진후묘지와는 상당히 다른 모습을 보여 준다. 대부분의 춘추 초기 청동기가 서주 후기와 구분이 어려울 정도로 서주의 양식을 답습하고 있는 것을 감안하면, 상궈촌 청동기의 눈에 띄는 몇 가지 특성은 주목을 끌기에 충분하다. 산시성 유적을 연구하는 고고학자들은 진정한 의미의 '진 문화'는 춘추 후기 허우마侯馬의 청동제작소에서 출토된 도범陶範이나 타이위안太原 진성촌金勝村의 조경묘趙卿墓인 M251에서 출토된 청동기에서 찾을 수 있다고 하는데, 상궈촌 청동기에서 그런 전조를 확인할 수 있다.

익의 종실과 곡옥의 소종 사이에 벌어진 67년 동안의 권력투쟁이 이후 진국 발전을 이해하는 핵심이라고 볼 때, 우선 『좌전左傳』과 『사기史記』, 『죽서기년竹書紀年』의 기록을 토대로 내전의 과정과 그 역사적 의의에 대해 논할 필요가 있다. 나아가 상궈촌 청동문화의 새로운 양상을 통해 진의 통치권을 찬탈하고 급기야 진을 패권국으로 이끈 곡옥 소종의 면모를 살펴볼 것이다.

2. 기원전 7세기 중엽까지의 중원의 역사적 상황

동천 후 제후들의 도움으로 왕실이 어느 정도 안정되었음에도 불구하고 권위가 약해진 주왕周王은 성주(뤄양) 일대로 축소된 왕기王畿의 통치자로서 명목상 그 지위만 유지할 뿐이었다. 『좌전』에 따르면 정鄭 무공武公과 장공莊公(743~701 B.C.)이 왕실의 경사卿士로 주왕을 보좌하는 주축 역할을 담당했다.[3] 그렇지만 왕실과 정의 통치자들 사이의 친밀한 관계에 평왕 재위 말년 문제가 생긴 것으로 보인다. 『좌전』은 기원전 720년(은공隱公 3년)의 갈등에 대해 다음과 같이 묘사하고 있다.

> 정 무공과 장공이 평왕의 경사로 복무했는데 왕이 괵虢과도 이중 거래를 하였다. 정백鄭伯이 왕을 원망하자, 왕은 "그렇게 하지 않겠다."고 말하였다. 이에 주와 정은 인질을 교환하였다. 왕자 고孤가 정의 인질이, 정의 태자 홀忽이 주의 인질이 되었다. (평)왕이 붕어하자 주인周人들은 괵공虢公에게 정사를 맡기려고 하였다. 4월 정의 제족祭足이 군사를 이끌고 온溫 땅의 보리(麥)를 탈취하였다. 가을에 또 성주의 곡식을 탈취하였다. 주와 정의 관계가 악화되었다.[4]

동천 시 진 문후와 정 무공의 절대적인 도움을 받은 평왕은 문후 사후 진이 내전에 빠지자 정에 의존하다 재위 말에는 어떤 연유에선가 괵과 가까워졌던 것 같다. 그러나 정 장공이 이에 분노하자 정과 인질을 교환해야 했다. 평왕 사후 주 왕실은 그의 유지를 받들어 괵공에게도 정 장공과 같은 지위를 부여하려 했고, 이에 정은 주를 습격했다. 정이 왕기 내의 곡물을 탈취한 사건 때문에 새로 등극한 환왕桓王은 기원전 717년 정 장공이

3 『春秋左傳正義』, 1723(隱公 3), 1734(隱公 9); 秦進才 1986, 147-155.

4 『春秋左傳正義』, 1723.

처음으로 자신을 조근하러 왔을 때 냉대했다.[5] 이후 기원전 707년 왕실에서 직책을 빼앗자 장공은 조근하지 않았고, 왕이 제후들을 동원해서 정을 공격했다. 정이 이에 맞서 승리함으로써 당분간 정 장공이 제후들 사이에서 주도적인 지위를 차지했다.

위의 인용문에서 평왕이 재위 말 괵나라에 의존하려 한 사실이 흥미롭다. 이때의 괵은 싼먼샤三門峽의 상춘링묘지上村嶺墓地를 통해 고고학적으로 확인된 바 있다. 『좌전』에 따르면 기원전 715년 괵공虢公 기보忌父가 처음으로 정 장공과 마찬가지로 환왕의 경사가 되었다.[6] 『좌전』은 계속해서 기원전 707년 일어난 주 왕실과 정 사이의 전쟁에서 괵의 통치자인 괵공 임보林父가 채蔡와 위衛의 군대를 거느리고 정을 공격하는 데 주도적 역할을 담당했음을 전한다.[7] 앞 장에서 괵나라가 휴혜왕을 옹립하는 등 반평왕 노선의 선봉에 섰던 것을 감안하면, 이러한 괵의 변신은 춘추 초기 정국의 중대한 전환점이 되었을 듯하다. 평왕 재위 후반기에 진이 내전에 빠져 자연스럽게 정이 중원의 정치에서 독주하게 되자, 평왕은 아마도 진을 대체할 세력으로 뤄양의 왕기에서 가까운 괵에 끌렸던 것 같다. 50년 전 휴혜왕을 옹립하며 자신을 궁지로 몰았던 정치적 대립은 더 이상 문제가 되지 않았다. 그리고 그의 아들 환왕 대에 이르러 실제로 정의 독주를 견제하기 위해 괵에 의존하게 된 것이다.[8] 『좌전』에서는 이때부터 기원전 655년 진에 의해 멸망당할 때까지 괵이 주 왕실을 보좌하여 수행한 여러 사례를 기술하고 있다.[9]

---

5 『春秋左傳正義』, 1731-1732(隱公 6); 『史記』, 1760.

6 『春秋左傳正義』, 1733(隱公 8).

7 『春秋左傳正義』, 1748(桓公 5).

8 童書業 1946, 136-137; Hsu 1999, 552.

9 진의 내전 당시 주 왕실이 개입했을 때 虢이 왕실을 보좌하여 주도적인 역할을 수행했다. 또한 기원전 673년 王子 頹의 반란 당시에도 虢叔이 반란자들을 살해하고 惠王을 복귀시켰다[『春秋左傳正義』, 1774(莊公 21); 『史記』, 151].

정과 괵은 원래 샨시성 주의 중심지에 근거지를 둔 왕실과 동족인 희성姬姓의 나라들로, 서주 말 이미 성주 인근인 허난성河南省의 싱양滎陽과 싼먼샤 등에 새로운 근거지를 확보했다. 쉬저윈Choyun Hsu, 許倬雲은 서주 전 시기에 걸쳐 주의 관할 아래 있던 많은 정치체나 족속이 서(샨시성)에서 동(허난성)으로 이주하는 것이 대세였다고 추정한 바 있다.[10] 서주 후기 서북쪽의 강적인 험윤의 지속적인 공격으로 샨시성의 중심지가 불안해진 상황에서 이러한 경향은 더욱 가속화되었을 것이다. 정치적으로뿐만 아니라 문화적으로도 우월했던 중심지의 여러 양상이 성주 인근 지역으로 이식되는 와중에, 정이나 괵과 같이 중심지에서 이주해 온 세력들이 정국을 주도한 것은 자연스러운 일이었는지도 모른다.[11]

그러나 이들의 주도권이 오래 지속되지는 않았다. 기원전 701년 장공이 사망하고 뒤를 이어 두 아들 사이에 권력 투쟁이 벌어지면서 정 역시 역사의 무대에서 사라진다. 『사기』는 당시 정과 마찬가지로 위衛와 송宋, 제齊 등 다른 많은 나라도 크고 작은 군위 계승 투쟁에 휩싸였음을 전한다.[12] 기원전 7세기 초반의 20년 동안 중원은 뚜렷한 지도자가 부재한 상태였다. 확실한 패자霸者가 없는 가운데 송과 위, 정, 노魯 등 중원의 나라들이 상쟁했다. 이 와중에 제와 진秦, 초楚와 같은 주변부의 대국들은 인근의 많은 군소 정치체를 병합하며 지역국가로 발전하고 있었다. 더욱이 융적뿐만 아니라 초와 같은 다양한 비주非周 세력들도 이미 중원의 나라들에 심각한 위협으로 등장했다.

이러한 상황을 안정시킨 것은 바로 산둥山東의 제나라였다. 팽창을 꾀하던 주변부 정치체 가운데 하나인 제의 희공僖公과 양공襄公은 기원전 8세

10 Hsu and Linduff 1988, 163.

11 서주 후기 서에서 동으로의 이주 대열에 뒤이은 東遷의 역사적 함의에 대해서는 'Li Feng 2006, 141-232; 심재훈 2008b, 37-43' 참조.

12 『史記』, 1485-1486, 1593-1594, 1623, 1638-1640.

기 후반 이래로 이미 동방의 나라들을 이끌고 주도적 역할을 수행하고 있었다.[13] 기원전 685년 환공桓公(685~643 B.C.)은 형인 규糾를 무찌르고 제의 군주가 되었다. 『좌전』에 따르면 그는 기원전 679년 송, 진陳, 위, 정과 견甄에서의 회맹을 주도하며 최초로 패覇로 지칭되었다고 한다.[14] 이와 함께 주왕의 권위는 기원전 675년 혜왕惠王(677~652 B.C.)이 아우 퇴頹의 반란에 직면하여 위와 송, 연燕 연합군의 공격을 받을 정도로 약화되었다.[15] 견에서의 회맹 12년 후인 기원전 667년 혜왕은 소백료召伯廖를 환공에게 보내 명命을 내리며 8년 전 왕자 퇴의 편에 섰던 위나라를 공격해 줄 것을 요청했다.[16] "왕의 대행자agent"로서 군사 활동을 취할 특권을 부여받은[17] 제 환공은 '존왕양이尊王攘夷'의 슬로건과 함께 최초로 인정된 중원의 패자가 되었다. 그 이전 세기 중원에서 벌어진 큰 격변에 전혀 간여하지 않았던 제나라가 춘추 초 주 국가들 사이에서 최초로 공인된 주도자가 되었다는 사실이 아이러니하다. 그러나 그 패권은 중원의 동부만을 아우르는 것이었다. 서방의 두 강국 진晉과 진秦은 환공이 주도하는 회맹에 결코 참여하지 않았다. 그리고 그로부터 반세기가 지나지 않아 주 왕실의 측근 세력이었던 진晉이 제의 패권을 이어받았다. 제와는 달리 진의 패권은 중원 전역으로 확대되었다.

---

13 桓公 이전 齊國 통치자들의 역할에 대해서는 '吉本道雅 1990b, 87-101' 참조.

14 『春秋左傳正義』, 1771(莊公 15). 당시 齊의 부상 원인에 대해 주요 무역 경로상에 위치한 지정학적 이점, 중원 周의 세계 바깥에서 팽창할 수 있었던 광활한 공간, 소금과 같은 풍부한 천연자원에 주목하기도 한다(王閣三 등 1992, 174-178; Hsu 1999, 554).

15 『春秋左傳正義』, 1773(莊公 19); 『史記』, 151, 1551, 1594.

16 『春秋左傳正義』, 1781(莊公 27).

17 Rosen 1978, 104. Li Feng이 서주의 제후국들을 설명하며 썼던 agent(대리자, 대행자) 개념을 이미 1970년대 후반 Rosen이 제 환공에 적용한 바 있다. 그러나 필자가 이해하기에 둘 사이에는 분명 차이가 존재한다. Li Feng의 대행자가 부여받은 봉지 인근에서의 제한적인 지역적 역할을 수행한 것이라면, Rosen의 대행자는 전국적으로 역할이 확대되었다.

3. 진국 내전의 추이

『사기』와 『좌전』, 『죽서기년』에 따르면 진 문후의 아들인 소후는 자신의 삼촌인 환숙(성사)을 기원전 745년에 곡옥에 봉했다고 한다.[18] 이 분봉의 이유를 상세히 설명한 자료는 없지만, 『좌전』의 저자는 이에 대해 다음과 같이 언급하고 있다.

> (노魯) 혜(공)惠(公) 24년에 진에서 혼란이 시작되었다. 따라서 (소후가) 환숙을 곡옥에 봉하였다.

노 혜공 24년은 사마천司馬遷의 『십이제후연표十二諸侯年表』에 따르면 기원전 745년이므로, 진의 혼란이 문후 사망 직후 일어난 것으로 보인다. 위의 인용문은 조條 정벌과 천무千畝와의 전쟁 이후 태어난 목후穆侯의 두 아들에 대한 작명을 기이하다고 논평한 사복師服의 언설로 이어진다. 즉 뒤에 문후라는 시호를 받은 태자는 적을 의미하는 구仇로, 그 아우는 전쟁의 승리를 의미하는 성사成師로 이름을 지어 이때 이미 진의 혼란이 예고되었다는 것이다. 목후 사후 4년 동안 군위를 찬탈했던 상숙殤叔처럼, 문후 사망 당시 성사(환숙) 역시 이미 조카 소후에 반해 스스로 자립할 수 있을 정도의 상당한 세력을 구축한 것으로 보인다.[19] 소후가 삼촌의 독립을

18 『史記』, 1638; 『春秋左傳正義』, 1744(桓公 2); 『竹書紀年』, 1.12b.

19 『左傳』과 「晉世家」에 따르면 文侯에 의해 정복되었던 韓의 새로운 통치자인 韓萬이 기원전 709년 曲沃 小宗의 武公이 翼의 종실을 공격할 때 이를 보좌했다고 전한다(표 6-1 참조). 「晉世家」에 대한 『史記集解』의 주석에는 韓萬을 桓叔의 아들이자 莊伯의 아우로 명시하고 있다(『史記』, 1639). 이 주석이 정확하다고 믿는 연구자들은 韓을 정복한 이후 文侯가 이를 아우인 成師(桓叔)에게 하사한 것으로 보고 있다(楊伯峻 1981, 97; 衛文選 1982, 97; 李孟存, 常金倉 1988, 36). 더욱이 上郭村묘지의 발굴자들은 일부 묘의 연대를 서주 후기까지 소급한다. 이는 曲沃 小宗이 昭侯의 분봉 이전부터 이 지역에 근거지를 확보하고 있었음을 암시한다.

인정하지 않으면 안 될 상황이어서,[20] 이 분봉은 사실상 진의 분열을 의미하는지도 모른다. 따라서 그렇게 장기간 지속되지는 않았던 당시 다른 나라들의 권력투쟁과 달리 진은 기원전 679년 곡옥의 무공이 통합을 이룰 때까지 유례없이 긴 내전을 겪어야 했던 것이다.

『좌전』과 『사기』, 『죽서기년』은 모두 67년에 걸친 진의 내전 과정을 비교적 상세히 기술하고 있다. 투쟁의 전반적 과정이 일치함에도 불구하고 세부적인 부분에서 세 문헌 사이에는 차이점도 존재한다. 따라서 우선 이들 세 문헌을 토대로 그 과정을 연표로 정리해 보았다(표 6-1).

이 연표에 나오는 내용은 고대 중국의 사서가 형성되는 과정뿐만 아니라 각 문헌의 성격에 대해서도 흥미로운 실마리들을 제공한다. 일단 『좌전』과 『죽서기년』은 진의 권력 투쟁에 대해 독자적인 기록을 담고 있는 반면에, 『사기』에 기술된 내용은 대체로 『좌전』에서 유래한 것으로 보인다. 그렇지만 『사기』의 기원전 731년과 기원전 716년, 기원전 679년의 기록은 『좌전』에는 상응하는 기록이 없는 반면, 오히려 『죽서기년』과 상통하여 흥미롭다. 앞 장에서 언급했듯이 『죽서기년』이라는 문헌이 사마천(대략 145~86 B.C.)의 생존 시기보다 약 400년 후인 281년에야 발견된 점을 고려하면, 그가 그 문헌에 대해 알 수 없었음이 분명하다. 그럼에도 불구하고 두 문헌 기록상에 유사한 부분이 있다는 것은 사마천이 『사기』를 쓸 때 『죽서기년』 유의 자료가 존재했을 가능성을 보여 준다.[21] 진의 내전 역사를 서술하며 사마천은 또한 『좌전』과 같은 원 자료의 내용에 자신의 설명을 덧붙여 상술하고 있다.

이들 세 문헌은 내전의 처음 20년에 대해서는 거의 이견이 없다. 기원전

---

20 洪安全 1972, 38; 李孟存, 常金倉 1988, 17.

21 혹은 많은 학자가 원본 『竹書紀年』의 유실과 후대 재편집을 의심하듯, 편집자들이 『史記』의 기록을 토대로 『竹書紀年』의 관련 부분을 재구성했을 가능성도 배제할 수 없을 것이다.

표 6-1　　『좌전』과 『사기』, 『죽서기년』에 기술된 진 내전의 추이

연대 (B.C.)[22]	『좌전』	『사기』「진세가」	『죽서기년』
745	진에서 난이 시작되어 환숙을 곡옥에 봉했다. 정후의 손자 난빈이 그를 도왔다. 晉始亂, 故封桓叔于曲沃. 靖侯之孫欒賓傅之.	문후의 아우 성사를 곡옥에 봉했다. 곡옥읍은 익보다 컸다. …… 성사는 곡옥에 봉해진 이후 환숙이라고 불리었다. 정후의 서손인 난빈이 환숙을 보좌했다. 그때 환숙은 58세였는데, 덕이 많아 진국 사람들이 모두 그에게 의부했다. 封文侯弟成師于曲沃, 曲沃邑大於翼 …… 成師封曲沃, 號爲桓叔. 靖侯庶孫欒賓相桓叔. 桓叔是時五十八矣, 好德, 晉國之衆皆附焉.	진은 (문후의) 아우 성사를 곡옥에 봉했다. 晉封其弟成師于曲沃.
739	진의 반보가 환숙을 들이기 위해 소후를 살해했으나, 뜻을 이루지 못했다. 진인들이 효후를 세웠다. 晉潘父殺昭侯以納桓叔, 不克. 晉人立孝侯.	진의 대신 반보가 곡옥 환숙을 영접하기 위해 자신의 군주 소후를 시해했다. 환숙이 이에 진으로 들어왔을 때 진인들이 군사를 일으켜 환숙을 공격했다. 환숙이 패해서 곡옥으로 돌아갔다. 진인들이 함께 소후의 아들 평을 군주로 삼았으니 그가 효후이다. 반보를 주살했다. 晉大臣潘父弑其君昭侯以迎曲沃桓叔. 桓叔從入晉, 晉人發兵攻桓叔. 桓叔敗, 還歸曲沃. 晉人共立昭侯子平爲君, 是爲孝侯. 誅潘父.	진의 반보가 자신의 군주 소후를 시해하고 성사를 들이려고 했으나 뜻을 이루지 못했다. 소후의 아들 효후가 세워졌다. 진인들이 반보를 살해했다. 晉潘父弑其君昭侯, 納成師, 不克. 立昭侯之子孝侯. 晉人殺潘父.
731		곡옥 환숙이 죽고 그의 아들 선이 환숙을 이었으니 그가 곡옥 장백이다. 曲沃桓叔卒, 子鱓代桓叔, 是爲曲沃莊伯.	진의 곡옥 환숙 성사가 죽고 아들 선이 등극했으니, 그가 장백이다. 晉曲沃桓叔成師卒, 子鱓立, 是爲莊伯.
724	곡옥 장백이 익을 공격하여 효후를 살해했다. 익인들이 그의 아우 악후를 세웠다. 曲沃莊伯伐翼, 殺孝侯. 翼人立其弟鄂侯.	곡옥 장백이 익에서 자신의 군주 진 효후를 시해했다. 진인들이 곡옥 장백을 공격했다. 장백이 다시 곡옥으로 들어갔다. 진인들이 다시 효후의 아들 극을 세워 군주로 삼았으니, 그가 악후이다. 曲沃莊伯弑其君晉孝侯于翼. 晉人攻曲沃莊伯. 莊伯復入曲沃. 晉人復立孝侯子郄爲君, 是爲鄂侯.	진의 곡옥 장백이 익으로 들어와 효후를 시해했다. 진인들이 그를 쫓아내고 효후의 아들 극을 세웠으니 그가 악후이다. 晉曲沃莊伯入翼弑孝侯. 晉人逐之, 立孝侯之子郤, 是爲鄂侯.

연대 (B.C.)	『좌전』	『사기』「진세가」	『죽서기년』
719			10월 장백이 곡옥에서 모반하여 익을 공격했다. 공자 만이 익을 구하고 순숙진이 가곡까지 그를 좇았다.[23] 익후가 곡옥의 곡식을 불사른 후 귀환했다. 十月莊伯以曲沃叛伐翼, 公子萬求翼. 荀叔軫追之, 至于家谷. 翼侯焚曲沃之禾而還.
718	봄에 곡옥 장백이 정인들, 형인들과 함께 익을 공격했다. 왕은 윤씨와 무씨를 보내 익을 도왔고, 익후는 수로 피신했다. 6월에 곡옥이 왕에게 반기를 들었다. 가을에 왕이 익에 애후를 세우기 위해 괵공에게 곡옥을 공격하도록 명했다. 春, 曲沃莊伯以鄭人, 邢人伐翼. 王使尹氏, 武氏<u>助之</u>, 翼侯奔隨. 六月, 曲沃叛王. 秋, 王命虢公伐曲沃, 以立哀侯於翼.	악후가 (재위) 6년에 사망했다. 곡옥 장백이 진 악후의 사망에 대해 듣고 군사를 일으켜 진을 공격했다. 주 평왕[24]이 괵공으로 하여금 군사를 이끌고 곡옥 장백을 공격하도록 했다. 장백이 도주하여 곡옥을 지켰다. 진인들이 함께 악후의 아들 광을 세웠으니, 그가 애후이다. 鄂侯六年卒. 曲沃莊伯聞晉鄂侯卒, 乃興兵伐晉. 周平王使虢公將兵伐曲沃莊伯, 莊伯走保曲沃. 晉人共立鄂侯子光, 是爲哀侯.	왕이 괵공으로 하여금 진의 곡옥을 공격하도록 했다. 진의 익후가 사망하자 곡옥 장백이 다시 진을 공격했다. 악후의 아들 광이 세워졌으니, 그가 애후이다. 王使虢公伐晉之曲沃. 晉翼侯卒, 曲沃莊伯復攻晉, 立鄂侯子光, 是爲哀侯.
717	익의 구종오정인 경보의 아들 가보가 수에서 진후를 맞이하여 악으로 모셨다. 진인들은 그를 악후라고 불렀다. 翼九宗五正頃父之子嘉父逆晉侯于隨. 納諸鄂, 晉人謂之鄂侯.		

연대 (B.C.)	『좌전』	『사기』「진세가」	『죽서기년』
716		곡옥 장백이 사망하여 아들 칭이 장백을 이어 등극했다. 그가 곡옥 무공이다. 曲沃莊伯卒, 子稱代莊伯立, 是爲曲沃武公.	곡옥 장백이 사망하여 아들 칭이 등극했다. 그가 무공이다. (그 나라는) 아직 1군을 거느렸다. 曲沃莊伯卒, 子稱立, 是爲武公. 尙一軍.
715			예인과, 승경, 순인, 동백이 모두 곡옥에 반기를 들었다. 익후가 곡옥을 공격하여 큰 승리를 거두었다. 무공이 익에 강화를 요청하여 동정까지 이르렀다 귀환했다.[25] 芮人,乘京,荀人,董伯皆叛曲沃. 翼侯伐曲沃, 大捷. 武公請成于翼, 至桐庭以還.
710	애후가 형정의 경지를 침탈했다. 형정 남쪽 교외가 곡옥이 익을 공격할 수 있도록 열렸다. 哀侯侵陘庭之田. 陘庭南鄙啓曲沃伐翼.	진이 형정을 침탈했다. 晉侵陘庭.	
709	곡옥 무공이 익을 공격했을 때 형정에 머물렀다. 한만이 마차를 몰고 양홍이 우측에서 보좌했다. 익후를 분습까지 추격했다. (익후의) 마차 바깥 말들이 뒤엉켜 멈추었다. 밤에 익후를 난공숙과 함께 사로잡았다. 曲沃武公伐翼, 次于陘庭. 韓萬御戎, 梁弘爲右. 逐翼侯于汾濕, 驂絓而止, 夜獲之, 及欒共叔.	형정과 곡옥 무공이 공모하여 분수 변에서 진을 공격하여 애후를 사로잡았다. 진인들이 이에 애후의 아들 소자를 세워 군주로 삼았으니 그가 소자후이다. 곡옥 무공이 한만으로 하여금 사로잡힌 진 애후를 살해하도록 했다. 곡옥이 더욱 강해져 진이 어찌할 도리가 없었다. 陘庭與曲沃武公謀, 伐晉于汾旁, 虜哀侯. 晉人乃立哀侯子小子爲君, 是爲小子侯. 曲沃武公使韓萬殺所虜晉哀侯. 曲沃益强, 晉無如之何.	곡옥이 진 애후를 사로잡았다. 진인들이 애후의 아들을 세워서 소자후로 삼았다. 曲沃獲晉哀侯, 晉人立哀侯子爲小子侯.

연대 (B.C.)	『좌전』	『사기』「진세가」	『죽서기년』
707			겨울에 곡옥 백이 진 소자후를 꾀어 살해했다. 冬, 曲沃伯誘晉小子侯殺之.
706		곡옥 무공이 진 소자를 꾀어내어 살해했다. 주 환왕이 괵중으로 하여금 곡옥 무공을 공격하도록 했다. 무공이 곡옥으로 들어가자, 진 애후의 아우 민을 세워 진후로 삼았다. 曲沃武公誘召晉小子殺之. 周桓王使虢仲伐曲沃武公, 武公入于曲沃, 乃立晉哀侯弟緡爲晉侯.	왕이 괵중에게 곡옥을 공격하도록 명했고, 애후의 아우 민을 익에서 세워 진후로 삼았다. 王命虢仲伐曲沃, 立哀侯弟緡于翼爲晉侯.
705	겨울에 곡옥 백이 소자후를 꾀어 살해했다. 冬, 曲沃伯誘小子侯, 殺之.		
704	봄에 익이 멸했다. 겨울에 왕이 괵중에게 명하여 진 애후의 아우 민을 진에 세웠다. 春, 滅翼. 冬, 王命虢仲立晉哀侯之弟緡于晉.		봄에 익이 멸했다. 春, 滅翼.
703	가을에 괵중과 예백, 양백, 순후, 가백이 곡옥을 공격했다. 秋, 虢仲,芮伯,梁伯,荀侯,賈伯伐曲沃.		
679		곡옥 무공이 진후 민을 공격하여 (익의 종실을) 멸했다. 자신들의 보물과 기물을 다하여 주 이왕에게 뇌물로 바쳤다. 이왕이 곡옥 무공에게 명하여 진의 군주로 삼아, (무공이) 제후의 반열에 올라섰다. 이때 (무공은) 진의 땅을 병합하여 자신의 것으로 삼았다. 曲沃武公伐晉侯緡, 滅之, 盡以其寶器賂獻于周釐王. 釐王命曲沃武公爲晉君, 列爲諸侯, 於是併晉地而有之.	곡옥 무공은 진후 민을 멸하고 보물을 왕께 바쳤다. 왕은 무공에게 1군으로 진후가 될 것을 명했다. 曲沃武公滅晉侯緡以寶獻王, 王命武公以一軍爲晉侯.

연대 (B.C.)	『좌전』	『사기』「진세가」	『죽서기년』
678	왕은 괵공을 보내 곡옥 백이 1군으로 진후가 될 것을 명했다. 王使虢公命曲沃伯以一軍爲晉侯.		
677		무공은 진을 이어받은 지 2년 만에 사망했다. 곡옥에서 재위한 연수를 합하면 39년을 즉위한 뒤 사망한 것이다. 武公代晉二歲, 卒. 與曲沃通年, 卽位凡三十九年而卒.	무공은 순을 멸하고 대부 원씨 암에게 하사했다. 그가 순숙이다.[26] 武公滅荀, 以賜大夫原氏黯, 是爲荀叔.

745년 환숙의 분봉에 대해 『좌전』과 『죽서기년』이 간략한 내용을 전하는 반면에, 「진세가」는 당시 곡옥 소종의 상황을 기술하며 두 문헌을 보완하고 있다. 사마천에 따르면 곡옥읍은 이미 익보다 컸으며, 환숙이 덕이 많아 진국의 사람들(晉國之衆)이 모두 그를 따랐다고 한다. 세 문헌 모두 기원전 739년 진의 관리인 반보潘父가 환숙을 진의 군주로 맞이하기 위해 소후를 살해했음을 전한다. 그렇지만 진인晉人들이 환숙의 진입을 막으며 반보를 살해하고 소후의 아들을 진후(효후孝侯)로 세웠다. 기원전 731년 환숙이 사망하자 그의 아들 장백莊伯이 뒤를 이었다. 그 역시 재위 8년에 익으로 쳐들어가 진 효후를 살해했다. 그렇지만 진인(혹은 『좌전』에는 익

22 이 연표의 연대는 「十二諸侯年表」에 의거한 것이다.

23 王國維가 재구성한 『古本竹書紀年』에는 이 사건이 莊伯 8년(724 혹은 723 B.C.)에 수록되어 있다(『古本竹書紀年輯校』, 11a).

24 『史記』의 平王은 桓王의 오기가 분명하다. 『竹書紀年』은 같은 사건을 桓王 2년에 수록하고 있다.

25 『今本竹書紀年』은 이 사건을 기원전 719년에 수록하고 있다. 그러나 武公이 翼의 공격을 받고 강화를 요청한 것으로 보아, 『古本竹書紀年』처럼 기원전 716년 武公 등극 이후의 사건으로 보는 게 맞다.

26 『今本竹書紀年』은 이 사건을 기원전 707년에 수록하고 있다. 그러나 『左傳』에는 기원전 703년까지도 荀侯가 곡옥을 공격한 연합 세력으로 나타나는 것을 보아 『古本竹書紀年』의 연대가 타당해 보인다.

인翼人)들이 또다시 장백을 몰아내고 효후의 아들(혹은 『좌전』에는 아우)을 다음 진후(악후鄂侯)로 내세웠다. 진의 내전 과정에서 익의 종실 편에 서서 지속적으로 곡옥의 찬탈을 막았던 진인의 역할이 주목을 끄는데,[27] 수전 웰드는 오히려 『사기』에 기술된 곡옥 소종에 대한 진인들의 태도에서 모순을 지적한다. 즉 진국의 사람들(衆)이 모두 곡옥의 환숙을 따랐다고 하면서도, 진인들이 계속해서 환숙과 장백의 찬탈로부터 익의 종실을 보호하고 있다는 것이다.[28] 이러한 불일치는 당시 익에 대종 위주의 구질서를 유지하려는 측(진인晉人)과 곡옥 소종의 새로운 질서를 수용하려는 반보 같은 다른 집단(진국지중晉國之衆)이 존재했음을 암시한다. 어쨌든 당시 곡옥 소종은 이미 익의 종실보다 우월한 힘을 지녔던 것으로 보이나, 진의 통치권을 찬탈하기에는 아직 상당한 시간이 필요했다.

이후 진의 권력투쟁은 더욱 복잡한 양상으로 전개되었다. 다른 두 문헌과 달리 『죽서기년』은 기원전 719년 익과 곡옥이 번갈아 가며 상대를 공격했음을 전한다. 곡옥의 선제공격이 공자公子 만萬과 순숙荀叔 진軫에 의해 격퇴되었고, 익후(진후)가 이에 대한 보복으로 곡옥의 경제적 기반이라 할 수 있는 곡식을 불살랐다.[29] 『금본』과 『고본』 모두 같은 해 익후의 곡옥에 대한 공격을 수록하고 있기 때문에, 이 기록은 상당히 신빙성이 있어 보인다. 역시 다른 두 문헌과 달리 『죽서기년』은 기원전 715년에도 익후의 공격을 전하고 있어 흥미롭다. 이 공격은 곡옥에 상당한 타격을 가한 듯한데, 새로운 통치자인 무공이 익에 강화를 요청해야 할 정도였다. 진의 내전이 곡옥에 의해 일방적으로 주도되지는 않았음을 보여 주는 대목이다.

27 이들은 『左傳』에 자주 등장하는 國人으로 볼 수 있을 것이다. 杜正勝은 국인을 전통적으로 士로 부르는 집단과 유사한 개념으로 보았는데, 周代 城邦 내에 거주해 온 유력 세력의 分族들로 城邦 군사력의 근간이었을 것으로 추정했다(杜正勝 1992, 475-477).

28 Weld 1990, 131.

29 Weld 1990, 133의 각주 28.

한편 기원전 718년 주 왕실이 최초로 진의 권력 투쟁에 관여했다. 그런데 이와 관련하여 『좌전』은 다른 두 문헌과 조금 다른 내용을 전하고 있다. 『사기』와 『죽서기년』에는 악후鄂侯의 사망과 그에 뒤이은 장백의 익에 대한 공격이 서술되어 있다. 당시 환왕은 괵공에게 장백을 공격하라고 명했고, 악후의 아들이 진후(애후哀侯)로 세워졌다고 한다. 반면에 동일한 사건에 대한 『좌전』의 기술은 훨씬 구체적이다. 기원전 718년 봄 곡옥의 장백이 정인鄭人 및 형인邢人과 연합하여 익을 공격했다. 이에 환왕이 왕기의 귀족들인 윤씨尹氏와 무씨武氏를 익으로 보내 익후를 도와 그가 수隨라는 지역으로 피신할 수 있게 했다. 6월에 곡옥 소종이 왕에 반기를 들자 가을에 왕이 괵공에게 명하여 곡옥을 공격하게 했고 익에는 애후를 세웠다. 『좌전』은 계속해서 그다음 해인 기원전 717년 익의 관리인 가보嘉父가 수에 피신해 있던 진후를 맞이하여 악鄂이라는 지역으로 모셨다고 전한다. 이 때문에 진인들이 그를 악후鄂侯라고 불렀다.

『좌전』의 환왕 개입에 대해 양보쥔楊伯峻(1909~1992)을 비롯한 대부분의 주석가는 표 6-1의 기원전 718년에 나타나듯 원문의 밑줄 친 "조지助之"에서 '지之'의 대상을 곡옥 장백과 정인, 형인으로 보아, 환왕이 처음에 익을 공격하는 곡옥 소종을 도운 것으로 이해한다.[30] 문맥에 맞는 순리적인 해석으로 보이나, 과연 이러한 해석이 당시의 역사적 상황에 부합하는지는 의문이다. 평왕을 이어 등극한 지 2년밖에 되지 않은 환왕이 부친의 후견인 격이었던 진 문후의 후예인 익의 대종에 대한 곡옥 소종의 반反종법적 공격에 동조했을 가능성은 낮아 보이고, 실제로 67년의 내전 기간 동안 주왕들은 지속적으로 익의 대종을 후원했다. 다케우치 데루오竹內照夫(1910~1982)는 그 문장에서 '之'의 대상을 앞 문장의 주어가 아닌 목적어

30 楊伯峻 1981, 45.

인 익翼으로 보아 왕이 곡옥이 아닌 익을 도운 것으로 해석하는데,[31] 오히려 이 해석이 문맥과 역사적 맥락 모두에 부합하는 듯하다.[32]

악후가 피신한 수와 악의 위치에 대해서도 산시성 제슈介休와 샹닝鄉寧으로 보는 게 일반적인 견해이지만, 필자는 악을 앞 장의 『계년』에 대한 서술에서 논한 대로 평왕이 동천 시에 피신한 소악少鄂과 동일한 허난성의 난양南陽 인근으로 비정하는 게 더 타당하다고 본다. 수 역시 난양 지역과 가까운 후베이성 쑤이저우隨州 인근으로 보고 있다.[33] 위의 『좌전』 718년의 기록은 또한 진과 함께 춘추 초 정국을 주도했던 정鄭이 익의 종실을 버리고 곡옥 소종의 편에 섰음을 보여 주어, 괵虢과 함께 익을 지원한 주왕과는 이미 다른 정치적 입장을 취하기 시작했음을 암시한다.

기원전 716년 곡옥 장백이 사망하자 그의 아들 칭稱이 계승하여 무공武公이 되었다. 『죽서기년』에 따르면, 기원전 715년에 진의 인근 산시성 서남부에 위치한 예芮와 순荀, 동董 등 정치체들이 곡옥에 반기를 들었고 같은 해 익은 대승을 거두는데, 이는 주 환왕과 인근 정치체들의 도움을 받은 결과라고 할 수 있다. 이는 또한 왕과 산시성 서남부의 정치체들이 익의 종실과 유사한 정치적 이해관계를 가지고 있었음을 암시하는데, 그들은 필시 익의 종실이 주도하는 구질서가 유지되기를 기대했을 것이다. 이들 중 순은 『죽서기년』에 기원전 719년에도 익을 도와 곡옥 장백의 공격을 격퇴한 것으로 나타난다.

그렇지만 세 문헌 모두 익의 승리 6년 이후에 곡옥 소종이 또다시 익을 공격하여 편하汾河 유역에서 애후를 사로잡았음을 전한다. 『좌전』과 『사

31 竹內照夫 1974, 41.

32 『左傳』에 10여 차례 등장하는 "助之"의 용례들 중, 哀公 11년의 "甲戌, 戰于艾陵, 展如敗高子, 國子敗胥門巢, 王卒助之, 大敗齊師"에 대한 주석에서 杜預는 王卒이 "助之"한 대상을 앞의 목적어인 胥門巢로 보아(楊伯峻 1981, 1663), 위의 해석을 뒷받침해 준다.

33 鄂과 隨의 구체적인 위치에 대한 논의는 'Shim 2017' 참조.

기』에 따르면, 기원전 709년 곡옥 무공이 익을 공격하기 위해 형정陘庭[34]과 도모했다고 하는데, 두 문헌에 그 전해인 기원전 710년 익이 형정을 공격한 것으로 나타난다. 한편 『사기』와 『죽서기년』은 애후의 생포 이후 진인들이 또다시 애후의 아들(소자후小子侯)을 진후로 내세웠음을 전한다. 그런데 『사기』에서 애후의 피살 서술에 뒤이어 "곡옥이 더욱 강해져서 진(익)이 어찌할 도리가 없었다."는 사마천의 논평이 시사적이다.

세 문헌은 계속해서 곡옥 소종이 익후(소자후)를 살해한 것과 왕이 괵중虢仲에게 곡옥을 공격하라고 명한 것을 기록하고 있다. 이후 애후의 아우 민緡이 진후로 다시 세워진다. 그런데 이 이야기들에 대한 세 문헌의 연대는 상당한 차이가 있다. 『사기』가 이 이야기들을 모두 기원전 706년 한 해에 일어난 것으로 보는 반면에, 『죽서기년』과 『좌전』에서는 이를 각각 기원전 707~기원전 706년과 기원전 705~기원전 704년에 걸쳐 수록하고 있다. 연대의 차이에도 불구하고 왕과 괵나라가 익의 종실에 대한 지원자로 다시 등장하는 게 주목할 만하다. 마찬가지로 『좌전』에 따르면 기원전 703년 괵과 예芮, 양梁, 순荀, 가賈가 다시 한 번 곡옥 소종을 공격하는 것으로 나타난다. 그럼에도 불구하고 『좌전』과 『죽서기년』 모두 기원전 704년 익의 붕괴(滅)를 기록하여, 기원전 8세기 말 익의 종실에 대한 곡옥 소종의 우위가 공고해졌음을 보여 준다.

그런데 세 문헌 모두 기원전 7세기 초반 20년 동안의 권력 투쟁에 대해서는 아무런 기록이 없다. 『사기』와 『죽서기년』에 따르면 곡옥 무공은 기원전 679년에 이르러서야 진후 민을 살해하고 왕께 뇌물까지 바치고 나서야 마침내 새로운 진후로 명을 받게 되었다.[35] 『좌전』에도 그 이듬해 왕

34 『史記集解』에서 賈逵를 인용하여 陘庭을 翼의 남쪽 교외(鄙)에 있던 邑名으로 주해한 바 있다(『史記』, 1639).

35 기원전 704년 이후 曲沃 小宗의 명백한 우위와 왕권의 쇠퇴에도 불구하고, 무공은 기원전 679년 왕의 승인을 받을 때까지 진의 군위를 넘겨받지 못했다. 더욱이 『竹書紀年』과 『史

명을 무공에게 전하는 괵공의 중요한 역할이 언급되어 있다. 『죽서기년』은 무공이 승인을 받은 직후인 기원전 677년에 인근의 희성姬姓 정치체인 순荀을 합병한 사건을 기록하고 있어 흥미롭다. 앞 장에서 언급한 문후의 한韓 정복을 제외하면 이는 기원전 7세기 진이 실행한 인근 정치체 정복의 서막이었다. 그 첫 번째 정복 대상이 반反곡옥 연합에 세 차례나 동참한 것으로 기록된(『죽서기년』의 기원전 719년과 기원전 715년 및 『좌전』의 기원전 703년) 순이었다는 점이 놀랄 일은 아니다. 오늘날 산시성 신장현新絳縣에 위치했던 순은 진의 도읍인 취워曲沃-이청翼城 지역에서 가장 가까운 나라였다(그림 4-13 참조). 또한 『좌전』에 기원전 703년 곡옥을 공격한 연합군의 일원으로 나타나며 역시 진의 도읍에서 가까운 린펀현臨汾縣에 위치했던 가賈 역시 순과 같은 해에 정복되었을 가능성이 크다.[36] 순과 가에서 제작한 청동기들이 곡옥 소종의 상궈촌묘지에서 전리품으로 발견되었음은 제4장에서 언급한 바 있다. 무공은 지역국가로 발돋움해 나가는 진의 새로운 발전을 개시하며 인근 정치체들을 합병하기 시작한 것이다. 그는 또한 『죽서기년』에 제 환공이 주도한 기원전 678년의 회맹에 동참하기를 거부한 것으로 명시되어 있다.[37]

記』 모두에 무공이 왕명을 받기 위해 귀중한 보물들을 뇌물로 바쳤다는 비현실적으로 보일 수 있는 내용을 기록하고 있다. 그러나 南宋代 학자인 嚴粲이 적절하게 지적했듯이(『詩緝』, 1121b-1122a), 翼의 종실을 지키려는 晉人의 지속적인 노력이 이에 대한 해답을 제시한다. 세 문헌 모두에 진인들이 곡옥 소종의 공격을 효과적으로 방어했음을 명시하고 있다. 따라서 이들의 승인 없이 곡옥의 어느 통치자도 진의 군위를 차지하기는 불가능했을 것이다. 이러한 측면에서 왕권이 쇠퇴했음에도 불구하고 무공에 대한 왕명이 최소한 상징적으로라도 진인들이 곡옥 소종의 정당성을 수용하도록 하는 데 상당한 역할을 했을 것이다. 『左傳』은 衛國의 군주를 살해한 公子 州吁에 대해서도 유사한 이야기를 전하고 있다. 기원전 719년 衛人들의 반발에 직면하여 州吁 역시 桓王의 승인을 구하기 위해 노력한다. 물론 州吁는 왕을 조근하는 데 실패하고 衛人들에 의해 죽임을 당하지만〔『春秋左傳正義』, 1725-1726(隱公 4)〕, 이 사례 역시 왕의 승인이 상당히 중요한 징표로 작용할 수 있었음을 보여 준다.

36 陳槃 1969, 228.

37 『竹書紀年』, 2.15a.

그렇지만 무공은 진후로 공인받은 지 2년 만에 사망한다. 인근의 정치체들에 대한 정복과 진의 실질적 발전은 그의 아들인 헌공 대에 이룩되었다. 곡옥 소종의 승리가 진을 진보적인 세력으로 탈바꿈시켜 헌공 대의 혁명적인 변화를 추동했고, 결국 기원전 7세기 후반 중국에서 가장 강력한 국가로 우뚝 서게 한 것이다.

4. 허우마유지와 상마묘지

곡옥 소종이 영위한 상궈춘上郭村 청동문화의 성격을 이해하기 위해 우선 주변의 다른 진 유적지들을 검토할 필요가 있다. 허우마 청동제작소 유지(鑄銅遺址)나 타이위안 진성촌의 대묘大墓(M251), 상마묘지上馬墓地 등 1990년대에 보고서가 나온 산시성의 중요한 유적지들은 동주시대 진의 고고학 연구에 귀중한 자료를 제공해 준다.[38]

이들 중 허우마 청동제작소의 발굴은 기원전 585~기원전 403년까지 진의 마지막 도읍지였던 신전新田에서 진의 청동문화가 절정에 이르렀음을 보여 준다. 특히 청동제작소 유지에서 발견된 청동기 주조를 위해 만들어진 무수한 도질陶質 모형과 거푸집은 당시 진에서 일어난 청동기 제작상의 다양한 변화를 생생하게 보여 준다(그림 6-1). 리샤팅李夏廷과 로버트 배글리Robert Bagley, 제니 서Jenny So는 허우마 청동기에서 가장 눈에 띄는 변화로 도철문 등 전통적인 양식의 부활(그림 6-2)과 추상색채가 약화된 동적이고 사실적인 동물 문양(그림 6-3), 회화적 주제, 북방 초원지역의 전설적 동물 주제인 그리핀griffin이나 동물들이 복합적으로 결합된 형식

38 山西省考古研究所 1993; 山西省考古研究所 등 1996; 山西省考古研究所 1994a.

그림 6-1. 허우마 청동주조공장 유적 발굴 현장

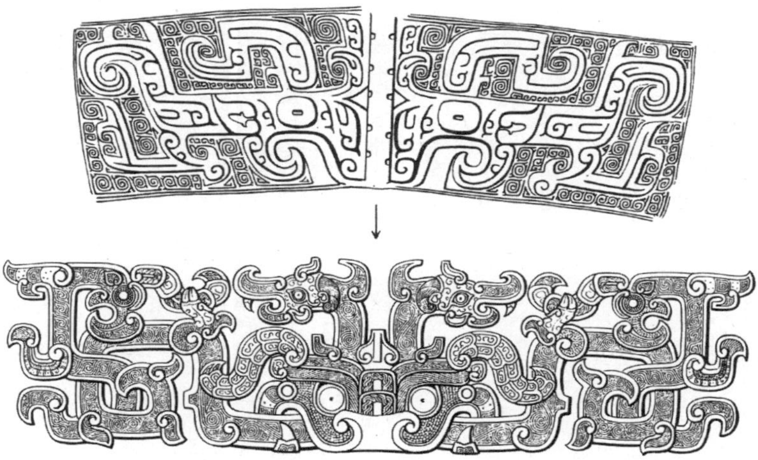

그림 6-2. 상 후기 도철문(상)과 허우마 거푸집 문양(하) 비교

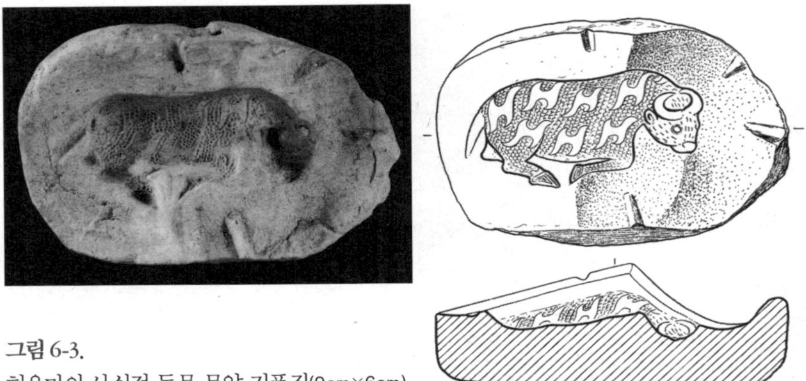

그림 6-3.
허우마의 사실적 동물 문양 거푸집(9cm×6cm)

(그림 6-4) 등을 꼽는다.[39] 당시의 이러한 변화는 복고풍의 부활과 함께 진과 북방 초원지역의 활발한 문화적 교류를 입증한다.

허우마 청동제작소를 통해 알 수 있는 또 다른 중요한 특징은 청동기 주조 기술상의 변화이다. 배글리는 허우마에서 발견된 문양 모형들을 1920년대 산시성 북쪽의 훈위안渾源 지역에서 출토된 청동기들의 문양과 정밀하게 비교 분석하여 춘추시대 중기에 문양원판pattern blocks을 사용하여 청동기 표면에 문양을 찍어 내는 기술이 개발되었음을 주장했다.[40] 이전까지의 청동기 제작이 단일 모형과 거푸집을 사용한 단일 주조였던 것을 감안하면, 허우마 청동기에 나타나는 새로운 기술은 복잡한 문양을 반복적으로 찍어 냄으로써 청동기 대량생산의 단초를 연 획기적인 변화라 할 수 있을 것이다. 배글리의 뛰어난 연구를 통해 산시성에서 발견된 기원전 6~기원전 5세기로 연대 추정되는 청동기(특히 훈위안 리위李峪와 타이위안 진성촌) 대부분이 허우마에서 제작되었음도 밝혀졌다.

서주시대 베이자오 진후묘지와 춘추 중후기 허우마 청동제작소 사이의

39 So 1995, 38; Institute of Archaeology of Shanxi Province 1996, 14-17, 72-74.
40 Bagley 1995, 46-54.

그림 6-4.
그리핀(상)과 진 스타일 새 모양 동물 준(鳥首獸尊)(하: 높이 19cm, 길이 65cm)
위의 그리핀은 우크라이나의 드네프로페트로프스크Dnepropetrovsk 지역에서 발견된 기원전 4세기의 금 칼집에 장식된 것이다(우크라이나 키예프역사박물관Kiev Historical Museum 소장). 기원전 10세기경부터 중앙아시아 초원지역에서는 이러한 양식이 유행했다. 아래의 동물 준은 대만 고궁박물원에 소장된 기원전 5세기경의 기물로 진 지역 출토품으로 추정된다.

진국 청동기 발전상 공백을 메워 줄 수 있는 유적지로 뒤에서 언급될 상궈촌묘지과 함께 상마묘지를 들 수 있다. 허우마 청동제작소에서 남쪽으로 멀지 않은 지역에 위치한 상마묘지에서는 기원전 9세기에서 기원전 5세기까지로 추정되는 1,387기의 묘가 손상되지 않은 채로 발굴되었다. 하지만 이들 중 소수의 중대형 묘에서만 청동예기가 발굴되었다. 상마묘지에서 출토된 청동기들은 같은 시기 상궈촌묘지의 것들과 비교할 때 양식상 유사한 점이 있지만 질적인 면에서는 많이 떨어진다.[41] 또한 비록 상마묘지에서 출토된 일부 기물들에서 북방문화의 흔적이 나타난다고 해도, 정鼎과 같은 주요 청동예기들은 양식상 서주 이래의 전통을 답습하고 있다. 따라서 같은 시기 상궈촌묘지의 청동기들에서 나타나는 정도의 두드러진 지역적 특징을 발견하기는 어렵다.

그럼에도 불구하고 상마묘지의 발굴은 약 400년에 걸친 한 공동체 성원의 묘가 통째로 발견되었다는 점에서 중국 고고학사에서 가장 획기적인 발굴로 손꼽힌다. 로타 본 팔켄하우젠Lothar von Falkenhausen은 이 묘지에서 나타나는 여러 양상을 통계적으로 분석하여 제2장에서 언급한 인구 문제뿐만 아니라 사회등급, 성차性差 등에 대해 참신한 가설들을 내놓고 있다.[42]

5. 상궈촌묘지

1974년부터 산시성 서남부의 원시에서 남동쪽으로 5km 떨어진 상궈촌上郭村의 대형 묘지에서 5차에 걸쳐 서주 말에서 춘추 중기에 이르는 묘가 70기 이상 발굴되었다(그림 서-1 참조). 이 묘지는 체계적인 발굴이 이루어지지 않아 아직까지도 전체 윤곽이나 정확한 편년을 알기는 어렵다. 더욱이 상당수의 묘가 아쉽게도 발굴 전 이미 도굴되어 출토된 청동기의 수량 역시 그다지 많지는 않다. 그럼에도 불구하고 춘추 초 곡옥 소종의 근거지였던 원시 상궈촌에서 나온 청동기들은 진국 청동기 발전사 연구

41 Falkenhausen 1999, 485.

42 팔켄하우젠 2011, 186-223.

에 아주 귀중한 자료를 제공해 준다. 허우마에서 남서쪽으로 30km가량 떨어진 원시는 성주(뤄양)에서 진의 도읍지였던 현재의 허우마와 취워-이청 지역에 이르는 경로의 중요한 길목에 위치하고 있다. 사마정司馬貞(679~732)의 『사기색은史記索隱』에 따르면, 하동河東의 현명縣名인 곡옥曲沃은 한漢 무제武帝 때 문희聞喜로 개칭되었다고 한다.[43]

상궈촌에서 발굴된 일부 대형 묘는 베이자오묘지의 서주시대 진후묘들에 필적한다. 예를 들어 1974년 발굴된 M55, M56, M375 등은 이미 도굴되어 정확한 상황을 알 수 없지만 윗부분의 넓이가 각각 6.4m×4.8m, 5.9m×4.4m, 6.3m×4.8m에 달해[44] 진의 대형 묘와 유사하여, 곡옥 소종 통치 집단의 무덤이었음을 짐작케 한다. M55는 또한 진후묘들과 마찬가지로 바닥이 적석적탄積石積炭으로 처리되어 있었다. 하지만 이들 모두 제후의 반열에는 오르지 못한 묘주의 신분을 반영하듯 진후묘들과 달리 묘도墓道는 없었다.

1976년 저수지를 만들다가 드러난 묘들에서 거마갱 2기가 발견되었는데, 발굴 정황이 명확하지 않아 어느 묘에 속한 것들인지 알 수 없었다.[45] 또한 1989년 상궈촌 북쪽에서 동서로 뻗은 옛 성벽이 발굴되었는데, 역시 아직까지 곡옥 소종의 성벽인지 명확히 밝혀지지 않고 있다.[46] 상궈촌에서 발굴된 청동기들은 샨시성 주의 중심지 전통을 따르고 있지만 강한 지역적 특색을 보여 주기도 한다.

---

43 『史記』, 1638. 『漢書』 「地理志」 "河東郡"에 언급된 聞喜에 대한 주석에서 應劭는 漢 武帝가 "元鼎 6년(111년) 曲沃을 지나가다" 南越을 격파했다는 반가운 소식을 듣고 그 지역 이름을 聞喜로 바꾸었다고 한다(『漢書』, 1550-1551). 曲沃의 정확한 위치에 대해 이견이 있지만, 春秋 초기의 曲沃은 현재의 聞喜 지역임이 분명하다(李學勤 1984, 34; Weld 1990, 136-137).

44 朱華 1994, 99.

45 山西省考古研究所 1994c, 124-125.

46 山西省考古研究所 1994b, 139.

그림 6-5. 상귀촌 M57(좌)과 M7(우) 출토 대류정(산시박물원)

1) 독특한 청동기

상귀촌에서 출토된 청동기 중 가장 눈에 띄는 독특한 청동기로 주둥이가 달린 대류정帶流鼎 혹은 이정匜鼎을 들 수 있다. 이 유형의 청동기는 현재까지 상귀촌에서 출토된 청동 정鼎의 절반 이상(21점 중 11점)을 차지할 정도로 많아 당시 곡옥 소종의 근거지에서 사용된 주요 청동기였음을 알게 해준다(그림 6-5). 이들 중 1974년 M57에서 출토된 높이 6.3cm의 대류정은 몸체에 절곡문竊曲紋과 수린문垂鱗紋 장식이 있어 춘추 초기의 청동기로 추정되는데, 뚜껑의 중앙에 서 있는 동물 모양의 손잡이가 주조되어 있어 눈길을 끈다.[47] 1989년 M7에서 발굴된 높이 9.5cm의 대류정 역시 수린문과 함께 중환문重環紋 장식이 있고 뚜껑에 웅크린 원숭이 두 마리가 주조되어 있다.[48] 2000년 베이징의 바오리예술박물관保利藝術博物館에서 수집한 청동기 중에도 이들과 문양 및 조형이 아주 흡사한 높이 11.6cm의 대류정이 1점 있다(그림 6-6). 두나이쑹杜迺松은 이 기물을 호수유정虎首流鼎으로 명명하며 춘추 중엽 허우마 일대에서 산출되었을 것

47 朱華 1994, 101.

48 山西省考古硏究所 1994b, 142.

그림 6-6.
바오리예술박물관 소장 대류정

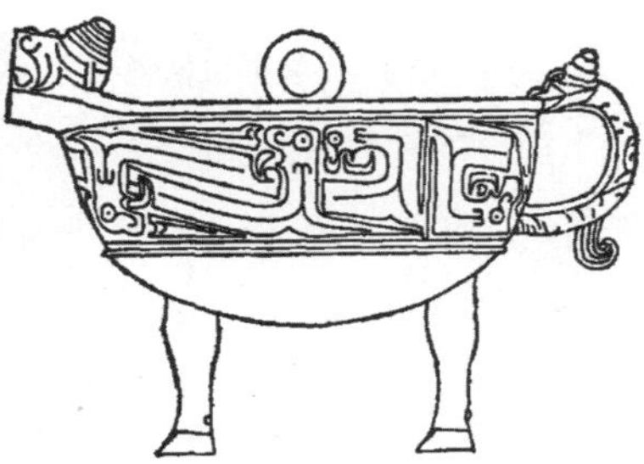

그림 6-7.
허자촌(좌: 높이 17.5cm, 구경 20.4cm)(샨시역사박물관)과 린이(우: 높이 21.6cm, 구경 23.6cm) 출토 대류정

으로 추정하고 있다.[49]

정에 주둥이가 달린 비슷한 모양의 청동기들은 샨시성의 허자촌賀家村[50]과 산둥성山東省의 린이臨沂(그림 6-7),[51] 허난성의 쌴먼샤,[52] 그리고 상마(그림 6-8)[53] 등지에서도 발견된 바 있다. 그러나 이들 지역에서는 수량이 극

49 保利藝術博物館 2001, 164-169.
50 陝西省博物館 등 1976, 32-33.
51 臨沂市博物館 1987, 702.
52 中國科學院考古硏究所 編 1959, 17.
53 山西省文物管理委員會侯馬工作站 1963, 230, 圖版壹의 3.

히 적어 상귀촌을 제외한 다른 지역에서는 대류정의 사용이 상당히 이례적이었음을 알 수 있다. 진국의 일부로 상귀촌과 같은 시기에 존재했던 상마와, 같은 시기 인접한 지역에 위치했던 싼먼샤 상춘링의 괵국묘지虢國墓地에서는 이러한 정이 1점씩만 출토되었을 뿐이다. 이들 중 연대가 가장 빠른 허자촌의 대류정은 서주 의왕懿王~여왕厲王 시기로 편년되고 있어[54] 대류정이 서주 후기에 나타나기 시작한 것임을 알 수 있다.

그림 6-8.
상마 출토 대류정(높이 6.5cm)(산시박물원)

한 가지 주목할 만한 사실은 영유사칭정榮有司稱鼎이라고 부르는 허자촌 출토 대류정은 높이 17.5cm, 구경 20.4cm로 일반 정과 같은 크기이고 린이 출토 대류정 역시 높이 21.6cm, 구경 23.6cm로 일반 정과 같은 크기라는 점이다. 반면에 상마와 상춘링 출토품을 포함한 다른 대류정은 대부분 10cm 정도나 그 이하의 소형으로 아주 정교한 모습을 하고 있다.[55]

---

54 李峰 1988b, 391.

55 上村嶺 虢國墓地의 연대(西周 말~春秋 초)는 上郭村墓地와 상당 부분 일치하여 두 지역에서 출토된 帶流鼎이 같은 시기의 기물임에 이견이 없다. 그런데 帶流鼎이 출토된 上馬의 M14가 春秋 중기의 묘로 추정되기 때문에 이 帶流鼎을 春秋 중기의 기물로 간주하는 학자들이 있다(張希舜 1995, 69, 130). 그러나 이 帶流鼎에 나타나는 竊曲紋과 垂鱗紋, 重環紋 등은 西周 후기에서 春秋 초기까지 유행한 文飾이다. 또한 이 기물은 상한 연대가 西周 후기까지로 추정되는 上郭村 M57에서 출토된 帶流鼎과 모양과 문양이 흡사하여 서로 같은 시기의 기물일 가능성이 커 보인다. 필자는 上馬와 上村嶺이 上郭村과 인접한 지역에 위치하고 이 두 지역의 많은 청동기 중 帶流鼎이 각각 1점씩만 출토되었기 때문에 이들 역시 上郭村에서 주조된 청동기였을 가능성을 배제하지 않고 있다.

따라서 허자촌과 린이 출토 대류정을 포함한 일반 정이 육류를 삶거나 끓이는 데 사용되었던 것과는 달리 상궈촌의 소형 대류정은 기능이 상당히 달랐을 것으로 보인다. 일부 학자들은 이 소형 기물이 육장肉醬을 담는 데 사용되었을 것으로 보기도 하지만, 주둥이가 달려 있어 주기酒器나 수기水器로 사용되었을 가능성도 있다. 그렇지만 크기가 너무 작아 실제로 어떤 용도로 사용되었는지에 대해서는 성급하게 판단해서는 안 될 것이다.[56] 어쨌든 이 기물들이 일반 정과 같은 크기인 허자촌의 초기 대류정과는 다른 기능을 가지고 있었을 것임은 분명하다.

상궈촌에서는 소형 대류정과 짝을 이루었을 법한 다른 기물들도 출토되어 눈길을 끈다. 1989년 M27에서 소형 대류정과 함께 출토된 높이 9.1cm의 용문형龍文鎣은 크기뿐만 아니라 정교함, 문양, 어깨 부분의 동물 얼굴 장식 등에서 대류정과 같은 용도의 청동기임을 알 수 있다. 다른 지역에서는 거의 나타나지 않는 이 기물은 삼족옹三足甕이 변형된 진의 토착 청동기로 손꼽힌다.[57] 1976년 저수지 공사 때 발견된 높이 10.4cm의 두豆(혹은 포鋪) 1점도 보고서에 자세한 설명이 빠져 있지만 크기와 문양이 앞의 형鎣과 비슷하다.[58] M33에서 소형 대류정과 함께 출토된 높이 9.5cm의 우盂(혹은 분盆)와 6.1cm의 이匜 역시 비슷한 유형의 청동기임에 틀림없다(그림 6-9).[59]

필자가 파악하는 한 현재까지 이러한 특수한 소형 청동기는 다른 지역에서는 거의 출토되지 않고 있다.[60] 이들은 정교함에 있어 베이자오 진후

---

56 保利藝術博物館 2002, 41.

57 『中國青銅器全集』 8, 도판 128, 도판설명 35.

58 『中國青銅器全集』 8, 도판 36, 도판설명 11.

59 山西省考古研究所 1994b, 143; 張希舜 1995, 54.

60 1999년 보고서가 나온 上村嶺의 國君 부인묘로 추정되는 梁姬墓(M2102)에서 비슷한 소형 청동기 2점, 즉 높이 11.5cm의 梁姬罐과 8.4cm의 凹弦紋罐이 출토되었다. 발굴자들은 이 무덤을 서주 후기의 늦은 시기로 편년한 바 있다(河南省文物考古研究所 등 1999, 上卷,

그림 6-9.
상궈촌 출토 소형 청동기 1. 용문형, 2. 두(포), 3. 우(분), 4. 이

묘지나 상춘링의 괵국묘지, 핑딩산平頂山의 응국묘지應國墓地 등에서 나타나기 시작하는 소형 명기明器와도 명확히 구분된다. 손바닥에 충분히 들어올 정도의 이러한 소형 청동예기들의 용도에 대해 이들이 세트를 이루어 특정 제사에 사용되었을 가능성을 배제할 수는 없지만, 어떤 합리적인 결론에 이르기 위해서는 더 많은 자료가 확보되어야 할 것이다. 다만 한 가지 분명한 사실은 이들이 모두 곡옥 소종의 청동제작소에서 서주 후기부터 춘추 초기까지의 일정 기간 동안 만들어졌을 가능성이 크다는 점이다.[61]

251, 313; 도판 下卷, 彩版 27-3과 28-1). 이들과 曲沃 출토 청동기의 상관관계에 대해서는 성급한 판단을 유보한다.

61 발굴 상태가 완전하지는 않지만 현재까지 上郭村의 여러 묘에서 발굴된 이러한 소형의 정교한 청동기가 다른 양식의 청동기와 동반하는 경우는 거의 없다. 이들은 대체로 상한 연

곡옥 소종의 정교한 소형 청동기 제작 기술은 상궈촌에서 발견된 3점의 장방형 청동상자에서 진가가 드러난다. 이들 중 1989년 M7에서 뚜껑에 원숭이 장식이 부착된 대류정과 함께 출토된 비슷한 크기의 이른바 월인수유만거刖人守囿挽車는 곡옥 소종 청동 제작 기술의 결정체라고 할 수 있을 것이다(그림 6-10). 이 기물에는 큰 바퀴 2개, 작은 바퀴 4개에 각각 호랑이 두 마리, 양면에 또 다른 호랑이 한 쌍, 기물의 네 구석에 확인되지 않은 동물, 뚜껑에 새 네 마리와 수그린 원숭이 한 마리, 기물 오른쪽에 동물을 사육하던 동산의 수문장인 월인刖人이 장식되어 있었다. 개폐가 되는 위의 뚜껑 부분에 자리한 새 네 마리는 360도 회전이 가능하다. 중앙의 원숭이가 손잡이 역할을 했을 것이다. 일부 동물의 생동감과 함께 삼차원적인 동물 조각 장식은 특히 눈에 띈다. 상궈촌에서는 도굴된 M49와 M374에서도 청동상자가 1점씩 2점 더 출토되었다(그림 6-11). M49에서 출토된 상자가 인형人形의 다리로 받쳐진 것을 제외하고는 이들 상자는 아주 비슷하다. 베이자오 진후묘지의 M63에서도 인형으로 받쳐진 유사한 기물이 발견되었는데, 발굴자들은 이를 방합方盒으로 칭했다.[62] 청동상자가 출토된 상궈촌의 묘들과 마찬가지로 M63 역시 서주 말에서 춘추 초 사이로 연대 추정된다.

제니 서와 왕타오王濤는 이러한 상자형 기물이 서주 중후기에 주로 샨시성에서 존재했던 월인수문방정刖人守門方鼎이라고 부르는 특수 형태의 온

대가 西周 후기까지로 추정되고 있어 혹자는 이들 청동기가 존재했던 시기가 曲沃 小宗이 현재 聞喜 지역을 거점으로 했던 시기보다 앞선 것으로 파악하기도 한다. 그렇지만 西周 후기와 春秋 초기의 청동기들을 기형이나 문양을 토대로 명확히 編年하기 어렵다는 것은 상식에 속한다. 설사 西周 후기의 編年을 받아들인다고 하더라도, 앞에서 언급했듯이 桓叔이 西周 幽王 2년(기원전 780년)에 등극한 文侯 재위기부터 曲沃 지역에 근거지를 마련하고 있었을 가능성을 고려한다면, 이러한 소형 청동기들을 曲沃 小宗의 청동기로 보지 않을 뚜렷한 이유는 없다. 언제가 되었든 上郭村 지역이 曲沃 小宗의 근거지로 자리 잡힌 이후에 이 청동기들이 제작된 것으로 보는 것이 합리적이다.

62 山西省考古研究所 등 1994b, 17.

그림 6-10.

월인수유만거(높이 8.9cm, 길이 13.7cm)(산시박물원)

이 기물의 가장 압권은 위 사진 오른쪽 개폐구에 수문장처럼 장식된 형벌로 왼쪽 발꿈치가 잘린 나신 월인刖人이다(왼쪽 사진). 고대 중국에서 월형은 사형 다음으로 중한 형벌이었다. 아마 험한 인상을 지녔을 이들이 군주 소유의 특정 구역의 수문장 역할을 했을 것이다. 장식된 여러 동물로 보아 이 기물은 궁궐 인근의 동물을 사육하던 동산, 즉 일종의 사파리(원유苑囿)를 묘사한 것으로 보인다.

그림 6-11. 상궈촌 M49(상: 높이 8.7cm, 길이 10cm)와
M374(하: 높이 6cm, 길이 10.3cm) 출토 상자형 청동기(산시박물원)

기溫器에서 유래했을 것으로 추정한다(그림 2-25 참조).[63] 왕타오는 특히 월인수유만거의 몸체에 장식된 회수기룡문回首夔龍紋과 부조식의 봉조문鳳鳥紋에 근거하여 이 기물의 연대를 서주 중기까지로 추정한 바 있다. 그렇지만 이 청동 상자를 빨라야 서주 후기부터 진의 곡옥 지역에서 나타나기 시작한 소형 청동기의 일종으로 볼 수 있다면, 왕타오의 판단은 성급한 감이 있다. 월인수유만거와 같은 묘에서 출토된 대류정 뚜껑의 원숭이 장식은 이 청동 상자 뚜껑의 중앙에 주조된 원숭이 장식과 모양이 흡사하다. 이를 통해 이들이 동일한 묘에서 출토된 기물이라는 것을 고려하지 않더라도 같은 시기의 기물임을 짐작할 수 있다. 원숭이 장식이 주조된 청동기 가운데 서주 중기까지 소급되는 것은 아직 나타나고 있지 않다. 더욱이 이 대류정의 몸체에 나타나는 수린문과 중환문 장식은 서주 후기에야 출현하기 시작하는 양식이다. 따라서 비록 월인수유만거에 나타나는 문양들이 서주 중기의 잔편을 보여 준다고 해도, 이를 토대로 이 기물의 연대를 이른 시기로 소급하기에는 무리가 따른다. 필자는 월인수유만거 역시 곡옥 소종의 지역에서 출토된 다른 소형 청동기들과 마찬가지로 서주 말에서 춘추 교체기나 춘추 초기에 제작된 것으로 보고 있다.

어쨌든 위에서 언급된 온기에 장식된 삼차원적 동물 조각이나 월인 장식은 월인수유만거를 비롯한 상궈촌 청동 상자와 상당히 비슷하다. 그렇지만 상궈촌의 상자형 청동기는 요리용 화덕으로 쓰였던 온기와는 크기나 기능 면에서 확실히 차이가 있다. 팔켄하우젠이 상궈촌 상자형 청동기의 제사에서의 기능에 의문을 제기한 바와 같이,[64] 그것들이 예기로 사용되었던 것 같지는 않다. 제니 서는 오히려 이들을 완구의 일종으로 추정한 바

63 So 1995, 28, 74의 注 104; 汪濤 2002, 388-389. 周永珍은 이러한 溫器 5점을 찾아냈는데, 이들 중 그림 2-25 월인수문방정은 陝西省 扶風 莊白에서 출토된 것이다(周永珍 1981, 31-32).

64 Falkenhausen 1999, 482.

있다.[65] 이와 관련하여 베이자오 진후묘지의 M63에서 출토된 부식이 심해 모양이 완전하지 않은 또 다른 상자(방합方盒) 모양 기물에 다양한 동물 모양의 옥기가 가득 차 있었다는 점은[66] 이러한 상자형 기물이 장식품과 같은 귀중품을 보관하던 일종의 보석함이었을 가능성을 암시한다.[67] 진후묘지에서 상자형 기물이 출토된 M63이 진후의 부인, 즉 여성의 묘라는 점도 이러한 추론을 뒷받침한다.

현재까지 중국의 다른 지역에서 이러한 상자형 청동기는 1점도 발견되지 않고 있다. 따라서 상궈촌에서 출토된 대류정을 포함한 정교한 소형 청동기들과 마찬가지로 상자형 기물 역시 춘추 초 곡옥 소종의 지역성이 반영된 특수한 청동기임에 의심의 여지가 없다. 이러한 독특한 청동기들이 과연 어떤 연유로 서주 말~춘추 초 상궈촌에서 나타나기 시작하는지는 흥미로운 연구 과제이다. 지나친 비약일지 모르지만, 이들 소형 청동기의 휴대 편의성에서 기동성을 중요시하는 북방 유목문화의 흔적을 떠올릴 수 있는데, 이러한 추론은 상궈촌 청동기에 나타나는 또 다른 특징, 즉 북방 초원문화의 영향이 뚜렷한 사실주의와도 일맥상통하는 측면이 있다.

2) 북방 초원문화의 요소

상궈촌의 상자형 기물과 대류정에 주조된 일부 동물 주제는, 허우마 청동기의 중요한 특징 중 하나로 제기되고 있는 사실적 이미지를 보여 준다. 중국 고대 미술에 나타나는 자연주의naturalism 혹은 사실주의realism에 대해 에스더 제이콥슨Esther Jacobson은 다음과 같이 언급한 바 있다.

> 자연주의라고 하면 우리는 환상적인 것보다는 보다 사실적인 것에 대한 선

65 So 1995, 74의 注 105.

66 山西省考古研究所 등 1994b, 15.

67 李學勤 역시 유사한 견해를 제기한 바 있다(리쉐친 2005, 249).

호, 나아가 이례적인 이상화나 과장을 배제한 자연적 형상 그대로를 전하려는 태도를 이른다. 그렇다면 기원전 6세기부터 중국에 동물의 이미지를 대하는 새로운 자연주의가 도입되었음에 틀림없다.[68]

제이콥슨이 중국 자연주의의 근거로 제시한 자료들은 모두 1923년 산시성 북쪽 훈위안의 리위에서 발견된 청동기들이다. 훈위안 청동기들이 모두 허우마 청동제작소에서 주조되었을 것이라는 배글리의 주장을 앞에서 언급한 바 있다. 그런데 자연주의는 광활한 유라시아 초원지역에서 기원전 2천년대부터 기원전 천년대에 이르는 시기에 나타난 가장 뚜렷한 미술 특성이므로, 제이콥슨은 훈위안 청동기에 나타나는 자연주의적 양상이 당연히 북방의 초원지역에서 전래된 것으로 간주한다.[69] 이는 허우마의 모형과 거푸집에서 사실주의가 나타나기 시작한다는 리샤팅의 견해와도 부합된다.[70]

그렇지만 상궈촌에서 발견된 대류정 2점의 뚜껑 부분에 생동감 있게 서 있는 동물과 웅크리고 앉아 있는 원숭이 두 마리(그림 6-5 참조)는 자연주의의 도입이 허우마보다 앞선 상궈촌 시대까지 소급될 수 있음을 입증한다. 더욱이 월인수유만거의 윗부분에 나타나는 여러 동물의 사실적 이미지 역시 이를 뒷받침한다(그림 6-10 참조). 상궈촌의 대류정과 같은 시기로 추정되는 상마에서 발견된 대류정의 뚜껑에 서 있는 동물 역시 아주 사실적이다(그림 6-8 참조). 역시 진의 지역에서 주조되었을 가능성이 큰 바오리예술박물관 소장 대류정의 뚜껑에 주조되어 있는 동물(그림 6-6 참조)은 그 사실적 모습과 함께 몸체에 달린 날개가 특히 두드러진다. 이는 리샤팅

68 Jacobson 1988, 218.

69 위 글, 218-220.

70 Institute of Archaeology of Shanxi Province 1996, 14-16.

이 허우마 청동기에 나타나는 북방 초원의 동물 주제로 제시한 날개 달린 신화동물, 즉 그리핀의 모습을 연상시킨다(그림 6-4 참조).[71]

사실주의가 북방 초원지역의 영향으로 도입되었다는 제이콥슨의 주장을 받아들인다면, 상궈촌 청동기는 진과 비주非周 세력인 융적戎狄과의 관계에서뿐만 아니라 북방 초원지역과의 교류에 있어서도 중요한 위치를 차지한다. 제1장에서 언급했듯이 산시성 서북부에서 황하를 가로질러 산시성 동북부를 포함한 고원지대에는 이미 상商 후기부터 리자야李家崖문화로 명명된 안양식安陽式과 북방식北方式이 혼합된 청동문화가 존재했다.[72] 그렇지만 서주시기에 이르면 산시성에서 소위 융적의 문화로 인식될 만한 뚜렷한 실체가 눈에 띄지 않는다. 앞에서 서주 이래로 진과 융적의 밀접한 관계를 가정했던 기존의 견해와는 달리, 베이자오 진후묘지의 고고학 성과 역시 진과 북방의 문화적 연관성을 보여 주지 않음을 언급했다. 따라서 산시성의 고고학자 톈젠원田建文은 제이콥슨과 마찬가지로 기원전 6세기 중엽으로 추정되는 상마의 M13과 M2008에서 출토된 북방 청동기 2점(복鍑과 공부銎斧)을 토대로 춘추 후기에 들어서야 산시성에서 북방 초원문화의 요소가 출현하기 시작한다고 주장하기도 한다.[73]

그렇지만 상궈촌 출토 청동기에 나타나는 사실주의뿐만 아니라 춘추 초중기로 추정되는 76M1에서 나온 북방 스타일 동복銅鍑 1점은 진과 북방 초원 사이에 더욱 이른 시기에 문화적 접촉이 있었음을 암시한다.[74] 역시 춘추 초중기로 추정되는 M372에서 출토된 띠고리(帶鉤) 2점 역시 유목 전통에서 유래한 것이 분명하여 이러한 추론을 뒷받침한다.[75] 상궈촌 발굴자들은 또

71 위 책, 16.

72 Bunker 등 1997, 22-25.

73 田建文 1993, 167-168.

74 山西省考古研究所 1994c, 137.

75 朱華 1994, 108.

한 춘추 초기의 76M4에서 출토된 정鼎의 새끼줄 모양으로 꼬인 손잡이(耳)와 돌출 부위 역시 북방 스타일의 복鍑에 자주 나타나는 특징으로 주목하고 있다.[76] 한편 톈젠원과 달리 상마 발굴자들 역시 춘추 초중기와 비슷한 시기인 상마 제II, III기부터 북방 요소들이 출현함을 지적하고 있다.[77]

그러므로 최소한 춘추 초기 곡옥 소종의 문화적 양상에서 북방 초원의 요소가 나타남은 부인하기 어려울 것이다. 이는 기원전 8세기부터 기원전 6세기까지 북중국에서 계속된 적狄의 광범위한 이주에 주목한 체코의 한학자 야로슬라프 프루섹Jaroslav Průŝek(1906~1980)의 연구와도 부합된다. 프루섹에 의하면 오르도스 지역에서 동남쪽으로의 적의 이주는 기원전 10세기~기원전 8세기에 북방 초원에서 출현한 새로운 유목양식nomadism의 팽창에 따른 것이었다.[78] 서주시대 이래로 특정 인종집단이라기보다는 주周의 질서에 편입되기를 거부하는 "일부 호전적인 집단"의 일반적 명칭이었던 듯한 융戎[79]과 달리 적은 춘추시대부터 강하게 부각되기 시작한 더 동질적인 집단이었다.[80] 서주 금문에 융이 적敵으로 자주 언급되는 것과 달리 적狄은 거의 나타나지 않는 것으로 보아, 이러한 추정은 재고의 여지가 있다. 니콜라 디 코스모Nicola Di Cosmo는 적狄이 남쪽의 중국 지역과 북쪽 혹은 서쪽의 유목 지역 사이의 완충 역할을 했을 것으로 보고 있는데,[81] 이들이 진과 북방 초원지역 사이의 매개자로 기능했을 가능성이 있다.

이와 관련하여 『금본죽서기년』은 적狄이 기원전 729년 최초로 진의 종

76 李夏廷 1992, 61-75; 山西省考古研究所 1994c, 138.
77 山西省考古研究所 1994a, 298.
78 Průŝek 1971, 53-77, 136-162.
79 沈載勳 2005a, 30-32.
80 Cosmo 1991, 37-48.
81 위 글, 59.

실이 있던 익翼을 공격했음을 전하고 있다.[82] 이는 『죽서기년』에 최초로 나타나는 적에 관한 기사라는 점에서 주목을 끄는데, 적의 공격이 내전 중이던 진의 종실 익을 향하고 있다는 것이 의미심장하다. 그렇지만 이와 관련된 다른 기록이 거의 없기 때문에 당시 적과 익의 대종, 혹은 곡옥 소종의 관계에 있어 더 이상의 추론은 자제하는 것이 좋을 듯하다. 다만 곡옥 소종의 찬탈 이후 진 통치가의 혼인 대상이 변화한 것에서 진과 적을 포함한 비주非周 세력 사이에 새로운 관계가 성립했음을 엿볼 수 있다. 기록이 남아 있는 진후의 부인들은 곡옥의 찬탈이 있기 전까지는 모두 산둥의 제齊와 같은 강성姜姓으로 주周의 세력권에서 온 반면, 곡옥 무공의 아들 헌공은 최초로 비주 세력인 대융大戎과 소융小戎, 여융驪戎의 여인들과 혼인 관계를 맺었다(제7장 참조). 춘추 초 곡옥 소종의 발전을 보여 주는 상궈촌 청동기에서 뚜렷이 나타나는 북방 초원지대와의 문화 교류 흔적은 북방 이민족과의 새로운 관계 정립을 암시한다.

3) 허우마 청동기와의 연결고리

상궈촌 청동기는 뒤이어 만개한 허우마 청동기의 연원과 관련해서도 중요한 실마리를 제공한다. 무엇보다 상궈촌 청동기에 나타나는 다양한 동물 주제들은 허우마 청동제작소에서 발굴된 모형이나 거푸집에서 유사한 짝을 찾을 수 있다. 이들 중 상궈촌에서 기물의 손잡이 장식 등으로 사용되었던 동물 머리 모양 장식은 허우마에서는 아주 보편적으로 나타난다(그림 6-12).[83] 상궈촌의 M56과 M33뿐만 아니라 웰인수유만거에도 나타나는 단순한 새 장식은 허우마에서는 아주 세련된 형태로 발전했다(그

82 『竹書紀年』, 2.13a. 『古本竹書紀年』에는 같은 사건이 기원전 733년에 수록되어 있다.
83 Institute of Archaeology of Shanxi Province 1996, 20-21, 도판 132-186.

그림 6-12.
상귀촌 출토 용문형의 동물 머리 모양 장식(좌)과 허우마 출토 동물 머리 모양 장식 모형
(우: 6.5cm×5.4cm)

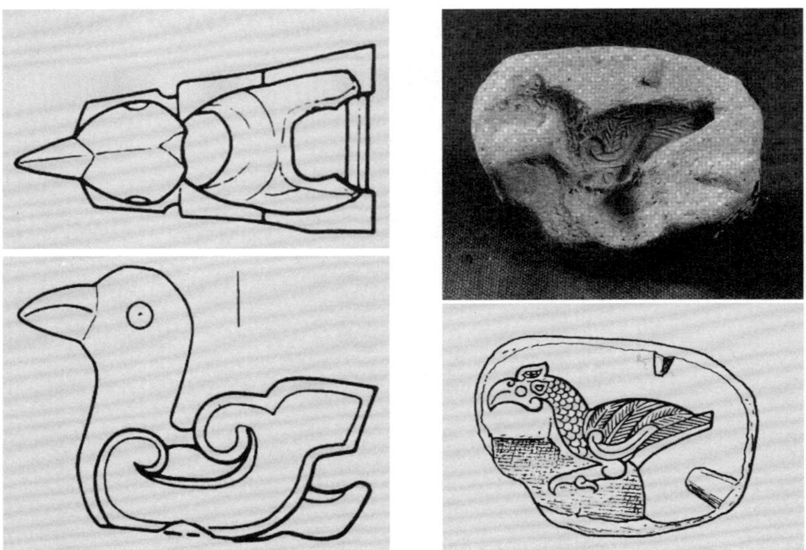

그림 6-13.
상귀촌 출토 월인수유만거의 새 장식(좌)과 허우마 출토 새 장식 거푸집(우: 4cm×3cm)

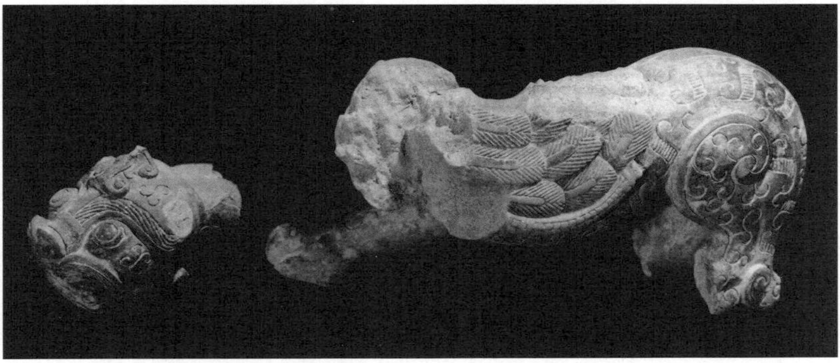

그림 6-14. 허우마 출토 호랑이 장식 모형(17cm×6cm)

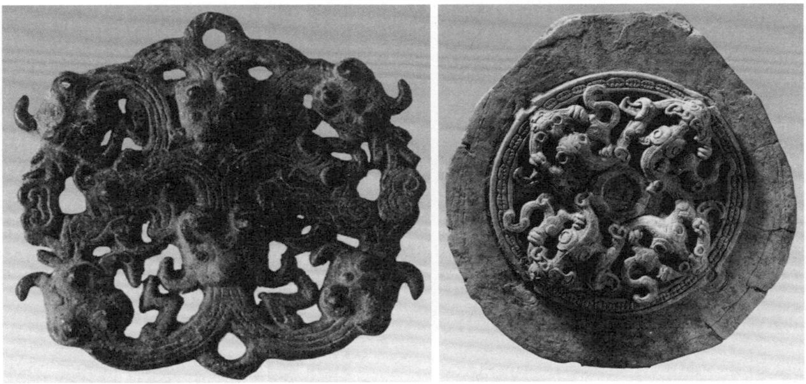

그림 6-15.
상궈촌 M55 출토 마관(좌: 5.8cm×5.8cm)과 허우마 출토 마관 모형(우: 10cm×9.5cm)

림 6-13).[84] 월인수유만거의 모서리에 부착된 호랑이 장식(그림 6-10 참조)은 허우마에서는 가장 흔한 장식 주제 중 하나로 발전했다(그림 6-14).[85] 마지막으로 허우마에서 보편적으로 눈에 띄는 말 장식(馬冠)[86] 역시 이미 상궈촌에서 그 유사한 형태를 찾을 수 있다(그림 6-15).

---

84 위 책, 28-29, 도판 765-800.

85 위 책, 27-28, 도판 672-748.

86 위 책, 도판 222-227.

그러므로 상궈촌에서 눈에 띄는 이러한 중요한 양식들이 진의 도읍이 허우마에 있었던 기원전 585년에서 기원전 403년까지의 청동기 제작에도 계승되었음에 틀림없다. 진 문화를 대표하는 허우마 청동기의 뛰어난 발전은 서주 말~춘추 초기의 상궈촌에서 그 유래를 찾을 수 있는 것이다.

4) 상마묘지와의 발전 수준 비교

마지막으로 상궈촌묘지의 발전 수준을 검토하기 위해 이를 같은 시기의 인접한 유적지와 비교해 볼 필요가 있다. 이런 측면에서 팔켄하우젠은 상궈촌 청동기가 목곽木槨이 없는 무덤에서도 출토됨을 주목하고 이를 주대周代 고고학에서 이례적 현상으로 간주하며 "묘지 소유자들의 높은 신분 혹은 신분에 대한 갈망"을 입증하는 것으로 해석하고 있다.[87] 그는 또한 상궈촌과 비슷한 시기에 존재했던 상마의 묘 1,387기를 분석하여 두 묘지를 비교하는 데 아주 중요한 통계 자료를 제시한 바 있다. 이 연구에 따르면 상마에서 발굴된 177기의 곽槨이 있는 묘(전체 묘의 12.8%) 중 단지 23기(12.9%, 전체 묘의 1.7%)만이 청동기를 부장하고 있었다. 또한 상궈촌과 달리 상마에서 곽이 없는 묘에서 청동기가 출토된 경우는 하나도 없었다.[88]

상마의 이러한 비율은 상궈촌과 극명하게 대비된다. 현재까지 보고된 상궈촌 묘 전체를 토대로 한 필자의 추산에 따르면, 이 묘지에서 발굴된 71기의 무덤 중 44기(61.9%)에 곽이 있었고, 이들 중 최소한 23기(52.2%)에 청동기가 부장되어 있었다. 상궈촌의 도굴된 묘들 대부분에 곽이 있었기 때문에, 청동기를 지닌 무덤의 비율은 당연히 이보다 높을 것이 틀림없다. 물론 전체 묘지가 통째로 발굴된 상마와 일부만 발굴된 상궈촌의 묘들

87 Falkenhausen 1999, 482.
88 팔켄하우젠 2011, 203-206.

을 단순 비교하는 것에는 위험한 면이 있다. 그럼에도 불구하고 이러한 명확한 대비는 곡옥 소종의 상류층에서 익翼과 인접한 상마보다 후장厚葬의 풍습이 강했음을 보여 주는 것인지도 모른다. 이는 상귀촌의 청동기가 질적인 면에서도 상마보다 수준이 높았다는 팔켄하우젠의 지적과도 일맥상통한다. 물론 상마가 하급 귀족의 묘지로 간주되기 때문에 이러한 비교는 여전히 일정한 한계를 지닌다고 볼 수도 있다. 그러나 제니 서는 곡옥 소종의 청동기가 같은 시기의 다른 주요 세력인 상춘링의 괵국虢國 청동기와 비교해서도 "모양이나 장식에 있어서 더 혁신적이고 잘 만들어졌다."고 지적한다.[89] 팔켄하우젠과 제니 서의 이러한 비교는 이 장의 앞부분에서 살펴보았듯이 진의 권력 투쟁에서 익의 종실을 압도했던 곡옥 소종의 발전 양상과도 일맥상통한다.

6. 소결

주 왕실을 보위하며 동천기를 주도했던 문후가 죽은 뒤 진국은 장기간의 격랑에 휩싸였다. 문후 생존 시에도 이미 상당한 세력으로 성장했던 곡옥 소종이 진의 군위를 찬탈하기 위해 67년에 걸쳐 익의 종실을 공격하여 잇따라 진후들을 살해했다. 이 내전이 춘추시대에 만연했던 다른 나라들의 군위 계승 투쟁과 달리 이렇게 오랫동안 지속된 데는 여러 가지 이유가 있었을 것이다. 진은 이미 서주 후기부터 주 왕실의 측근으로 강하게 성장했기에, 곡옥 소종의 부상에도 불구하고 익의 종실 역시 세력 균형을 유지할 만한 힘을 갖추고 있었을 가능성이 크다. 곡옥 소종의 지속적인 침탈에도 진의 종실을 지킨 진인晉人들이 그 군사적 기반이었을 것이다. 대종 위

89 So 1995, 36-37.

주의 종법 질서를 고수하고자 한 이들과 마찬가지로 주 왕실 역시 익의 종실을 후원했다. 곡옥 소종은 67년 동안 모두 여섯 명의 진후를 살해하고서야 무공이 이왕의 승인을 받음으로써 진후의 자리에 오를 수 있었다. 이때 왕의 승인이 진인들이 입장을 바꾸는 데에도 상당한 영향을 끼쳤을 것이다.

역사에서 통상 장기간의 내전은 쇠퇴를 가져온다. 진의 경우도 종실인 익의 입장에서 보면 쇠퇴의 시기임이 분명하다. 그러나 우월한 위치에서 내전을 주도한 곡옥 소종에 내전기는 분명 기회의 시기였고, 그들의 최종 승리는 진의 역사에서도 새로운 도약을 위한 큰 전기가 되었다. 이러한 양상은 고고학적으로도 확인된다. 곡옥 소종의 근거지였던 원시 상궈촌묘지에서 발견된 대류정과 월인수유만거 등의 청동기는, 곡옥 소종의 물질문화가 베이자오 진후묘지를 통해 드러난 앞선 시기 진 통치가와는 달리 샨시성 주의 주류문화를 벗어나 지역적 특성을 보여 주기 시작했음을 입증해 준다. 또한 상궈촌 청동기에 뚜렷이 나타나는 북방 초원지대와의 문화적 교류 흔적은 북방 세력과의 새로운 관계 정립을 암시한다. 상궈촌묘지의 발굴은 진 고고학에서 이른바 '진 문화'의 단초를 연 측면에서뿐만 아니라 춘추 후기에 만개한 허우마 청동문화의 연원을 찾을 수 있다는 점에서도 아주 중요한 위치를 차지한다.

물론 곡옥 소종의 상궈촌에 필적하는 진 종실 익에 대한 고고학적 성과가 아직 나오지 않은 상태에서 상궈촌의 청동기를 진을 대표하는 문물로 상정하는 것이 성급할지도 모른다. 그렇지만 곡옥 소종의 승리와 뒤이은 이들의 통치를 통해 진국의 발전이 더욱 가속화된 것은 사실이고 상궈촌의 유물들은 진의 주요 구성성분으로 포함되기에 손색이 없다.

춘추 초 진은 장기간의 내전으로 인해 중원에서의 주도적 위치를 상실했지만 곡옥 소종의 물질문화 면에서는 쇠퇴의 양상이 드러나지 않는다.

오히려 상귀촌 청동기의 독특한 지역적 발전을 통해 궁극적으로 진을 패국으로 이끌었던 곡옥 소종의 혁신성을 엿볼 수 있다. 67년 동안 극심했던 진의 내전은 결과적으로 진국이 주 왕실의 측근 세력이라는 유산에서 벗어날 수 있는 계기를 제공한 것이다.

이를 입증하듯 진의 통치권을 찬탈한 무공의 뒤를 이은 헌공은 혁신에 성공했고 이를 기반으로 문공이 주왕의 권위를 대체하는 최강자로서 패자의 시대를 열었다.[90]

90 이 장의 후반부는 「曲沃小宗과 上郭村墓地: 春秋 初 晉國의 새로운 발전」, 『中國史硏究』 33 (2004), 1-34쪽을 수정 보완한 것이다.

제 7 장

헌공의 혁신과 문공의 패업

1. 서론

곡옥曲沃 소종小宗의 찬탈 이후 대략 헌공獻公 재위기 20년 사이에 진晉은 아주 강력한 세력으로 발전했다. 그러나 헌공 재위 말년에 진은 헌공의 첩인 여희驪姬가 주도한 권력 투쟁의 격랑에 휩싸인다. 태자인 신생申生이 자살했을 뿐만 아니라 다른 두 공자 중이重耳와 이오夷吾 역시 각각 적狄과 양梁으로 망명하는 상황이 벌어졌다. 헌공이 사망하고 기원전 650년 이극李克을 비롯한 귀족들이 수개월 동안 진을 장악했다. 여희와 그 아우가 낳은 헌공의 두 아들 해제奚齊와 도자悼子를 살해한 이극은 헌공의 셋째 아들인 이오를 진의 다음 군주로 맞이했으니 그가 혜공惠公(650~637 B.C.)이다.

한편 헌공의 둘째 아들 중이 문공文公은 극적인 삶으로 유명하다. 그는 여희와의 권력 투쟁의 와중에 적으로 망명하여 그곳에서 12년을 머무른 후에, 다시 7년 동안 제齊와 조曺, 송宋, 초楚 등 열국을 유랑하다가, 자신보다 먼저 군위에 오른 아우 혜공이 사망하자, 진秦 목공穆公의 도움으로 조카 회공懷公(637 B.C.)을 몰아내고 진의 통치자가 되었다. 문공은 극적인 반전으로 기원전 636년 군위를 차지한 후 바로 진의 개혁에 착수하여 결국 제 환공桓公 다음으로 춘추시대 두 번째 패자가 되었다.

그렇지만 문공이 진으로 복귀하고 단지 4년 만인 기원전 632년 성복城濮에서 남쪽의 강국 초나라를 격파하고 당대의 가장 강력한 군주로 우뚝 선 사실은, 그의 뛰어난 카리스마와 19년 동안 망명 생활을 함께한 자범子犯(고언孤偃), 조최趙衰 같은 충신의 역할을 고려한다 하더라도, 불가사의한 느낌을 지울 수 없다. 더욱이 문공에 앞서 군주가 된 아우 혜공의 재위기가 진이 쇠퇴한 시기로 간주되고 있기 때문에[1] 불과 4년 동안에 급격히 개혁에 성공하여 최강국의 면모를 갖추었다는 기존의 이해는 논리적 모순에서 자유로울 수 없다.

물론 이러한 불가사의가 극적인 삶의 궤적과 함께 문공을 영웅의 반열로 끌어올렸고 필자 역시 이러한 면모를 전적으로 부인하지는 않는다. 그러나 문공의 영웅적 모습에 주요 토대를 제공한 『좌전左傳』과 『국어國語』, 『사기史記』 등에 서술된 이야기가 창작의 과정을 거치면서 허구적 성격이 가미된 것일 거라는 주장이 있듯이[2] 문공에 대한 '영웅 만들기'의 자취를 발견할 수 있음은 의미심장하다. 영웅 중심 사관이 동서고금을 막론하고 역사 서술에 지대한 영향을 미쳐 왔음을 부정할 수 없기에[3] 문공의 진

1 李隆獻 1988, 204-205; 李孟存, 常金倉 1988, 31-32.
2 Bissell 1996, 제2장 참조.
3 이러한 측면에서 '로웬 2010'은 주목을 끈다. 특히 제1장 '역사가 만들어낸 장애: 영웅 만들기의 과정Handicapped by History: The Process of Hero-making'은 20세기 미국

면모에 덧붙여졌을지도 모르는 문학성을 띤 영웅의 모습을 걷어 낼 수 있다면 그 불가사의의 일단을 파악할 수 있을지도 모른다.

이러한 문공에 대한 영웅적 서술의 모순은 한편으로 문공이 언급된 많은 전국시대 또는 후대의 자료를 면밀하게 비교 검토함으로써 문헌학적 측면에서 고찰될 수 있을 것이다. 다른 한편으로 문공의 영웅적 모습의 그늘에 가려 주목받지 못했을 수도 있는 앞선 인물이나 시대를 분석함으로써 단기간에 패자의 반열에 오른 불가사의와 그에 따른 논리적 모순을 해결할 수 있을지도 모른다.

이러한 측면에서 이 장에서는 우선 그동안 크게 부각되지 않았던 문공보다 앞선 두 통치자의 재위기, 특히 헌공 시대를 문공 패업의 실질적 토대로 가정하며 구체적으로 분석하려고 한다. 헌공이라는 인물이 새로움을 향한 발상의 전환과 그에 대한 실행력을 가지고 역사를 이끌어 왔다면 아들 문공 못지않은 영웅의 반열에 올라설 수 있을지도 모른다. 그러나 이 연구의 목적이 문공의 불가사의에 대한 논리적 구명에 있는 이상 또 다른 '영웅 만들기'를 추구할 생각은 없다. 이 장의 전반부에서 헌공의 주요 업적을 크게 세 가지 측면에서 고찰함으로써 진이 춘추 중기부터 최강대국으로 군림할 수 있었던 배경을 밝힐 것이다.

헌공의 역할이 아무리 지대하다고 해도 실제로 패업을 이룬 문공의 역량이나 업적이 폄하될 수는 없다. 이 책의 서론 부분에서도 언급했듯이, 전통시대 진국사에 대한 관심은 대부분 문공의 생애에 초점이 맞추어져 있었다. 전래문헌에 그려진 그의 모습에 허구적 요소가 담겨 있을 수 있다는 점을 감안할 때, 그의 사적을 전하는 자범편종子犯編鐘과 진공반晉公盤

사의 두 인물인 우드로 윌슨과 헬런 켈러의 영웅화heroification 과정과 그들의 숨겨진 진면모에 대해 다루고 있다. 국내에서도 나폴레옹과 잔 다르크 등 서양 근세 인물들의 영웅화 과정과 그 전승을 다룬 연구가 출간되었다(박지향 외 2005).

명문은 당대의 일차자료로서 큰 의미를 지닌다. 따라서 이 장의 후반부는 출토문헌과 전래문헌에 나타나는 문공의 모습을 비교 검토하며, 그 패업의 과정과 위상을 살펴볼 것이다.

2. 헌공 시대 진의 재부상

앞에서 헌공의 재위기가 문공 패업에 중대한 토대가 되었을 가능성을 제기했다. 익의 종실을 멸망시키고 진의 군위를 차지한 부친 무공武公의 업적을 이어받은 헌공은 산시성山西省 서남부의 많은 제후국을 정복하여 진을 강력한 지역국가로 탈바꿈시키는 데 성공했다. 『좌전』에 따르면, 기원전 677년 군위를 계승한 직후 헌공은 괵虢의 통치자와 함께 역시 그해에 등극한 혜왕惠王을 조근했다. 같은 해에 헌공은 정鄭 및 괵의 통치자와 함께 혜왕이 진陳의 공주를 부인으로 맞이하는 데 관여했다.[4] 그렇지만 이 사건 이후 현재 이용 가능한 모든 문헌은 헌공 대의 진과 주周 왕실의 관계에 대해 거의 침묵을 지키고 있다. 제 환공이 주도한 회맹에 동참하기를 거부했던 부친 무공과 마찬가지로 헌공 역시 결코 동방의 회맹에 참석하지 않았다. 중원의 정치에 연루되는 대신 당시 진국은 산시성 서남부를 아우르는 통치자가 되기 위해 다음과 같은 세 가지 측면에 치중하며 내부의 발전을 꾀한 것으로 보인다.

1) 공족의 제거

많은 학자가 헌공의 다양한 업적 중 가장 우선적으로 거론하는 것이 바

4 『春秋左傳正義』, 1772-1773(莊公 18).

로 강력한 일족, 즉 공족公族을 제거한 것이다.[5] 『좌전』에 따르면, 헌공이 즉위한 지 6년쯤 지난 기원전 671년 곡옥 소종의 첫 번째 통치자였던 환숙桓叔과 그다음 통치자였던 장백莊伯의 후예들이 공실公室을 핍박했다고 한다.[6] 수전 웰드Susan Weld가 지적했듯이 곡옥 소종이 승리하면서 더욱 강해진 환숙과 장백의 후예들이 권력 분점을 요구한 것이다.[7] 그렇지만 헌공은 이러한 공족의 요구에 단호하게 대처했다. 진 종실과의 권력 투쟁 경험이 헌공에게 미래에 일어날 수도 있는 다른 공족과의 상쟁에 대한 경고로 작용했을 것이다.

헌공이 문제의 소지가 있는 공족을 제거하는 데는 2년이 걸렸다. 이를 위해 당시 헌공이 공족이 아닌 사위士蔿 같은 유능한 귀족에 의존한 것은 주목할 만하다. 『좌전』에는 사위가 우선 공족끼리 반목케 하고 결국 그들을 고립시키면서 성공적으로 제거한 과정이 언급되어 있다.[8] 이후 그는 기원전 669년 대사공大司工이 되어 강絳에 진의 새로운 도읍을 건설하는 것을 주관했다.[9] 사실 곡옥 소종의 찬탈 이후 진 통치자들의 비공족 선호는 기원전 677년 무공의 순荀 정복에서 이미 예견되었다. 그는 새로운 정복지 순을 공족이 아닌 자신의 대부이자 후에 순숙荀叔이라 불리게 된 원씨原氏 암黯에게 하사했다.[10]

5 洪安全 1972, 45; 李隆獻 1988, 204-205; 李孟存, 常金倉 1988, 21-22; Hsu 1999, 558-559.

6 『春秋左傳正義』, 1779(莊公 23).

7 Weld 1990, 146.

8 『春秋左傳正義』, 1779-1780(莊公 24~25). 사마천은 獻公 9년 公族들이 虢國으로 도망간 사실을 기록하고 있다(『史記』, 39.1641).

9 『春秋左傳正義』, 1780(莊公 26). 晉의 宗室이 있던 翼의 위치와 마찬가지로 絳의 위치 역시 이견이 있다. 그러나 이 두 도읍 모두 오늘날 山西省 서남부의 曲沃-翼城 지역에 위치했음은 이론의 여지가 없다(Weld 1990, 143-152; 北京大學歷史系考古專業山西實習組 등 1992, 216-223).

10 『古本竹書紀年輯校』, 11b.

헌공 재위 초반부에 일어난, 문제의 소지가 있는 공족의 제거는 진의 역사에서 최소한 두 가지 측면에서 아주 중요한 의미를 지닌다. 우선 헌공이 다른 공족과 권력을 나눌 필요가 없어졌다는 사실은 중앙집권화를 향한 중요한 한 걸음을 의미한다. 이렇듯 중앙집권을 꾀해 자신의 권위를 극대화함으로써 헌공은 뒤에서 자세히 살펴볼 영토 확장의 토대를 마련했고, 진은 비로소 지역국가로 성장해 나갈 수 있게 되었다. 다른 한편으로 통치자와 혈연관계가 없는 유력 귀족들이 진의 역사에서 주역으로 등장하게 되어, 혈연보다 능력이 우선하는 새로운 정치 질서를 창출할 수 있었다. 춘추시대 대부분의 국가에서는 공족이 지속적으로 중요한 위치를 차지했기 때문에 이 차별성은 헌공 시기 진의 부상과 관련하여 주목할 만한 현상이었다.[11]

2) 융적과의 관계 개선

헌공 대에 나타난 또 다른 급격한 변화는 융적과 같은 비주 세력과의 관계 변화에서 찾을 수 있다. 진의 초기 역사에 관심을 가진 대부분의 학자는 서주 초 진의 봉건 당시부터 진과 융적 사이의 밀접한 관계에 주목해 왔다. 그러나 주의 측근 세력으로 성장해 온 진의 발전 양상에서 곡옥 소종의 상궈촌上郭村 문화 이전에 북방문화와 교류한 뚜렷한 흔적을 찾기는 어렵다. 전래문헌과 출토문헌의 기록 역시 이를 뒷받침한다. 주의 측근 세력으로서 진은 서주시대 산시성이나 다른 지역에 존재한 주의 적인 융戎이나 이夷에 맞서는 일선에 서 있었기 때문에 진과 융적의 관계 역시 적대적일 수밖에 없었을 것이다.

11 Blakeley의 春秋시대 다양한 혈족의 관직 분포에 관한 방대한 통계적 연구는 中原의 국가들에서 공족이 반드시 주요한 직책을 독차지한 것은 아니었다는 것을 보여 준다. 그러나 春秋시대 초기(722~679 B.C.)를 제외하고는 계속해서 非公族이 중요한 관직을 압도적으로 차지했던 晉의 경우는 다른 나라들의 경우와 상당히 다르다(Blakeley 1979, 81-90).

그러나 주 왕실의 동천 이후 진과 비주 세력의 관계는 새로운 국면을 맞이한다. 춘추 초부터 나타나기 시작하는 새로운 비주 세력 적狄의 등장뿐만 아니라 왕실 세력의 약화가 이러한 관계에 영향을 미쳤을 것이기 때문이다. 더욱이 67년간의 내전을 주도하며 서주 이래의 종법질서를 파괴하고 군위를 찬탈한 곡옥 소종의 진은 대외 관계에서도 과거의 방식을 고수할 필요는 없었을 것이다.

비록 현재 이용 가능한 문헌 기록들에 내전이 끝날 때까지 진과 비주 세력 사이의 관계에 변화가 있었음을 암시하는 내용은 나타나지 않지만, 헌공이 비주 세력과 혼인했음을 전하는 기록이 남아 있어, 이 문제의 일단을 파악하는 귀중한 자료를 제공해 준다. 통치가의 혼인 관계가 춘추시대 국제정치에서 중요한 역할을 담당했음은 주지의 사실이다.[12] 『좌전』 "장공莊公 28년"에는 헌공의 혼인 관계를 다음과 같이 비교적 상세히 전하고 있다.

> 진 헌공은 가賈에서 부인을 맞이하였으나 자식이 없었다. 뒤에 (부친 무공의 첩인) 제강齊姜과 정을 통해[13] 진秦 목공穆公의 부인과 태자 신생申生을 낳았다. 또한 그는 융戎의 두 여인과 결혼하였다. 대융大戎의 고희孤姬가 중이重耳를 낳았고,[14] 소융小戎의 여식이 이오夷吾를 낳았다. 진이 여융驪戎을 정벌하였을 때 여융의 족장이 그의 딸 여희驪姬를 헌공에게 바쳤다. 그들이 돌아온 후에 여희가 해제奚齊를 낳았고 (함께 따라온 여희의) 동생이 도자悼子를 낳았다. 여희가 헌공의 총애를 받게 되었다 ……[15]

12 春秋시대의 혼인과 그 역사적 의의에 대해서는 'Thatcher 1991, 25-57' 참조.

13 이 부분의 해석은 이론의 여지가 있는데, 齊姜을 武公의 첩으로 파악한 杜預의 주석을 따른 것이다.

14 司馬遷은 重耳의 모친이 狄에서 온 것으로 파악하여 重耳가 驪姬가 주도한 권력 투쟁의 와중에 狄地로 망명했음을 전하고 있다(『史記』, 1641, 1656).

15 『春秋左傳正義』, 1781.

이 인용문은 헌공이 처음에 가賈와 제 출신의 부인을 두고 있다가 융의 여인들과 혼인한 내용을 전하고 있어, 헌공 대에 진 통치가의 혼인 상대가 중원의 제후국들에서 비주 세력으로 변모한 일단을 잘 보여 준다. 헌공 이전 진 통치가의 혼인 관계를 전해 주는 기록은 많지 않다. 『좌전』 "환공桓公 2년"에 서주 후기 선왕宣王 시기에 재위한 진 목후穆侯의 부인 강씨姜氏가 구仇(뒤에 문후文侯)와 성사成師(뒤에 환숙桓叔)를 출산한 내용이 담겨 있고,[16] 같은 내용을 전하는 「진세가」에는 목후가 재위 4년에 제나라로부터 부인 강씨를 취했음이 기록되어 있다.[17] 제2장에서 살펴본 베이자오 진후 묘지의 두 번째 진후 부인묘인 M13에서 출토된 청동 궤簋에는 진후의 부인인 듯한 "진강이 이 보배로운 궤를 만든다(晉姜作寶簋)."라는 명문이 있다.[18] 제5장에서 살펴본 춘추 초 진강정晉姜鼎 명문에도 이 기물을 주조한 문후의 부인 성姓이 강姜으로 나타나, 문후 역시 부친 목후와 마찬가지로 부인을 강성姜姓의 제나라에서 맞이했음을 추론할 수 있다. 비록 위 인용문의 내용보다 이른 시기의 진 통치가의 혼인과 관련된 기록은 이 세 경우에 불과하지만, 여기서 진이 어느 제후국보다 주 왕실과 밀접한 관계를 유지했다는 사실을 감안할 필요가 있다. 따라서 다른 많은 희성姬姓의 나라와 마찬가지로 진 역시 서주시대와 춘추 초까지 제와 같은 강성의 나라와 혼인 관계를 맺어 왔을 가능성이 크다.[19] 더욱이 위 인용문에는 헌공의 부친인 무공도 제로부터 부인을 맞이했고 헌공 역시 진과 인접한 희성 제후국인 가에서 부인을 맞이한 것으로 나타나[20] 당시까지 진과 비주 세력 사

16 『春秋左傳正義』, 1734.
17 『史記』, 1637.
18 山西省文化局 등 2002, 58-60.
19 田中柚美子 역시 『左傳』에 晉의 혼인 상대로 가장 빈번히 나타나는 나라로 齊를 들고 있다(田中柚美子 1975, 24-25).
20 賈에 대해서는 뒤에서 다시 언급될 것이다. 위의 姬姓 제후국 사이의 결혼은 同姓不婚의 원칙에 위배되는 듯하다. 그러나 Thatcher는 『左傳』에서 同姓 간의 결혼 사례 15개를 찾아

이의 혼인이 흔치 않은 일이었음을 암시한다.

이와 관련하여 『국어』「진어晉語1」에는 헌공의 점복을 주관하던 관리인 사소史蘇가 헌공의 여희와의 혼인이 진 조정에 가져올 아주 나쁜 조짐을 예측한 언설이 담겨 있다.[21] 헌공의 최측근 신하였던 이극, 곽언郭偃, 사위와의 대화에서 사소는 이 혼인을 하와 상, 서주의 마지막 세 왕, 즉 걸桀과 제신帝辛, 유왕幽王의 혼인에 비유하고 있다. 전래문헌에 이들의 잘못된 혼인이 세 왕조의 멸망을 초래한 것으로 나타남은 주지의 사실이다. 또한 세 명의 신하 모두 사소의 우려에 동감을 표시하고 있는 점은, 이들이 헌공의 비주 세력과의 혼인을 강력히 반대하고 있었다는 사실을 암시한다. 앞서 이루어진 헌공의 대융 및 소융과의 혼인에 대한 신하들의 반응을 알 방법이 없고 여희가 주도한 권력 투쟁에 대한 후대의 악평 때문에 『국어』의 이 언설을 허구로 간주할 수도 있을 것이다. 그러나 『좌전』 "희공僖公 4년"에도 유사한 이야기가 언급되어 있어[22] 이를 허구로 치부할 수만은 없을 것이다.

따라서 헌공의 초기 혼인을 비롯한 이전 진 통치가의 혼인 상대가 대부분 강성 위주의 중원 국가였다는 사실, 그리고 헌공의 여융과의 통혼을 신하들이 강력하게 반대한 것을 통해, 헌공이 비주 세력과 혼인 관계를 맺은 최초의 진 통치자였음을 추정할 수 있을 것이다. 이러한 헌공의 새로운 혼인 관계는 정략적 차원에서 이루어진 것으로, 진의 비주 세력에 대한 정책에 중대한 변화가 있었을 것임에 틀림없다.

「진세가」에 의하면 헌공은 재위 5년에 여융을 정벌했다고 한다.[23] 위의 인용문에는 헌공의 대융, 소융과의 혼인 관계가 여희와의 혼인보다 빨

내고 있어 당시 同姓不婚 원칙이 반드시 지켜졌던 것 같지는 않다(Thatcher 1991, 38).

21 『國語』, 252-264.

22 『春秋左傳正義』, 1793.

23 『史記』, 1640.

랐던 것으로 암시되어 있지만, 다나카 유미코田中柚美子는 중이의 대융(『사기』에는 적狄) 지역에로의 망명 시점에서 역산하여 이 혼인들이 거의 같은 해에 이루어진 것으로 추정하고 있다.[24] 헌공은 재위 16년이 되어서야 산시성 서남부의 희성 제후국들에 대한 정벌을 시작했기 때문에, 이 공세에 앞서 우선 비주 세력과 새로운 관계를 정립하려 했던 것으로 보인다. 융적을 적으로만 간주했던 주왕周王들과는 달리, 곡옥 소종의 찬탈 이래로 주 왕실의 속박에서 자유로워진 헌공은 융적을 적대시할 필요가 없었고, 실제로 그는 이러한 새로운 혼인 관계를 통해 비주 세력과의 관계 개선을 시도했던 것이다.

『좌전』에 나타나는 주요국에서 융적과 같은 비주 세력과 혼인 관계를 맺은 사례를 찾기가 극히 어려운데,[25] 그만큼 헌공의 융적과의 새로운 혼인 관계는 구래의 혼인 질서를 파괴한 파격적인 것이었다. 물론 기원전 635년 양왕襄王이 적狄의 군사력을 빌려 정을 공략하기 위해 적의 여인을 후后로 삼은 것과 같은 아주 이례적인 경우가 있기는 하다. 그러나 『국어』와 『좌전』에 모두 기록되어 있는 이 혼인에 대한 양왕의 신하 부진富辰의 강력한 간언은 주의 신하들이 비주족과의 통혼 관계를 수용하기가 얼마나 어려웠는지 여실히 보여 준다. 특히 부진이 예로부터 주 왕실과 통혼해 온 강씨姜氏와 임씨任氏를 적의 여인으로 대체한 것은 예법에 맞지 않는다고 강조한 점은 주목할 만하다. 양왕은 그 이듬해 이 적의 여인을 후에서 폐할 수밖에 없었다.[26]

그렇지만 헌공이 이러한 파격적인 혼인 정책에 의존하여 여러 비주 세력과 관계 개선만을 추구한 것은 아니었다. 전래문헌에는 헌공이 수차에

---

24 田中柚美子 1975, 26.

25 山田統 1982, 68-104, 특히 103의 표 12.

26 『國語』, 48-53(「周語中」); 『春秋左傳正義』, 1818(僖公 24).

걸쳐 적을 공격한 것으로도 나타난다. 즉, 『국어』에는 헌공이 적사翟柤에 대해 우려하자 극숙호郤叔虎가 이를 공격한 것이 전한다.[27] 『국어』와 『좌전』에는 또한 헌공 17년(660 B.C.) 태자 신생이 동산고락씨東山皐落氏를 정벌한 것으로 기록되어 있는데, 『국어』에서는 동산고락씨를 적狄으로 명기하고 있다.[28] 『좌전』과 『사기』 「진세가」에는 헌공 25년(652 B.C.) 이극이 군사를 이끌고 채상采桑에서[29] 적을 격파한 것과 같은 해 여름 적이 진에 대한 보복을 감행한 것이 기록되어 있다.[30]

이렇듯 혼인뿐만 아니라 정벌도 동시에 시도한 것에서 볼 때, 헌공은 산시성에 광범위하게 분포한 여러 융적의 무리와 관계하면서 화전和戰양면책을 사용한 것으로 보인다. 이러한 양면 전략은 아들 문공에게도 이어졌다. 중이는 적에 망명해 있을 때 적의 일파인 장구여廧咎如 출신 계외季隗와 혼인하여 두 명의 아들을 두었다. 17년의 유랑 끝에 재위에 오른 후 문공은 적 출신 부인을 진으로 불러들였다.[31] 기원전 635년 양왕에 반란을 일으킨 왕자王子 대帶를 진압하기 위한 공격에서도 문공은 초중草中의 융과 여토麗土의 적의 영역을 지름길로 효과적으로 활용했다.[32] 이렇듯 융적과 우호적인 관계를 유지했음에도 불구하고 『좌전』은 문공 재위 5년과 8

---

27 『國語』, 266(「晉語1」). 翟은 狄과 통용된다. 이 정벌의 연대는 나타나지 않는다.

28 『國語』, 277-283(「晉語1」); 『春秋左傳正義』, 1788(閔公 2). 楊伯峻은 東山皐落氏를 오늘날 垣曲 동남쪽의 皐落鎭으로 위치 비정하고 있다(楊伯峻 1981, 268).

29 楊伯峻은 『一統志』에 의거하여 采桑을 오늘날 鄕寧縣 서쪽으로 비정한다(楊伯峻 1981, 322).

30 『春秋左傳正義』, 1799(僖公 8). 「晉世家」에는 晉에 대한 狄의 공격이 重耳의 망명 때문일 것으로 언급되어 있다(『史記』, 1648).

31 『春秋左傳正義』, 1817(僖公 24). 重耳가 季隗와 혼인할 당시 重耳의 최측근 趙衰 역시 季隗의 자매 叔隗와 혼인하여 趙盾을 낳았다. 文公이 재위에 오른 후 文公의 딸이자 趙衰의 정부인인 趙姬는 叔隗와 그 아들 趙盾을 晉으로 불러들여 자기 아들이 셋이나 있었음에도 불구하고 재주가 많은 趙盾을 趙衰의 적자로 삼았다. 獻公의 혼인 정책과 함께 12년에 걸친 重耳의 狄地 망명 역시 晉과 非周 세력 사이의 우호적 관계 정립에 크게 기여했을 것이다.

32 『國語』, 373(「晉語4」).

년에 적의 공략을 막기 위해 삼행三行과 오군五軍이라는 군대를 증설했음을 기록하고 있다.[33]

융적에 대한 이러한 화전 양면 정책은 이후 대부분의 진 통치자에게 계승되었다.[34] 특히 경공景公(600~581 B.C.) 대에는 여러 적족狄族과 우호적인 관계를 유지하면서 산시성 동남부의 노潞와 갑씨甲氏, 유우留吁, 탁진鐸辰 등 다양한 적적赤狄 세력을 정벌했다.[35] 이러한 융적과의 이중적인 관계와 관련하여 회맹을 아홉 차례나 주도하며 진국의 패업을 확고히 완성한 도공悼公(572~558 B.C.)이 신하 위강魏絳에게 한 언설은 인용할 가치가 있다.

> 당신이 과인에게 모든 융적과 화합하라고 가르쳐서 (이를 따라) 제화諸華를 다스릴 수 있었습니다. 과인은 지난 8년간 아홉 차례 제후들을 불러 회맹을 가졌습니다. 음악의 조화같이 화합하지 않은 이가 없었습니다.[36]

도공은 진이 패업을 유지하는 중요한 동력으로 융적과의 우호적인 관계를 들고 있다. 위강 역시 "융적과의 화합은 나라의 복"이라고 화답하고 있어, 이들이 융적과의 원활한 관계를 얼마나 중시하고 있었는지 알 수 있다. 그러므로 헌공으로부터 시작된 비주 세력과의 화전 양면 정책이 이후 진의 역량을 배가시켜 문공 패업의 주요 기반이 되었음에 틀림없다.

---

33 『春秋左傳正義』, 1827(僖公 28), 1831(僖公 31).

34 文公의 아들 襄公은 기원전 627년 殽에서 벌어진 秦과의 전쟁에서 姜戎과 연합했지만, 같은 해에 白狄의 공격을 받고 箕에서 격파한 바 있다〔『春秋左傳正義』, 1832-1833(僖公 33)〕. 또한 成公(606~601 B.C.) 5년 赤狄이 晉의 向陰을 공격하여 곡식을 탈취했는데, 다음 해 白狄과 동맹을 맺고 秦을 공격했다〔『春秋左傳正義』, 1873(宣公 7~8)〕.

35 『春秋左傳正義』, 1876(宣公 11), 1886-1888(宣公 15). 이들 赤狄 집단은 오늘날의 潞城과 屯留 지역에 위치했던 것으로 보인다(楊伯峻 1981, 758, 767-768).

36 『春秋左傳正義』, 1951(襄公 11).

3) 영토의 확장: 지역국가로의 도약

중앙집권화와 융적과의 관계 정립에 성공한 후 헌공은 영토 확장에 나섰다. 비록 문후와 무공 재위기에 희성 제후국인 한韓과 순을 각각 정복했지만, 진은 헌공이 재위할 때까지 단지 오늘날의 허우마侯馬(신장新絳과 취워曲沃, 이청翼城 지역 포함) 지역에서 남쪽으로 원시聞喜에 이르는 반경 50km 내외의 영역을 차지하고 있을 뿐이었다(그림 서-1 참조).

그렇다면 당시 산시성의 상황은 어떠했을까? 서주시기부터 헌공 대에 이르기까지 그 지역의 정치 상황을 전해 주는 직접적인 자료는 거의 없다. 단편적인 자료들을 토대로 재구성된 다른 제후국들의 존재를 통해 당시의 상황을 간접적으로 유추할 수 있을 뿐이다. 제4장에서 고동고顧棟高의 '춘추 열국 작성과 존멸표春秋列國爵姓及存滅表'를 토대로, 표 4-1과 같이 서주시대부터 춘추 초까지 산시성에 위치했던 진 이외의 9개 제후국을 찾을 수 있었다. 이들은 대부분 진에 의해 멸망당했고, 고고학적으로도 존재를 확인할 수 있다. 이들이 대부분 주 왕실과 같은 희성이었다는 사실은 서주 후기 혹은 춘추 초기까지도 진이 주 왕실의 영향력이 상존한 산시성 서남부 여러 제후국 중 하나에 불과했음을 알게 해준다. 67년 동안의 내전에서 곡옥 소종이 압도적인 우위를 차지하고 있었음에도 주 왕실의 공식적 승인을 받을 때까지 군위를 차지할 수 없었다는 사실 역시 이와 무관하진 않을 것이다.

이렇듯 산시성 서남부에 주의 영향력이 강하게 잔존하고 있었기 때문에 헌공의 희성 제후국들에 대한 정복은 진의 역사에서 지대한 의의를 지닐 수밖에 없다. 진의 주변 세력 정벌에 대한 웨이원쉔衛文選의 연구에 의하면, 진의 주변 정치체들 병합은 희성과 비희성을 포함한 제후국들과 비주 세력으로 나눌 수 있다.[37]

37 衛文選 1982, 97.

『좌전』에 따르면, 헌공은 기원전 661년 군대를 2군으로 증강한 후에 주변의 희성 제후국 세 곳, 즉 위魏[38]와 곽霍, 경耿을 정복했다.[39] 이 세 나라 이전에 다른 두 희성 제후국 양楊[40]과 가가 진에 정복된 것으로 전한다.[41] 따라서 기원전 661년까지 진은 펀하汾河 유역의 거의 모든 희성 제후국을 정복한 것으로 보인다.[42] 이러한 정복 중 중탸오中條산맥 이남 산시성 서남단의 위에 대한 정복은, 기원전 655년 괵虢과 우虞의 정복과 마찬가지로 진이 중원의 중심부로 진출할 수 있는 주요한 교두보를 제공해 주었을 것이다. 순을 정복하고 비공족 대부인 원씨 암에게 하사했던 부친 무공과 마찬가지로, 헌공 역시 정복지들을 비공족 귀족들에게 사여했다. 즉 양은 양설대부羊舌大夫가, 경은 조숙趙夙이, 위는 필만畢萬이, 가는 극예郤芮가 하사받았다.[43] 이러한 비공족 귀족들은 강력한 세력으로 성장하여 진의 발전에서 중추적 역할을 수행했다.

어쨌든 기원전 661년까지의 정벌을 통해 펀하 유역을 완전히 장악한 헌공은 다시 남쪽으로 눈을 돌려 중원 지역으로의 진출을 꾀했다. 『춘추』와 『좌전』에는 헌공이 기원전 658년 중탸오산맥을 넘어서 우와 연합하여 괵국의 도읍 하양下陽(허난성河南省 싼먼샤三門峽 근처)을 공격했음을 기록하고

38 山西省의 고고학자들은 芮城과 禹王古城에 있는 東周시대 魏의 성벽을 발견한 바 있다(Weld 1990, 257-266).

39 『春秋左傳正義』, 1786(閔公 2).

40 楊의 성벽 역시 오늘날 洪洞 지역에서 고고학적으로 확인되었다(Weld 1990, 266-281 참조).

41 衛文選, 1982, 98.

42 衛文選은 또한 기원전 655년 이전 晉에 정복된 河津縣 동쪽의 冀에 대해서도 주목하고 있다. 그러나 冀의 姓은 알려지지 않고 있다

43 左藤三千夫는 이러한 晉의 강력한 귀족 집단들이 姬姓에 뿌리를 두었을 가능성을 제기한 바 있다(左藤三千夫 1973, 90-97). 그러나 左藤三千夫가 이용한 대부분의 문헌이 『左傳』이나 『國語』의 주석, 혹은 『通志』의 「氏族略」 같은 후대의 자료라는 점을 고려해야 한다. 기원전 6세기에 晉의 통치권을 차지하기 위해 경쟁했던 세력들이 자신들의 통치력을 정당화하기 위해 家系를 조작했을 가능성이 있기 때문이다(Weld 1990, 145-146).

있다.[44] 그러나 하양을 함락시켰음에도 불구하고 헌공은 괵을 완전히 정복하기까지 3년을 더 기다려야 했다. 그 무렵 국내에서 여희가 주도한 내란이 일어났기 때문이다.

『좌전』 "희공僖公 4년"에 따르면, 기원전 656년 헌공의 총애를 받던 여희는 자신의 아들인 해제를 진의 다음 통치자로 세우고자 했다. 이에 그녀는 헌공과 세 아들 신생, 중이, 이오를 이간시켜 진 통치가를 내분에 휩싸이게 함으로써, 태자 신생을 자결케 하고 중이와 이오를 망명하게 했다.[45] 헌공은 기원전 655년 봄까지 내분을 진정시킨 후, 같은 해 겨울 괵에 대한 제2차 군사 원정을 감행했다. 우를 거쳐 괵에 이르는 경로를 다시 이용하여 헌공은 괵의 또 다른 도읍 상양上陽(산현陝縣)을 포위함으로써 주의 주요 희성 제후국인 괵을 급기야 멸망시켰다. 괵으로부터 귀환하는 도중에는 정벌 경로를 제공했던 또 다른 희성 제후국인 우까지 정복했다.[46] 이로써 기원전 655년까지 진은 산시성 서남부에 잔존하던 주 왕실의 세력 기반을 모두 제거할 수 있었다.

헌공이 정복한 희성 제후국들 중 산시성과 허난성河南省의 경계 지역에 위치했던 괵의 정복은 이후 진의 발전에서 중대한 의미를 지닌다. 최근 싼먼샤三門峽 상춘링上村嶺의 괵국묘지虢國墓地 발굴로 그 면모가 드러나고 있는 괵국이 서주 후기 이래로 중원의 정치에서 주요 역할을 수행했음은 잘 알려져 있다.[47] 괵국은 특히 67년간의 진의 내전 당시 곡옥 소종이 아닌 익의 종실을 지원했고, 혜왕惠王 재위기에는 왕실의 실질적인 후견자 역할을 담당했다.[48] 따라서 도읍 함락 이후 괵공 추醜가 주의 도읍인 성주로 망

---

44 『春秋左傳正義』, 1790-1791(僖公 2).

45 『春秋左傳正義』, 1793-1794.

46 『春秋左傳正義』, 1795-1796(僖公 5).

47 王斌 2000.

48 吉本道雅 1990b, 109. 虢은 惠王의 혼인에 직접적으로 관여한 것 이외에도 기원전 674년 왕자 頹의 반란과 기원전 664년 樊皮의 난을 진압하는 등 왕실을 위해 중대한 역할을 수

명한 것은 오히려 자연스러운 일이었다.

그러므로 산시성의 희성 제후국들은 말할 것도 없고 자신들과 가장 밀접한 관계였던 괵의 멸망을 속수무책으로 바라볼 수밖에 없었던 주 왕실이 더 이상 진의 팽창을 저지할 수 없게 되었음을 알 수 있다.[49] 헌공 대 진의 역량은 왕의 권위를 뛰어넘을 정도로 급격히 성장한 것이다. 괵의 정복은 또한 진이 중원으로 진출할 수 있는 확실한 전력 거점을 확보한 점에서도 큰 의미를 지닌다.

괵의 정복과 관련하여 주목할 만한 또 하나 중요한 사실은, 동방 노魯나라의 연대기 『춘추』가 기원전 658년(희공 2년) 진이 우의 군대와 연합하여 괵을 정벌한 사건을 진에 관한 최초의 기사로 수록하고 있다는 점이다.[50] 물론 『춘추』에 대한 주석서의 성격을 지닌 『좌전』에 춘추 초 진에 관한 기록이 상당히 남아 있고, 필자 역시 『좌전』의 이러한 기록들에 크게 의존하고 있다. 그러나 『좌전』의 성격에 대해서는 아직까지 논란이 끊이지 않고 있기 때문에,[51] 춘추시대 당대의 자료임에 의심의 여지가 없는 『춘추』에 최초로 수록된 진에 관한 기사는 주목할 가치가 있다. 필자는 『좌전』이 『춘추』와 같은 계통의 사서가 아니라는 점은 인정한다고 해도, 이 글에서

행했다(『春秋左傳正義』, 1772-1774(莊公 18-20), 1782(莊公 30)). 周와 齊 사이의 관계 변화를 분석하면서 吉本는 虢이 멸망한 이후에야 齊가 왕실의 사무에 보다 적극적으로 관여하기 시작했음을 주목하고 있다.

49 春秋 초 周의 최측근 세력으로 虢의 역할에 주목하며 일부 학자들은 虢의 영토가 王畿의 일부였을 것으로 추정하기도 한다(吉本道雅 1993, 76; Falkenhausen 1999, 476-477).

50 『春秋左傳正義』, 1791.

51 이와 관련하여 구미에서 출간된 『左傳』에 관한 두 권의 책은 주목을 끈다. Schaberg는 『左傳』을 기원전 4세기까지 구전된 일화나 언설을 당시 일부 집단의 사상가들이 모아 엮은 것으로 파악하기 때문에 이를 春秋시대의 연구에 이용할 때는 신중히 부차적으로 취급해야 한다고 본다(Schaberg 2001, 315-324). 반면에 Pines는 『左傳』의 주요 부분을 이루는 정치가들의 언설이 春秋시대 조정의 사관들에 의해 簡牘에 기록된 것을 토대로 재구성된 것이기 때문에 이 책을 春秋시대 지성사를 연구하는 데 손색없는 자료로 파악한다(Pines 2002, 13-54).

이용한 『좌전』의 춘추 초 진에 관한 기사들의 신빙성을 부인하지는 않기에, 이 장에서 『좌전』의 사료적 가치에 대한 논쟁에 뛰어들지는 않을 것이다.[52] 그러나 왜 하필 노나라의 사관들이 곡의 정벌 시점부터 진을 자신들 연대기의 주요 관심 대상으로 포함시켰는지는 고찰해 볼 가치가 있다고 본다.

춘추시대 산둥성山東省에 위치한 노나라 연대기 『춘추』에는 기원전 722년부터 노의 대외 관계에 관한 많은 기록이 담겨 있다. 초기의 기록은 주로 주와 정, 송, 진陳, 채蔡, 위衛, 조, 제와 같은 중원의 나라와 거莒, 등滕, 기杞, 기紀 등과 같은 현재 산둥성 지역 소국들과의 관계에 집중되어 있어, 당시 강대국으로 성장하고 있던 초와 진晉, 진秦 세 나라는 노나라 사관들의 관심 대상이 아니었음을 알 수 있다. 그런데 기원전 684년(장공莊公 10년) 형荊으로 명기된 초가 중원의 나라인 채의 군대를 패배시킨 사건을 계기로 최초로 등장한 이후 지속적으로 『춘추』에 나타나는 것은 의미심장하다.[53] 마찬가지로 진이 주 왕실의 최측근 곽을 정복한 사건 역시 노나라 사람들에게 강한 인상을 심어 주었을 것임에 틀림없다. 이 사건에 뒤이어 진은 『춘추』에 지속적으로 주요 관심 대상으로 등장하기 시작한다.[54] 따라서 곽을 정복한 후 진이 『춘추』에 등장한다는 것은 진이 중원의 국가들로부터 강대국으로 주목을 받으며 그 대열에 합류하기 시작했음을 의미한다.[55]

52 이 문제에 대해서는 '심재훈 2006b'에 상술되어 있다.

53 『春秋左傳正義』, 1766. 물론 晉의 경우와 마찬가지로 『左傳』에는 楚에 관한 기사도 기원전 710년(桓公 2년)부터 나타나기 시작한다.

54 최초의 기사 수록 3년 후(僖公 5, 655 B.C.) 『春秋』는 晉의 太子 申生의 죽음과 虞公의 생포에 대해 기록하고 있다. 기원전 652년에는 狄의 晉 침략, 그다음 해에는 獻公의 죽음과 그의 아들 奚齊의 암살을 주요 기사로 다루고 있다〔『春秋左傳正義』, 1794(僖公 5), 1799(僖公 8), 1800(僖公 9)〕.

55 또 다른 서방의 강대국 秦이 최초로 『春秋』에 등장한 시점은 기원전 632년(僖公 28년) 城濮戰 당시이다.

한편 헌공은 주의 제후국들을 정복한 것 이외에도 융적의 지역에까지 자신의 영토를 확장했다. 특히 헌공이 두 아들 중이와 이오를 포蒲와 굴屈 지역에 각각 세운 것은 펀하 서쪽 뤼량呂梁산맥 너머 융적 지역으로까지 진의 영토를 확장시켰다는 점에서 중요한 의미를 지닌다(그림 서-1 참조).[56] 사마천은 헌공 재위 말까지 진의 영토가 펀하 중류까지 산시성 서남부의 모든 지역과 샨시성陝西省과 허난성의 일부까지 포함시킬 정도로 확장되었던 것으로 파악했다.[57] 따라서 이미 강대한 지역국가로 성장한 진이 『춘추』에 주요 관심 대상으로 등장한 것은 자연스러운 일이었을 것이다.

그러므로 진은 헌공 대부터 산시성 서남부에서 주의 잔재를 모두 제거하고 자원을 독점하며 자신들의 역량을 배가시켰고, 이는 20여 년 후 문공이 패업을 이루는 주요한 토대가 되었을 것이다. 이러한 측면에서 『좌전』과 『국어』에 모두 기록된 주 왕실의 재상 재공宰孔과 관련된 언설들은 음미해 볼 가치가 있는데, 이는 헌공 재위 말년 진의 상황을 묘사한 것이다.

산시성 서남부를 확실히 장악하고 중원에 이르는 교두보까지 확보한 헌공은 기원전 651년 채구蔡丘(허난성河南省 카오청현考城縣)에서 열린 송과 위, 정, 허許, 조 등이 참여한 제 환공 주도의 회맹에 최초로 합류하고자 했다. 등극한 지 얼마 되지 않은 양왕 역시 패자로서 제 환공의 지위를 보증하기 위해 재상인 재공을 파견했다. 재공은 회맹을 마치고 돌아오는 길에 병 때문에 채구에 도착하는 것이 늦어진 헌공을 만났다. 회맹 당시 제 환공의 부도덕한 태도에 실망한 재공은 헌공에게 회맹에 동참하지 말 것을 권유했다. 『좌전』에 따르면, 재공은 헌공에게 제나라가 서쪽(진을 의미)으로는 아무것도 할 수 없을 것이라고 말하며 진의 내분부터 수습하라고 충

56 『春秋左傳正義』, 1781(莊公 28); 『國語』, 270(「晉語1」); 『史記』, 1461. 蒲는 오늘날의 隰縣, 屈은 吉縣으로 추정된다(楊伯峻 1981, 240).

57 『史記』, 1648; 李隆獻 1988, 42-43.

고했다.[58] 이를 따라 헌공은 진으로 돌아갔다고 한다. 이와 비슷한 내용을 『국어』는 조금 다르게 전하고 있는데, 헌공을 만난 후에 재공은 자신의 마부에게 산과 강 그리고 융적에 둘러싸인 진이 난공불락이라고 얘기하며, 헌공이 자신의 역량을 과소평가하고 제 환공이 주도한 회맹에 참여하려 했음을 안타까워했다고 한다.[59]

위의 언설이 사료로서의 가치를 지닐 수 있다면, 주의 재상 재공은 진이 헌공 대에 급격히 성장하여 이미 제와 맞설 만한 역량을 갖춘 것을 간파했음을 보여 준다. 따라서 진이 제 환공이 주도하는 회맹에 굳이 참여할 필요가 없음을 피력했던 것이다. 이 언설은 지금까지 필자가 살펴본 헌공 재위기 진의 성장을 명확히 입증해 준다.

뛰어난 지략가이자 정력가였던 헌공은 26년 동안 재위한 후 기원전 651년에 사망한다. 하상주夏商周를 멸망에 빠뜨린 마지막 왕들의 여성 편력과 비유되었던 여희와의 혼인과 여희가 주도한 난에서 자신의 아들들보다 이민족 출신 애첩 여희를 지지한 사실 때문에라도, 그가 후대의 유학자들로부터 호평을 받기는 어려웠을 것이다. 뒤에서 살펴볼 영웅화된 아들 문공 중이를 내친 것 또한 헌공의 평가 절하에 좋은 구실이 되었을 것이다. 따라서 문공의 패업으로 넘어가기 전에 먼저 기원전 7세기 중엽까지 일어난 진과 주 왕실의 관계 변화에 대해 살펴볼 필요가 있다.

58 『春秋左傳正義』, 1800(僖公 9). 서쪽은 晉을 의미한다는 楊伯峻의 견해를 따른 것이다(楊伯峻 1981, 327). 「晉世家」에도 유사한 언설이 수록되어 있다(『史記』, 1648). 여기서의 내분은 驪姬가 주도한 이전의 君位 계승 투쟁을 회고한 것이다.

59 『國語』, 300-301(「晉語2」).

3. 헌공과 혜공 재위기 진과 주의 관계

현재 이용 가능한 자료들은 헌공 재위기 동안 주와 진의 관계에 대해 양면적인 경향을 보여 준다. 앞 장에서 살펴보았듯이, 곡옥 소종은 익의 종실에 군사적으로 우위에 있었음에도 불구하고 기원전 679년 이왕의 승인을 받을 때까지 진의 군위를 차지할 수 없었다. 당시까지 산시성 서남부에서 주 왕실의 영향력이 상당했을 것으로 가정한다면, 헌공이 주변 희성 제후국들을 정복한 것은 진과 왕실의 관계를 악화시키는 이유가 되었을 것이다. 특히 당시 주 왕실의 측근이었던 괵을 정복하여 괵의 통치자가 성주로 망명했을 정도였으니, 이왕을 이어받은 혜왕은 헌공의 팽창주의에 두려움까지 느꼈을지도 모른다. 현존하는 문헌에 헌공의 왕실 조근 기사가 드물게 나타나는 것도 이와 일맥상통한다.

그럼에도 불구하고 앞에서 살펴본 헌공에 대한 재공의 언설에서는 진에 대한 주 왕실의 관심과 기대가 엿보인다. 『좌전』에 언급된 아래의 인용문에서는 기원전 655년(희공 5년)에도 유사한 상황이 있었음을 확인할 수 있다.

> 가을에 제후들이 회맹을 하려고 했다. 왕은 주공周公(재공宰孔)으로 하여금 정백鄭伯을 부르게 하여 이르기를, "나는 당신이 초나라를 따르기를 권장하고, 진晉으로부터 도움을 받도록 하겠습니다. 그러면 (정이) 상당히 평안해질 것이요." 정백은 왕명에 기뻐했지만, 제나라에 조근하지 않음을 두려워하였다. 그래서 비밀리에 (정으로) 돌아가서 회맹에 참석하지 않았다.[60]

이는 수지首止(위衛에 속하는 지역)에서의 회맹 당시 일어난 것으로, 기원

60 『春秋左傳正義』, 1795. 기원전 676년 헌공의 한 차례 조근과 왕의 혼인 보좌를 제외하고는, 위 기록이 헌공 재위기 주 왕실과 연관된 유일한 기록이다.

전 655년 진이 괵을 멸망시키기 몇 달 전의 일이다. 『춘추』는 같은 해 여름에 노공魯公과 제후齊侯, 송공宋公, 진후陳侯, 위후衛侯, 정백鄭伯, 허남許男, 조백曹伯이 제 환공의 주도하에 혜왕의 세자世子인 정鄭을 만나기 위해 수지에서 모였다고 기록하고 있다. 혜왕이 다른 왕자인 대帶를 총애하여 태자를 폐하려 하자, 태자가 제후들의 지지를 얻기 위해 회합에 참석한 것이다.[61] 『춘추』는 이어서 그로부터 몇 개월 후인 가을 8월에도 제후들이 수지에서 회맹을 가졌는데, 『좌전』에 언급된 것처럼 혜왕이 정백에게 불참할 것을 종용한 때문인지,[62] 실제로 정백이 회맹에 참석하지 않고 비밀리에 복귀했다고 기록하고 있다.

위 인용문은 기원전 662년에서 기원전 644년 사이에 제와 주 왕실 및 제후국들 사이에 우호적인 관계가 지속되었다는 시드니 로젠Sydney Rosen의 주장[63]과 달리, 당시 제와 주 왕실 및 정나라 사이에 불화가 있었음을 명백히 보여 준다. 『춘추』와 『좌전』에 정이 회맹에 참석하지 않자 기원전 654년과 기원전 653년에 제 환공이 제후들을 이끌고 정을 공격했음을 전하는데, 『좌전』에는 결국 정이 기원전 652년에 제나라에 회맹을 요청했다고 서술하고 있다.[64] 왕명을 따랐던 정이 패자인 제 환공으로부터 피해를 입을 수도 있는 상황에서, 혜왕이 초와 진에 의존하라고 한 것은 더욱 흥미롭다. 왕의 입장에서는 진 헌공의 팽창주의에도 불구하고, 제 환공의 독주를 저지하기 위해서는 진의 도움이 필요했을지도 모른다.

기원전 652년 혜왕 사망 후 등극한 양왕은 자신을 지지해 준 제 환공에게 큰 경의를 표하며 채구에서의 회맹에 재공을 파견하여 그의 패권을 보증해 주었다. 그러나 앞에서 살펴본 진 헌공에게 회맹에 불참할 것을 권유

61 楊伯峻 1981, 305-306.
62 위의 인용문에 대한 杜預의 주석에는 惠王이 태자에 대한 齊 桓公의 지지에 분노했다고 한다.
63 Rosen 1978, 104.
64 『春秋左傳正義』, 1798-1799(僖公 7).

한 재공의 언설이 양왕의 의중과 무관할 수 없다면, 양왕 역시 그의 부친과 마찬가지로 제와 진 사이의 권력 균형을 기대했을 수 있다. 『좌전』에는 이오가 진의 새로운 통치자로 등극하자 양왕이 기원전 650년과 기원전 649년 두 차례에 걸쳐 사신을 파견했다고 언급되어 있다.[65] 또한 기원전 649년 양왕이 아우 대의 반란에 직면했을 때, 왕을 지켜 준 것은 바로 서방의 세력인 진晉과 진秦이었다. 이는 평왕의 동천 보좌 이후 두 나라가 주 왕실을 위해 수행한 첫 번째 군사적 역할에 대한 기록이다. 진 혜공은 또한 이어지는 강화 협정에도 개입하려고 했다.[66] 그렇지만 결국 그 갈등을 최종적으로 해결한 이는 제 환공이었다. 그는 기원전 648년 왕자 대에게 피신처를 제공하고 관중管仲을 왕에게 보내 강화 협정을 이끌어 냈다.[67]

왕을 주도적으로 보좌하려는 진 혜공의 시도에도 불구하고, 진은 아직 정국을 주도할 만한 위치에는 도달하지 못했던 것이다. 더욱이 진은 이때 이래로 기근과 혜공의 실정이 초래한 어려움에 직면했다고 전한다. 『좌전』에 따르면, 진은 기원전 645년 한원韓原에서의 전투에서 진秦에 패해 혜공이 생포되었다. 비록 그해에 풀려났지만, 혜공은 진秦에 하동河東(오늘날 산시성 서남부)의 일부를 양도해야만 했다.[68] 그로부터 2년 후 혜공이 아들 어圉를 진秦에 볼모로 보냄으로써, 진秦의 군대가 하동에서 철수했다.[69] 혜공 재위기의 후반부에 대해서는 전혀 알 방법이 없다. 현재 이용 가능한 자료들이 그의 사망 시점인 기원전 637년까지 거의 침묵을 지키고 있기 때문이다.

혜공에 대한 부정적 평가와 달리 필자는 그의 재위기 역시 문공 패업의

65 『春秋左傳正義』, 1801-1802(僖公 10-11); 吉本道雅 1993, 110. 『左傳』은 계속해서 惠公이 왕의 선물에 전혀 경의를 표하지 않아, 사신이 그 무례함을 왕께 보고했다고 전한다.

66 『春秋左傳正義』, 1802(僖公 11).

67 위와 같음. 王子 帶의 齊로의 망명도 齊와 왕실의 관계 소원을 가져왔을 가능성이 있다.

68 『春秋左傳正義』, 1808(僖公 15).

69 『春秋左傳正義』, 1809(僖公 17).

토대로서 재조명받을 여지가 있다고 본다. 우선 여희의 난으로 중이와 마찬가지로 망명을 떠났지만 중이보다 앞서 귀국하여 군위를 차지한 혜공의 역량을 무시할 수는 없을 것이다. 특히 이미 여러 학자가 주목한 바 있는 전제田制와 군제軍制의 개혁인 이른바 원전爰田과 주병州兵이 혜공 재위기에 도입되었다는 사실을 기억해야만 한다. 원전은 국가가 평민들에게 국유지를 나누어 준 최초의 제도로, 당시 새로운 징병제도인 주병과도 밀접하게 연관되어 있었다. 마크 루이스Mark Lewis는 『좌전』에 나타나는 주州의 거주민들을 도읍 지역 거주가 허용되지 않는 피정복민으로 파악한 바 있다. 따라서 그는 진이 주병을 도입하여 군사 의무를 시행하는 대가로 토지를 지급함으로써 피정복민과 오지의 농민들까지 국가의 구조에 편입시킬 수 있었다고 주장한다. 나아가 이러한 개혁의 바탕이 있었기에 문공이 수년 만에 자신의 군대를 세 배(삼군三軍)로 확장할 수 있었다고 한다.[70]

따라서 새로운 정책의 추진으로 진의 역량을 배가시킨 헌공과 마찬가지로 혜공 역시 진이 성장하는 데 일조했음을 부인할 수는 없을 것이다. 헌공과 혜공을 문공이라는 영웅적 인물의 그늘에서 벗어나게 할 때, 이 장의 서두에서 제기한 문공 패업의 불가사의와 논리적 모순이 비로소 해결될 수 있을 것이다.

4. 출토문헌에 나타나는 문공의 패업

진 문공 중이는 중국 고대사에서 유명한 영웅적 인물들 중 하나이다. 『좌전』과 『국어』에는 중이에 관한 많은 이야기가 담겨 있다. 그런데 설화적 성격이 명백한 일부 이야기들은 문공 관련 자료들의 역사성에 의문을

70 Lewis 1991, 57-58.

갖게 한다. 이 절에서는 그의 재위기에 대한 새로운 자료인 자범편종子犯編鐘과 진공반晉公盤 명문을 주로 다룰 것이다.

1) 자범편종 명문에 서술된 문공 패업의 과정

1994년 대만의 고궁박물원故宮博物院에서 홍콩의 골동품상을 통해 산시성 원시현聞喜縣에서 도굴된 것으로 추정되는 종 12점을 구입했는데, 거기에는 명문이 새겨져 있었다. 장광위안張光遠은 1995년 4월 이 기물과 명문에 대한 첫 번째 보고서를 출간했다.[71] 12점 중 8점에는 연속적으로 이어져 1편을 이루는 명문 132자가 새져져 있어, 이 8점이 편종 한 세트를 이룬 것으로 보았다(그림 7-1). 나머지 4점은 8점으로 이루어진 편종 세트 중 소형 4점(5~8번)과 각각 그 모양과 명문이 거의 일치하여 고궁박물원에서 구입한 종들은 편종 한 세트와 다른 한 세트의 절반에 해당하는 것이었음을 알 수 있었다.

한편 타이베이의 개인 수장가 천홍룽陳鴻榮 역시 비슷한 시기에 유사한 종 3점을 구입했다. 장광위안의 조사에 의하면, 이들은 고궁박물원 소장 편종 세트의 1번, 3번, 4번과 모양과 문양이 일치하여 앞에서 언급한 절반의 나머지 부분이었음에 틀림없다. 따라서 자범편종이 두 세트 16점으로 구성되었음을 알 수 있게 되었는데, 1995년 당시 홍콩에 남아 있던 나머지 종 1점 역시 고궁박물원 소장 편종의 2번 종과 동일한 명문을 담고 있는 것으로 알려져 이를 확증해 준다.[72] 앞의 제4장에서 다룬 서주 후기의 진후소편종晉侯蘇編鐘 역시 16점 두 세트로 구성되었다.

장광위안의 첫 번째 보고서에서는 자범편종 한 세트를 이루는 용종甬鐘 8점을 각 종의 중간 부분인 정鉦에 새겨진 명문의 문맥과는 상관없이 단지

71 張光遠 1995a, 4-31.

72 張光遠 1995b, 121.

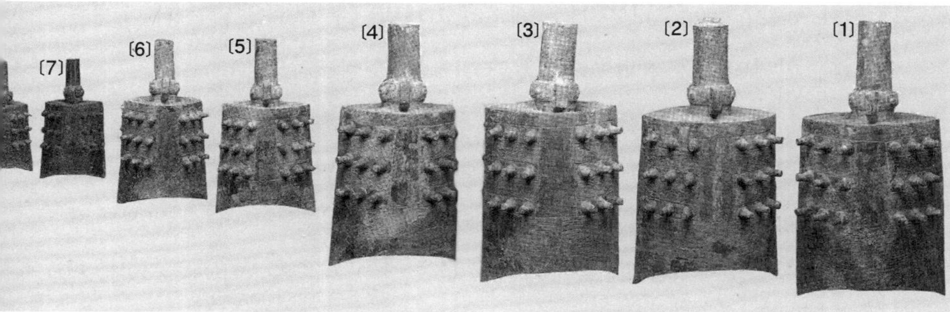

그림 7-1. 자범편종(1번 종 높이 71.2cm)(대만 고궁박물원)

크기 순서로 배열했다. 따라서 2번과 3번 명문을 비롯한 전체 명문을 읽는 데 어려움이 있었다.[73] 그렇지만 여러 학자가 동의하는 바와 같이[74] 명문의 문맥은 2번과 3번 종의 순서가 크기와 상관없이 바뀌어야 함을 보여준다. 이러한 사실은 진후소편종 두 세트를 통해서도 입증되는데, 이 편종 역시 각 세트의 세 번째 종(3번과 11번)이 두 번째(2번과 10번)보다 더 크고 무거웠다.[75]

한편 리쉐친李學勤은 자범편종 한 세트의 4번과 5번 사이와 6번과 7번 사이에서 종의 크기가 급격히 작아지기 때문에 이들 사이에 종 한두 점이 누락되었을 가능성을 제기했다.[76] 그러나 중의종中義鐘(集成 23-30)이나 작종柞鐘(集成 133-139) 등과 같은 서주 후기의 편종도 유사한 크기 변화를 보일 뿐만 아니라,[77] 자범편종 전체 명문의 문맥상 4번과 5번이나 6번과 7번 사이에서 탈문脫文의 흔적을 찾기도 어렵다. 따라서 크기와 상관없이 2

73 張光遠 1995a, 26-28.

74 李學勤 1995d; 黃錫全 1995, 327; 裘錫圭 1995, 107; 蔡哲茂 1995, 129-130.

75 沈載勳 2000, 7의 [표1] 참조.

76 李學勤 1995d.

77 裘錫圭 1995, 107. 裘錫圭는 또한 晋侯蘇編鐘의 4번과 5번, 12번과 13번에서도 유사한 변화가 있음을 주목했고, 李學勤 역시 뒤에 쓴 글에서 上村嶺 虢國墓地 M2001에서 출토된 編鐘에 나타나는 유사한 변화를 지적하며 자신의 주장을 수정한 바 있다(李學勤 1996a).

번과 3번의 순서가 바뀐 것을 제외하고 자범편종 명문을 읽는 데 문제는 없다. 이제 명문을 살펴보자(그림 7-2)(대괄호 안의 숫자는 종의 일련번호).

[1] 왕 5월 초길初吉 정미丁未일(44)에[78] 자범子犯이 진공晋公을 좌우에서 보좌하여 자신의 나라로 귀환하여 돌아왔다. 많은 초형楚荊의 나라가 [2] 왕의 처소에서 나오는 명령을 따르지 않아 자범과 진공이 서쪽의 육사(西之六師)를 이끌고 초형을 강력하게 공격하였다. (그 공격은) 아주 성공적이었다. [3] 초형을 크게 압도하며 그들의 군대를 초토화하고 그들의 장군 자옥子玉을[79] 궤멸시켰

78 子犯編鐘의 紀年을 둘러싸고 현재까지도 논쟁이 지속되고 있다. 『左傳』에 따르면, 기원전 632년 4월 晋 文公은 城濮에서 楚를 물리치고 5월 丁未일(44)에 襄王에게 전리품을 바쳤다〔『春秋左傳正義』, 1825(僖公 28)〕. 張光遠은 따라서 명문의 紀年을 이 날짜로 파악한 바 있다(張光遠 1995a, 27). 그렇지만 張培瑜가 재구성한 曆表에 따르면 丁未는 기원전 632년 5월의 열한 번째 날에 해당되어(張培瑜 1987, 138), 많은 학자가 따르고 있는 月相에 대한 王國維의 四分說과 맞지 않는다. 子犯編鐘의 月相은 王國維가 각 달의 첫 번째 7일간이나 8일간으로 추정한 初吉로 명시되어 있기 때문이다. 따라서 張聞玉는 子犯編鐘의 紀年을 張培瑜의 曆表와 대조하여 文公 重耳가 고국으로 돌아오기 위해 齊를 떠난 기원전 639년과 일치시킨 바 있다(張聞玉 1996). 『左傳』 등의 전래문헌에 子犯이 주도한 것으로 언급된 齊로부터의 출발을 重耳 復國의 시발점으로 볼 수 있기 때문에 李學勤은 張聞玉의 설을 지지한다(李學勤 1996a). 나아가 彭裕商은 春秋시대 청동기 명문상의 날짜 대부분이 기물이 주조된 날과 일치함을 지적하며 子犯編鐘의 날짜 역시 이 기물이 주조된 날짜로 파악하고 있다(彭裕商 1996). 馮時 역시 새로운 견해를 내놓았는데, 『左傳』과 『史記』에 文公이 復國하여 즉위한 시점이 기원전 636년 2월 丁未로 명시되어 있고, 이는 夏正을 따랐던 晋의 역법을 따른 것으로 周正 5월과 일치될 수 있으므로, 복국 후 즉위 시점으로 보아야 한다는 것이다(馮時 1997, 59-65). 명문의 문맥상 "五月初吉丁未"에서 "來復其邦"까지를 한 문장으로 끊어 읽는 것이 합리적이기 때문에, 陳雙新이 馮時의 견해를 지지한 바 있다(陳雙新 2000, 36). 필자 역시 문맥상 文公의 귀환 시점으로 보는 것이 합리적이라고 생각하지만 馮時의 견해 역시 많은 학자가 인정하는 王國維의 四分說과 맞지 않기 때문에 최종 결론은 유보하는 것이 좋을 듯하다.

79 禹로 考釋한 글자 에 대한 다양한 이견이 존재한다. 李學勤은 이 글자를 禹로 考釋하고 師(장군)의 의미를 지닌 渠로 읽었다. 이 부분을 城濮戰 패배 이후 楚의 장수 子玉이 자결한 것에 대해 기술한 것으로 봤기 때문이다〔李學勤 1995d; 『春秋左傳正義』, 1826(僖公 28)〕. 裘錫圭 역시 李學勤의 이해와 일치하지만, 문제의 글자를 瓜로 考釋하며 子玉의 높은 지위에 상응하는 존칭인 孤로 읽었다(裘錫圭 1995, 113-114). 李學勤의 考釋을 따른 蔡哲茂는 이를 禹로 읽었는데, 음운학적으로 유사한 玉과 차용 가능할 것으로 생각했다(蔡哲

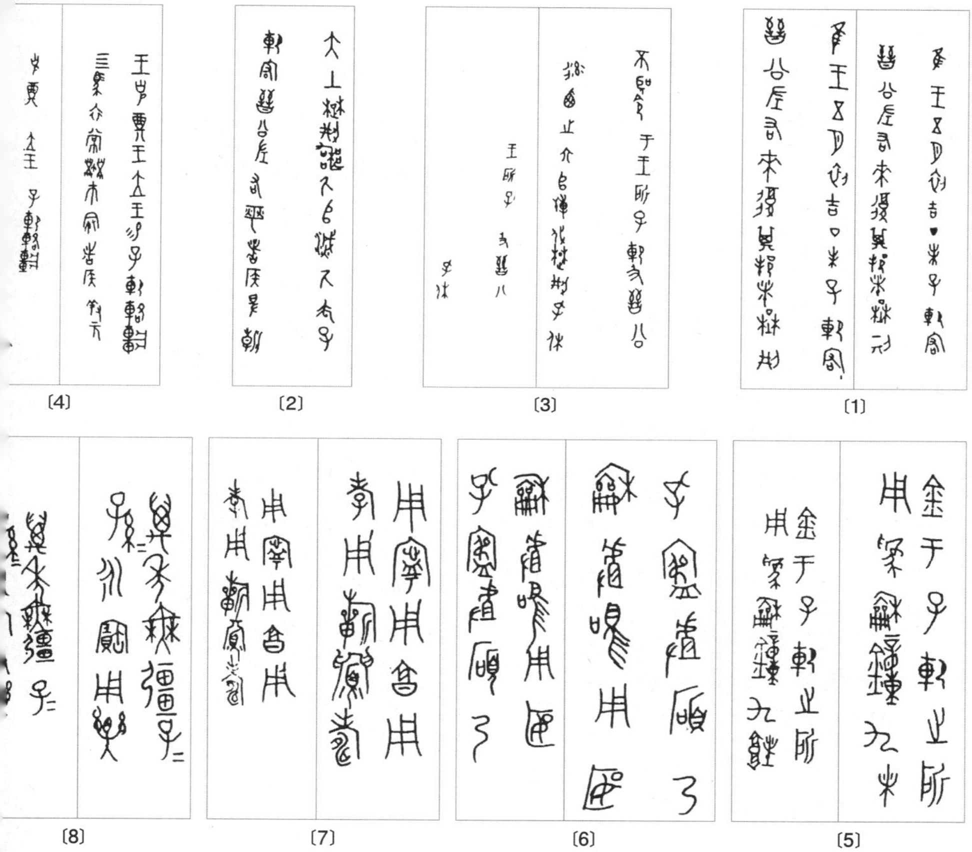

그림 7-2. 자범편종 명문

다. 자범이 진공을 좌우에서 보좌하여 제후들을 화합시켜 [4] 왕께 조근하도록 함으로써 왕의 보좌를 굳건하게 할 수 있었다. 왕이 자범에게 호화로운 전차와 말 네 마리, 상의, 치마, 띠, 무릎받이(膝甲), 관冠을[80] 하사하였다. 제후들이 [5]

茂 1995, 132-133). 다른 학자들의 해석 역시 이러한 범위를 벗어나지 않는데, 해석상의 차이에도 불구하고 모두 이 글자가 子玉을 의미한다고 보고 있다. 여기서는 蔡哲茂의 해석을 따른다.

80 이 글자는 黃錫全의 考釋을 따른 것이다(黃錫全 1995, 330).

자범의 처소에 최고로 질 좋은 동을 바쳤다. 이에 (자범은) 아홉 도堵의[81] 조화로운 종을 만든다. [6] 아주 훌륭하고 듬직하며, 조화롭게 울려 퍼지네. 연회와 [7] 안락을 위해 사용하며, 제사와 효를 위해 사용하고, 만수를 위한 기도에 사용할 것이다. [8] 만년 동안 무한하게 자자손손 (대대로) 영원히 보배로 삼아 음악을 위해 사용할 것이다.[82]

위 명문에 언급된 자범편종의 주조자 자범은 진 문공 중이의 최측근 종자從者 중 한 명이자 외숙부로도 알려진 고언孤偃과 동일인이다.[83] 따라서 명문의 진공은 문공 중이임에 의심의 여지가 없다. 원래 진의 북부에서 거주하던 대융大戎의 후예인 고씨孤氏는 헌공이 중이의 모친 고희孤姬와 혼인한 후 진으로 이주했다.[84] 고희와 고언의 부친 고돌孤突은 헌공의 태자 신생의 마부가 되어 최측근의 역할을 수행한 것으로 나타난다.[85] 자범은 문공의 숙부였으나 『사기』에 문공이 죽고 6년 후 자범도 사망한 것으로 나타나[86] 두 사람이 동년배였던 것으로 보인다.

81 西周 후기와 春秋 초기의 일부 編鐘들과 마찬가지로 鐘 8점이 子犯編鐘 한 세트를 이루었음을 앞에서 언급한 바 있다. 따라서 編鐘의 단위인 堵는 鐘 8점을 의미함에 틀림없다. 『周禮』「春官」"小胥"에 "모든 縣鐘과 磬에서 절반은 堵라 하고 전체는 肆라고 한다."라고 기술되어 있어(『周禮注疏』, 795), 編鐘이 보통 8점(堵) 두 세트(肆), 즉 16점으로 구성되어 있었음을 알 수 있다. 李朝遠은 아홉이라는 숫자를 실제 숫자이기보다는 단지 많음을 의미하는 수사로 보면서 원래 子犯編鐘 역시 晉侯蘇編鐘과 마찬가지로 1肆를 이루는 2堵로 구성되었을 가능성을 제기했다(李朝遠 1996). 編鐘의 구성에 대한 논의는 'Falkenhausen 1993, 199-209' 참고.

82 [1]唯王五月初吉丁未. 子犯佑晋公左右, 來復其邦. 諸楚荊[2]不聽命于王所, 子犯及晋公率西之六師, 搏伐楚荊, 孔休.[3]大上楚荊, 喪厥師, 滅厥禹孤. 子犯佑晋公左右, 燮諸侯, 俾朝[4]王, 克定王位. 王錫子犯輅車,四馬,衣,裳,帶,市,冠. 諸侯羞元[5]金于子犯之所,用爲龢鐘九堵.[6]孔淑且碩, 乃龢且鳴. 用燕[7]用寧, 用享用孝, 用祈眉壽.[8] 萬年無疆, 子=孫=, 永寶用樂.

83 子犯은 孤偃의 字이다.

84 『春秋左傳正義』, 1781(莊公 28).

85 『春秋左傳正義』, 1788(閔公 2).

86 『史記』, 1671.

이 명문은 비록 기물의 주조자 자범의 입장에서 기술되었으나, 문공 중이의 복국復國과 남방 초나라와의 쟁패 과정, 주왕(양왕襄王)을 보좌하여 왕위를 안정시킨 것 등 세 가지 중요한 역사적 사건을 명확히 전해 주고 있다. 보통 단문의 형태를 지니는 명문의 성격상 기술된 내용에 구체성이 결여되어 있다고 해도, 전래문헌에 언급된 문공의 사적史蹟과 비교하는 데 더할 나위 없는 중요한 자료를 제공해 준다.

명문은 문공의 복국을 가장 가까이서 보좌한 자범의 공적으로 시작되는데, 『좌전』에는 중이와 19년 동안 망명을 함께한 유능한 종자로 자범을 비롯하여 조최趙衰, 전힐顚頡, 위무자魏武子, 사공계자司空季子 다섯 명이 언급되어 있다.[87] 또한 자범편종 명문의 내용을 뒷받침하듯 『국어』「진어4」에는 중이를 설득하여 진으로 귀환하게 한 자범의 중요한 역할이 기술되어 있다.[88] 망명 생활 12년째인 기원전 644년, 자범은 적에 정착하고 있던 중이에게 본국으로 귀환하고자 했던 목표를 강력하게 상기시킨다. 그러나 당시 중이의 아우 이오(혜공惠公)가 진을 통치하고 있었기 때문에, 자범은 중이에게 우선 제로 갈 것을 권했다. 관중 사후 제 환공桓公이 유능한 인재들을 구하고 있었기 때문이다. 제로 가는 도중 들렀던 위의 문공文公이 중이를 홀대한 것과 달리 환공은 자신의 딸을 중이와 혼인시키며 환대했다. 따라서 제에서의 생활에 만족하며 중이는 또다시 그곳에 정착하기를 원했다. 제에 5년 동안 머무른 후 기원전 639년[89] 자범은 중이의 부인 제강齊姜과 공모하여 취중의 중이를 수레에 태워 제를 떠났다고 전한다.

이후 동방의 세 나라 조와 송, 정을 떠돌던 중이는 기원전 637년 초나라로 갔다. 중이와 종자들의 뛰어남을 알아차린 초의 성왕成王(671~626 B.C.)

---

87 『春秋左傳正義』, 1815(僖公 23).
88 『國語』, 337-345(「晉語4」).
89 『史記』, 1658.

은 일국의 제후에 합당한 예우로 중이를 대접했다. 진의 혜공이 사망하고 아들 회공이 뒤를 잇자 중이는 초를 떠나 진秦으로 들어갔다. 중이가 진秦 목공의 도움으로[90] 기원전 636년 조카 회공을 몰아내고 진의 도읍으로 진입할 때도 자범은 진의 대부들과 맹약을 체결하며 지대한 역할을 수행한 것으로 나타난다.[91]

따라서 "자범이 진공을 좌우에서 보좌하여 자신의 나라로 귀환하여 돌아왔다."는 자범편종 명문의 서두는 중이의 망명과 복국 과정에서 자범이 수행한 지대한 역할을 기술한 것으로, 『국어』와 『좌전』 등 전래문헌의 기록과 일맥상통한다.

한편 기원전 643년 제 환공의 사망은 군위 계승 투쟁으로 이어져 제나라의 약화와 함께 동방의 나라들로 구축된 제 중심의 패권까지 붕괴시키기 시작했다. 중원에 패자가 없는 상태에서 기원전 709년 통치자 웅통熊通이 무왕武王을 자칭한 이래 많은 남방의 나라를 정복해 온 초는 성왕의 시기에 남방의 주도 세력이 되었고 이제 중원의 패권까지 넘보고 있었다. 이렇듯 중원이 불안정한 상황에 처해 있을 때, 제1차 반란의 실패로 제에 망명 중이던 양왕의 이복동생 대帶(대숙大叔)가 적에 의존하여 기원전 636년 제2차 반란을 일으켰다. 양왕은 그해 말 도성에서 쫓겨나 정의 범氾으로 피신할 수밖에 없었고, 기원전 649년의 제1차 난 때와 마찬가지로 진晋과 진秦에 도움을 요청했다.[92]

기원전 635년 초 진秦 목공은 왕을 도성으로 모시려고 군대를 황하 인근까지 이동시켰으나, 문공은 귀국한 지 1년이 채 되지 않은 상태에서 진

90 『左傳』 "僖公 24년"과 『國語』 「晋語4」에 따르면, 穆公은 기원전 636년 3월 文公에 대항하는 懷公의 측근 瑕(呂)甥과 郤芮의 반란을 진압하는 데 중요한 역할을 담당했다. 이후 穆公은 文公에게 친위대 3천 명을 제공했다(『春秋左傳正義』, 1816; 『國語』, 370).

91 『春秋左傳正義』, 1816(僖公 24). 重耳 망명의 여정과 그 역사적 의의에 대해서는 李隆獻 1988, 131-193 참조.

92 『春秋左傳正義』, 1818(僖公 24).

국을 재건하고 있던 터라 자신의 도읍을 떠나기를 주저했다. 『좌전』과 『국어』는 이때 문공을 설득한 자범의 역할을 부각시키고 있다.[93] 자범은 문공에게 제후들의 신망을 얻으려면 왕을 위해 힘쓰는 것이 제일이라고 간하며 주 왕실 동천 당시 선조 문후가 수행한 지대한 역할을 따를 것을 촉구했다. 계속해서 길한 점복 결과가 나오자 문공은 진秦 목공과의 연합 작전을 거절하고 자신의 군대만으로 왕을 돕기 위한 작전을 폈다. 문공은 4월에 왕자 대를 살해하고 왕을 도성으로 귀환시킬 수 있었다.

난이 진압된 후 양왕은 문공에게 연회를 베풀고 선물을 하사했다. 수隧[94]를 사용하는 특권을 부여해 달라는 문공의 과감한 요청에 양왕은 대신 양번陽樊과 온溫, 원原, 찬모欑茅 등 이른바 남양南陽 지역의 토지를 사여했다. 이들 지역은 원래 반란 가담자들의 근거지로, 왕도였던 오늘날의 뤄양洛陽 북쪽 황하 북안에 위치하고 있었다. 고진孤溱과 조최에게 하사된 이들 지역은 진이 중원 지역을 장악하는 데 주요한 교두보가 되었다.

자범편종 명문(1, 2, 3번)은 문공의 복국에 뒤이어 계속해서 진과 초형楚荊의 전쟁에 대해 기술하고 있다. 명문에 진이 압도적으로 승리한 것으로 기록되어 있는 초와의 이 전역戰役은, 전래문헌에서 진이 중원의 패권을 차지한 분수령으로 언급되는 기원전 632년의 성복전城濮戰일 가능성이 크다. 앞에서 언급한 대로 초는 7세기 초에 남방의 여러 세력을 압도하는 강국으로 성장하여 제 환공 말년부터는 중원 국가들에 큰 위협이 되었다.

---

93 『春秋左傳正義』, 1820(僖公 25); 『國語』, 373-375(「晉語4」).

94 이 책의 서론 부분에서 언급했듯이, '隧'에 대해서는 전통적으로 두 가지 해석이 존재한다. 우선 隧가 『周禮』에 왕의 특권적 지방 행정단위로 언급된 六遂의 遂와 상통하기 때문에, 文公의 요구를 왕과 같은 행정단위를 만들고자 하는 야망으로 보는 것이다. 『國語』의 주석가인 韋昭가 최초로 이를 주장한 이래 일부 학자들이 따르고 있다. 또 다른 해석은 賈逵 등이 제기한 왕의 장례에 걸맞은 지하통로설이다. 비록 더 많은 학자가 후자의 견해를 따르고 있다고 해도 '隧'의 정확한 의미를 파악하기는 어렵다. 그럼에도 불구하고 한 가지 분명한 사실은 文公이 왕에게 요청한 '隧'가 왕의 권위에 대한 도전이었다는 점이다.

당시 환공에 의해 주도된 동방 나라(제齊, 노魯, 송宋, 위衛, 정鄭, 허許, 조曹 등)들의 빈번한 회맹은[95] 사실상 이러한 초의 위협에 대처하기 위한 것이었다.

『좌전』은 또한 환공이 죽은 지 얼마 되지 않은 기원전 641년, 송 양공襄公(650~637 B.C.)과 그와 중원의 패권을 다투던 정鄭 문공文公(672~628 B.C.)이 처음으로 초나라 성왕에게 조근했음을 전한다.[96] 이 사건은 중원 여러 나라 사이의 관계에 있어 중요한 전환점이 되었는데, 동방의 많은 나라가 초에 경도되었다. 더욱이 기원전 638년 홍泓 전투에서 송나라가 초에 패함으로써[97] 황하 하류의 많은 나라가 초의 지배 아래 놓이게 되었다. 따라서 『사기』 「송미자세가宋微子世家」에서는 중이가 망명객일 당시 그를 홀대한 정과 조의 통치자들과 달리 송 양공은 중이를 후하게 대접했는데, 이는 진이 초의 부상을 견제할 수 있으리라는 기대감 때문이었음을 암시하고 있다.[98]

한편 중이가 복국하고 왕자 대의 제2차 난을 성공적으로 진압하면서 진은 초의 위협으로부터 중원을 지키는 수호자로 부상한 듯하다. 실제로 양왕을 위기에서 구하고 몇 달 후인 기원전 635년 가을, 진은 진秦과 함께 진秦과 초 사이의 국경 지역인 상밀商密(오늘날 허난성 시촨현淅川縣)에 위치한 초의 영향하에 있던 소국 약鄀을 공격했다.[99] 비록 이 공격이 완전하게 성공한 것 같지는 않지만, 서방의 두 진나라가 연합하여 중원의 남쪽에서 초의 주도권에 도전했다는 점에서 주목을 끌 만하다.

그렇지만 진국이 초와 패권을 경쟁하기까지는 2년을 더 기다려야 했다. 『좌전』에 따르면, 기원전 633년 가을 중원의 나라들에 대한 초나라의 지

---

95 『左傳』에는 이러한 會盟이 鹹(기원전 647년)과 牡丘(기원전 645년), 淮(기원전 644년)에서 세 차례 거행된 것으로 나타난다〔『春秋左傳正義』, 1802-1808(僖公 13, 15, 16)〕.

96 『春秋左傳正義』, 1809(僖公 18).

97 『春秋左傳正義』, 1813(僖公 22).

98 『史記』, 1627.

99 『春秋左傳正義』, 1821(僖公 25).

속적인 위협에 직면하여 문공은 진의 군사 조직을 개혁했다고 한다. 부친 헌공이 창설한 상군上軍과 하군下軍의 2군에 중군中軍을 추가하여 3군을 조직한 것이다.[100] 헌공이 상군을 맡고 태자 신생이 하군을 지휘했던 이전의 체제와 달리, 문공은 각 군의 장將과 좌佐를 측근들 중에서 임명했는데, 이 여섯 명의 관리들은 육경六卿이 되어 문공 사후 진의 정치를 좌우했다.

한편 초를 중심으로 진陳과 채, 정, 허로 구성된 남방의 연합군은 여전히 초의 주도권에 저항하던 송의 도읍을 포위했다. 왕자 대의 난 당시 양왕처럼 송나라의 성공成公(636~620 B.C.) 역시 5년 전 망명 때 자신들이 후대했던 진 문공에게 도움을 요청하는 수밖에 없었다. 왕자 대의 난 때와 마찬가지로 문공은 이 요청에 대해서도 주저했는데, 측근 선진先軫이 중원의 패권을 차지할 수 있는 좋은 기회라며 받아들일 것을 권했다. 참전을 결심한 문공은 자범의 계책을 받아들여 송으로 직접 군대를 파견하기보다는 위와 조를 먼저 공격했다. 이미 초의 편에 선 두 나라가 송보다 지리적으로 더 가까웠고 이들을 공격하면 초가 송에 대한 포위를 풀 것으로 기대했기 때문이다. 그러나 기원전 632년 초 진이 이들을 성공적으로 공략했음에도 불구하고 초의 장수 자옥子玉은 송에 대한 포위를 풀지 않았다. 이에 문공은 송의 성공에게 제와 진秦에 뇌물을 바치게 해 이들이 초나라 중심의 남방 세력에 대항하는 연합군에 동참하도록 유도했다.[101]

기원전 632년 4월 진과 초는 각자의 연합 세력과 함께 오늘날 산둥성 판현范縣 서쪽의 임복성臨濮城에 위치한 성복城濮에서 진을 치고 결전에 돌입했다. 제와 진秦, 송이 중원의 연합군으로 진과 함께했고, 진陳과 채, 정, 허가 남방의 연합군으로 초를 지원했다. 따라서 자범편종 명문에서 왕의 명을 따르지 않는 것으로 묘사된 초형은 초로 대표되는 이들 남방 세력

100 『春秋左傳正義』, 1822(僖公 27).

101 『春秋左傳正義』, 1823-1825(僖公 28).

을 지칭하는 것으로 보인다. 이들 중 정을 제외한 세 나라는 모두 초와 인접한 오늘날의 허난성 남부에 위치했다.

명문에 자범과 문공이 거느린 것으로 언급된 '서지육사西之六師' 역시 당시 진을 중심으로 구성된 군대의 연합적 성격을 암시한다. 서지육사에 대해서는 학자들마다 다른 의견을 내놓고 있어 자범편종 명문의 해석에서 논란이 많은 부분 중 하나이다. 장광위안이 서방의 진이 이끈 대군의 의미로 이해하여 이 군대의 연합적 성격을 제시한 반면,[102] 리쉐친은 진의 군대가 삼군삼행三軍三行으로 구성되었다는 전래문헌의 기록을 토대로 명문의 서지육사가 진의 군대였을 것으로 파악했다.[103] 황시촨黃錫全은 이를 서주시대 왕실의 상비군이었던 서육사西六師와 일치시켜, 춘추시대까지 잔존했던 왕실의 군대 육사가 성복전에 참전했고, 자범이 왕을 칭송하기 위해 명문에 이를 부각시킨 것으로 주장하기도 한다.[104]

그렇지만 진의 군대는 성복전이 일어나기 약 6개월 전에야 2군에서 3군으로 확대되었고, 적狄을 방어하기 위한 삼행三行의 창설 역시 성복전 승리 후 기원전 632년 말에 이루어진 것이어서[105] 리쉐친의 주장을 따르기는 어렵다. 황시촨의 주장처럼 춘추시대에 왕실 군대로서 서육사가 명맥을 유지하고 있었을 가능성을 배제할 수는 없지만, 서주시대에도 서육사가 실제 전역에 참전한 경우는 드물게 나타날 뿐이다.[106] 더욱이 서주 금문

102 張光遠, 1995a, 27.

103 李學勤, 1995d.

104 黃錫全, 1995, 328.

105 『春秋左傳正義』, 1827(僖公 28). 물론 李學勤 역시 이 사실을 언급하며 晋의 군대가 城濮戰 이전 사실상 三軍三行을 갖추었을 것으로 보았지만, 城濮戰 승리 후 여세를 몰아 군대를 크게 확충했을 것이기 때문에 李學勤의 주장은 설득력이 떨어진다.

106 제4장에서도 언급했듯이 필자가 西周시대 戰爭金文 60여 점을 토대로 분석한 바에 의하면, 六師 혹은 西六師가 실제 전쟁에 참여한 경우는 2회에 불과하다. 따라서 필자는 西周의 상비군으로 알려진 西六師와 殷八師에 대해 군사력의 측면과 함께 행정기구로서의 측면 역시 부각되고 있기 때문에 이들을 강력한 상비군으로 파악하는 기존의 이해에 대해

에 서육사가 등장한다고 해도 자범편종 명문에서처럼 '서지육사'로 표기된 경우는 없기 때문에 명문의 서지육사는 고유명사라기보다는 "서방의 6사"를 의미하는 일반명사일 가능성이 크다. 따라서 성복전은 사실상 진이 주도했으므로 장광위안의 해석처럼 서방의 진이 이끈 연합적 성격을 띤 대군으로 이해하는 것이 합리적이다. 더 구체적으로는 진의 3군과 다른 연합 세력인 진秦과 제, 송의 군대를 각각 1군씩으로 보아 6사로 명기했을 가능성도 있다.[107]

『좌전』은 두 연합세력이 대치한 성복전에서 진이 압승을 거두었음을 전한다.[108] 우선 서신胥臣이 이끈 진의 하군下軍은 남방 연합의 취약 부분인 진陳과 채의 군대로 구성된 우익右翼을 성공적으로 공략했다. 진의 상군上軍을 거느린 고모孤毛는 도주하는 척하며 자서子西가 이끌던 초의 좌익左翼을 유인하여 원진原軫이 이끌던 중군中軍과 협공하여 초군을 섬멸했다. 당시 남방 연합의 총사령관으로 중군을 맡은 자옥은 자신의 군대를 움직이지 않아 직접적인 패배는 당하지 않았지만, 초의 성왕이 책임을 묻고 용서하지 않았으므로 자결했다. 자범편종 명문 역시 자범과 진공(문공)이 이끈 군대가 초형을 크게 압도하여 그들의 군대를 초토화하고 장군 자옥을 궤멸시켰음을 기록하고 있다.

자범편종 명문 3번과 4번은 초형과의 전쟁(성복전)에서 대승을 거둔 이후 계속해서 자범이 문공을 도와 제후들을 화합시키고 왕께 조근하도록 함으로써 왕위를 안정시켰음을 기록하고 있다. 나아가 자범이 왕으로부터 하사받은 예물들을 열거하고 있다. 『좌전』은 이를 더욱 구체적으로 기술하고 있는데, 성복전 승리 후 문공은 정의 형옹衡雍(오늘날 허난성 위안양

의문을 제기한 바 있다(沈載勳 2006a, 20-24, 53-56).

107 何樹環 역시 필자와 비슷하게 주장한 바 있다(何樹環 2001, 108-117).

108 『春秋左傳正義』, 1825(僖公 28).

현原陽縣)으로 가서 서남쪽 천토踐土에 왕을 위한 궁궐을 지었다. 이전에 초와 연합했던 정 문공과 맹약을 맺은 후 문공은 양왕께 전차 1백 승乘과 보병 1천 명 등 전리품을 바쳤다. 이틀 후 양왕은 문공의 공적을 치하하며 그를 제후들의 우두머리(패자覇者)인 후백侯伯으로 명하는 책명策命과 함께 예물을 하사했다.[109] 아마 자범도 이때 문공과 함께 왕으로부터 예물을 받았을 것이다.

『춘추』는 문공에 대한 책명이 내려진 나흘 후 진과 제, 노, 송, 채, 정, 위, 거, 진陳의 통치자들이 천토에서 회맹을 가졌음을 전하고 있다. 『좌전』은 또한 그로부터 엿새 후 천토의 왕궁에서 왕자 호虎가 왕을 대신하여 왕의 지위와 제후들의 충성을 보장받기 위해 회맹을 주재했음을 기록하고 있다. 성복전 당시 진에 적대적이었던 진陳과 채, 정, 위 등이 모두 이 회맹에 동참한 것으로 보아 진 문공이 주도하는 새로운 패업이 형성되었으며 왕실의 지위 역시 안정되었던 것으로 보인다. 따라서 『좌전』의 편자가 군자君子의 입을 빌려 이 회맹을 진의 공으로 돌리고 있는 것과 마찬가지로,[110] 자범편종 명문 역시 자범이 문공과 함께 왕위를 안정시켰음을 기록하고 있는 것이다.

자범편종 명문은 비록 문공의 최측근 자범의 업적을 기념한 것이지만, 주요 골자는 문공의 복국과 함께 초와의 성복전에서의 승리, 천토에서의 회맹까지 다루고 있어, 『좌전』에 언급된 진 문공의 패업 과정과 일맥상통한다. 성복전에서의 승리는 진 문공에게 중원의 동방을 장악했을 뿐이었던 제 환공이 영위한 패권보다 훨씬 강력한 패권을 가져다주었다.[111] 융적과 같은 비주 세력을 몰아내는 데 주력했던 제 환공과 달리, 이들에 대한

109 『春秋左傳正義』, 1825(僖公 28).
110 『春秋左傳正義』, 1826(僖公 28).
111 Hsu 1999, 565.

문공의 유연한 대처는 비주 세력의 화화華化에도 상당히 기여했다. 또한 다른 나라들에 조근을 요구하지 않았던 제 환공의 패권과 달리, 진의 문공과 양공은 다른 나라의 통치자들에게 5년에 한 번씩 자신들에 조근하도록 했고 3년마다 관리를 보내 빙문聘問하도록 했다.[112] 따라서 로젠이 환공에서 문공으로의 패의 이전에서 "왕의 신하에서 경쟁자"로의 개념 변질을 읽어 낸 것은 시사적이다.[113] 이러한 문공의 자신감은 이어서 살펴볼 진공반晉公盤 명문에도 나타난다.

2) 진공반 명문과 문공의 패업

춘추시대 진을 대표하는 청동기들 중 하나인 진공분(전)晉公盆(盦)(集成 10342)은 청말淸末 장서가인 구세영瞿世瑛, 穎山(대략 1820~1890)의 청음각淸吟閣에 소장되어 있었는데, 현재는 유실되어 탁본만 전한다. 진공분 명문에서는 작기자作器者인 진공晉公이 시조인 당숙唐叔과 자신의 부친의 업적을 찬미하고 왕국王國을 편안하게 다스린 자신의 역할을 강조하고 있다. 나아가 장녀인 맹희孟姬를 초에 시집보내며 당부하는 언사를 담고 있어, 혼인 지참 기물인 잉기媵器임을 알 수 있다. 그렇지만 이 명문은 훼손이 심해 식별 가능한 글자 수에 대해서만도, 룽겅容庚(1894~1983)은 110여 자,[114] 마청위안馬承源은 145자,[115] 우전펑吳鎭烽은 149자로 보았고,[116] 시라카와 시즈카白川靜는 전문全文이 약 188자[117]에 이를 것으로 추정할 정도로 편차가 있다. 따라서 명문의 해석뿐만 아니라 작기자에 대해서도 양공, 평공平公, 정공定公(511~475 B.C.)으로 보는 다양한 견해가 제시되어 왔

112 『春秋左傳正義』, 2030(昭公 3).
113 Rosen 1978, 108-109.
114 容庚 1974, 476.
115 『商周青銅器銘文選』 4, 587.
116 『商周青銅器銘文暨圖像集成』 13, 493.
117 『金文通釋』, 35.202, 99.

다.[118]

이러한 측면에서 2014년 6월 22일 샨시성고고연구소陝西省考古硏究所의 우전펑이 푸단대학復旦大學 출토문헌과 고문자연구중심出土文獻與古文字硏究中心 사이트(푸단망復旦網)에 공개한 진공반의 도판과 명문[119]은 화수분처럼 새로운 자료가 계속해서 나오고 있는 고대 중국 연구의 극적인 상황을 대변하는 듯하다. 진공반 명문이 훼손이 심한 춘추시대 진공분 명문과 거의 동일하기 때문이다. 더욱이 진공분 명문에서는 훼손되어 알 수 없는 진공의 부친 이름이 진공반에는 확실히 헌공憲公으로 나타나, 우전펑은 헌憲과 헌獻이 통가 가능하기 때문에, 그 기물의 작기자를 문공으로 추정한 바 있다. 이 문제는 뒤에서 다시 다루겠지만, 일단 기물과 명문의 내용부터 살펴보기로 하자.

그림 7-3. 진공반

우전펑에 따르면, 진공반은 현재 익명의 개인 수장가가 소장하고 있다. 높이 11.7cm, 구경 40cm이며, 양쪽 손잡이(耳) 사이는 45cm에 달한다고 한다(그림 7-3). 속이 깊지 않고 바닥은 평평하며, 양쪽 손잡이에 중환문重環紋이 장식되어 있다. 기물의 바닥에는 무릎을 꿇고 있는 나신인裸身人 모양의 받침대 3개가 설치되어 있다. 기물 내벽에는 어문魚紋이, 외벽에는 절곡문竊曲紋이, 바닥의 중앙에는 한 쌍의 용 문양이 장식되어 있다. 용 문양의 중심에 입체 수조水鳥들이 원을 이루어 장식되어 있고, 그 외연

118 이 명문에 대해서는 '沈載勳 2016, 3-7' 참조.
119 吳鎭烽 2014.

에 도약하는 청와靑蛙와 유어遊魚 등이 사이사이 장식되어 있다. 이러한 입체 장식들은 360도 회전이 가능하고 새의 부리도 개폐할 수 있어 생동적인 모습을 보여 준다. 진공반의 조형과 장식은 상하이박물관에 소장되어 있는 자중강반子仲姜盤(일명 태사반太師盤, 集錄 1007)과 상당히 유사하다(그림 7-4).[120] 진공분 명문에 춘추시기의 진공이 여식 맹희를 초로 시집보내면서 제작한 잉기라고 명시되어 있듯이, 진공반 역시 진공이 여식 맹희를 위해 주조한 종이반宗彝盤이라고 되어 있다. 기물 내벽의 일곱 군데에 각각 3행씩 총 184자 정도가 주조되어 있다(그림 7-5). 명문의 내용은 다음과 같다.

그림 7-4.
자중강반(높이 18cm, 구경 45cm)(상하이박물관)

> [1]왕 정월 초길 정해일에 진공晉公이 말하기를: "나의 위엄 있는 조상 당공唐公께서 대명大命을 받아 무왕武王을 보좌하여 백만百蠻을 위엄 있게 교화하고, [2]사방을 광범위하게 열어, 내조하지 않는 나라들에까지 다다르니, 공경하지 않는 나라가 없었네. 왕이 당공에게 명하여 경사京師에 터를 세우고 백관百官을 다스려 방邦을 만들도록 하였네. 나의 용맹한 [3]부친 헌공憲公은 능히 …… 강역을 도모하고, 강하고 아름답게 (당공)의 영을 안식케 하여, 천상天上에서 위엄 있게 자리하지 않음이 없게 하셨네. (당공께서 받으신) 대명을 엄중하게 공경하고, (아들인) [4]나의 몸을 바르게 해주심으로써, 진방晉邦을 크게 안정

120 『夏商周青銅器研究』 東周篇 上, 82-85.

시키셨네." 공公이 말하기를: "나는 지금 소자小子이나, 감히 선왕先王들을 모범으로 삼아, 삼가 덕을 지켜, 만방을 화합하니, [5]많은 나라가 하루도 (진방)에 공순恭順하지 않음이 없었네. 나는 윤尹과 사士를 모아 길러, 좌우에서 그들의 보좌를 받아, 왕국王國(주 왕조)을 보호하고 다스렸네. 왕을 삼가 보필하며, 정사의 득실을 엄중히 두려워하였네. [6]나는 장녀 맹희孟姬를 위한 종묘 제사용 반盤을 만드네. 광범위하게 영토를 개척하고, 경건하게 맹사盟祀를 받들어, 고위 경卿들에 진정으로 보답하며, 백관들과 순조롭게 화합할지어다. (너는) [7]지금 소자이나, 너의 집안을 잘 다스려 초방楚邦의 종부宗婦로서 만년 동안 빛나며 진방의 울타리가 되어라. (이 기물을) 영원히 평안하고 소중하게 지킬지어다."[121]

명문은 진의 시조 당공, 즉 당숙의 업적으로 시작된다. 그가 무왕으로부터 명을 받아 사방을 광범위하게 다스리고 진방晉邦을 세웠다고 한다. 시조 당숙에 뒤이어 진방의 강역을 넓혀 안정시킨 부친 헌공憲公의 업적을 찬양한 뒤, 진공 자신의 업적, 즉 만방을 화합하여 모든 나라가 진을 따르도록 했고, 나아가 유능한 인사들의 보좌를 받아 주 왕실을 보호하고 다스렸음을 명시하고 있다. 마지막으로 장녀인 맹희를 초나라에 종부로 시집보내며 진방의 울타리가 될 것을 훈계하고 있다.

앞에서 이 기물을 문공이 주조했을 가능성을 언급한 바 있는데, 앞서 살펴본 자중강반은 진공반의 연대를 추정하는 데 도움을 준다. 두 기물은 모두 속이 깊지 않고, 권족圈足 아래에 각각 호랑이와 나신인 받침대 3개

121 [1]唯王正月初吉丁亥, 晉公曰: "我皇祖唐公膺受大命, 左右武王, 教畏百蠻, [2]廣闢四方, 至于不廷, 莫[不]及敬. 王命唐公, 建宅京師, 君百作邦. 我烈[3]考憲公, 克亢(?)猷彊, 武魯宿靈, □不赫=才[上], ?嚴寅恭大命, 以乂[4]朕身, 孔靜晉邦." 公曰: "余唯今小子, 敢帥型先王, 秉德秩=, 協燮萬邦, 諒(哀)[=]莫[5]不日卑恭, 余咸畜胤士, 作朋左右, 保乂王國, 剸龏龗庡, 以嚴虩若[6]否. 作元女孟姬宗彝盤, 谿廣啓邦, 虔恭盟祀, 昭答皇卿, 協順百職. 唯[7]今小子, 敕乂爾家, 宗婦楚邦. 於昭萬年, 晉邦唯翰, 永康寶."

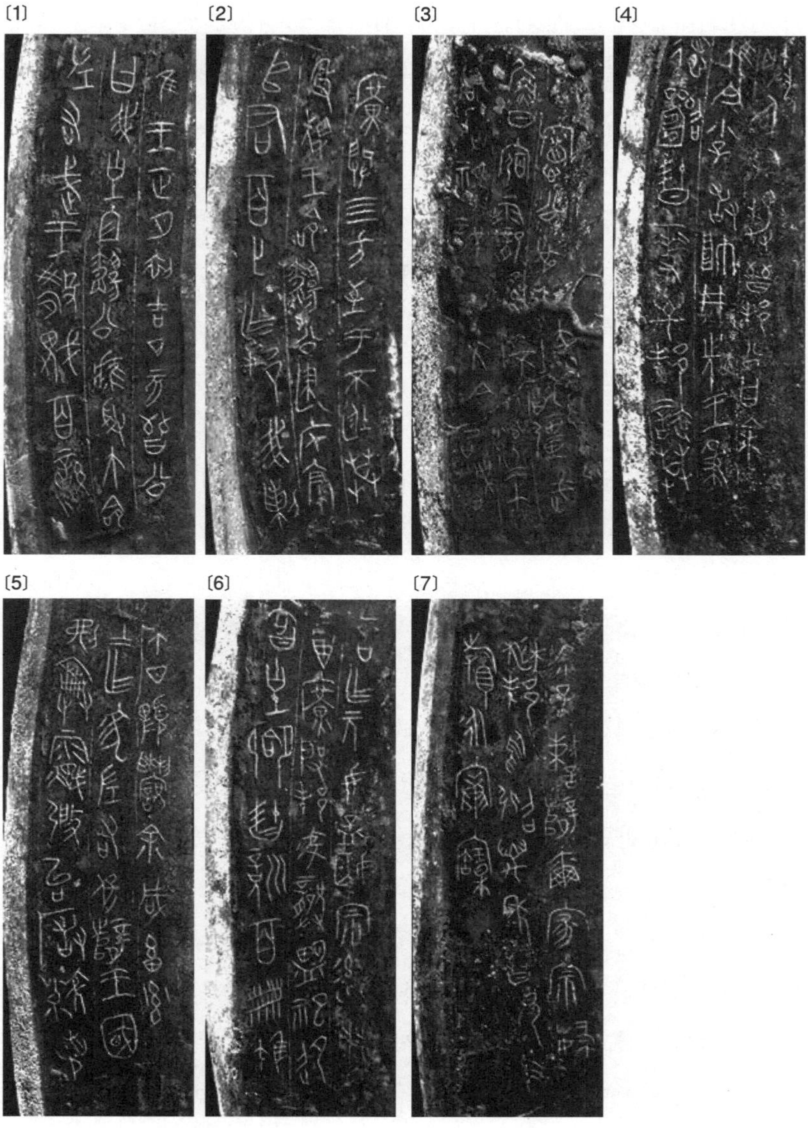

그림 7-5.
진공반 명문

가 설치되어 있다. 또한 기물 내부의 입체 동물 장식은 놀랄 정도로 유사하다. 자중강반은 진공반과 마찬가지로 입체 수조 한 마리를 정중앙에 배치하고 이를 에워싸고 어魚와 수조, 청와, 조구鳥龜가 일정한 간격을 두고 배치되어 있다. 이러한 입체 장식들은 360도 회전할 수 있고 새의 부리도 개폐가 가능하여 아주 생동적이다. 자중강반에는 32자의 명문이 주조되어 있는데, 6월 초길初吉 신해辛亥일에 태사太師가 자신의 부인인 자중강子仲姜을 위해 이 반을 제작했음을 명시하고 있다.[122]

자중강반을 비교적 상세히 소개한 상하이박물관의 천페이펀陳佩芬은 명문의 태사라는 명칭이 춘추 초기 진후晉侯의 속관으로 나타나기 때문에, 중강仲姜을 진의 귀족에게 시집온 강성姜姓 제국齊國의 여성으로 추정한다. 나아가 기물 내부의 새 모양(鳥形) 역시 진국 청동기상과 유사하다고 보아 이를 춘추 초기 진의 기물로 단정하고 있다.[123] 서주 중기 이래로 금문에 나타나는 태사라는 직책은 서주시대에는 왕실과 관련된 직관으로만 나타나지만, 춘추시대에는 정과 채 등의 청동기 명문에서도 나타나고 있어 여러 제후국에 존재한 직관으로 보인다.[124] 따라서 자중강반 명문의 태사를 진의 관직으로 단정한 천페이펀의 주장은 성급한 감이 있지만, 모양이 흡사한 진공반의 발견으로 그 기물이 진의 것일 가능성을 배제할 수는 없을 듯하다.

한편 진공분과 진공반 명문에서, 첫 번째 단락의 당공의 수명受命에 뒤이은 진공의 부친 헌공憲公을 찬미하는 두 번째 단락은 진공분 명문에는 거의 훼손되어 있고 진공반 명문 역시 명확하지 않은 부분이 많아 해독이 가장 어려운 부분이다. 앞에서도 언급했듯이 "나의 용맹한 부친 헌공(我烈考憲公)"은 진공반의 연대와 관련하여 중요한 실마리를 제공한다. 춘추

122 唯大六月初吉, 太師作爲子仲姜沫盤.

123 『夏商周青銅器硏究』 東周篇 上, 83.

124 張亞初, 劉雨 1986, 3.

시대 진에서 헌공憲公이라는 시호를 쓴 군주는 없었기 때문에, 우전평은 '헌憲'(*hŋans)과 통가가 가능한 '헌獻'(*hŋans)을 쓰는 헌공獻公일 가능성이 크다고 보고 있다.[125] 두 문자의 상고음이 완전히 일치할 뿐만 아니라, 『일주서逸周書』「시법해謚法解」에는 '헌獻'이라는 시호에 대해 "박문다능왈헌博聞多能曰獻"으로 나와 있는데, 『사기정의史記正義』나 『급총주서汲冢周書』「주공시법해周公謚法解」(晉孔晁注), 노문초盧文弨 교정校定 『일주서』에는 모두 "박문다능왈헌博聞多能曰憲"으로 헌獻이 헌憲으로 통가되어 있다.[126] 따라서 금문이나 선진 문헌에서의 통가 용례가 없다고 해도, 두 글자가 통용되었으리라고 보는 것이다. 이를 수용할 수 있다면 진공분과 진공반의 작기자는 헌공獻公의 아들로 진의 군주가 된 혜공惠公과 문공文公 중 하나일 가능성이 크다. 그런데 문공에 앞서 즉위한 혜공은 17~18세에 즉위하여 32~33세에 사망했을 것으로 추정되므로, 그가 여식을 초나라에 시집보냈을 가능성은 낮아 보인다. 더욱이 진공반 명문에서 "我烈考憲公" 다음 단락에 나타나는 진공의 "왕국을 보호하고 다스렸다(保乂[治]王國)" 등의 기사는 기원전 635년 왕자 대의 난을 진압하고 양왕을 구한 문공의 역할과도 부합된다. 또한 문공이 유랑 중에 초나라 성왕으로부터 환대를 받은 사실 역시 두 나라 사이에 혼인이 이루어졌을 가능성을 높여 준다. 우전평은 기원전 632년 성복전에서 진이 승리한 이후 진초 관계가 악화되었을 것으로 보고, 그 일이 있기 전인 문공 재위 4년 중에 이 혼인이 이루어졌을 것으로 보고 있다.

진공반 명문의 내용 역시 기원전 7세기 중반 진국의 상황과 상당히 부합한다. 우선 "나의 용맹한 부친 헌공은 능히 …… 강역을 도모하고 ……

125 '*'는 再構音(추측 복원한 발음) 표지이다. 여기서는 재구된 중국어 上古音(商 후기~기원전 221)을 IPA(국제음성기호, International Phonetic Alphabet)로 표기했다. 이 책에서 上古音은 '鄭張尙芳 2013'의 再構音을 따른다. '憲'과 '獻'의 上古音은 각각 347, 518.

126 黃懷信 등 2007, 649

진방晉邦을 크게 안정시키셨네."는 산시성 서남부의 여러 희성 제후국을 병합하여 영토를 확장한 헌공의 공업과 맞아떨어진다. 나아가 만방을 화합시켜 많은 나라가 진을 공경하여 추종했고, 측근 관리들을 양성하여 보좌를 잘 받았으며, 이를 토대로 주 왕실을 보호하고 다스렸다는 진공의 역할 역시 문공의 역할과 부합하는 듯하다. 특히 왕을 보필하며 정사를 챙겼다는 내용은, 기원전 635년 왕자 대의 난을 진압하여 왕실을 안정시키고 급기야 기원전 632년 초와의 쟁패에서 승리하여 패자가 된 문공의 모습을 연상시킨다.

이와 관련하여 문공의 패업 과정을 보여 주는 자범편종 명문 역시 유사한 내용을 전하고 있다. 자범편종 명문에서는 우선 초와의 전쟁에 대해 "많은 초형楚荊의 나라가 왕의 처소에서 나오는 명령을 따르지 않음"을 공격의 이유로 들고 있다. 나아가 성복전 승리 후 작기자인 문공의 최측근 자범이 "진공(문공)을 좌우에서 보좌하여 제후들을 화합시켜(燮諸侯) 왕께 조근하도록 함으로써 왕의 보좌를 굳건하게 할 수 있었다(克定王位)."고 기술하고 있다. 만방의 화합과 함께 왕실의 보호 및 왕에 대한 보필을 강조한 진공반 명문에 나타나는 진공의 역할과 맞아떨어진다.

진공의 업적을 전하는 두 명문의 유사성을 인정한다면, 자범편종 명문이 진 문공 패업 이후의 상황을 전하듯, 진공반의 주조 연대를 굳이 우전평처럼 문공의 패업 완수 이전으로 제한할 필요는 없을 것으로 보인다. 천자天子에 대한 존숭이 드러나지 않는 진공반 명문의 표현 방식 역시 패자 등극 이후의 상황과 부합한다.[127] 초나라와의 혼인 문제도 성복전에서 승리한 이후 초와의 관계를 개선할 필요성에 따른 외교 정책의 일환으로 볼 수 있을 것이다. 자범편종과 마찬가지로 진공분과 진공반을 문공 패업 이후에 주조된 기물들로 보아도 무리가 없을 듯하다.

---

127 張崇禮 2014.

따라서 자범편종과 진공반 명문은 『좌전』 등 전래문헌에 기술된 패자 문공의 위상을 확증할 뿐만 아니라 전래문헌과 출토문헌의 호환성까지 입증해 주는 중요한 자료임에 틀림없다.[128] 문공에서 비롯된 춘추시대 최강대국 진의 발전은 전국시대의 삼진, 즉 한韓, 위魏, 조趙에까지 이어져 고대 중국의 중요한 유산으로 남아 있다.

5. 소결

원인 없는 역사적 결과는 없다. 19년 동안의 유랑 끝에 진으로 돌아와 군위를 차지한 지 4년 만에 춘추시대의 최고 영웅으로 부각된 진 문공의 극적인 사적 역시 여러 원인이 존재할 것이다. 멀게는 서주 후기 주 왕실의 측근 세력으로 성장하여 동천기에는 왕실을 보호하여 안정시킨 선조들의 역할, 가깝게는 문공 자신의 다양한 경험에서 우러나온 경륜과 출중한 역량뿐만 아니라 충실한 추종자들의 뛰어난 역할에서도 찾을 수 있을 것이다.

이 장에서는 그동안 크게 부각되지 않은 문공의 부친 헌공 시대와 그의 업적에 초점을 맞추었다. 헌공은 융적 계통의 첩인 여희를 총애하여 적장자를 내치고 자식들과 권력 투쟁을 벌인 탓에 후대 유학자들에게서 좋은 평가를 받기 어려웠을 것이다. 그렇지만 그는 발상의 전환 능력뿐만 아니라 이를 실행하는 추진력까지 갖춘 뛰어난 군주였다. 무엇보다 공족의 정치 참여를 단호히 배제하고 주의 주요 희성 제후국으로서 경원시해야 할 융적戎狄과의 관계를 개선하기 위해 혼인 정책을 편 것은 당시로서는 파격적이었음에 틀림없다. 당시 진은 헌공이 주도한 이러한 새로운 정책들

128 清華簡 『繫年』 제6장과 제7장에도 文公의 유랑과 復國 과정, 城濮戰에서의 승리와 踐土의 會盟이 유사하게 기술되어 있다(『清華大學藏戰國竹簡(貳)』, 150-154).

을 성공적으로 수행하며 산시성의 주요 희성 제후국들을 완전히 정복함으로써 국력을 배가시킬 수 있었다. 헌공 재위기의 이러한 급격한 발전은 물론 주의 측근 세력이라는 부담에서 벗어나게 해준 곡옥 소종의 찬탈이 있었기에 가능했다. 이와 함께 군위 찬탈 이후 20여 년 동안 진을 산시성 서남부의 확고한 지역국가로 성장시킨 헌공의 탁월한 역량이 문공 패업의 실질적 토대가 되었음은 부인하기 어려울 것이다.

그렇지만 헌공의 역할을 아무리 강조한다고 해도 문공을 영웅의 반열에 올려놓은, 『좌전』과 『국어』 등 전래문헌에 언급된 그의 역할이 폄하되어서는 안 될 것이다. 그러한 내용에 허구가 섞였을 가능성을 배제할 수 없지만, 문공 당대의 자료인 자범편종과 진공반 명문이 그의 행적을 확실히 입증해 주기 때문이다. 특히 자범편종은 문공 패업 과정의 굵직한 사적들, 즉 복국, 성복전에서의 승리, 문공이 패자의 반열에 오른 천토의 맹에 대해 묘사하고 있다. 한편 진공반 명문에는 패자 문공이 시조인 당숙을 찬미하고 부친 헌공의 뛰어난 역할을 기리는 내용뿐만 아니라 왕국을 보호하여 정사를 주도한 문공 자신의 모습까지 서술되어 있다.[129]

그러므로 춘추시대 중후반 중국 역사를 주도했던 진의 부상은 주 왕실 측근에서 보호자의 반열에까지 올라선 선조들과 그 유산을 뛰어넘은 헌공이 주도한 곡옥 소종의 개혁, 오랜 고난의 경험에서 축적된 문공의 경륜 등이 함께 어우러진 결정체로 보아야 할 것이다.[130]

---

129 이 연구에서 본격적으로 다루지 않았지만 2017년 공간된 『清華大學藏戰國竹簡(柒)』에도 晉과 관련된 새로운 출토문헌이 수록되어 있다. 특히 정리자들이 『晉文公入於晉』으로 명명한 문헌은 文公이 복국 후 군비를 비롯한 내정을 정비하여 城濮戰에서 승리하고 동방(河東) 제후들을 얻었음을 서술하고 있다(『清華大學藏戰國竹簡(柒)』, 100-103).

130 이 장의 전반부는 「영웅 중심 역사서술의 그늘: 文公 패업의 실질적 토대로서 獻公의 재발견」, 윤내현 편, 『동아시아의 지역과 인간』(지식산업사, 2005), 257-280쪽을, 후반부는 「출토문헌과 전래문헌의 조화: 子犯編鐘 명문과 『左傳』에 기술된 晉 文公의 霸業」, 『東洋學』 40 (2006), 89-114쪽과 「불완전한 명문의 복원: 晉公과 晉公盤」, 『中國古中世史研究』 41 (2016), 1-34쪽의 일부를 토대로 재구성한 것이다.

총결

초기 진국사의 재구성

춘추시대를 주도했던 진晉은 전국칠웅 중 한韓, 위魏, 조趙로 계승되었다. 중국 역사상 가장 변화가 심했던 시대에 사실상 왕조에 버금가는 유산을 남겼음에도 불구하고, 진은 연구 대상으로서 그에 걸맞은 지위를 누리지 못했던 것 같다. 특히 문공文公 패업 이전의 역사는 문헌 자료상의 한계 때문인지 거의 주목받지 못했다.

20세기 후반 이래 중국의 눈부신 고고학 성과는 중국 고대사 다시 쓰기를 가능케 해주었고, 진국의 초기 역사는 그 큰 수혜자일 것이다. 1970년대 후반 베이징대학北京大學 고고학과가 산시성山西省 서남부의 취워曲沃-이청翼城 일대를 고고학 실습지로 정한 이래로 그 인근에서는 현재까지도 새로운 주대周代의 유적지들이 지속적으로 발견되고 있다. 서주의 중심지였던 산시성陝西省 일대와 허난성河南省 뤄양洛陽 인근을 제외하면 가장 많은 서주 유적지가 남아 있는 산시성 서남부는 필시 당대의 중요 2차 중심지들 중 하나였을 것이다. 진은 서주 초 이래로 그러한 2차 중심지의 핵심에 자리했다.

상 후기에 산시성은 읍邑을 근간으로 하던 다양한 정치체가 상 왕국의 강한 영향력 아래 각축하던 지역이다. 서북쪽에는 갑골문에 상의 강적으로 나타나는 공방𢀛方을 비롯하여 이른바 리자야李家崖문화를 영위하던 이질적인 세력들이 자리하고 있었고, 진중晉中 지역으로 부르는 중북부에도 북방문화의 영향을 받은 토착 세력들이 나름대로의 문화를 발전시키고 있었다. 상의 도읍인 안양과 가까운 산시성 동남부 고원지대는 왕기王畿의 일부로 간주될 정도로 상의 통치권 아래 있었다. 진남晉南으로 불리는 서남부의 분지에서는 상 후기의 유적이 거의 발견되지 않고 있어, 상의 세력권에서 벗어난 지역으로 보기도 한다. 그러나 최근 도굴로 인해 그 면모가 드러난 원시현聞喜縣 주우터우酒務頭의 상 후기 귀족묘지는 이러한 인식을 재고케 한다. 마찬가지로 편하汾河 중류의 링스현靈石縣 징제촌旌介村과 푸산현浮山縣 차오베이촌橋北村에서는 상에 동화된 모습이 뚜렷하지만 독자적인 면모도 나타나는 상 후기 유적들이 발견되었다.

상 후기 갑골문에서는 산시성 편하 유역으로 위치가 비정되는 상당수의 지명 혹은 정치체가 확인된다. 이들과 관련하여 한 가지 흥미로운 사실은 상 왕국과의 관계가 상당히 유동적이었다는 점이다. 이들은 상 후기 가장 강력한 왕 무정武丁에 정복당했다가 그가 죽은 다음에 이반한 것으로 나타난다. 그렇지만 상당수가 상 멸망 직전의 제V기 혹은 황조黃組 복사에는 친상 경향, 즉 상과 친밀한 관계를 유지한 것으로 보인다. 극상克商 직후 주 무왕武王이 사망하고 주공周公이 섭정으로 성왕成王을 보좌하자, 정복 지역들을 주관하던 주공의 형제들이 반주反周 정서를 부추겨 이른바 삼감三監의 난을 일으켰다. 산시성 역시 이 반란에서 예외가 아니었는데, 특히 상 후기 펀하 중류 유역의 정치체인 곽霍(오늘날의 훠저우霍州)에 분봉된 곽숙霍叔이 삼감 혹은 삼숙三叔 중 한 명으로 이 지역 정치체들의 친상 정서를 등에 업고 반란을 주도했을 개연성이 크다.

이에 주공은 역시 상말의 친상 정치체로 곽에서 가까운 오늘날 훙둥洪洞 지역 양昜(혹은 당唐)에서의 반란을 진압하고는 성왕의 아우이자 진의 시조인 당숙唐叔 우虞를 그곳에 봉했을 것이다. 이러한 조처는 기존의 이해와 달리, 융적戎狄과 같은 북방 이민족이 아닌 산시성 서남부의 펀하 유역에 잔존한 친상 세력들을 제어하려는 노력의 일환이었음이 분명해 보인다.

『사기史記』「진세가晉世家」에 따르면, 당숙 우의 아들 섭燮이 최초로 진후晉侯라는 명칭을 사용한 것으로 나타난다. 이에 대한 『사기정의史記正義』의 주석에는 섭보燮父가 진수晉水 인근으로 이주했기 때문에 진후로 개칭했다고 전한다. 2007년 공간된 요공궤覜公簋 명문에도 서주 전기의 성왕 혹은 강왕康王이 섭으로 추정되는 양(당)백昜(唐)伯을 진晉에 후侯로 봉했다는 기록이 있다. 필자가 추정한 것처럼 당숙 우의 분봉지, 즉 진의 초봉지를 오늘날 훙둥 지역의 양(당)으로 추정할 수 있다면, 진은 제2대 군주인 섭의 시대에 진으로 이봉된 것이 확실해 보인다. 진수의 위치를 확인할 방법이 없어 서주시대 진의 중심지에 대해 전통시대 이래로 이견이 존재했지만, 1990년대에 톈마天馬-취촌曲村 지역의 베이자오北趙 진후묘지晉侯墓地가 발굴되면서 이 지역이 진의 도읍이었음이 명백해졌다. 1970년대 후반 이래로 취촌에서는 2만 기 이상의 분묘가 조성된 진의 귀족묘지가 발견되어 도읍의 규모를 짐작할 수 있다. 2005년에는 베이자오 진후묘지에서 동남쪽으로 4.5km 지점의 양서촌羊舌村에서도 베이자오의 묘들에 뒤이은 진의 통치자급 묘들이 발견되었다.

이들 여러 묘 중 이 연구의 시발점이 된 베이자오 진후묘지의 고고학 성과는 서주시대 진의 면모를 살펴볼 수 있는 더없이 귀중한 자료를 제공한다. 특히 진후와 부인 묘들에서 출토된 명문이 있는 다양한 청동기는 새로운 의문점들을 갖게 하는 한편 베일에 싸였던 진 통치가의 역사를 밝혀 준다. 베이자오 진후묘지에서 가장 큰 쟁점은 모두 9기의 진후묘에 대한 연대순 배열과 함께 각각의 묘주를 「진세가」에 언급된 진의 통치자와 일치시키는 문제였다. 베이자오 진후묘지에서는 모두 열 명에 달하는 진 통치자의 이름(숙츠叔夨, 진후晉侯 북마僰馬, 성후成侯, 진후晉侯 희보喜父, 랄후剌侯, 진후晉侯 대對, 진후晉侯 이斷, 진후晉侯 소蘇, 진후晉侯 방부邦父, 진숙晉叔 가보家父)이 주조된 청동기 명문이 발견되었는데, 이들 중 소蘇와 랄(여)후剌(厲)侯, 성후成侯 세 명만 「진세가」에 명시된 진후의 이름과 상통할 뿐이다(표 2-1 참조). 더욱이 세 경우 모두 명백히 입증된 증거로 보기도 어렵기 때문에, 「진세가」에 나타나는 진후들의 이름에 의문을 제기하는 연구자도 있다. 물론 사마천이 참고할 수 없었던 『죽서기년竹書紀年』에도 「진세가」와 일치하는 이름들이 나오기 때문에, 그 신빙성을 부인하기는 어렵다.

따라서 묘의 형태나 부장 기물들의 편년을 토대로 진의 통치자묘 9기의 상대연대를 설정한 다음, 청동기 명문과 「진세가」에 동시에 나타나는 이름들을 기준으로 각 묘의 묘주들을 진후 섭燮(M114)에서 상숙殤叔(M93)까지로 확정해 보았다. 대부분의 연구자는 두 가지 이름이 일치하지 않는 문제를 해결하기 위해 추시구이裘錫圭가 제시한 「진세가」의 진후 이름은 명名, 청동기 명문상의 진후 이름은 자字라는 가설을 따르고 있다. 그러나 역으로 명문상의 이름이 부모로부터 받은 명名, 「진세가」의 이름이 왕으로부터 받은 자字일 가능성도 있다.

베이자오 진후묘지의 유물, 특히 청동기를 통해 나타나는 한 가지 뚜렷한 특징은 진의 문화가 산시성 주 왕실 중심지의 문화적 면모를 거의 답습하고 있다는 점이다. 기존의 연구자들이 진의 문화에 북방식이 섞여 있었을 것이라고 추정했던 것과는 달리, 베이자오 진후묘지나 취촌의 귀족 묘지에서 나타나는 문화 양상은 중국 학계에서 사용하는 서주시대 '진 문화'라는 용어를 무색케 한다. 이어지는 장들에서 서술되듯, 주 왕국의 주요 구성 성분이었던 제후국들 중 하나인 진의 문화는 오히려 '주 문화의 일부'로 파악하는 것이 타당해 보인다.

20세기 말 베이자오 진후묘지의 고고학 성과가 진에 관한 새로운 연구를 추동하던 차에, 2006년과 2011년 각각 보고된 장현絳縣 헝수이橫水 붕국묘지倗國墓地와 이청현翼城縣 다허커우大河口 패국묘지霸國墓地의 고고학 성과는 서주시대 진 인근 지역 정치체들의 발전뿐만 아니라 제후국 진의 역할에 대해서도 살필 수 있는 귀중한 자료를 더해 준다. 톈마-취촌에서 직선거리로 각각 31km, 21km 떨어진 두 묘지에서는 많은 서주 묘가 발굴되었는데, 현재까지 확인된 전체 묘지의 규모는 톈마-취촌 일대 진국 묘지의 10분의 1에도 미치지 못한다. 그럼에도 불구하고 두 묘지의 장속葬俗이나 부장품이 베이자오 진후묘지와 차이를 보이고, 이들 묘지에서 출토된 청동기 명문들에는 이들이 주 왕이나 왕실의 귀족, 다른 제후국들과 직접 교류한 것으로 언급되어 있다. 특히 패의 통치자(패백霸伯) 묘로 추정되는 다허커우 M1과 M1017에서는 현재까지 발견된 서주시대의 묘 가운데 가장 많은 수량의 청동기가 출토되었다.

따라서 이들의 연원과 위상을 둘러싼 논쟁이 지속되고 있는데, 논의의 핵심은 이들이 북방 융적의 후예인지 여부와 진과의 관계에서 독립적이었는지 아니면 예속적이었는지 여부이다. 일단 이들이 융적의 후예가 아니라 갑골문에 등장하는 상 후기 편하 유역 정치체들의 후예이고, 그들의 선조가 상에 동화되어 유동적인 관계를 유지했던 것처럼, 붕과 패 역시 진과의 관계에서 독자성과 예속성이라는 양면성을 지니고 있었을 것으로 추정했다. 나아가 세 정치체의 묘지에서 청동 정鼎을 2점 이상 부장한 묘들(진

18기, 붕 9기, 패 6기)의 상장의례를 비교 검토하여, 서주 초중기 산시성 서남부에 묘의 규모나 형태, 부장 청동기의 수량 등에서 일정한 상장의례 규정이 존재했을 가능성을 상정해 보았다.

그렇지만 다허커우의 패백묘 2기(M1, M1017)는 묘의 규모나 형태, 부장 청동기의 수량 등에서 진, 붕과는 상당히 다른 모습을 보여 준다. 특히 묘의 규모는 진이나 붕보다 훨씬 적은 데 반해 부장 청동기의 수량은 2배 이상이다. 규모가 훨씬 큰 진의 제후들묘에 부장된 청동기들에서 주 왕실로부터 규정되었을 일정한 규범이 감지되는 반면, 진 제후들묘의 절반 규모인 패백묘에서는 그 규범을 참칭했을 정도의 파격이 읽혀지는 것이다. 현재까지 보고된 서주시대의 묘들 중 다허커우의 M1에 필적하는 묘는, 1997년 발굴된 허난성 루이현鹿邑縣 다칭공大淸宮의 장자구長子口라는 인물의 명문을 담은 청동기가 출토된 묘가 거의 유일하다. 그런데 청동기의 후장厚葬과 같이 상商의 유습遺習이 뚜렷한 장자구묘의 규모와 형태는 다허커우 M1과 비교할 수 없을 정도로 크고 정교해서, 다허커우의 파격을 더욱 돋보이게 한다.

이러한 다허커우의 파격에서 상商에 동화되었던 한 지역 정치체 수장의 후예들이 주의 천하에 편입되어 몇 세대를 경과하면서도 자신들의 유습과 독자성을 지속하고자 했던 열망을 읽어 낼 수 있었다. 반면에 묘의 형태나 규모에서는 낮은 기준을 택함으로써 청동기 후장의 비례非禮를 상쇄시키려는 양면성도 엿볼 수 있었다. 이러한 양면성은 앞에서 언급한 진에 대한 '독자성'과 '예속성'이라는 상반된 논의를 모두 포괄한다. 이를 통해 상주 교체기를 거치며 주의 천하에 편입되어 가던 붕과 패 같은 지역 정치체들의 발전 궤적을 상정할 수도 있을 것이다. 물론 각 정치체가 주에 귀속되는 정도에는 차이가 있었을 것이다. 여기서 이들의 인근에서 척후斥候하며 때로는 혼인 관계를 맺고 때로는 공격적인 모습을 보였을 제후국 진의 역할도 뚜렷해진다. 헝수이와 다허커우 묘지의 발굴은 기존 토착 세력에 대한 견제와 화합이 제후국 분봉의 주요한 목적이었음을 분명히 보여준다. 두 묘지의 쇠퇴가 뚜렷해지는 서주 후기 즈음에 진은 결국 이들을 예속시켰을 가능성이 크다.

서주시대 진은 주 왕실의 대행자로 산시성 서남부에 주의 2차 중심지를 구축하는 임무를 성공적으로 주도했지만, 다른 제후국들과 마찬가지로 그 내재적 발전 양상을 파악할 수 있는 자료는 부족한 상황이다. 제후국들이 주 왕실 정부의 구조를 축소 복사하며 왕실로부터 위임받은 권한을 행사했을 것이라는 견해를 일면 수용하면서도, 이를 서주시대 전체 제후국에 일반적으로 적용하기는 주저된다. 다행스럽게도 제후국들과 주 왕실의 상호 관계에서 가장 큰 비중을 차지했을 군사와 전쟁 관련 금문들이 제법 발견됨으로써, 제후국들의 특히 진의 경우 서주시대의 발전 양상을 살펴볼 수 있는 간접적인 자료를 얻을 수 있게 되었다.

대부분의 중국학자가 서주시대 압도적인 왕실 상비군의 존재를 당연시하지만, 실상 서주 전쟁금문에서 상비군으로 추정되는 육사六師나 팔사八師가 전쟁을 주도한 경우는 드물게 나타날 뿐이다. 문무의 구분 같은 군사 방면의 전문성은 대체로 부재했고, 필자가 "중층적 사속관계"라고 명명한 다양한 족속으로 구성된 군대가 대부분의 전쟁을 수행했다. 왕은 서주 후기까지도 그 중층적 관계의 정점에서 느슨하지만 일원화된 군사력을 운용했던 것으로 보인다. 군사 연합의 중요한 한 축을 이룬 제후국들의 군대는 서주 전 시기에 걸쳐 대체로 봉지 인근의 전역에서 주 왕실에서 파견한 군대의 지휘를 받으며 전쟁을 수행한 것으로 나타난다.

그렇지만 새롭게 출토된 진의 전쟁금문들은 다른 양상을 보여 준다. 위언斅甗 명문은 서주 전기 소왕昭王의 명을 받은 위라는 진인晉人이 봉지 인근을 훨씬 벗어나 허난성 남부의 요충지인 번繁까지 파견되어 군사와 연관된 일정한 역할을 수행했음을 보여 준다. 서주 후기 여왕厲王 혹은 선왕宣王 시기의 기물인 진후소편종晉侯蘇編鐘 명문도 헌후獻侯로 추정되는 진후 소가 왕과 연합하여 오늘날 산둥성山東省 서부의 이족夷族들에 대한 원정에 동참했음을 기록하고 있다. 산둥성에서의 전역에 인근의 제齊와 노魯 같은 제후국 군대 대신 진의 군대가 주축을 이룬 것이 흥미로운데, 진후 소는 사실상 그 전역에서 왕실의 유력자처럼 왕의 군대까지 통솔하고 있다. 이러한 진의 이례적인 군사적 역할은 서주 후기의 익명의 진후가 왕명을 받들어 더 멀리 회이淮夷와의 전역에까지 참전했음을 전하는 진후동인晉侯銅人 명문을 통해서도 입증된다.

서주 후기에 이르기까지 진은 왕실과의 관계가 소원해졌을 여느 제후국들과 달리 왕실의 측근 세력으로 성장한 것으로 보인다. 이는 산시성 펀하 유역에 주 왕실과 동성同姓인 희성姬姓 제후국들이 대거 분봉된 것과도 무관하지 않을 텐데, 왕실은 왕기와 가까운 이 지역을 직접 통치하는 지역으로 여겼을 가능성이 커 보인다. 진은 당연히 그 중심에서 왕실의 대행자 역할을 수행했을 것이다. 이러한 양상은 선왕 시기 산시성 펀하 중류로 추정되는 조條 및 천무千畝와의 전역에서도 두드러진다. 진 목후穆侯는 왕의 군대가 패주한 이 전역에서 오히려 승리를 거두고 있어, 약화된 왕실을 대신하여 산시성의 주도권을 차지한 것으로 보인다. 나아가 진은 주 왕실을 이반한 유력자들의 망명처로도 나타나, 춘추시대 초까지 강대국으로 부상한 제齊나 초楚, 진秦 등 변방의 세력과는 달리, 주의 세력권에서 왕실과의 밀접한 관계를 통해 성장했음을 알 수 있다.

주 왕실과 진의 밀접한 관계는 서주 멸망 이후 왕실의 동천 과정에서 더욱 극명하게 나타난다. 유왕幽王이 살해된 직후인 기원전 770년에 평왕平王이 오늘날 산시성 시안西安의 종주宗周에서 허난성 뤄양의 성주成周로 이주했다는 이른바 동천에 대해서는 단편적인 전래문헌상의 모순 때문에 그 과정과 시기에 대해 이견들이 제시되어 왔다. 2011년 공간된 칭화대학 소장 죽간 사서인 『계년繫年』은 이 문제를 더욱 복잡하게 하는 한편 귀중한 실마리를 제공한다. 그 문헌에 따르면, 기원전 771년 유왕이 살해된 후 아우 여신余臣이 괵虢에서 휴혜왕攜惠王으로 옹립되었고, 평왕은 허난성 난양南陽 지역으로 추정되는 소악少鄂이라는 곳으로 피신했다. 기원전 750년 휴혜왕을 살해한 진 문후文侯는 9년이 지난 기원전 741년에는 평왕을 소악으로부터 종주로 모셔 왕으로 옹립했고, 3년 후인 기원전 738년에 평왕은 문후의 도움을 받아 성주로 동천했다고 한다.

『계년』의 동천 기사는 주 왕실의 동천을 단일한 사건이 아닌 상당히 복잡한 과정으로 추정했던 일부 연구자들의 문제 제기에 부합하지만, 사마천이 「십이제후연표十二諸侯年表」에서 제시한 진 문후 재위년(780~746 B.C.)과의 모순 때문에 또 다른 미스터리를 던지고 있다. 어쨌든 이 문헌은 기존 전래문헌에 단편적으로만 언급된 동천 당시 진 문후의 역할에 대해 확증해 주고 있는데, 이는 『상서尙書』 「문후지명文侯之命」에 나타난 평왕의 찬미 대상으로서 문후의 역할에도 부합한다. 문후는 평왕 동천 이후 왕실이 어느 정도 안정될 때까지 성주에 머물다 진으로 복귀한 것으로 보인다.

춘추시대의 서막에 중앙의 정치 무대에서 왕실의 보호자 역할을 했던 진의 모습은 춘초 초기의 진강정晉姜鼎과 융생편종戎生編鐘 명문에도 명시되어 있다. 문후의 부인인 진강은 문후와 함께 성주에서 일정한 역할을 담당했던 것으로 보이며, 융생은 서주 중기에 산시성에 분봉받은 조상의 뒤를 이어 문후로 추정되는 진후를 보좌한 것으로 나타난다. 두 명문에서 정벌 대상으로 나타나는 번탕繁湯은 앞의 위언 명문에 언급된 번繁과 같은 지역으로, 오늘날 허난성 신차이新蔡 인근의 청동 원료 집산지이다. 상주시대에 국가를 유지하는 데 청동기의 중요성은 더 이상 강조할 필요가 없고, 서주 왕실이 번탕의 장악에 심혈을 기울인 것도 주지의 사실이다. 동천 당시 주 왕실의 통제를 벗어났을 이 지역을 문후가 왕실을 대신하여 장악함으로써 청동 원료를 지속적으로 확보할 수 있었을 것이다. 문후가 왕실을 보좌하여 채후蔡侯를 거느리고 남방의 만蠻을 공격했다는 『후한서後漢書』의 기록 역시 이러한 흔적일 가능성이 크다. 왕실의 측근 세력에서 보호자로 성장한 진의 발전 모습이 극명히 드러나는 것이다.

문후 재위기까지 중원의 중심 국가로 발돋움하던 진은 문후 사후 급격한 변화를 겪는다. 왕실의 보호자로 중원의 정치에 주력했던 문후의 한계 때문인지, 문후 당대부터 상당한 세력으로 성장한 곡옥曲沃의 소종小宗이 익翼의 종실을 위협하여 67년 동안의 내전이라는 춘추시대에 유례가 없는 격랑에 휩싸였다. 내전의 과정은 『좌전左傳』과 『사기』, 『죽서기년』에 비교적 상세히 기술되어 있다. 각각의 문헌은 진의 내전기에 대해 대체로 비슷한 내용을 담고 있지만 상이한 부분도 있다.

곡옥 소종은 사실상 내전기를 주도하며 지속적으로 익의 진후들을 살해했다. 그렇지만 진의 통치권을 차지하기까지 상당히 지난한 세월을 보내야 했다. 익의 종실을 지지한 진의 귀족들, 즉 진인晉人들뿐만 아니라 주 왕실 역시 종법 질서의 파괴를 우려하여 지속적으로 진후들을 후원했기 때문이다. 나아가 구래의 정치 질서를 유지하고자 했던 진 주변의 희성 제후국들 역시 곡옥 소종의 부상을 두려워하여 익의 종실을 도와 곡옥에 대한 정벌에 참여하기도 했는데, 그 까닭에 이들 중 일부는 내전 종료 직후 곡옥 소종의 정벌 대상이 되고 만다.

일반적으로 장기간의 내전은 역사상 쇠퇴의 시기로 간주되고, 진의 종실인 익의 입장에서 그 시기는 쇠퇴기였음이 분명하다. 그렇지만 곡옥 소종의 입장에서는 중대한 기회의 시기였고, 실상 그 기간 동안 곡옥 소종은 이후 진이 혁신적인 국가로 탈바꿈하는 토대를 마련한 듯하다. 곡옥 소종의 근거지인 원시聞喜 상궈촌上郭村의 고고학 성과가 이를 입증해 준다. 곡옥 소종의 통치 집단 묘지로 추정되는 상궈촌의 일부 묘는 규모가 베이자오의 진후묘들에 필적할 뿐만 아니라 독특한 청동기들까지 풍부하게 부장하고 있어, 쇠퇴의 모습을 읽어 내기는 어렵다. 이들 중 대류정帶流鼎을 비롯한 소형 청동예기 조합과 상자형 기물인 월인수유만거刖人守囿挽車는 지역성이 뚜렷한 곡옥 소종 청동 제작 기술의 결정체라고 할 수 있을 것이다. 특히 상궈촌의 상자형 기물과 대류정 등에 주조된 동물 장식의 자연주의 혹은 사실주의 경향과 대류정의 날개 달린 동물 장식에서는 북방 초원 문화의 영향이 뚜렷해 보인다. 대부분의 중국학자가 믿고 있는 진과 북방 융적의 오랜 친밀한 관계가, 사실은 건국 초가 아닌 이때부터 본격화되었다는 중요한 증거가 아닌가 한다. 상궈촌 청동기들에는 또한 진국 청동기 제작 기술이 만개한 시기로 간주되는 기원전 6~기원전 5세기 허우마侯馬 청동기의 연원도 나타나 이른바 진정한 '진 문화'의 단초를 열었다고 하겠다.

내전기를 거치며 형성되었을 곡옥 소종의 혁신성은, 주 왕실의 측근 세력으로 성장하여 중원의 중심 국가로 발전해 온 진을 북방의 이민족까지 아우르는 새로운 형태의 지역국가로 탈바꿈시켰다. 그 과실이 군위 찬탈 이후 첫 번째 군주인 헌공獻公 대의 개혁으로 이어졌고, 급기야 문공文公 대에 가장 강력한 패권국의 지위를 공인받기에 이른 것이다.

그렇지만 승자 위주의 기록일 수밖에 없는 역사는 패자의 반열에 등극한 문공의 면모에만 초점을 맞춰 온 경향이 농후하다. 부친 헌공과 그의 애첩인 여희驪姬와의 권력 투쟁에서 밀려나 19년 동안 유랑한 후 진으로 돌아와 군주가 되어 4년이라는 아주 짧은 기간에 패자로 등극한 문공의 영웅담은 실상 그 극적인 모습만큼이나 논리적인 모순을 안고 있다.

따라서 필자는 문공이라는 영웅 중심의 역사 서술에 가려진 헌공이 주도한 다양한 개혁이 사실상 문공 패업의 토대를 닦았다고 믿고 있다. 헌공은 재위에 오른 후 2년 동안 권력 분점을 요구하는 공족들을 모두 제거하고 혈연과 무관한 유능한 귀족들에 힘을 실어 줌으로써 중앙집권을 꾀했다. 나아가 북방의 비주非周 세력인 융적 출신 여성들과 혼인 관계를 맺었다. 이전 진의 군주들이 대부분 제齊나라 출신의 강성姜姓 여인과 혼인했고, 춘추시대 주요국들이 비주 세력과 혼인 관계를 맺은 경우도 거의 없기 때문에, 헌공의 융족과의 새로운 혼인 관계는 구래의 혼인 질서를 파괴한 파격적인 것이었다. 여러 신하의 강력한 반대에 직면했음은 물론이다. 마지막으로 헌공은 혼인 정책을 통한 비주 세력과의 새로운 관계 설정을 바탕으로 산시성에 산재한 희성 제후국들을 모두 정복했다. 오늘날 허우마 인근의 반경 50km 내에 제한되어 있던 진이, 산시성 펀하 유역에 잔존하던 주 왕실의 세력 기반을 모두 잠식하며 명실상부한 지역국가로 탈바꿈한 것이다. 이러한 진의 혁신은 곡옥 소종의 찬탈이 없었더라면 불가능했을 것이다. 나아가 헌공 사후 문공에 앞서 재위한 문공의 아우 혜공惠公 역시 전제田制와 군제軍制 등에서 중대한 개혁을 이루어 혁신의 토대를 마련했다.

그럼에도 불구하고 문공의 역량과 업적이 무시될 수는 없다. 문공의 영웅적 사적에 설화적 요소가 담겨 있다고 해도, 자범편종子犯編鐘과 진공반晉公盤 명문에 그의 역할이 뚜렷이 언급되어 있기 때문이다. 문공의 최측근 종자從子들 중 한 명인 고언狐偃과 동일인인 자범子範이 주조한 편종 명문 132자에는 문공 패업 당시의 굵직한 사건이 모두 기록되어 있다. 즉, 문공 중이의 복국復國과 남방 초나라와의 쟁패 과정, 주왕(양왕襄王)을 보좌하여 왕위를 안정시킨 것 등 세 가지 중요한 역사적 사건을 명확히 전해주고 있는 것이다. 나아가 춘추시대 진의 주요 기물로 알려졌지만 명문이 심하게 훼손된 채 모본으로만 전래된 진공분晉公盆과 거의 동일한 명문을 지니고 있는 진공반 명문 역시 흥미로운 내용을 전한다. 이 명문은 당숙唐叔의 업적으로 시작되는데, 무왕으로부터 명을 받아 사방을 광범위하게 다스리고 진방晉邦을 세웠다고 한다. 시조 당숙에 뒤이어 진방의 강역을 넓혀 안정시킨 부친 헌공憲(獻)公의 업적을 찬양한 뒤, 문공 자신의 업적, 즉 만방을 화합하여 모든 나라가 진을 따르도록 했고, 나아가 유능한 인사들의 보좌를 받아 주 왕실을 보호하고 다스렸음을 명시하고 있다.

이상의 서술이 이 책의 근간을 이루는 주요 내용이다. 서주 초 산시성 서남부에 분봉된 진은 주 왕실의 강한 영향 아래 측근 제후국으로 성장하다, 동천기에 왕실의 보호자 역할을 담당할 정도로 중심 세력으로 발전했고, 춘추 초 장기간의 내전 이후 곡옥 소종의 찬탈로 북방 이민족들까지 아우르는 혁신적인 지역국가로 탈바꿈하여 결국 최강 패권국의 반열에 올라섰다. 전국시대 한, 위, 조의 삼진三晉 국가로까지 이어진 진의 유산은 중원 국가로서의 강한 전통에 북방 비주 세력의 영향이 가미되어 이루어진 것이다.

서주시대 이래로 중국의 여러 지역에는 산시성 서남부의 진과 같은 다양한 2차 중심지들이 존재했다. 진의 사례에서 나타나듯 이러한 2차 중심지들 역시 서주 국가의 주요 구성 성분이었으므로, 서주 왕국의 통치 범위는 통상 제후국들이 봉해진 지역들까지 포괄한 것으로 보는 게 자연스럽다. 물론 서주 전 시기에 걸쳐 주 왕실과 밀접한 관계를 유지했음이 분명한 진의 사례가, 서주 후기 들어 왕실과의 관계가 소원해진 것으로 여겨지는 동방이나 남방의 2차 중심지들에도 유용하게 적용될 수 있을지는 의문이다.

어쨌든 춘추시대의 역사는 이러한 2차 중심지들이 진과 마찬가지로 지역국가로 성장하며 1차 중심지화되어 가는 과정인지도 모른다. 주 왕실의 권위가 추락한 춘추 전기, 강대국의 군주들은 이전 서주 왕실이 봉건을 통해 2차 중심지들을 구축했던 것과 유사한 방식으로 주변의 소국들을 병합하여 측근 세력들에 하사함으로써 지역의 통치 네트워크를 구축해 나갔을 것이다.

그렇지만 이 책에서 살펴본 바와 같이 진이 지역국가로 성장하기까지의 발전 궤적에 보편성 못지않은 특수성이 존재한다면, 서주시대의 2차 중심지가 춘추시대에 1차 중심지로 전환되어 가는 과정 역시 일반화해서 설명하기는 아무래도 조심스럽다. 따라서 이 연구에서는 최대한 진의 사례에만 초점을 맞추려고 노력했다. 이 책과 같은 작은 사례 연구들이 거듭되어 쌓임으로써 중국 고대 지역국가가 형성되어 가는 틀(들)에 더욱 가까이 다가설 수 있으리라 기대한다.

中文 摘要

中国古代“地区性国家”之发展: 从晋之分封到文公称霸春秋

沈载勋(檀国大學)

目次

3) 西周后期晋的军事角色

4. 以西周后期王室侧近势力晋的发展

1) 周王室与山西省西南部

2) 西周后期周与晋的关系

5. 小结

第5章 周王室东迁与晋文侯

1. 序论

2. 围绕东迁出土文献与传世文献的二重奏

1) 西周灭亡东迁的疑问

2)《系年》中东迁: 谜语的解决

3) 重写东迁期历史: 少鄂与“周亡王九年”

3. 传世文献中的晋文侯

4. 戎生编钟与晋姜鼎铭文中的晋

5. 小结

第6章 春秋初晋国的新发展: 曲沃小宗与上郭村青铜器

1. 序论

2. 到公元前七世纪中叶中塬的历史状况

3. 晋国内战的推移

4. 侯马遗址与上马墓地

5. 上郭村墓地

1) 独特的青铜器

2) 北方草塬文化的因素

3) 和侯马青铜器的链接

4) 与上马墓地发展水平比较

6. 小结

摘要

春秋末期,曾称霸天下的晋被韩、魏、赵三家所瓜分而亡。晋是中国历史上最为混乱的大变革时代,留下了与其他王朝相比不差的辉煌遗产,然而作为研究对象并没有得到与此相应的地位。特别是文公称霸春秋之前的晋国历史,因文献记载之欠缺等原因而未受足够的重视。

从20世纪后期以来,中国考古学研究获得辉煌成就,提供了重写中国古代史的可能性,而晋国早期历史的研究则是最受益的领域之一。20世纪70年代,北京大学考古系把山西省西南部的曲沃与翼城定为田野考古的实习地,至今不断发掘出新的周代遗址。除山西省西南部西周统治中心区域(今陕西省一带与河南省洛阳)以外,西周遗址最多的地方是山西西南地区,故此推断这一带一定是西周时期第二中心(secondary center)之一,而晋国自西周早期以来,就位于第二中心的核心地方。

商朝后期,今山西省一带是由以邑为单位的政治势力展开角逐,其西北有甲骨文记为强敌的"𢀛方"等"李家崖"文化的异族势力;中北(晋中)则有受北方文化影响之土著势力;距商都(安阳)较近的山西省东南部高原则可视为王畿,基本属于商国统治圈内;西南部(晋南)盆地则尚无发现商朝后期遗址,可视为商国统治圈外。此外,近年在汾河中流的灵石县旌介村与浮山县桥北村亦发现,被商所同化而独立自主的商朝后期种族的遗址。

商朝后期甲骨文中出现,多数被推断为位于山西省汾河流域中段的地名或政治势力,其中有趣的是,此群政治势力与商关系之起伏性。此群势力为商王武丁所征伐而服商，武丁逝世后即反商，然从甲骨文第五期卜辞（亦称"黄组卜辞"）所载看，此群仍有亲商取向。武王克商后不久即逝世，周公旦摄政，辅佐成王，故而驻守殷都周围征服地之武王群弟叛乱反周，史称"三监之乱"。山西省亦非例外，为商王所封于汾河流域中段"霍（今霍州）"之"霍叔"亦可作为三监或三叔之一，联合这一带的亲商势力作乱，于是乎，周公旦征伐与霍毗邻的亲上势力昜(唐)（今洪洞），而封成王之弟叔虞于昜(唐)（后晋国始祖）。但这与之前的理解不同，成王封其弟于唐，为克制汾河流域残存亲商势力，非为防戎狄之故。

据《史记·晋世家》载，唐叔虞之子燮最早用晋侯的名称，据《正义》注释所记，因燮父徙居晋水旁，改唐为晋，称晋侯。2007年所公开的䚄公簋铭文亦载，西周前期成王或康王封昜[唐]伯（被推断为燮）为晋侯。正如笔者所推断，如果把晋国初封地（唐叔虞之分封地）能定为昜[唐]（今洪洞），第二代君主时期就是燮即位后移封。过去，因为无法确定晋水位置，学界对晋国统治中心的看法有所分歧。20世纪90年代，天马-曲村遗址晋侯墓地之发掘结果显示，天马-曲村一带当是晋国统治中心。早在70年代后期，于曲村晋侯墓地发现了，两万多座贵族墓葬，晋都之规模，亦可想而知。2005年，又在距曲村北赵晋侯墓地东南方向4.5公里处的羊舌村发掘出了国君级别的墓地。

北赵晋侯墓地之考古研究成果，为学界提供有关西周时期晋国的宝贵资料，也是本研究的出发点。尤其是，晋侯与妇人墓所出土之有铭文的青铜器揭开晋代历史的面纱，与此同时滋生并提出新的疑问。关于晋侯墓地最大的争论是，九座墓葬的年代排序，以及如何对应各墓主与《晋世家》所记晋统治者名的问题。晋侯墓地出土的青铜器铭文中共出现十位晋统治者的名字(叔夨、晋侯僰马、成侯、晋侯喜父、剌侯、晋侯对、晉侯斷、晉侯苏、晋侯邦父、晉叔家父)，然而，其中只有"蘇"、

"剌"[厉]侯与"成"侯三人与《晋世家》所记合。并且，这三例也没有确凿证据来证实，故有些学者怀疑《晋世家》中晋侯名的可靠性。当然，司马迁无法参考的《竹书纪年》中也出现与《晋世家》所记载一致的名字，故难以否认它的可靠性。

由此，根据墓葬形制与随葬品推断九座墓的相对墓葬年代，进而以铭文与《晋世家》共同出现之名为准，将墓主设定在晋侯"燮"(M114)至"殇"叔(M93)之范畴。目前，大部分研究者为了解决铭文中的晋侯名与《晋世家》中的不一致，一般接受裘锡圭之看法，将《晋世家》所载与铭文所记晋侯名，分别视作名与字，然铭文所记为其父所予(名)、《晋世家》所载为王之所赐(字)的可能性亦不可排除在外。

晋侯墓地出土的遗物，尤其青铜器所呈现最明显的特征是，沿袭周室中心地区(陕西一带)的文化。以往研究普遍认为，晋国文化含有相当多的北方成分，但北赵晋侯墓地、曲村贵族墓地之特征与中国学界通用的"晋文化"不合。如拙著所述，晋与其他诸侯国同为周国成员，故而其文化亦当视为"周文化之一部分"。

20世纪末，晋侯墓地的考古发现，引起学界对晋的高度关注。2006年与2011年，分别在绛县横水与翼城县大河口发现倗国墓地与霸国墓地，为学界研究与晋毗邻的政治势力以及晋作为诸侯国的作用等问题，提供重要资料。两遗址分别位于距天马-曲村三十一公里处与二十一公里处，虽发掘出诸多西周时期墓葬，但规模(已发掘之规模为准)仍不及晋国墓地十分之一，且两地之葬俗、随葬品亦与晋不同。据其出土青铜器铭文所记，此群势力直接与周王、周室贵族及诸侯国交流。其中，值得关注的是，被推断为霸伯墓，M1与M1017随葬青铜器数量之多，在已发现的西周墓葬中极为罕见。

因此，学界对此群势力的渊源与政治地位，议论纷纷，争论不休。其中是否为北方戎狄之后裔以及是否属于晋之管辖范围内的问题，成为学界争论的焦点。据笔者推断，倗、霸两国非为戎狄之后裔，而为甲骨文所记商朝后期汾河流域势力之后裔，且如先祖为商所同化，其亦与晋国保持"既独立又隶属"的双面性关系。因此，笔者再对在晋、倗、霸墓葬之中发现2件以上随葬青铜鼎的墓葬（晋十八座、倗九座与霸六座）进行对照，分析他们丧葬礼仪之异同，从此认为西周初中期在山西西南地区，很可能存在墓葬规模与形制、随葬青铜器数量等丧葬礼仪规定。

然而，大河口二座霸伯墓在规模、形制与随葬青铜器数量上，与晋、倗大不相同。尤其是，霸伯墓之规模虽与晋、倗墓葬相比很少，但其随葬青铜器数量高达两倍之多。规模更大的晋侯墓出土青铜器的出现，可被推断为周王室所定之规范，但在霸伯墓中却有"僭越周礼"之因素。迄今为止发掘的西周墓中，在随葬品方面可与大M1相媲美的只有1997年发掘的河南省鹿邑清宫长子口墓葬（出土带有长子口三字铭文的青铜器）。此墓显然保持商之遗习，而其规模之大与形制之高雅，又远高于大河口M1。这样的特点与大量青铜器的厚葬，使得大河口M1之"僭越现象"更为凸显。

从大河口之"僭越现象"中可读出一种"两面性"：曾被商所同化的某政治势力首领之后裔，在被纳入周天子之麾下，即使经过了几代之后，仍怀有保留本族传统习俗和自主性的热切愿望；另一方面，在墓葬形制和规模上采用比自己地位低级的标准，从而试图抵消青铜礼器厚葬之"非礼"。笔者认为"两面性"可涵盖其为晋所"附属"或"独立"之争论，并从中亦可窥视，商周交替之际，倗、霸等地方政治势力发展的轨迹。当然，各政治势力为周所归属之程度，颇有差别。晋在他们的附近充当斥候，与他们有时通婚，有时威胁，从此晋作为诸侯国之作用更为明显。横水与大河口墓地之考古研究结果显示，周分封诸侯之目的显然是对土著势力的牵制和和谐。西周后期,两墓葬明显衰落时,晋所吞并他们的可能性相当大。

西周时期,晋成功主导了在山西省西南地区建设周王室第二政治中心的任务,但和其他诸侯国一样,以材料不足难以寻找其内在发展的历程。诸侯国向周王室模仿制度,缩编机构,经周王室的授权施行。笔者虽同意此看法,但是不知所有诸侯国都是这样,仍持消极态度。所幸的是,带有周王室与诸侯国之间军事关系的金文出土不少,为研究晋等诸侯国在西周时期发展历程提供间接资料。

大部分中国学者认为,西周时期周国具有强大王室常备军,但据西周战争金文所记,被推断为王室常备军的六师与八师出征之事,颇为罕见。西周时期,不仅缺乏专业军事知识(如,文武之分),诸多战役均由笔者命名为"重层私属关系网"的异族联合军主导。据笔者研究,西周后期,周天子作为"重层私属关系网"之顶点,掌握虽不完整但仍有一元化的军事指挥权,且周联军之主力,即诸侯军在周朝时期均受周天子所遣军将的指挥,参加其封地临近之战役。

然而,新出土的晋战争金文所载却呈现出不同的面貌。据韦甗铭文所记,晋人韦受周昭王之命,超越封地,遣至"繁"(河南省南部重镇),执行军事相关工作。据西周厉王或宣王时期的晋侯苏编钟铭文所记,推定是献侯的晋侯苏随周王征伐山东省西部一带的夷族。令人有趣的是,该战役发生之地乃山东省一带,却非以齐、鲁两诸侯军为主力,而是以晋军为主力,以晋侯苏为统领的王室之军。晋军之异常现象亦见于晋侯铜人铭文,据此文所载,匿名晋侯受周王之命,远征淮夷。

西周后期,周王室与诸侯国关系疏远,而晋却成为周王室股肱之国。此与山西汾河流域姬姓(与周王室同姓)诸侯大量分封之事,应该不无关系,周室欲将近于王畿之此地当作直接统治地区的可能性很大。晋在其中心应发挥着周王室代理人的作用。这种现象在周宣王时条、千亩(被推定为位于山西省汾河流域中断)战役中,亦很明显。周王的军队败走于此,而晋穆侯征伐得胜,替衰弱的周王室获得山西一带之领导权,且屡收逃周政要为客。从此可知,晋与从春秋初期已跃升为强国的齐、楚、秦等边疆势力不同,其发展与周室密切相关。

西周灭亡而平王东迁之史事,呈现出周室与晋之关系。公元前七七一年幽王遇害,次年(公元前七七零年)平王将王都从宗周(今西安一带)东迁到成周(今洛阳一带)。因传世文献对所谓"东迁"纪事之记载,极尽简略,有所矛盾,自古至今,围绕东迁历程、其年代等问题,众说纷纭,争论不休。2011年,清华大学所藏的竹简史书《系年》公诸于众,使问题更为复杂,但是为理解东迁之谜提供了宝贵线索。据《系年》所载,幽王逝世,其弟余臣立于虢,是为携惠王,平王奔至少鄂(今河南省南阳),晋文侯杀携惠王于公元前七五零年,九年后(公元前七四一年)邀请仍居少鄂之平王至宗周而立之为王,三年后(公元前七三八年)东迁至成周。

《系年》所载东迁纪事,虽与部分学者稍有提及的"东迁为复合历程之说"吻合,却与《十二诸侯年表》所记晋文侯在位年代(公元前七八零至七四六年)不合,产生了新的疑点。然而,《系年》所载不仅补充传世文献之缺略,还起到了订正晋文侯对东迁历程的作用,且与《尚书·文侯之命》所记之平王表彰文侯功绩之内容相吻合。据笔者推断,平王东迁后,文侯为平息政局动荡暂时留驻成周。

在春秋开端之时,晋国作为"周室保护者"的角色,亦见诸晋姜鼎与戎生编钟铭文,据此两铭文所记,文侯夫人晋姜亦在成周起到一定作用;戎生则继分封于山西一带的祖先,辅佐晋侯(被推断为文侯)。两铭文共同载录伐繁汤之史事。繁汤与韦甗铭文所记"繁"同,为西周时期青铜原料集散地(今河南省新蔡一带)。商周时期青铜器之重要性, 无须多言, 西周王室为安顺繁汤而倾注国力, 亦已广为人知。西周东迁之际, 周室对繁汤有所失控, 晋即替周, 征伐繁汤, 助其确保青铜原料, 此亦与《后汉书》所记文侯辅政并同蔡侯征伐南湾纪事相吻合。从此可见, 晋国从周室亲信发展成为"周室保护者"。

晋国在文侯逝世后, 遭遇急剧变化。不知是否因文侯注重中原政治, 曲沃小宗借此在文侯时期形成相当大的势力。文侯逝世, 昭侯继位, 被封于曲沃的小宗向晋君大宗发起挑战, 晋国随之陷入长达67年的内战。《左传》、《史记》与《竹书纪年》均较详地记载了曲沃吞晋之史事, 而各文献所载基本相同, 然相异者亦有之。

曲沃小宗在内战期间, 逐渐杀灭翼都系大宗, 然其夺得晋国正统地位, 却需相当长的时间。究其原因有三: 一是, 晋国贵族(晋人)仍支持翼都系大宗; 二是, 周室亦担忧礼乐之崩坏, 为翼都晋侯继续出手相助; 三是, 晋国周边姬姓诸侯国亦为保持现有政治秩序, 联合大宗, 征伐曲沃, 故而曲沃小宗在内战结束后, 部分姬姓诸侯国为晋所伐。

一般认为一国陷入长期内战, 即可视其社会陷入长期衰退, 从晋翼都大宗而言, 晋国内战也实属大衰退。但是, 从曲沃小宗而言, 是千载难逢的大机会。正如闻喜县上郭村之考古发现所示, 曲沃小宗于内战期间, 夯实了晋国长期发展的社会基础。上郭村发掘墓葬中, 被推定为曲沃小宗统治阶级的墓葬之规模与北赵晋侯墓相媲美, 陪葬青铜器亦极为独特、丰富, 可见, 晋于此时并未呈现任何衰退之迹象。其中, "带流鼎"等小型青铜礼器组合以及"刖人守囿挽车", 有浓厚地方色彩, 实属曲沃小宗青铜器铸造工艺之针织巅峰。"刖人守囿挽车"与"带流鼎"动物装饰所含的自然主义、现实主义色彩, 以及"带流鼎"的有翼神兽装饰, 显然呈现出北方草原文化的影响。由此推论, 大部分中国学者所公认的晋与戎狄之关系,并非于晋国早期,而于此时得以深化,并且,上郭村青铜器还呈现晋青铜铸造技术的巅峰,侯马青铜器(公元前六至五世纪)的渊源,可见,所谓"晋文化"亦发端于此时。

晋在内战前,作为周室股肱之国,向中原中心国家逐渐发展,而在内战时期形成的曲沃小宗的创新性,推动晋转变包容北方异族势力的新型"地区性国家"(regional state)。其结果,小宗正式取得晋国军权后,献公即位,实施改革措施,为文公称霸中原奠定基础。

然而,历史总是由胜利者所书写,晋国称霸之历史记述集中于文公的事迹。晋文公在骊姬之乱时被迫流亡在外十九年,回晋国杀怀公而立,则仅四年时间完成霸业。文公的英雄故事,虽颇具戏剧性,但也存在着逻辑矛盾。

笔者认为,晋献公改革之事,虽因文公英雄业绩为主的历史叙述有所淡化,但实为文公称霸奠定基础。献公即位二年之间,诛灭要求分权的所有公族,并重用异姓贵族辅政,以稳固君位,进而与北方"非周"势力(戎狄)通婚。以往,晋之国君常与齐国姜姓结亲,且春秋时期主要国家几乎不与非周势力通婚结亲,故而献公欲与戎通婚,自当遇群臣强烈反对。然而献公得益于与北戎通婚政策,重新构建政治环境,以攻伐山西一带所有姬姓诸侯国。换言之,晋是今侯马市附近半径五十公里之多的小国,而得益于其改革政策,攻伐山西省汾河流域的周室残存势力,一跃成为强大的"地区性国家"。若无曲沃小宗篡位之事,晋之改革亦无可能。献公逝世后,文公之弟惠公继位,亦实施重要田制、军制改革,为晋国称霸奠定基础。

当然,晋文公之力量与功绩,亦不可贬低。虽文公称霸事迹多含传奇色彩,但据新出土的子犯编钟与晋公盘铭文所记,晋文公之功绩绝不可贬毁。"子犯编钟"为子范(文公之心腹"狐偃")所铸,铭文共有132字,记文公称霸历程，即文公重耳归晋、晋楚争霸以及辅佐周王（襄王）稳固君位之三事。晋公盘铭文与晋国的主要器物许多字掩泐不清的晋公盆铭文基本相同，记载内容十分有趣。其从唐叔受武王之命建立晋邦的事迹开始记述，继而颂扬其父献[獻]公扩大与稳固疆域之伟业，再述本人文公安稳万邦，让众邦恭顺于晋，与贤臣同，辅佐周室之事。

综上所述，西周早期，晋国被封于山西省西南地区，并在周室的影响之下，逐渐发展成为王室股肱之诸侯国，至平王东迁之际，扮演“周室保护者”之角色，然曲沃小宗代晋后，晋国融合北方异族为一，焕然一新，成为“地区性国家”，完成称霸春秋之伟业。到战国时期韩、魏、赵三家分晋，且继承中原政治华夏文化与北方“非周”文化融为一体的晋国遗产。

西周以来，中国各地都有与山西省西南地区一样的第二中心。如晋国之例所示，第二中心为西周王室的重要组成部分，故而周王分封诸侯之地，当属周之统治范围。当然，会有疑问，能否能以晋之例来解释其他中心，因为虽然晋与西周王室关系始终密切，但是西周后期东部或南部的第二中心与周王室之间却很疏远。

尽管如此，春秋时代的历史很可能是，像晋一样，第二中心向地区性国家发展以及成为第一中心(primary center)的过程。强国君主在周室趋于微弱的春秋初期，像西周以分封建第二中心一样，吞并周围小国且为其亲信赐以封地，以其建设地方统治网络。

然而，晋国发展成为“地区性国家”的历程，并不能代表春秋邦国的普遍情形，故而西周时期第二政治中心转为地方中心的说法，须当慎之又慎。由此，本书集中于晋之例探讨“地区性国家”之发展，且希望将来积累更多的各别研究，以深入了解中国古代“地区性国家”的形成过程。

참고문헌

1. 전래문헌(20세기 이전 연구서 포함)

『經義述聞』, 王引之(1766-1834) (四部備要).

『經學巵言』, 孔廣森(1752-1783) (皇淸經解).

『考古圖』, 呂大臨(1040-1092) (上海: 上海古籍出版社, 1991).

『古本竹書紀年輯校』, 『王國維遺書』 12 (上海: 上海古籍出版社, 1983).

『國語』(上海: 上海古籍出版社, 1988).

『國語正義』, 董增齡 (會稽章氏刊本, 1880).

『汲冢周書』(四部叢刊).

『論語注疏』, 『十三經注疏』(北京: 中華書局, 1980).

『墨子』(四部備要).

『史記』(北京: 中華書局, 1959).

『史記志疑』, 梁玉繩(1716-1792) (廣雅叢書, 1887).

『四書釋地』, 閻若璩(1636-1704) (皇淸經解).

『商君書』(諸子集成) (北京: 中華書局, 1985).
『尙書大傳』(叢書集成).
『水經注』, 酈道元(466 혹은 472-527) (臺北: 世界書局, 1980).
『詩緝』, 嚴粲(南宋), 嶺南述古宮刊本 (1877).
『新唐書』(北京: 中華書局, 1959).
『新序』(四部叢刊).
『新書』(四部備要).
『元和郡縣志』, 李吉甫(758-814) (欽定四庫全書).
『呂氏春秋』(諸子集成) (北京: 中華書局, 1985).
『禮記正義』, 『十三經注疏』(北京: 中華書局, 1980).
『逸周書』(四部備要).
『逸周書輔注』, 陳逢衡(1778-1855) (修梅山館刻本, 1825).
『日知錄集釋』, 顧炎武(1613-1682) (四部備要).
『左氏會箋』, 竹添光鴻(1842-1917) (漢文大系, 1974).
『周禮注疏』, 『十三經注疏』(北京: 中華書局, 1980).
『竹書紀年』(四部備要).
『崔東壁遺書』, 顧頡剛 編 (上海: 上海古籍出版社, 1983).
『春秋大事表』, 顧棟高(1679-1759) (北京: 中華書局, 1993).
『春秋繁露』(四部備要).
『春秋左氏傳地名圖考』, 程勃朝(淸) (臺北: 廣文書局, 1967).
『春秋左傳詁』, 洪亮吉(1746-1809) (四部備要).
『春秋左傳正義』, 『十三經注疏』(北京: 中華書局, 1980).
『漢書』(北京: 中華書局, 1959).
『後漢書』(北京: 中華書局, 1959).

2. 출토 자료집 및 주해서, 공구서

『甲骨文字字釋綜覽』, 松丸道雄, 高島謙一 編 (東京: 東京大學 東洋文化硏究所, 1993).
『甲骨文合集』, 郭沫若 主編 (北京: 中華書局, 1978-1982).
『古文字譜系疏證』, 黃德寬 主編 (北京: 商務印書館, 2007).
『古訓匯纂』, 宗福邦, 陳世鐃, 蕭海波 主編 (北京: 商務印書館, 2003).
『金文通釋』, 白川靜 (神戶: 白鶴美術館, 1962-1983).
『金文編』, 容庚 編 (北京: 中華書局, 1985).
『商周青銅器銘文暨圖像集成』35卷, 吳鎭烽 (上海: 上海古籍出版社, 2012).

『商周青銅器銘文選』1-4, 馬承源 主編 (北京: 文物出版社, 1988-1990).
『西周銅器斷代』, 陳夢家 (北京: 中華書局, 2004).
『首陽吉金: 胡盈瑩范季融藏中國古代青銅器』(上海: 上海古籍出版社, 2008).
『兩周金文辭大系圖錄考釋』, 郭沫若 (上海: 上海書店出版社, 1999).
『英國所藏甲骨集』, 李學勤, 艾蘭 (北京: 中華書局, 1985).
『殷墟甲骨刻辭摹釋總集』上, 下, 姚孝遂 등 (北京: 中華書局, 1988).
『殷墟甲骨刻辭類纂』上, 中, 下, 姚孝遂 등 (北京: 中華書局, 1989).
『殷墟卜辭綜類』, 島邦男 (東京: 汲古書院, 1967).
『中國文物精華大辭典, 青銅卷』, 國家文物局 主編 (上海: 上海書社出版社, 1995).
『中國青銅器全集』4, 中國青銅器全集編纂委員會 編 (北京: 文物出版社, 1998).
『中國青銅器全集』6, 中國青銅器全集編纂委員會 編 (北京: 文物出版社, 1997).
『中國青銅器全集』8, 中國青銅器全集編纂委員會 編 (北京: 文物出版社, 1998).
『中國青銅器全集』15, 中國青銅器全集編纂委員會 編 (北京: 文物出版社, 1995).
集錄:『近出殷周金文集錄』4卷, 劉雨, 盧岩 編著 (北京: 中華書局, 2002).
集錄二編:『近出殷周金文集錄二編』, 劉雨, 嚴志斌 編著 (北京: 中華書局, 2010).
集成:『殷周金文集成』18卷, 中國社會科學院考古研究所 編 (北京: 中華書局 1984-1994).
『清華大學藏戰國竹簡(貳)』, 清華大學出土文獻研究與保護中心 編 李學勤 主編 (上海: 中西書局, 2011).
『清華大學藏戰國竹簡(柒)』, 清華大學出土文獻研究與保護中心 編 李學勤 主編 (上海: 中西書局, 2017).
『夏商周青銅器研究: 上海博物館藏品』, 陳佩芬 (上海: 上海古籍出版社, 2005).
『侯馬盟書』, 山西省文物工作委員會 (上海: 文物出版社, 1976).

3. 발굴 보고서

橋北考古隊 2006,「山西浮山橋北商周墓」,『古代文明』5, 347-394.
吉琨璋 등 2006,「山西曲沃羊舌村發掘又一處晉侯墓地」,『中國文物報』2006年 9月 29日 2版.
吉縣文物工作站 1985,「山西吉縣出土商代青銅器」,『考古』1985.9, 848-849.
洛陽博物館 1980,「河南洛陽出土"繁陽之金"劍」,『考古』1980.6, 489.
戴尊德 1986,「山西靈石旌介村商墓」,『文物』1986.1, 1-18.
北京大學考古系 등 1993,「1992年春天馬-曲村遺址墓葬發掘報告」,『文物』1993.3, 11-30.
北京大學考古系商周古實習組 등 1988,「陝西綏德薛家渠遺址的試掘」,『文物』1988.6,

28-37.
北京大學考古文博院 등 2001,「天馬-曲村遺址北趙晉侯墓地第六次發掘」,『文物』2001.8, 4-21, 55.
北京大學考古學系 등 1994,「天馬-曲村遺址北趙晉侯墓地第二次發掘」,『文物』1994.1, 4-28.
北京大學考古學系 등 1995,「天馬-曲村遺址北趙晉侯墓地第五次發掘」,『文物』1995.7, 4-39.
北京大學考古學系商周組 등 (鄒衡 主編) 2000,『天馬-曲村(1980-1989)』4冊 (北京: 科學出版社).
北京大學歷史係考古專業山西實習組 등 1992,「翼城曲沃考古勘察記」,『考古學研究』1, 126-191.
山東省文物考古研究所 2010,「山東高青縣陳莊西周遺址」,『考古』2010.8, 27-34.
山東省文物考古研究所 2011,「山東高青縣陳莊西周遺存發掘簡報」,『考古』2011.2, 3-21.
山西省考古研究所 1993,『侯馬鑄銅遺址』(北京: 文物出版社).
山西省考古研究所 1994a,『上馬墓地』(北京: 文物出版社).
山西省考古研究所 1994b,「聞喜上郭村1989年發掘簡報」,『三晉考古』1, 139-153.
山西省考古研究所 1994c,「1976年聞喜上郭村周代墓葬清理記」,『三晉考古』1, 123-138.
山西省考古研究所 2006,『靈石旌介商墓』(北京: 科學出版社).
山西省考古研究所 등 1994a,「天馬-曲村遺址北趙晉侯墓地第三次發掘」,『文物』1994.8, 22-33, 68.
山西省考古研究所 등 1994b,「天馬-曲村遺址北趙晉侯墓地第四次發掘」,『文物』1994.8, 4-21.
山西省考古研究所 등 1996,『太原晉趙卿墓』(北京: 文物出版社).
山西省考古研究所 등 2006a,「山西絳縣橫水西周墓地」,『考古』2006.7, 16-21.
山西省考古研究所 등 2006b,「山西絳縣橫水西周墓發掘簡報」,『文物』2006.8, 4-18.
山西省考古研究所大河口墓地聯合考古隊 2011,「山西翼城縣大河口西周墓地」,『考古』2011.7, 9-18.
山西省文物工作委員會 등 1987,「山西洪洞永凝堡西周墓葬」,『文物』1987.3, 1-16.
山西省文物管理委員會 1959,「山西長子的殷周文化遺存」,『文物』1959.2, 36.
山西省文物管理委員會侯馬工作站 1963,「山西侯馬上馬村東周墓葬」,『考古』1963.5, 229-245.
石鼓山考古隊 2013,「陝西寶鷄石鼓山西周墓葬發掘簡報」,『文物』2013.2, 5-12.

陝西省考古研究所 등 2003, 「陝西眉縣楊家村西周青銅器窖藏發掘簡報」, 『文物』 2003.6, 4-42.
陝西省考古研究院 2013, 『李家崖』 (北京: 文物出版社).
陝西省博物館 등 1976, 「陝西岐山賀家村西周墓葬」, 『考古』 1976.1, 31-38.
宋建忠 등 編 2007, 「發現被歷史遺忘的古國—絳縣橫水墓地發掘記」, 山西博物院 등, 『發現山西—考 古人手記』 (太原: 山西人民出版社).
楊富斗 1985, 「侯馬考古工作概況」, 『晉文化研究座談會紀要』 (侯馬), 5-11.
臨沂市博物館 1987, 「山東臨沂市中洽溝發現三座周墓」, 『考古』 1987.8, 701-706, 762.
臨汾地區文化局 1994, 「洪洞永凝堡西周墓葬發掘報告」, 『三晉考古』 1, 71-93.
張映文, 呂智榮 1988, 「陝西淸澗縣李家崖古城址發掘簡報」, 『考古與文物』 1988.1, 47-56.
長治市博物館 1991, 「山西屯留商村出土商代靑銅器」, 『考古』 1991.2, 177.
朱華 1994, 「聞喜上郭村古墓群試掘」, 『三晉考古』 1, 95-122.
中國科學院考古研究所 編 1959, 『上村嶺虢國墓地』 (北京: 科學出版社).
中國社會科學院考古研究所 編 1980, 『殷墟婦好墓』 (北京: 文物出版社).
中國社會科學院考古研究所山西工作隊 1989, 「晉南考古調査報告」, 『考古學集刊』 6, 1-51.
中國社會科學院考古研究所豊西發掘隊 1986, 「長安張家坡西周井叔墓地發掘簡報」, 『考古』 1986.1, 22-27.
中美聯合歸城考古隊 2011, 「山東龍口市歸城兩周城址調查簡報」, 『考古』 2011.3, 30-39.
晉中考古學隊 1989, 「山西太谷自燕遺址第一地點發掘簡報」, 『考古』 1989.3, 1-21.
河南省南陽市文物考古研究所 2013, 「南水北調中線工程南陽夏響鋪鄂國貴族墓地發掘成果」, 『中國文物報』 2013年 1月 4日.
河南省文物考古研究所 등 1999, 『三門峽虢國墓』 (北京: 文物出版社).
河南省文物研究所 등 1988, 「平頂山北滍兩周墓地一號墓發掘簡報」, 『華夏考古』 1988.1, 30-44.
河南省文物研究所 등 1992a, 「三門峽上村嶺虢國墓地M2001發掘簡報」, 『華夏考古』 1992.3, 104-113.
河南省文物研究所 등 1992b, 「平頂山應國墓地九十五號墓的發掘」, 『華夏考古』 1992.3, 92-103.
河南省文物研究所 등 1995, 「上村嶺虢國墓地M2006的淸理」, 『文物』 1995.1, 4-31.
河南省文物研究所 등 編 2000, 『鹿邑大淸宮長子口墓』 (鄭州: 中州古籍出版社).
湖北省文物考古研究所 등 2013, 「隨州葉家山西周墓地第二次考古發掘的主要收穫」, 『江漢考古』 2013.3, 3-6.

4. 연구 논문과 단행본(20세기 이후)

가이즈카 시게키, 이토 미치하루 2011, 배진영, 임대희 옮김, 『중국의 역사: 선진시대』(혜안).

高至喜 2002, 「晉侯墓出土楚公逆編鐘的幾個問題」, 上海博物館 編, 『晉侯墓地出土青銅器國際學術討論會論文集』(上海: 上海書畵出版社), 346-350.

顧頡剛 1940, 「晉文年壽」, 『浪口村隨筆』, 『責善』 1.7, 15-16.

曲沃縣博物館 1996, 「天馬-曲村遺址青銅器紹介」, 『文物季刊』 1996.3, 53-54.

郭沫若 1976, 『中國史稿』(北京: 人民出版社).

郭寶鈞 1959, 『山彪鎭與琉璃閣』 上篇 (北京: 科學出版社).

郭寶鈞 1981, 『商周青銅器群綜合硏究』(北京: 文物出版社).

郭永秉 2015, 「晉侯豬形尊銘文商榷」, 『古文字與文獻論集續編』(上海: 上海古籍出版社), 179-187.

裘錫圭 1981, 「論'歷組卜辭'的時代」, 『古文字硏究』 6, 262-320.

裘錫圭 1983, 「論䏌簋的兩個地名: 棫林和𦧅」, 『考古與文物叢刊』 2, 4-7.

裘錫圭 1994, 「關于晉侯銅器銘文中的幾個問題」, 『傳統文化與現代化』 1994.2, 35-41.

裘錫圭 1995, 「也談子犯編鐘」, 『故宮文物月刊』 149 (13.5), 106-117.

裘錫圭 1999, 「戎生編鐘銘文考釋」, 保利藝術博物館 編著, 『保利藏金: 保利藝術博物館精品選』(北京: 嶺南美術出版社), 365-374.

裘錫圭 2012, 「甲骨文中的幾種樂器名稱」, 『裘錫圭學術文集, 甲骨文卷』(上海: 復旦大學出版社).

屈萬里 1958, 「尙書文侯之命著成的年代」, 『歷史語言硏究所集刊』 29, 499-511.

屈萬里 1962, 「曾伯霥簠考釋」, 『歷史語言硏究所集刊』 33, 331-349.

屈萬里 1980, 『詩經釋義』(臺北: 中國文化大學出版部).

吉琨璋 1996, 「晉文化考古硏究中的幾個問題」, 中國考古學會 등 편, 『汾河灣-丁村文化與晉文化考古學術硏討會文集』(太原: 山西高校聯合), 262-273.

吉琨璋 2006a, 「"晉叔家父"器和M93組晉侯墓的歸屬」, 『中華文明硏究通訊』 29, 27-30.

吉琨璋 2006b, 「曲沃羊舌晉侯墓地1號墓墓主初論: 兼論北趙晉侯墓地93號墓主」, 『中國文物報』 2006年 9月 29日, 第7版.

吉琨璋 2007, 「羊舌一個千古之謎: 曲沃縣羊舌墓地的發掘與思考」, 山西博物院 등, 『發現山西一考古人手記』(太原: 山西人民出版社), 97-113.

吉琨璋 2012, 「西周時期的晉南政治格局—從晉,倗,霸說起」, 山西省考古硏究所 編, 『有實其積—紀念山西省考古硏究所六十華誕文集』(太原: 山西人民出版社), 385-391.

吉本道雅 1987, 「史記原始[一]-西周期, 東遷期」, 『古史春秋』 4, 59-82.

吉本道雅 1990a, 「西周東遷考」, 『東洋學報』 71.3-4, 33-55.

吉本道雅 1990b,「春秋齊覇考」,『史林』73.2, 84-120.
吉本道雅 1993,「春秋晉覇考」,『史林』76.3, 69-107.
吉本道雅 2005,『中國先秦史の硏究』(京都: 京都大學學術出版會).
吉本道雅 2013,「淸華簡繫年考」,『京都大學文學部硏究紀要』52, 1-94.
金德建 1963,『司馬遷所見書考』(上海: 上海人民出版社).
金秉駿 1997,『中國古代 地域文化와 郡縣支配』(一潮閣).
김병준 2016,「淸華簡〈繫年〉의 비판적 검토: 秦의 기원과 관련하여」,『인문과학논총』73.3, 13-58.
金錫珍 2016,「先秦 古文字 사료연구에 대한 一考: 淸華簡『繫年』해제와 譯註 방법론」,『中國古中世史硏究』42, 85-146.
金正烈 2009,「邦君과 諸侯: 금문 자료를 통해 본 서주 국가의 지배체제」,『東洋史學硏究』106, 1-49.
金正烈 2012a,「橫北村과 大河口: 최근 조사된 유적을 통해 본 西周時代 지역정치체의 양상」,『東洋史學硏究』120, 1-59.
金正烈 2012b,『서주 국가의 지역정치체 통합 연구』(서경문화사).
金正烈 2015,「출토자료를 통해 본 西周의 南方 경영과 그 좌절: 曾侯와 噩侯의 동향을 중심으로」,『歷史學報』228, 249-290.
羅昆 1983,「高宗代鬼方史蹟考辨」,『甲骨文與殷商史』(上海: 上海古籍出版社), 83-126.
落合淳思 2007,「甲骨占卜の問答形式」,『立命館白川靜記念東洋文字文化硏究所紀要』1, 1-13.
盧連成 1997,「天馬-曲村晉侯墓地年代及墓主考訂」,『汾河灣-丁村文化與晉文化考古學術硏討會文集』, 138-146, 151.
盧連成, 胡智生 1988,『寶鷄弓魚國墓地』(北京: 文物出版社).
譚其驤 主編 1982,『中國歷史地圖集』1 (北京: 地圖出版社).
唐蘭 1962,「西周銅器斷代中的康公問題」,『考古學報』1962.1, 15-48.
戴尊德, 劉岱瑜 1989,「山西芮城柴出土的西周銅器」,『考古』1989.10, 906-909.
島邦男 1958,『殷墟卜辭硏究』(弘前: 中國學硏究會).
渡邊英幸 2010,『古代〈中華〉觀念の形成』(東京: 岩波書店).
董珊 2003,「略論西周單氏家族窖藏靑銅器銘文」,『中國歷史文物』2003.4, 40-50.
董珊 2014,「山西絳縣橫水M2出土肅卣銘文初探」,『文物』2014.1, 50-55.
童書業 1946,『春秋史』(香港: 太陽書局).
杜迺松 2003,「論列鼎制度」,『吉金文字與靑銅文化論集』(北京: 紫禁城出版社), 276-282.
杜正勝 1992,『古代社會與國家』(臺北: 允晨文化).

로웬, 제임스 W 2010, 남경태 옮김, 『선생님이 가르쳐 준 거짓말: 아무도 가르쳐주지 않은 미국사의 진실』 (휴머니스트).
리쉐친 2005, 심재훈 옮김, 『중국 청동기의 신비』 (학고재).
馬保春 2007, 『晉國歷史地理研究』 (北京: 文物出版社).
馬保春 2010, 『晉國地名考』 (北京: 學苑出版社).
馬冰 2007, 「也談曲沃羊舌M1和北趙晉侯墓地M93的墓主」, 『中國文物報』 2007년 2月 2日, 第7版.
馬承源 1992, 「新獲西周銅器研究二則」, 『上海博物館集刊』 6, 150-154.
馬承源 1993, 「晉侯對盨」, 香港中文大學中文係 編, 『第二屆國際中國文字學研討會』 (香港: 中文大學), 221-229.
馬承源 1996, 「晉侯蘇編鐘」, 『上海博物官集刊』 7, 1-17.
馬承源 1999, 「戎生鐘銘文的探討」, 保利藝術博物館 編著, 『保利藏金: 保利藝術博物館精品選』 (北京: 嶺南美術出版社), 361-364.
蒙文通 1958, 『周秦少數民族研究』 (上海: 龍門聯合書局).
文物編輯委員會 編 1979, 『文物考古工作三十年』 (北京: 文物出版社).
文物編輯委員會 編 1991, 『文物考古工作十年 1979-1989』 (北京: 文物出版社).
閔厚基 2016a, 「西周시대의 宗周와 그 주변」, 『中國古中世史研究』 40, 67-132.
閔厚基 2016b, 「西周王朝의 晉, 豫, 燕 지역의 封建: 山西, 河南, 河北, 北京, 遼寧, 天津, 內蒙古 지역 유지와 명문 출토지 분석」, 『東洋史學研究』 134, 1-63.
閔厚基 2016c, 「西周시대의 山東: 有銘 青銅器 출토지 분석을 통해본 山東 지역 封建」, 『歷史學報』 230, 67-114.
박지향 외 2005, 『영웅 만들기: 신화와 역사의 갈림길』 (휴머니스트).
方詩銘, 王修齡 1981, 『古本竹書紀年輯證』 (上海: 上海古籍出版社).
裵眞永 2009, 『고대 北京과 燕文化: 燕文化의 형성과 전개를 중심으로』 (한국학술정보).
范祥雍 1962, 『古本竹書紀年輯校訂補』 (上海: 上海人民出版社).
保利藝術博物館 編著 1999, 『保利藏金: 保利藝術博物館精品選』 (北京: 嶺南美術出版社).
保利藝術博物館 編著 2001, 『保利藏金(續): 保利藝術博物館精品選』 (北京: 嶺南美術出版社).
保利藝術博物館 編著 2002, 『輝煌璀燦青銅藝術』 (北京: 保利藝術博物館).
史念海 1963, 「春秋時代的交通道路」, 『河山集』 (北京: 三聯書店), 67-81.
謝明文 2012, 「商代金文的整理與研究」 (復旦大學 博士學位 論文).
謝堯亭 2008, 「晉國早期上層社會等級的考察」, 『文物世界』 2008.1, 14-20.
謝堯亭 2009, 「晉國早期人群來原和結構的考察」, 吉林大學邊疆考古研究中心 編, 『新果集—慶祝林澐先生七十華誕論文集』 (北京: 科學出版社), 342-367.

謝堯亭 2010,「晉南地區西周墓葬的分析與比較」(吉林大學 博士學位 論文).
謝堯亭 2011,「天馬-曲村墓地用鼎簋禮的考察」,『山西,曲沃曲村-天馬遺址發掘30週年晉文化論壇論文集』, 31-43.
謝堯亭 2012a,「簡論橫水與大河口墓地人群的歸屬問題」,『有實其積』, 374-384.
謝堯亭 2012b,『發現霸國—講述大河口墓地考古發掘的故事』(太原: 山西人民出版社).
謝堯亭 2012c,「"格"與"霸"及晉侯銅人」, 上海博物官 編,『陝西韓城出土芮國文物暨周代封國考古學研究國際學術研討會論文稿(二)』(上海: 上海博物官), 419-421.
山西省考古研究所 1994,『山西考古四十年』(太原: 山西人民出版社).
山西省文物局 등 2002,『晉國奇珍: 山西晉侯墓群出土文物精品』(上海: 上海博物官).
山田統 1982,「左傳所見の通婚關係をず中心として見たる宗周制度」,『山田統著作集』(東京: 明知書院), 1-232.
商彤流 2002,「從晉侯墓地M113出土的青銅雙耳罐看晉文化與羌戎的關係」,『晉侯墓地出土青銅器國際學術討論會論文集』, 371-376.
商周青銅器銘文選集編輯組 1982,「商周青銅器銘文選集: 方國征伐類」,『上海博物館館刊』1, 10-49.
徐少華 1994,『周代南土歷史地理與文化』(武漢: 武漢大學出版社).
徐少華 2005,「從叔姜簠析古申國歷史與文化的有關問題」,『文物』2005.3, 66-68, 80.
徐中舒 1959,「禹鼎的年代及其相關問題」,『考古學報』1959.3, 53-67.
徐喜辰 1985,「周代兵制初論」,『中國史研究』1985.4, 3-12.
蘇建洲 등 2013,『清華二《繫年》集解』(臺北: 萬卷樓).
蘇芳淑, 李零 2002,「介紹一件有銘的"晉侯銅人"」,『晉侯墓地出土青銅器國際學術研討會論文集』(上海: 上海書畵出版社), 411-413.
蘇秉琦 1986,「談"晉文化"考古」, 文物出版社編輯部 編,『文物與考古論集』(北京: 文物出版社), 44-54.
孫慶偉 2002,「晉侯墓地M114年代與墓主的推定」,『晉侯墓地出土青銅器國際學術討論會論文集』(上海: 上海書畵出版社), 239-247.
孫慶偉 2006,「晉侯墓地M63墓主再探」,『中原文物』2006.3, 60-67.
孫慶偉 2007,「從新出𢿢甗看昭王南征與晉侯燮父」,『文物』2007.1, 64-68.
孫亞冰, 林歡 2010,『商代地理與方國』(北京: 中國社會科學出版社).
孫華 1995,「關于晉侯對組墓的幾個問題」,『文物』1995.9, 50-57.
孫華 1997,「晉侯蘇/斦組的幾個問題」,『文物』1997.8, 27-36.
宋建 1983,「關于西周時期的用鼎制度」,『考古與文物』1983.1, 72-79.
宋建 2002,「晉侯墓地淺論」, 上海博物館 編,『晉侯墓地出土青銅器國際學術研討會論文集』, 152-154.
宋建忠 등 2007,「發現被歷史遺忘的古國—絳縣橫水墓地發掘記」, 山西博物院 등,『發現山西—考古人手 記』(太原: 山西人民出版社), 75-95.
宋玲平 2007,『晉系墓葬制度硏究』(北京: 科學出版社).
宋新潮 1989,「驪山之役及平王東遷歷史考述」,『人文雜志』1989.4, 75-79.
宋新朝 1991,『殷商文化區域硏究』(西安: 陝西人民出版社).
松井嘉德 2002,『周代國制の硏究』(東京: 汲古書院).
宋眞 2015,「西周時代 迎賓 의례와 그 성격」,『中國古中世史硏究』36, 215-246.
松丸道雄 1980,「西周青銅器中の諸侯製作器について: 周金文硏究, 序章その二」,『西周青銅器とその國家』(東京: 東京大學出版會), 137-182.
沈建華 2002,「甲骨文所見晉南方國考」, 張政烺先生九十華誕紀念文集編委會,『揖芬集』(北京: 會科學文獻出版社), 205-211.
沈載勳 1992,「武丁시기를 전후한 商 후기 군사력 구성의 성격: 𢀛方과의 전쟁복사를 중심으 로」,『中齊 張忠植博士 華甲紀念論叢: 歷史學 篇』(壇大出版部), 755-775.
沈載勳 2000,「晉侯蘇編鐘 銘文과 西周 後期 晉國의 發展」,『中國史硏究』10, 1-48.
沈載勳 2004,「戎生編鐘과 晉姜鼎 銘文 및 그 歷史的 意義」,『東洋史學硏究』87, 1-36.
沈載勳 2005a,「『周書』의 "戎殷"과 西周 金文의 戎」,『東洋史學硏究』92, 1-36.
沈載勳 2005b,「周公廟 발굴과 의의: 西周 王陵과 岐邑 소재지와 관련하여」,『中國古代史硏究』14, 1-27.
심재훈 2005c,「영웅중심 역사서술의 그늘: 文公 패업의 실질적 토대로서 獻公의 재발견」, 윤내현 편,『동아시아의 지역과 인간』(지식산업사), 257-280.
沈載勳 2006a,「金文에 나타난 西周 군사력 구성과 왕권」,『中國史硏究』41, 1-77.
심재훈 2006b,「출토문헌과 전래문헌의 조화: 子犯編鐘 명문과『左傳』에 기술된 晉 文公의 霸業」,『東洋學』40, 89-114.
沈載勳 2007,「상쟁하는 고대사 서술과 대안 모색:『詩經』"韓奕"편 다시 읽기」,『東方學志』137, 251-300.
심재훈 2008a,「발을 잘라 신발에 맞추기: 하상주단대공정 서주 기년의 허와 실」, 심재훈 외,『하상주단대공정: 중국 고대문명 연구의 허와 실』(동북아역사재단), 59-114.
심재훈 2008b,「商周시대의 移民과 국가: 동서 화합을 통한 절반의 중국 형성」,『東洋史學硏究』103, 1-48.
沈載勳 2008c,「商周 청동기를 통해 본 㠱族의 이산과 성쇠」,『歷史學報』200, 371-418.
沈載勳 2011a,「周代를 읽는 다른 방법: 자료와 체계의 양면성」,『中國古中世史硏究』26, 219-263.

심재훈 2011b, 「西周史의 새로운 발견: 山東省 高青縣 陳莊 西周 城址와 引簋 명문」, 『史學志』 43, 5-30.
심재훈 2012a, 「西周 청동예기를 통해 본 중심과 주변, 그 정치 문화적 함의」, 『東洋學』 51, 49-85.
沈載勳 2012b, 「應侯 視工 청동기들의 연대 및 명문의 連讀 문제」, 『中國古中世史研究』 28, 1-37.
沈載勳 2013a, 「大河口 霸伯墓 출토 西周 청동예악기 파격의 양면성」, 『東洋史學研究』 125, 41-82.
沈載勳 2013b, 「柞伯鼎과 西周 후기 전쟁금문에 나타난 왕과 제후의 군사적 유대」, 『中國古中世史研究』 29, 221-263.
심재훈 2014, 「전래문헌의 권위에 대한 새로운 도전: 清華簡 『繫年』의 周 왕실 東遷」, 『歷史學報』 221, 261-296.
沈載勳 2016, 「불완전한 명문의 복원: 晉公盆과 晉公盤」, 『中國古中世史研究』 41, 1-34.
楊寬 1964, 「論西周金文中六師八師和鄉遂制度的關係」, 『考古』 1964.8, 414-419.
楊寬 1965, 「再論西周金文中六師和八師的性質」, 『考古』 1965.10, 525-528.
楊寬 1982, 「西周春秋時代對東方和北的發展」, 『中華文化論叢』 4, 109-132.
楊寬 1990, 「論西周初期分封制」, 尹達 등 主編, 『記念顧頡剛學術論文集』 上册 (成都: 巴蜀書社), 253-270.
楊寬 1999, 『西周史』 (上海: 上海人民出版社).
楊筠如 1959, 『尙書覈詁』 (西安: 陝西人民出版社), 원본은 1928년 출간.
楊伯峻 1981, 『春秋左傳注』 (北京: 中華書局).
呂建昌 2001, 「金文所見有關西周軍事的若干問題」, 『軍事歷史研究』 2001.1, 87-96.
葉達雄 1979, 「西周兵制的探討」, 『國立臺灣大學歷史學系學報』 6, 1-16.
吳鎭峰 1993, 「周王朝接納異族人才初探」, 陝西省博物館 編, 『西周史論文集』 下 (西安: 陝西人民教育出版社), 805-818.
吳曉筠 2009, 『商周時期車馬埋葬研究』 (北京: 科學出版社).
王閣三 등 編 1992, 『齊國史』 (濟南: 山東人民出版社).
王國維 1959, 「鬼方昆夷玁狁考」, 『觀堂集林』 二 (北京: 中華書局), 583-606.
王克林 1981, 「晉國建立前晉地文化的發展」, 『中國考古學會第三次論文集』 (北京: 文物出版社), 195-206.
王克林 1989, 「晉文化研究」, 『文物季刊』 1989.1, 1-8.
汪濤 2002, 「兩周之際的青銅器藝術-以晉侯墓地出土的青銅器爲例」, 『晉侯墓地出土青銅器國際學術討論會論文集』, 384-410.

王雷生 1997,「平王東遷年代新探: 周平王東遷紀元前747年說」,『人文雜志』1997.3, 62-66.

王立新 2003,「關于天馬-曲村遺址性質的幾個問題」,『中原文物』2003.1, 23-27.

王飛 1986,「用鼎制度興衰異議」,『文博』1986.6, 29-33.

王斌 主編 2000,『虢國墓地的發現與硏究』(北京: 社會科學文獻出版社).

王世民 1986,「關于西周春秋高級貴族禮器制度的一些看法」, 文物出版社編輯部 編,『文物出版社成立三十周年紀念文物與考古論集』(北京: 文物出版社), 158-166.

王世民 1999,「戎生編鐘」, 保利藝術博物館 編著,『保利藏金: 保利藝術博物館精品選』(北京: 嶺南美術出版社), 125-128.

王世民 등 1997,「晉侯蘇鐘筆談」,『文物』1997.3, 54-66.

王世民, 陳公柔, 張長壽 1999,『西周靑銅器分期斷代硏究』(北京: 文物出版社).

王玉哲 1940,「學術通訊」,『責善』1.15, 23.

王玉哲 1986,「平王東遷乃避秦非避犬戎說」,『天津社會科學』1986.3, 49-52.

왕우신, 양승남 외 2011, 하영삼 옮김,『갑골학 일백년 1~5』(소명출판).

王恩田 1996,「晉侯蘇鐘與周宣王東征伐魯: 兼說周晉紀年」,『中國文物報』1996年 9月 8日.

王貽梁 1989,「"師氏","虎臣"考」,『考古與文物』1989.3, 61-76.

王子初 1999,「戎生編鐘的音樂學硏究」, 保利藝術博物館 編著,『保利藏金: 保利藝術博物館精品選』(北京: 嶺南美術出版社), 379-383.

王占奎 1996a,「周宣王紀年與晉獻侯墓考辨」,『中國文物報』1996年 7月 1日.

王占奎 1996b,「晉侯蘇編鐘年代初探」,『中國文物報』1996年 12月 22日.

王進先 1982,「山西長治市揀選徵集的商代靑銅器」,『文物』1982.9, 49-52.

王紅亮 2012,「淸華簡『繫年』中周平王東遷的相關年代考」,『史學史硏究』2012.4, 101-109.

王暉 1993,「周初唐叔受封事迹三考」, 陝西歷史博物館 編,『西周史論文集』(西安: 陝西人民敎育出版社), 933-943.

王暉 2013,「春秋早期周王室王位世系變局考異: 兼說淸華簡『繫年』"周無王九年"」,『人文雜志』2013.5, 75-81.

王徽 1991,「史密簋釋文考地」,『人文雜志』1991.4, 99-103.

廖名春 2012,「淸華簡『繫年』管窺」,『深圳大學學報(人文社會科學版)』2012.5, 51-53.

饒宗頤 등 2002,「曲沃北趙晉侯墓114出土叔夨方鼎及相關問題硏究筆談」,『文物』2002.5, 69-77.

容庚 1974,『商周彝器通考』(臺灣: 大通書局; 原刊 哈佛燕京学社, 1941).

于省吾 1964,「略論西周金文中的六師和八師及其屯田制」,『考古』1964.3, 152-155.

于省吾 1965,「關於論西周金文中六師八師和鄉遂制度的關係」,『考古』1965.3, 131-133.
衛文選 1982,「晉國滅國略考」,『晉陽學刊』6, 97-101.
魏成敏 2010,「陳莊西周城與齊國早期都城」,『管子學刊』2010.3, 106-114.
劉啓益 1997,「晉侯蘇編鐘是宣王時銅器」,『中國文物報』1997年 3月 9日.
劉國忠 2011,「從清華簡『系年』看周王東遷的相關史實」,『簡帛,經典,古史國際論壇』, 11月 30日 香港.
劉緒 1993,「晉與晉文化的年代問題」,『文物季刊』1993.4, 83-87.
劉緒 2007,『晉文化』(北京: 文物出版社).
劉緒, 吉琨璋 2011,「曲村-天馬遺址的發掘與研究概況」, 曲沃縣文物旅遊管理中心, 曲沃縣晉文化研究會 編,『山西,曲沃曲村-天馬遺址發掘30週年晉文化論壇論文集』(太原: 三晋出版社), 157-188.
劉緒, 徐天進 2002,「關于天馬-曲村遺址晉國墓地的幾個問題」,『晉侯墓地出土青銅器國際學術討論會論文集』, 41-51.
劉連與 1985,「三監考」,『人文雜誌』1985.2, 68-73.
兪偉超, 高明 1978a,「周代用鼎制度研究」,『北京大學學報』(哲學社會科學版) 1978.1, 84-98.
兪偉超, 高明 1978b,「周代用鼎制度研究」,『北京大學學報』(哲學社會科學版) 1978.2, 84-97.
兪偉超, 高明 1979,「周代用鼎制度研究」,『北京大學學報』(哲學社會科學版) 1979.2, 83-96.
殷瑋璋, 曺淑琴 1990,「靈石商墓與丙國銅器」,『考古』1990.7, 621-631, 637.
李建生 2012,「新發現異姓封國研究」,『有實其積』, 392-406.
李廣洁 1985,「先秦時期山西交通述略」,『晉陽學刊』1985.4, 48-51.
李零 2006,「馮伯與畢姬」,『中國文物報』2006年 12月 8日.
李孟存, 常金倉 1988,『晉國史綱要』(太原: 山西人民出版社).
李孟存, 李尙師 2014,『晉國史』(太原: 三晋出版社).
李伯謙 1985,「山西天馬-曲村遺址發掘」,『晉文化硏究座談會紀要』(侯馬), 30-31.
李伯謙 1993,「晉國始封地考略」,『中國文物報』1993年 12月 12日.
李伯謙 1997,「晉侯蘇鐘的年代問題」,『中國文物報』1997年 3月 9日.
李伯謙 1998,「從靈石旌介商墓的發現看晉陝高原青銅文化的歸屬」,『中國青銅文化結構體系研究』(北京: 科學出版社), 167-184.
李伯謙 2001,「叔矢方鼎銘文考釋」,『文物』2001.8, 39-42.
李伯謙 2002,「晉侯墓地發掘與研究」, 山西省文化局 등,『晉國奇珍: 山西晉侯墓群出土文

物精品』(上海: 上海博物館), 17-25.

李伯謙 2007,「覞公簋與晉國早期歷史若干問題的再認識」,『古代文明研究通訊』33, 27-32.

李峰 1988a,「强家一號墓的時代特點」,『文博』1988.3, 35, 46-48.

李峰 1988b,「黃河流域墓葬出土青銅禮器的分期與年代」,『考古學報』1988.4, 383-419.

李峰 2010, 吳敏娜, 胡曉軍, 許景昭, 侯昱文 譯,『西周的政體: 西周早期的官僚制度與國家』(北京: 三聯書店).

李西興 1993,「關于周宣王之死的考證」, 陝西省博物館 編,『西周史論文集』下 (西安: 陝西人民教育出版社), 966-976.

李西興 編 1994,『陝西青銅器』(西安: 陝西人民美術出版社).

이승률 2013,『죽간 · 목간 · 백서, 중국 고대 간백자료의 세계 1』(예문서원).

李裕杓 2011,「新出銅器銘文所見昭王南征」, 朱鳳瀚 主編,『新出金文與西周歷史』(上海: 上海古籍出版社), 275-285.

李裕杓 2016,「西周 金文에 보이는 '秦夷'와『繫年』의 '商奄之民'」,『東洋史學研究』135, 123-158.

李隆獻 1988,『晉文公復國定霸考』(臺北: 國立臺灣大學出版委員會).

李朝遠 1993,「晉侯[illegible]方座簋銘管見」,『第二屆國際中國文字學硏討會』, 231-236.

李朝遠 1996,「從新出青銅器再義'堵'與'肆'」,『中國文物報』1996年 4月 4日.

李朝遠 2002,「晉侯墓地出土青銅器綜覽」,『晉國奇珍: 山西晉侯墓群出土文物精品』, 28-33.

李仲操 1992,「再論史密簋所記作戰地點: 兼與王輝同志商榷」,『人文雜志』1992.2, 99-101.

李進增 主編 2011,『晉國瑰寶: 山西出土晉國文物精華錄』(銀川: 寧夏人民出版社).

李夏廷 1992,「渾源彝器研究」,『文物』1992.10, 61-75.

李學勤 1959,『殷代地理簡論』(北京: 科學出版社).

李學勤 1980,「關於X組卜辭的一些問題」,『古文字研究』3, 32-42.

李學勤 1981,「小屯南地甲骨分期」,『文物』1981.5, 27-33.

李學勤 1984,『東周與秦代文明』(北京: 文物出版社).

李學勤 1987,「西周金文的六師, 八師」,『華夏考古』1987.2, 206-210.

李學勤 1990,「青銅器與山西古代史的關係」,『新出青銅器研究』(北京: 文物出版社), 255-260.

李學勤 1994,「晉侯邦父與揚姞」,『中國文物報』1994年 5月 29日.

李學勤 1995a,「文王玉環考」,『華夏』1, 69-71.

李學勤 1995b,「試論楚公逆編鐘」,『文物』1995.2, 69-72.
李學勤 1995c,「史記晉世家與新出金文」,『學術集林』4 (上海: 上海遠東出版社), 160-170.
李學勤 1995d,「補論子犯編鐘」,『中國文物報』1995年 5月 25日.
李學勤 1996a,「子犯編鐘續談」,『中國文物報』1996年 1月 7日.
李學勤 1996b,「晉侯蘇編鐘的時地人」,『中國文物報』1996年 12月 1日.
李學勤 1997,「史密簋銘所記西周重要史實」,『走出疑古時代』(沈陽: 遼寧大學出版社).
李學勤 1999,「戎生編鐘論釋」, 保利藝術博物館 編著,『保利藏金: 保利藝術博物館精品選』(北京: 嶺南美術出版社), 375-378.
李學勤 2001,「談叔夨方鼎及其他」,『文物』2001.10, 67-70.
李學勤 2003,「眉縣楊家村新出青銅器研究」,『文物』2003.6, 66-73.
李學勤 2005a,「絳縣横北村大墓與倗國」,『中國文物報』2005年 12月 30日.
李學勤 2005b,「晉侯銅人考證」,『中國古代文明研究』(上海: 華東師範大學出版社), 120-122.
李學勤 2010a,「論㝬甗銘及周昭王南征」,『通向文明之路』(北京: 商務印書館), 108-111.
李學勤 2010b,「由新見青銅器看西周早期的鄂,曾,楚」,『文物』2010.1, 40-43.
李學勤 2011a,「高青陳莊引簋及其歷史背景」,『文史哲』2011.3, 119-121.
李學勤 2011b,「清華簡『繫年』及有關古史問題」,『文物』2011.3, 70-74.
李學勤 2013,「由清華簡『繫年』論「文侯之命」」,『楊州大學學報』(人文社會科學版) 2013.3, 49-51.
李學勤, 唐雲明 1979,「元氏銅器與西周的邢國」,『考古』1979.1, 56-59, 88.
李學勤 등 2011,「山東高青縣陳莊西周遺址筆談」,『考古』2011.2, 22-32.
林小安 1986,「殷武丁臣屬征代與行祭考」,『甲骨文與殷商史』2 (上海: 上海古籍出版社), 223-302.
林澐 1984,「小屯南地發掘與殷墟卜辭斷代」,『古文字研究』9, 111-154.
林澐 1998,「周代用鼎制度商榷」,『林澐學術文集』(北京: 中國大百科全書出版社), 192-206.
任偉 2004,『西周封國考疑』(北京: 社會科學文獻出版社).
張光遠 1995a,「春秋晉文稱霸‘子犯和鐘’初釋」,『故宮文物月刊』145 (13.1), 4-31.
張光遠 1995b,「子犯和鐘的排次及補釋」,『故宮文物月刊』150 (13.6), 118-123.
張童心 2002,「晉與戎狄-由M113出土的青銅三足瓮所想到的」,『晉侯墓地出土青銅器國際學術討論會論文集』, 377-383.
張明東 2005,「商周墓葬比較研究」(北京大學 博士學位 論文).

張明東 2010,「商周墓葬等級序列比較」,『中國歷史文物』2010.1, 36-42.

張懋鎔 2002,「西周南淮夷稱名與軍事考」,『古文字與青銅器論文集』(北京: 科學出版社), 165-171.

張聞玉 1996,「子犯和鐘 '五月初吉丁未'解」,『中國文物報』1996年 1月 7日.

張培瑜 1987,『中國先秦史曆表』(濟南: 齊魯書社).

張培瑜 1997,『三千五百年曆日天象』(鄭州: 大象出版社).

張亞初 1983a,「殷墟都城與山西方國考」,『古文字研究』10, 388-404.

張亞初 1983b,「兩周銘文所見某生考」,『考古與文物』1983.5, 83-89.

張亞初, 劉雨 1986,『西周金文官制研究』(北京: 中華書局).

張永山 2009,「倗國考」, 山西省考古研究所 등 編,『鹿鳴集: 李濟先生發掘西陰遺址八十周年山西省考古研究所侯馬工作站五十周年紀念文集』(北京: 科學出版社), 228-236.

張以仁 1990,「晉文公年壽問題的再檢討」,『春秋史論集』(臺北: 聯經出版社業公社), 269-332.

張長壽 1979,「殷商時代的青銅容器」,『考古學報』1979.3, 271-300.

張長壽 2002,「晉侯墓地的墓葬序列和晉侯銅器」, 上海博物館 編,『晉侯墓地出土青銅器國際學術討論會論文集』(上海: 上海書畵出版社), 75-83.

張天恩 2011,「考古所見晉南西周國族初探」,『山西,曲沃曲村-天馬遺址發掘30週年晉文化論壇論文集』, 1-11.

張頷 1994,「晉侯𩰫簋銘文初識」,『文物』1994.1, 33-34.

張希舜 編 1995,『山西文物館藏珍品: 青銅卷』(太原: 山西人民出版社).

田建文 1993,「侯馬上馬墓地M13,M2003出土的北方青銅器」,『考古』1993.2, 167-168.

田建文 1994,「晉國朝期都邑探索」,『三晉考古』1, 27-29.

田建文 1996,「山西考古學文化的區系類型問題」,『汾河灣-丁村文化與晉文化考古學術研討會文集』, 126-137.

田建文 2004,「"啓以夏政, 疆以戎索"的考古學考察」, 吉林大學邊疆考古研究中心 編,『慶祝張忠培先生七十歲論文集』(北京: 科學出版社), 323-334.

田建文 2007,「也論曲沃羊舌墓地1號墓墓主」,『中國文物報』2007년 3月 30日, 第7版.

田建文, 謝堯亭 2002,「問疑晉侯墓」,『晉侯墓地出土青銅器國際學術討論會論文集』, 132-139.

錢穆 1982a,「周初地理考」,『古史地理論叢』(臺北: 東大圖書公司印行), 1-71; 원 논문『燕京學報 』10 (1931) 출간.

錢穆 1982b,「西周戎禍考」下,『古史地理論叢』(臺北: 東大圖書公司印行), 157-170; 원 논문『禹貢』2.12 (1935) 출간.

田世英 1981,「歷史時期山西水文的變遷及其與耕,牧業更替的關係」,『山西大學學報』1981-1, 29-37.
田偉 2012,「試論絳縣橫水,翼城大河口墓地的性質」,『中國國家博物館刊』2012.5, 6-11.
田中柚美子 1975,「晉と戎狄-獻公の婚姻關係お中心として」,『國學院雜誌』3, 23-37.
錢杭 1989,「春秋時期晉國的宗政關係」,『華東師範大學學報』6, 72-80.
鄭杰祥 1997,『商代地理概論』(鄭州: 中州古籍出版社).
鄭張尙芳 2013,『上古音系』(上海: 上海教育出版社).
趙伯雄 1990,『周代國家形態硏究』(長沙: 湖南教育出版社).
晁福林 1991,「論平王東遷」,『歷史硏究』1991.6, 8-23.
曹偉 1998,「從靑銅器的演化試論西周前後期之交的禮制變化」, 編委會 編,『周秦文化硏究』(西安: 陝西人民出版社), 443-455.
曹偉 2004a,「試論西周時期的賵賻制度」,『周原遺址與西周銅器硏究』(北京: 科學出版社), 165-175.
曹偉 2004b,「東周時期的賵賻制度」,『周原遺址與西周銅器硏究』, 258-263.
曹瑋 2004c,「關于晉侯墓隧葬器用制度的思考」,『周原遺址與西周銅器硏究』(北京: 科學出版社), 131-140.
趙鐵寒 1965a,「晉國始封地望考」,『古史考述』(臺北: 正中書局), 263-281.
趙鐵寒 1965b,「春秋時代的戎狄地理分布及其源流」,『古史考述』, 314-347.
趙平安 2011,「楚居的性質,作者及寫作年代」,『淸華大學學報』(哲學社會科學版) 2011.4, 29-33.
鍾柏生 1989,『殷商卜辭地理論叢』(臺北: 藝文印書館).
左藤三千夫 1973,「晉の文公卽位めぐて-とくに三軍成立との關連において」,『白山史學』17, 87-104.
朱啓新 1994,「不見文獻記載的史實」,『中國文物報』1994年 1月 2日.
朱鳳瀚 2004,『商周家族形態硏究』(天津: 天津古籍出版社).
朱鳳瀚 2006,「柞伯鼎與周公南征」,『文物』2006.5, 67-73, 96.
朱鳳翰 2007,「覠公簋與唐伯侯于晉」,『考古』2007.3, 64-69.
朱鳳瀚 2009,『中國靑銅器綜論』(上海: 上海古籍出版社).
朱鳳瀚 2012,「淸華簡『繫年』所記西周史事考」, 第四屆國際漢學會議 6月 20~22日, 臺北 中央硏究院.
周蘇平 1987,「春秋時期晉國政權的演變及其原因之分析」,『西北大學學報』2, 39-45.
周永珍 1981,「西周時代的溫器」,『考古與文物』1981.4, 28-33.
朱右會 1940,『逸周書集訓校釋』(上海: 商務印書館).

竹內照夫 1974,『春秋左氏傳 上』,『全釋漢文大系』4 (東京: 集英社).
竹內照夫 1975,『春秋左氏傳 下』,『全釋漢文大系』6 (東京: 集英社).
中國社會科學院考古研究所 2003,『中國考古學: 夏商卷』(北京: 中國社會科學文獻出版社).
中國社會科學院考古研究所 2004,『中國考古學: 兩周卷』(北京: 中國社會科學文獻出版社).
增淵龍夫 1960,「左傳の世界」, 筑摩書房編集部 編,『世界の歷史』3 (東京: 筑摩書房), 49-93.
陳夢家 1956,『殷墟卜辭綜述』(北京: 科學出版社).
陳民鎭 2012,「『繫年』"故志"說: 淸華簡『繫年』性質及撰作背景芻議」,『邯鄲學院學報』2012.6, 49-57.
陳槃 1969,『春秋大事表列國爵姓存滅存譔異』(臺北: 中央硏究院).
陳芳妹 2002,「晉侯墓地青銅器所見性別硏究的新線索」,『晉侯墓地出土青銅器國際學術硏討會論文集』, 157-196.
陳雙新 2000,「子犯編鐘銘考釋」,『安徽敎育學院學報』2000.1, 35-37.
晉彥, 付玉千 1982,「晉文公生年考辨」,『山西師院學報』2, 82-84.
陳連慶 1986,「晉姜鼎銘新釋」,『古文字硏究』13, 189-201.
陳英傑 2008,『西周金文作器用途銘辭硏究』(北京: 線裝書局).
陳偉 2013,「淸華大學藏竹書『繫年』的文獻學考察」,『史林』2013.1, 43-48.
陳恩林 1986,「略論西周軍事領導體制的一元化」,『人文雜誌』1986.2, 71-76.
陳恩林 1991,『先秦軍事制度硏究』(長春: 吉林文史出版社).
秦進才 1986,「鄭莊公小霸述評」,『河北師院學報』1986.1, 147-155.
쯔데 히로시 2011, 고분문화연구회 옮김,『왕릉의 고고학』(진인진).
蔡哲茂 1995,「再論子犯編鐘」,『故宮文物月刊』150 (13.6), 124-135.
崔慶明 1984,「南陽市北郊出土一批申國青銅器」,『中原文物』1984.4, 13-16.
鄒衡 1994,「論早期晉都」,『文物』1994.1, 29-32, 34.
鄒衡, 徐自强 1981,「整理後記」, 郭寶鈞,『商周青銅器綜合硏究』(北京: 文物出版社), 207-209.
팔켄하우젠, 로타 본 2011, 심재훈 역,『고고학 증거로 본 공자시대 중국사회』(세창출판사).
彭裕商 1996,「也談子犯編鐘的'五月初吉丁未'」,『中國文物報』1996年 2月 11日.
馮時 1997,「春秋子犯編鐘紀年硏究-晋重耳復國考」,『文物季刊』1997.4, 59-65.
馮時 2002,「叔夨考」,『晉侯墓地出土青銅器國際學術討論會論文集』, 258-265.
馮時 2012,「霸國考」,『陝西韓城出土芮國文物暨周代封國考古學硏究國際學術硏討會論文稿(二)』, 358-365.
畢經緯 2013,「試談商周墓葬的幾個問題—以山東地區爲例」,『考古與文物』2013.3, 25-30.
何景成 2014,「試說甲骨文中讀為「廟」的「勹」字」,【出土文獻的語境】國際學術硏討會暨第三屆出土文獻青年學者論壇, 臺灣 國立清華大學, 8月 27日.

夏商周斷代工程專家組 2000,『夏商周斷代工程1996-2000年階段成果報告(簡本)』(北京: 世界圖書出版公司).

何樹環 2001,「談子犯編鐘銘文中的西之六師」,『故宮文物月刊』218, 108-117.

夏含夷 1986.「早期商周關係及其對武丁以後商王室勢力範圍的意義」,『古文字研究』13, 129-143.

夏含夷 2011,「原史: 紀年形式與史書之起源」,『簡帛,經典,古史國際論壇』.

韓巍 2012,「橫水,大河口西周墓地若干問題的探討」,『陝西韓城出土芮國文物暨周代封國考古學研究國際學術研討會論文稿(二)』, 366-384.

許兆昌, 齊丹丹 2012,「試論清華簡『繫年』的編纂特點」,『古代文明』6.2, 60-66.

洪安全 1972,『春秋的晉國』(臺北: 嘉新水泥公司文化基金會).

花房卓爾 1978,「春秋時代晉の軍制: 三軍の人事構成」,『廣島大學文學部紀要』38, 1-25.

花房卓爾 1979,「春秋時代晉の軍事組織: 三軍の人事規程」,『廣島大學文學部紀要』39, 1-24.

黃錦前 2012,「金文所見霸國對外關係考察」,『陝西韓城出土芮國文物暨周代封國考古學研究國際學術研討會論文稿(二)』, 396-413.

黃錫全 1995,「新出晋"搏伐楚荊"編鐘銘文述考」,『江漢文化論集』1995.7, 327-333.

黃錫全 2002,「晉侯墓地諸位晉侯的排列及叔虞方鼎補證」,『晉侯墓地出土青銅器國際學術討論會論文集』, 232-237.

黃錫全 등 1995,「山西晉侯墓地所出楚公逆銘文初釋」,『考古』1995.2, 170-178.

黃沛榮 1976,『周書研究』(國立臺灣大學 博士學位 論文).

黃懷信 등 2007,『逸周書彙校集注』(上海: 上海古籍出版社).

Li Liu & Xingcan Chen 2006, 심재훈 옮김,『중국 고대국가의 형성』(학연문화사).

Bagley, Robert 1995, "What Bronzes from Hunyuan Tell Us about the Foundry at Houma", *Orientation* 1995 (January), 46-54.

Bielenstein, Hans 1954, "Restoration of Han Dynasty", *Bulletin of the Museum of Far Eastern Antiquities* 26, 1-209.

Bissell, Jeffrey Walter 1996, "Literary Studies of Historical Texts: Early Narrative Accounts of Chong'er, Duke Wen of Jin" (Ph.D. Dissertation, University of Wisconsin).

Blakeley, Barry B. 1979, "Functional Disparities in the Socio-Political Traditions of Spring and Autumn China", *Journal of the Economic and Social History of the Orient*, Vol. 22, Part I, 81-118.

Brooks, Bruce E. and Brooks, Takeo E. 1998, *The Original analects: Sayings of Confucius and His Successors* (New York: Columbia University Press).

Bunker, Emma C. 등 1997, *Ancient Bronzes of the Eastern Eurasian Steppes: From the Arthur M. Sackler Collection* (New York: The Arthur M. Sackler Foundation).

Chien, Gabriel Yeh-tung 1976, "A Study of the Court of Chin in the Spring and Autumn Period" (Ph.D. Dissertation, University of Chicago).

Cook, Constance A. 1993, "Myth and Authenticity: Decipering the Chu Gong Ni Bell Inscription", *Journal of American Oriental Society,* 113-114, 539-550.

Cosmo, Nichola di 1991, "Inner Asia in Chinese History: An Analysis of Hsiung-nu in the *Shih-chi*" (Ph.D. dissertation, Indiana University).

Creel, Herrlee G. 1970, *The Origins of Statecraft in China: Volume One The Western Chou Empire* (Chicago: University of Chicago Press).

Falkenhausen, Lothar von 1993, *Suspended Music: Chime Bells in the Culture of Bronze Age China* (Berkeley: University of California).

Falkenhausen, Lothar von 1999, "The Waning of the Bronze Age: Material Culture and Social Development, 770-481 B.C.", in *The Cambridge History of Ancient China: From the Origin of Civilization to 221 B.C.,* ed. by Michael Loewe and Edward L. Shaughnessy (Cambridge: Cambridge University Press), 440-544.

Gertoux, Gerard 2015, *Moses and the Exodus Chronological, Historical and Archaeological Evidence* (lulu.com).

Hommel, Peter and Sax, Margaret 2014, "Shifting materials: variability, homogeneity and change in the beaded ornaments of the Western Zhou", *Antiquity* 88, 1213-1228.

Hsu, Cho-yun 1965, *Ancient China in Transition* (Stanford: Stanford University Press).

Hsu, Cho-yun 1999, "The Spring and Autumn Period", in *The Cambridge History of Ancient China: From the Origin of Civilization to 221 B.C.,* ed. by Michael Loewe and Edward L. Shaughnessy (Cambridge: Cambridge University Press), 545-586.

Hsu, Cho-yun and Linduff, Katheryn M. 1988, *Western Chou Civilization* (New

Haven: Yale University Press).

Institute of Archaeology of Shanxi Province 1996, *Art of the Houma Foundry* (Princeton: Princeton University Press).

Jacobson, Esther 1988, "Beyond the Frontier: A Reconsideration of Cultural Interchange Between China and Early Nomad", *Early China* 13, 201-240.

Keightley, David N. 1970, "Review for Creel's *The Origins of Statecraft in China*", *Journal of Asian Studies* 30.3 (1970), 655-658.

Keightley, David N. 1972, "Shih Cheng 釋貞: A New Hypothesis about the nature of Shang Divination", Presented to Asian Studies on the Pacific Coast, Mnoterley, California.

Keightley, David N. 1983, "The Late Shang: When, Where and What?", *The Origins of Chinese Civilization* (Berkeley: University of California), 523-564.

Khayutina, Maria 2016, "The Tombs of the Rulers of Peng and Relationships between Zhou and Northern Non-Zhou Lineages (until the Early Ninth Century B.C.)", *Imprints of Kinship: Studies of Recently Discovered Bronze Inscriptions from Ancient China*, ed. by Edward L. Shaughnessy (Hong Kong: The Chinese University Press).

Lattimore, Owen 1951, *Inner Asian Frontiers of China* (New York: Capitol Publishing Co., Inc.).

Lewis, Mark Edward 1991, *Sanctioned Violence in Early China* (Albany: State University of New York).

Li Feng 2002, "Literacy Crossing Cultural Borders: Evidence from the Bronze Inscriptions of the Western Zhou Period (1045-771 B.C.)", *The Museum of Far Eastern Antiquity* 74, 210-242.

Li Feng 2006, *Landscape and Power in Early China: The Crisis and Fall of the Western Zhou, 1045-771 B.C.* (Cambridge: Cambridge University Press).

Li Feng 2008, *Bureaucracy and the State in Early China: Governing the Western Zhou* (Cambridge: Cambridge University Press).

Li Yung-ti and Hwang Ming-chong 2013, "Archaeology of Shanxi during the Yinxu Period", *A Companion to Chinese Archaeology*, ed. by Anne P. Underhill (Chichester, UK: Blackwell Publishing), 367-386.

Lin Yun 1986, "A Reexamination of the Relationship between Bronzes of the Shang Culture and of the Northern Zone", *Studies of Shang Archaeology*, ed.

by K. C. Chang (New Haven: Yale University), 237-273.

Loewe, Michael ed. 1993, *Early Chinese Texts: A Bibliographical Guide* (Berkeley: The Society for the Study of Early China).

Lu, Xiangyang 등 2001, "Data Analysis and Calibration of Radiocarbon Dating Results from the Cemetery of the Marquises of Jin", *Radiocarbon* 43-1, 55-62.

McNeill, William H. 1963, *The Rise of the West* (Chicago: University of Chicago Press).

Mattos, Gilbert L. 1997, "Eastern Zhou Bronze Inscriptions", *New Sources of Early Chinese History: An Introduction to the Reading of Inscriptions and Manuscripts*, ed. by Edward L. Shaughnessy (Berkeley: The Society for the Study of Early China), 85-123.

Nivison, David S. 2009, *The Riddle of the Bamboo Annals* (Taipei: Airiti Press).

Nivison, David S. and Shaughnessy, Edward L. 2000, "The Jin Hou Su Bells Inscription and Its Implications for the Chronology of Early China", *Early China* 25, 29-48.

Pines, Yuri 2002, *Foundation of Chunqiu Thought* (Honolulu: University of Hawaii Press).

Pines, Yuri 2014, "Zhou History and Historiography: Introducing the Bamboo manuscript Xinian", *T'oung Pao* 100.4-5, 287-324.

Průšek, Jaroslav 1971, *Chinese Statelets and the Northern Barbarians in the Period 1400-300 B.C.* (Dordrecht: D. Reidel).

Rawson, Jessica 1985-1987, "Late Western Zhou: A Break in the Shang Bronze Tradition", *Early China* 11-12, 289-300.

Rawson, Jessica 1990, *Western Zhou Ritual Bronzes from the Arthur M. Sackler Collections* Volume IIA (Washington D.C.: The Arthur M. Sackler Museum).

Rawson, Jessica 1999, "Western Zhou Archaeology", *The Cambridge History of Ancient China: From the Origin of Civilization to 221 B.C.*, 352-449.

Rawson, Jessica 2013, "Ordering the Exotic: Ritual Practices in the Late Western and Early Eastern Zhou", *Artibus Asiae* 73.1, 5-74.

Rosen, Sydney 1978, "Changing Concept of the Hegemon in Pre-ch'in China", *Ancient China: Studies in Early Civilization*, ed. by David T. Roy and Tsuen-hsuin Tsien (Hong Kong: The Chinese University Press), 99-114.

Schaberg, David 2001, *A Patterned Past: Form and Thought in Early Chinese*

Historiography (Cambridge: Harvard University Asia Center).

Sena, David 2004, "What's in Name? Ancestor Appellations and Lineage Structure as Reflected in the Inscription of the Qiu *ban*",『中國上古史: 歷史編纂學的理論與實』(上海).

Service, Elman R. 1975, *Origins of State and Civilization* (New York: W. W. Norton).

Shaughnessy, Edward L. 1980-1981, " 'New' Evidence on the Zhou Conquest", *Early China* 6, 57-79.

Shaughnessy, Edward L. 1982-1983, "Recent Approaches to Oracle-Bone Periodization: A Review", *Early China* 8, 1-13.

Shaughnessy, Edward L. 1983, "The Composition of the 'Zhouyi'" (Ph.D. Disertation, Stanford University).

Shaughnessy, Edward L. 1983-1985, "The Date of the 'Duo You *ding*' and Its Significance", *Early China* 9-10, 55-69.

Shaughnessy, Edward L. 1986, "On the Authenticity of the Bamboo Annals", *Harvard Journal of Asiatic Studies* 46.1, 149-180.

Shaughnessy, Edward L. 1989, "Historical Geography and the Extent of the Earliest Chinese Kingdoms", *Asia Major* 3rd ser., 2.2, 1-22.

Shaughnessy, Edward L. 1991, *Sources of Western Zhou History: Inscribed Bronze Vessels* (Berkeley: University of California Press).

Shaughnessy, Edward L. 1999, "Western Zhou History", *The Cambridge History of Ancient China*, 292-351.

Shaughnessy, Edward L. 2006, *Rewriting Early Chinese Texts* (Albany: State University of New York Press).

Shim, Jaehoon 1997, "Jinhou Su *Bianzhong* Inscription and Its Significance", *Early China* 22, 43-75.

Shim, Jae-hoon 1998, "The Early Development of the State of Jin: From Its Enfeoffment to the Hegemony of Wen Gong (r. 636-628 B.C.)" (ph.D. Dissertation, The University of Chicago).

Shim, Jae-hoon 2002, "The Political Geography of Shanxi on the Eve of the Zhou Conquest of Shang: An Alternative Interpretation of the Establishment of Jin", *Toung Pao* 88.1, 1-26.

Shim, Jae-hoon 2017, "The Eastward Relocation of the Zhou Royal House in the *Xinian* Manuscript: Chronological and Geographical Aspects", *Archiv Orientalni* 85.1, 67-98.

So, Jenny 1995, *Eastern Zhou Ritual Bronzes from the Arthur M. Sackler Collections,* Vol. III (Washington D.C.: Arthur M. Sackler Foundation).

So, Jenny and Bunker, Emma 1995, *Traders and Raiders on China's Northern Frontier* (Washington D.C.: Smithsonian Institution).

Thatcher, Melvin 1973, "A Study of the Nature of Political Power in Chin, As Revealed in the Activities of the Major Families, 636-403 B.C." (M.A. Thesis, University of Washington).

Thatcher, Melvin 1991, "Marriage and Ruling elite in the Spring and Autumn Period", *Marriage and Inequality in Chinese Society*, ed. by Rubie S Watson and Patricia Buckley Ebrey (Berkeley: University of California Press), 25-57.

The Chinese Classics, vol.1, *Confucian Analects*, *The Great Learning*, *The Doctrine of The Mean*, by James Legge (1815-1897), (1871; rpt, Hong Kong University Press, 1960).

Tregear, T. R. 1965, *A Geography of China* (Chicago: Aldine).

Waley, Arthur 1989, *The Analects of Confucius* (New York: Vintage Books).

Weld, Susan Roosevelt 1990, "Covenant in Jin's Walled Cities: The Discoveries at Houma and Wenxian" (Ph.D. Dissertation, Harvard University).

Xu, Jay 1996, "The Cemetery of the Western Zhou Lords of Jin", *Artibus Asiae,* 56-3/4, 193-228.

인터넷판

董珊 2011,「讀清華簡繫年」, 復旦大學出土文獻與古文字中心網站, 12月 26日.

復旦大學出土文獻與古文字中心讀書會(陳劍) 2011,「『清華(二)』討論記錄」, 復旦大學出土文獻與古文字中心網站, 12月 23日.

吳鎭烽 2014,「晉公盤與晉公盞銘文對讀」, 復旦大學出土文獻與古文字硏究中心網站, 6月 22日.

王恩田 2015,「晉公盤辨僞」, 復旦大學出土文獻與古文字硏究中心網站, 3月 3日.

李建生 2014,「"倗", "霸"國家性質辨證」, 復旦大學出土文獻與古文字中心網站, 12月 14日.

張崇禮 2014,「晉公盤銘文補釋」, 復旦大學出土文獻與古文字中心網站, 7月 3日.

華東師範大學中文系戰國簡讀書小組 2011,「讀『清華大學藏戰國竹書(貳),繫年』書侯(一)」,

武漢大學簡帛研究中心簡帛網, 12月 29日.

黃錦前, 張新俊 2011,「說西周金文中的"霸"與"格"」, 武漢大學簡帛研究中心簡帛網, 5月 30日.

도판 목록

---

* 전거 표시는 본문 각주의 참고자료 양식을 따른다.

※ 이 책의 도판은 대부분 이미지 검색으로 얻은 것들이지만, 독자의 편의를 위해 도판이 수록된 도록이나 원보고서를 명시해 두었습니다. 저작권에 문제가 없는 것들을 골랐지만, 혹시 문제되는 부분이 있으면 추후라도 성심을 다하여 조처하도록 하겠습니다.

찾아보기

ㄱ

ㄴ

ㄷ

ㄹ

ㅅ

ㅇ

심재훈

1985년 단국대학교 사학과를 졸업하고 1998년 시카고대학교 동아시아언어문명학과에서 중국 서주사西周史 전공으로 박사학위를 받았다. 현재 단국대학교 사학과 동아시아 역사 담당 교수로 있으며, 단국대학교 문과대 학장과 중국고중세사학회 회장을 역임했다. 고대 중국의 방대한 출토 자료에 매료되어 상주사商周史 연구에 치중해 오다 동아시아 고대사 전반으로 관심의 폭을 넓히고 있다. 관련 저서로 청동기와 금문金文을 활용하여 상주사의 다양한 측면을 다룬『청동기와 중국고대사』(사회평론아카데미, 2018)가 있다. 한국을 포함한 전근대 동아시아 문명의 토대인 고대 중국 연구의 저변 확대를 위해 페이스북(Jae-hoon Shim)을 통해 대중과 소통하고 있다. 그 성과의 일부를『고대 중국에 빠져 한국사를 바라보다』(푸른역사, 2016)에 담았다.

중국 고대 지역국가의 발전

진晉의 봉건에서 문공文公의 패업까지

1판 1쇄 펴낸날 2018년 9월 5일

지은이 | 심재훈
펴낸이 | 김시연

펴낸곳 | ㈜일조각
등록 | 1953년 9월 3일 제300-1953-1호(구 : 제1-298호)
주소 | 03176 서울시 종로구 경희궁길 39
전화 | 02-734-3545 / 02-733-8811(편집부)
02-733-5430 / 02-733-5431(영업부)
팩스 | 02-735-9994(편집부) / 02-738-5857(영업부)
이메일 | ilchokak@hanmail.net
홈페이지 | www.ilchokak.co.kr

ISBN 978-89-337-0748-7 93910
값 35,000원

* 지은이와 협의하여 인지를 생략합니다.

* 이 도서의 국립중앙도서관 출판예정도서목록(CIP)은 서지정보유통지원시스템 홈페이지(http://seoji.nl.go.kr)와 국가자료공동목록시스템(http://www.nl.go.kr/kolisnet)에서 이용하실 수 있습니다.
(CIP제어번호 : CIP2018026764)